MOLIÈRE OU LES MÉTAMORPHOSES DU COMIQUE

Bibliothèque d'Histoire du Théâtre
collection dirigée par Patrick Dandrey

1. Gérard Defaux, *Molière ou les métamorphoses du comique.*
Seconde édition

2. Patrick Dandrey, *Molière ou l'esthétique du ridicule.*

3. Patrick Dandrey, *Le « Cas Argan ». Molière et la maladie imaginaire.*

Couverture :
Claude Lorrain, *Port de mer au soleil couchant*
Paris, Louvre (cliché RMN)

Gérard Defaux

Molière
ou les métamorphoses
du comique

De la comédie morale
au triomphe de la folie

Seconde édition

KLINCKSIECK
1992

© French Forum, 1980
ISBN 0-917058-17-8

© Nlle édition Klincksieck, 1992
ISBN 2-252-02852-1

Pour ANNE, EMMANUELLE, OLIVIER
et tous mes amis de cœur, de plume, et de Bryn Mawr College

"Ad te summa solum, Phormio, rerum redit"
Térence

REMERCIEMENTS

Redde quod debes.

Mes remerciements vont d'abord à l'*American Philosophical Society*, au *National Endowment for the Humanities* et à l'*American Council of Learned Societies* qui ont, à des époques diverses, encouragé et grandement facilité mes recherches sur Molière. Sans leur soutien financier, ce livre n'aurait pu être mené à son terme.

Ils vont ensuite aux Universités américaines en général, et à *Bryn Mawr College* en particulier. Ceux qui ont pu bénéficier comme je l'ai fait d'une pleine année de congé comprendront aisément ce que je veux dire. L'Amérique est, pour le chercheur, par excellence terre de liberté.

Je tiens aussi à remercier tous ceux, connus ou inconnus, qui m'ont appris à comprendre et à aimer Molière. Je pense ici surtout à Jules Brody, Jacques Guicharnaud, Lionel Gossman, Jacques Morel, Georges Mongrédien et Will Moore, dont les travaux ont constitué pour moi une source d'inspiration constante; à Jacques Vanuxem, qui a aimablement mis son temps et sa bibliothèque à ma disposition, et dont l'érudition n'a d'égale que la courtoisie; et à Marcel Gutwirth, vrai parangon des Moliéristes, qui a accepté de lire mon manuscrit, et dont la fine intelligence et le parfait sens critique m'ont évité bien des erreurs. Comme Odet de Châtillon à François Rabelais, ils m'ont donné, sans le savoir ou le sachant, courage et invention. *Sans eux m'estoit le cueur failli, et restoit tarie la fontaine de mes esprits animaulx.*

Enfin, ce livre n'aurait peut-être jamais vu le jour sans les lectures bienveillantes, les conseils actifs et le soutien aussi vigilant qu'efficace de Jacques Morel et de Paul Vernois d'abord, de Georges May et de Charles Porter ensuite. A ces aînés, qui ont bien voulu me faire confiance, me consacrer leur temps et me tirer d'un embarras exactement contraire à celui dont parle Molière dans sa Préface des *Précieuses*, je dis ici toute ma reconnaissance, mon respect, et mon amitié.

S'il fallait d'ailleurs démontrer, après Pangloss, que d'un mal naît toujours un bien, et que tout s'enchaîne toujours pour le mieux dans le meilleur des mondes possibles, la petite histoire de ce livre constituerait certes un exemple convaincant. D'abord accepté par les éditions Klincksieck, qui n'ont pu, pour des raisons indépendantes de leur volonté, en assurer la publication, il a finalement trouvé refuge auprès de mes collègues et amis Raymond et Virginia La Charité. Leur efficacité et leur dévouement ont été en tous points exemplaires. De ces pérégrinations d'un continent à l'autre est née, entre Klincksieck et French Forum Monographs, et sous l'égide du Département de Français de *Yale University*, une collaboration qui laisse bien augurer du futur et dont je tiens ici, tout en rendant grâces au ciel, au ciel *qui fait tout pour le mieux*, à vivement remercier les participants.

G.D.
Yale University
le 15 juin 1979

AVANT-PROPOS

"De la vaporisation et de la centralisation du *Moi*. Tout est là."

Comicus ait: Nihil est dictum, quod non sit dictum prius. Et cet autre—qui lui n'avait rien de comique: *Nihil sub sole novum, / nec valet quisquam dicere: Ecce hoc recens est.* Malgré l'indiscutable autorité que le temps a conféré à ces deux auteurs dans les domaines respectifs du profane et du sacré, et le respect unanime que leur a valu la perfection quasi-divine de leurs ouvrages, l'amateur moliériste et imprudent que je suis se sent ici tenu à quelques déclarations liminaires et à une brève profession de foi. Car de Grimarest à Michaut, Mongrédien, Adam et Jasinski, de Boileau à Moore, Bray, Guicharnaud et Gutwirth, de l'édition Vivot-La Grange (1682) à l'édition Couton (1971)—en passant par celle, toujours précieuse, de Despois et Mesnard (1873-1900)—, Molière a déjà fait couler tant d'encre, il nous paraît si familier et si connu que le présent essai, pour modeste qu'il se veuille et qu'il soit, court a priori le risque d'apparaître, aux yeux de beaucoup, comme une entreprise quelque peu présomptueuse et folle.

Ce livre est d'abord le fruit d'une conjoncture. Il a profité sans vergogne et des nombreuses publications qui ont préparé, salué ou suivi la célébration du tri-centenaire, et des remarquables instruments de travail qui, dans les quinze dernières années, ont été mis à la disposition des Moliéristes par des érudits comme G. Mongrédien, J. Vanuxem, J. Guibert, A. Ciaronescu,

M. Jurgens, E. Maxfield-Miller et S. Chevalley (1). Le temps semble venu de faire—bien sûr provisoirement—le point des problèmes en suspens, d'entreprendre un travail de synthèse, de suggérer des hypothèses et des solutions qui tiennent compte de toutes les données désormais disponibles. On n'a en effet jusqu'ici peut-être pas toujours eu le temps, ou l'occasion, d'exploiter à fond ces richesses depuis peu exhumées et classées. Encore moins celui de méditer à loisir sur leurs conséquences multiples. Pour ne citer qu'un exemple, il ne me semble pas qu'on ait encore su tirer tout le parti possible de l'existence, récemment révélée (2), de ce marché de décors que passa la troupe de Molière, le 3 décembre 1664, à propos de *Dom Juan*. Ce n'est pas seulement une idée fausse qui disparaît: celle d'une pièce à machines composée à la hâte pour rétablir un équilibre financier compromis depuis l'interdiction de *Tartuffe*. Ce n'est pas seulement non plus la structure de la pièce qui doit nous apparaître, avec R. Pintard, comme plus régulière et plus "classique." C'est aussi sa signification même qui, nous le verrons, se trouve profondément modifiée. Par le biais de *Dom Juan*, histoire d'un auteur en quête de personnage, l'aventure théâtrale s'intériorise. L'exploration et le dévoilement du monde, qui formaient jusque-là la substance du théâtre de Molière, se doublent désormais d'une réflexion sur le théâtre même.

Ce livre est aussi, est avant tout autre chose, le fruit d'une conviction: Molière, dans ce qui le fait Molière, dans ce qu'il a d'unique et d'irremplaçable, reste pour nous, à bien des égards, encore un inconnu. De Molière, à vrai dire, nous connaissons surtout Poquelin: le fils, l'amant, le mari, l'ami, le bourgeois, le malade, l'honnête homme. Et l'extérieur: le farceur, le comédien, le directeur de troupe. C'est-à-dire tout ce qui chez lui relève de l'histoire et de l'événement, de la confidence, du témoignage ou du dépouillement d'archives. De quoi, en somme, remplir une fiche de police ou d'état civil sans laisser de blanc. Ses origines, son milieu familial, ses fréquentations libertines, ses déboires conjugaux, ses domiciles successifs, son mobilier, son régime lacté, ses habitudes domestiques n'ont plus, ou presque plus, de secret pour nous. Nous n'ignorons rien des jours ordinaires et extraordinaires, des affiches, des recettes et des dépenses, des répétitions, du répertoire, des acteurs, des salles, des décors, des costumes, des masques, de la diction et de la mise en scène. Mais du créateur, du poète et du penseur comiques, de cet homme dont, au dire de La Grange, "toute l'étude et l'application ne furent que pour le théâtre" et que sa passion consuma, que savons-nous? L'aventure essentielle, exemplaire, l'aventure intérieure de la création, et la vision même qui l'anime, l'oriente et la sous-tend, continuent, dans une large mesure, de nous échapper.

Il semble même que notre chance, ne disons pas de saisir, mais simplement d'approcher ces réalités de l'esprit diminue dans la mesure même où progresse notre connaissance de l'homme public et privé. Celui-ci, à polariser comme il l'a fait trop longtemps notre regard et notre activité critiques, a fini par faire oublier jusqu'à l'existence de l'autre. Le moi intérieur de Molière s'est proprement évaporé dans les différents visages du moi anecdotique et social. Ce processus caractéristique de pulvérisation du moi, d'éclatement vital—l'historien de la littérature joue souvent, malgré lui, à l'apprenti-sorcier—, a paradoxalement culminé, dans l'histoire de la critique moliéresque, avec la parution d'un livre—celui de R. Bray—pourtant tout entier consacré à l'étude de l'homme de théâtre. *Fluctuat, nec mergitur*: le Molière de Bray est un Mascarille embarqué *nolens volens* dans la galère, constamment déroutée, d'un grand Turc tyrannique, capricieux et impérieux dans ses plaisirs; un Mascarille qui, dans la crainte perpétuelle de sombrer, use son temps et son énergie à satisfaire aux caprices de son Maître, à commander l'équipage, à louvoyer précipitamment d'une main entre les écueils, tout en étoupant de l'autre, avec les moyens du bord, les voies d'eau qui ça et là continuellement se déclarent; trop occuper donc a "relier tant de fois ce qu'un brouillon dénoue" pour avoir le loisir de choisir lui-même son itinéraire et ses escales, ou l'idée de s'interroger sur la signification de la traversée. Comment un comédien à ce point "surmené, obligé de compter avec les mois, les semaines et même les jours, assujetti à vingt besognes, tiraillé par cent soucis, ne disposant jamais du moindre loisir" et travaillant "toujours plus ou moins dans l'improvisation que commandait sa condition" (3) pourrait-il songer à "construire une œuvre," voire même, plus fondamentalement, à trouver le temps de penser, de méditer sur son art et sur l'homme (4)? Il y a là un luxe qu'un homme de théâtre comme Molière ne peut pas, selon R. Bray, s'offrir. Service du Roi, service du public, service de la troupe: les dures nécessités du métier imposent à l'auteur, réduit aux expédients et à la portion congrue, de s'en tenir aux mécanismes élémentaires de la farce, au jeu éprouvé de la bêtise et de la ruse, du dupeur et du dupé.

Notre propos n'est pas ici de refuser à cette interprétation la part importante de vérité qu'elle contient. La vie matérielle a ses exigences, et l'office de bouffon n'a pas que des prérogatives. Molière a su mieux que personne qu'un roi sans divertissement est un homme qui s'ennuie, qu'il lui faut, pour meubler son vide et sa misère, le bruit "des plaisirs et des jeux." Le moyen de s'en défendre, quand un Roi vous l'a commandé? L'excuse revient sans cesse dans la bouche et sous la plume de Molière—comme sous celle des responsables de l'édition de 1682. *Les Fâcheux*? "Jamais entreprise au théâtre ne fut si précipitée que celle-ci, et c'est une chose, je crois, toute nouvelle qu'une comédie ait été conçue, faite, apprise et représentée en quinze jours." *La Princesse d'Elide*, dont seuls l'acte I et le début de la première scène de l'acte II sont en vers? "Le dessein de l'auteur était de traiter ainsi toute la comédie. Mais un commandement du Roi, qui pressa cette affaire, l'obligea d'achever tout le reste en prose." *L'Amour médecin*? Un *simple crayon*, un "petit impromptu . . . le plus précipité de tous ceux que Sa Majesté m'ait commandés . . . Il a été proposé, fait, appris et représenté en cinq jours." *Mélicerte*? "Il n'y avait que ces deux actes de faits lorsque le Roi la demanda." *Psyché*, écrite en collaboration avec Corneille et Quinault? "Le Carnaval approchait, et les ordres pressants du Roi, qui se voulait donner ce magnifique divertissement plusieurs fois avant le Carême, l'ont mis (i.e. Molière) dans la nécessité de souffrir un peu de secours." A propos des *Fâcheux* intervient même l'aveu capital, qui montre tout le bien-fondé de certaines des affirmations de R. Bray: "Dans le peu de temps qui me fut donné, il m'était impossible de faire un grand dessein, et de rêver beaucoup sur le choix de mes personnages et sur la disposition de mon sujet." Molière n'a pas toujours eu le temps de penser. Quelques-unes de ses pièces, il le reconnaît lui-même, auraient gagné à "être méditées avec plus de loisir."

Ceci dit, gardons-nous de trop accuser les traits de la peinture. Le clair-obscur et la nuance sont ici de rigueur. Même après avoir fait leur part aux "mille circonstances qui enveloppent la volonté humaine" Baudelaire, ce connaisseur, affirmait qu'"il n'y a pas de guignon." Ce que nous savons de Molière et des conditions dans lesquelles il travaillait rend toute simplification, toute généralisation, impossible. Si *L'Impromptu de Versailles* n'est pas, comme l'insinuèrent certains fripiers d'écrits, un "impromptu de trois ans," fut-il, comme le proclame Molière peut-être un peu trop haut, un impromptu de huit jours? "Il ne travaillait pas vite, écrit Grimarest de Molière; mais il n'était pas fâché qu'on le crût expéditif"—ou contraint de l'être. Affirmation précieuse (5), qui a toutes les chances d'être vraie, tant elle paraît vraisemblable—et qui se trouve d'ailleurs confirmée par les faits. A qui fera-t-on jamais croire que les grandes comédies de Molière, *L'Ecole des maris, L'Ecole des femmes, Tartuffe, Le Misanthrope, Amphitryon, L'Avare, Les Femmes savantes*, sont les fruits hâtifs d'une "quasi constante improvisation"? Même *Dom Juan*, nous le savons maintenant, ne fut pas composée sous la pression des circonstances. Et s'il faut en croire Grimarest, Molière travailla "avec tant de soin" son *Bourgeois gentilhomme* que le premier accueil de la Cour—réservé, voire "méprisant"—le laissa d'autant plus "mortifié" (6). Les faits le disent: plus que Mascarille, Molière fut Scapin. Certes comme le premier "habile ouvrier de ressorts et d'intrigues," véritable roi et génie du théâtre; mais de surcroît libre, se servant tout en servant son maître; parfait maître d'ailleurs de son œuvre et du jeu, trop lucide pour jamais se trouver pris de court, constamment supérieur à l'événement, conduisant les choses et les êtres plus qu'il n'en est conduit.

C'est pourtant l'image d'un Molière-Mascarille—non pas meneur, non pas maître, mais mené et prisonnier de l'événement—que nous propose encore aujourd'hui, dans sa grande majorité, la critique moliéresque. R. Picard a eu beau faire remarquer qu'"après tout, il n'est pas interdit à un comédien d'avoir des idées" (7), Molière n'a pas pour autant repris l'initiative, ou le dessus, et son œuvre apparaît encore à beaucoup, suivant l'expression consacrée, comme "largement imputable aux circonstances" (8), et privée—ce qui est plus grave—de dimension intérieure. A parcourir par exemple l'édition de G. Couton, ici pertinente puisqu'elle se présente comme "une manière de bilan," un état présent de nos connaissances actuelles (9), on acquiert vite la conviction que si son mariage avait été mieux assorti et plus heureux, si la maladie ne l'avait pas frappé, si Conti ne l'avait pas trahi, si la Cabale n'avait pas été aussi puissante, si le Roi n'avait pas préféré le ballet, Molière eût composé d'autres comédies que celles qui nous sont connues. C'est parce que "la faveur oblige," écrit G. Couton, que Molière mêle de plus en plus à ses comédies la musique et la danse. C'est parce que "ses ennemis ont eu le dernier mot," parce qu'ils l'ont "*contraint* à s'orienter vers des sujets inoffensifs" et "*obligé*... à l'autocensure" que la fin de sa carrière marque un "repli." Ou encore: "*De la maladie procède* une série de pièces qui prennent pour héros les médecins et leurs malades..." (10). Schéma peut-être un peu trop mécaniste, et qui était déjà celui de R. Bray présentant *Le Misanthrope* comme le produit du nombre et de la qualité des actrices dont disposait Molière, ou expliquant l'existence des Comédies-Ballets par 1) le goût du Roi pour la danse; 2) la présence et la collaboration de Lulli; 3) les talents conjugués de Mesdemoiselles Molière, du Parc et de Brie, pour conclure, toute réflexion faite, que "c'est bien le hasard" *qui l'a orienté* vers cette forme de divertissement, et que la création *obéit* chez lui "à des injonctions qui lui viennent de l'interprétation" (11). Schéma qui comporte certes sa part de vérité, mais qui a le tort de trop faire litière du génie de Molière, de sa liberté intérieure, et du caractère volontaire de toute création. Car enfin, il ne suffit pas, pour écrire *L'Ecole des femmes*, d'épouser à quarante ans une fille qui en a dix-huit; ni d'être atrabilaire, et d'aimer une coquette, pour écrire *Le Misanthrope*. Et c'est seulement chez Molière que la rencontre d'un musicien italien aux mœurs grecques et de trois danseuses peut donner naissance à *Monsieur de Pourceaugnac*. De même, un auteur comme Molière doit-il nécessairement tomber malade pour découvrir que le médecin ou l'apothicaire constituent, à l'égal du matamore ou du *servus currens*, des emplois riches en virtualités comiques? Et s'il est vrai que la faveur oblige, ce n'est pas jusqu'au point d'étouffer les impertinences de Moron et de Clitidas, d'empêcher, dans les décors splendides de la Fête, l'entrée en scène incongrue de l'Hypocrite, ou de supprimer cette distance subtile que Molière, par le biais de l'ironie, entretient soigneusement vis-à-vis du divertissement de Cour. "N'estes vous point asseuré de votre vouloir?" demande à Panurge le bon Pantagruel. "Le point principal y gist. Tout le reste est fortuit, et dependant des fatales dispositions du ciel." Plus que de réponses, la grande œuvre est faite de questions. Et si elle doit être envisagée comme un produit—ce qu'en un sens elle est–, alors faisons en sorte que l'accidentel ne devienne pas l'essentiel, et que le rôle actif du créateur ne soit pas à ce point minimisé.

Cette tendance à priver Molière de sa liberté, à réduire, dans la création, la part de la conscience créatrice, est même visible chez certains de ceux qui, voguant en ce domaine à contrecourant, reconnaissent au théâtre de Molière une dimension intérieure et s'emploient à décrire la courbe de son évolution. C'est certes avec raison que Ch. Mauron distingue dans l'œuvre de Molière, autour des années 1668-69, le triomphe de ce qu'il appelle le *Moi plaisir* et l'apparition, sur "fond d'hallucination bouffonne," d'une "nouvelle tonalité comique," d'un rire "polymorphe, polyglotte et fantastique," qui semble étouffer tout souci de réprobation morale (12): un monde, une vision du monde séparent en effet, nous le verrons, *L'Ecole des maris* ou *Tartuffe* du *Bourgeois gentilhomme*. Mais pourquoi vouloir attribuer comme il le fait à l'inconscient de Molière, et non à Molière lui-même, la responsabilité de cette "évolution créatrice"? Pourquoi, sinon parce que le texte, devenu prétexte, n'est plus là, au fond, que pour illustrer le bien-fondé d'une méthode, et son aptitude à rendre compte de toutes les réalités textuelles, théâtrales aussi bien que poétiques ou romanesques, comiques aussi bien que tragiques? Paradoxe d'une critique au dogmatisme tellement impérieux et conquérant que dans son désir de tout réduire et de tout éclairer elle finit par détruire, pour se substituer à lui, l'objet même de son analyse. A l'empire des circonstances—celui de R. Bray et de la critique traditionnelle—, Mauron substitue la dictature de l'inconscient. De l'"ancienne" à la "nouvelle critique," rien d'essentiel n'est donc changé. Si elle s'intériorise, la contrainte continue d'exister et d'être présentée comme la seule explication possible. Le texte continue de s'écrire plus que d'être écrit. Et Molière, plus que jamais sous l'éteignoir, de s'expliquer par tout ce qui n'est pas lui.

Voici qui suffirait à prouver, s'il en était besoin, que mis à part, naturellement, le manque d'esprit tout court, le critique littéraire n'a pas de pire ennemi que l'esprit de système. Car, à vrai dire, plus que de contraintes et de servitudes, plus que de *guignon*, Molière et son œuvre nous parlent de liberté. Pour un homme qu'on nous dit surmené, affairé, écrasé de responsabilités, quelle somme de lectures étonnante! Anciens et Modernes, comme La Fontaine Molière a tout lu. C'est à juste titre que la *Lettre sur la Comédie de l'Imposteur* lui reconnaît "une connaissance parfaite de la saine antiquité"; que la Préface de 1682 affirme qu'il possédait parfaitement tous les poètes—surtout Térence, considéré par lui comme "le plus excellent modèle qu'il eût à se proposer"; et que Grimarest, renchérissant sur ses devanciers, brosse en Molière le portrait d'un homme de lecture et de réflexion (13). Comme le montrent en effet un peu mieux chaque jour les découvertes de nos sourciers, l'œuvre est une inépuisable mine d'emprunts, d'allusions, de souvenirs et de réminiscences. H.G. Hall a récemment rappelé que dans une pièce aussi personnelle que *Le Misanthrope*, et dont on a pu penser qu'elle ne devait rien à personne, Molière utilise tour à tour Corneille, Faret, Lucrèce, Scarron, Guez de Balzac, Guilleragues, Méré, La Mothe Le Vayer, Villiers, Rotrou, Pibrac, Mathieu, Martial, Gombauld, d'Aubignac, Saint Evremond, et les *Apophtegmes des Anciens*, dans la traduction de Nicolas Perrot d'Ablancourt (14). Pour ne parler que des premières comédies, on sait tout ce que *L'Etourdi* doit à *L'Inavvertito* de Beltrame, le *Dépit amoureux* à *L'Interesse* de Nicolo Sacchi, *Dom Garcie de Navarre* à *L'Heureuse Jalousie du Prince Rodrigue* de Cicognini et à *Dom Sanche d'Aragon* de Corneille. On n'ignore pas que pour son *Ecole des maris* Molière s'est souvenu de Boccace et de Térence—à moins que ce ne soit de Dorimond ou d'Hurtado de Mendoza. "Vraiment, c'est aux dépens des autres que Molière vous plaît tant," accuse un personnage de *La Guerre comique*. "Il lit tous les livres satiriques, il pille dans l'italien, il pille dans l'espagnol, et il n'y a point de bouquin qui se sauve de ses mains. Il prend dans Boccace, dans Douville, et son *Ecole des femmes* n'est qu'un pot-pourri de *La Précaution inutile* et d'une *Histoire* de Straparole" (15). Mais plutôt que de se faire l'écho d'une accusation cent fois formulée par les contemporains, mieux vaut avec R. Guichemerre remarquer que si Molière emprunte à ses devanciers, à Th. Corneille, à D'Ouville, à Boisrobert, et Calderon, s'il utilise, sans innover, des recettes et des situations éprouvées, c'est toujours, en artiste conscient, pour les porter à leur point de perfection et dépasser ses modèles. Comme le montre l'éblouissante réussite de *Sganarelle*, l'emprunt n'est pas chez Molière remède aux insuffisances de l'inspiration et de l'invention, mais moyen de servir le Théâtre, ce patrimoine commun, en haussant ses jeux et ses mécanismes à leur plus haut niveau de grâce et d'efficacité, en révélant à ses contemporains et à ses successeurs des possibilités jusqu'à lui insoupçonnées.

Ce n'est pas seulement dans ce désir de mieux placer la balle, d'aller plus loin que ses aînés, que se découvre en Molière l'artiste conscient, le technicien du théâtre et le théoricien de l'illusion. La dimension réflexive et critique que Molière a voulu et su donner à son théâtre est partout évidente: et ceci dès les débuts. S'il est vrai que l'écrivain de théâtre se plaît alors à ces jeux de miroirs qui, par le biais de la pièce intérieure, de la comédie dans la comédie, dédoublent et approfondissent la scène, introduisent entre le spectateur—qui se regarde regarder—et le spectacle une distance propice à la réflexion, si nombreuses sont alors les comédies qui prennent pour sujet la comédie même, il reste cependant que Molière manifeste pour ce procédé une prédilection dont on ne trouve l'équivalent chez aucun de ses contemporains. Sans parler de *La Critique de l'Ecole des femmes* et de *L'Impromptu de Versailles*, qui constituent la profession de foi de Molière au moment de la querelle, l'expression, sous forme dramatique, d'une théorie du genre comique, et dont, par conséquent, la dimension réflexive est la raison d'être, la structure du "double registre" apparaît aussi bien dans la trilogie centrale—*Tartuffe, Dom Juan, Le Misanthrope*—que dans les farces, comédies-ballets et autres divertissements royaux comme *Les Précieuses ridicules* et *M. de Pourceaugnac, Les Amants magnifiques, La Comtesse d'Escarbagnas, Le Bourgeois gentilhomme* et *Le Malade imaginaire*. L'acteur y a tendance soit à se donner naïvement en spectacle (Cathos et Madelon, Alceste, Pourceaugnac, Jourdain), soit à se faire le spectateur amusé et masqué de ses propres mises en scène (La Grange et du Croisy, Dorine, Dom Juan, Béralde), et le spectacle, sous ses formes les plus diverses (comédie, ballet de Cour, pastorale, pantomime), à devenir le thème majeur de la création. Ce dédoublement structural est généralement renforcé par la présence sur scène d'un meneur de jeu, Mascarille ou Scapin, Moron ou Clitidas, Sbrigani, Covielle ou Toinette, incarnation même et projection scénique du génie créateur de Molière, comme lui ingénieux *autor fabulae*, sorcier de théâtre et inventeur d'une "vraie et pure comédie" dont il est, ange ou démon, le gardien tutélaire. Si rares sont ainsi dans l'œuvre les comédies privées de cette profondeur que donne le regard à la chose regardée, c'est que Molière est par excellence un écrivain qui aime à raisonner sa création, et que la comédie dans la comédie constitue la métaphore pour ainsi dire spontanée d'une création qui—la formule est de J. Guicharnaud—"constamment se dépasse en conscience de soi," qui sans cesse et naturellement se déploie dans le double registre de l'action et du regard sur l'action, de l'écriture et de sa rhétorique.

Les contemporains d'ailleurs ne s'y sont pas trompés. L'*Elomire hypocondre* de Le Boulanger de Chalussay, qui se veut "la copie d'un merveilleux original perdu"—comprenez l'autoportrait du Peintre—, le miroir parodique et féroce de tous les grands rôles et de toutes les grandes comédies de Molière, comprend pour son acte IV une "comédie en comédie" intitulée *Le Divorce comique* (16), et dans laquelle l'auteur, très sensible à la dimension intérieure du théâtre de Molière, refait à sa façon *L'Impromptu de Versailles*. Dans sa *Zélinde*, Donneau de Visé brosse en Elomire le portrait, dont s'emparera la légende, d'un homme silencieux, replié sur soi, perdu dans son rêve intérieur, mais tout ensemble profond et dangereux observateur—il voit "jusqu'au fond des âmes"—de la comédie que se jouent ses semblables (17). Molière lui-même contribua à accréditer auprès du public cette image, chère à Boileau, du *Contemplateur*: le Damon de *La Critique*, ce sot de société, est l'ébauche de l'Elomire de Donneau. Et il ne s'agit certes pas seulement ici de la fabrication d'une pose flatteuse, à l'usage des contemporains ou de la postérité: mais bien plutôt de l'expression d'une vérité d'expérience maintes fois éprouvée. Pas plus que Montaigne, Molière ne cherche à se parer pour la montre, à se dresser une statue à planter au carrefour d'une ville. Comme le suggèrent en effet d'une façon très convaincante deux témoignages pour nous précieux, Molière a réellement été hanté par son œuvre, habité par le tourment de la perfection. Le premier est celui de Brossette rapportant, dans une note à ces deux vers de la seconde *Satire* de Boileau, dédiée, on le sait, à Molière—"Et toujours mécontent de ce qu'il vient de faire, / Il plaît à tout le monde et ne saurait se plaire"—la réaction positive de ce dernier: "En cet endroit, Molière dit à notre auteur, en lui serrant la main: Voilà la plus belle vérité que vous ayez jamais dite. Je ne suis pas du nombre de ces esprits sublimes dont vous parlez, mais tel que je suis *je n'ai rien fait en ma vie dont je sois véritablement content*" (18). Le second nous sera d'autant moins suspect qu'il émane directement de l'intéressé lui-même. Dans sa *Gloire du Val de Grâce*, s'adressant à Colbert, Molière propose de l'artiste face à sa création une description dont on appréciera, je pense, à quel point elle est nourrie de son expérience personnelle:

> Les grands hommes, Colbert, sont mauvais courtisans,
> Peu faits à s'acquitter des devoirs complaisants;
> A leurs réflexions tout entiers ils se donnent;
> Et ce n'est que par là qu'ils se perfectionnent.
> L'étude et la visite ont leurs talents à part.
> Qui se donne à la cour se dérobe à son art.
> Un esprit partagé rarement s'y consomme,
> Et les emplois de feu demandent tout un homme. . . .
> Cet amour du travail qui toujours règne en eux
> Rend à tous autres soins leur esprit paresseux . . . (19)

S'ils s'accordent mal—c'est le moins qu'on puisse en dire—avec l'image traditionnelle du comédien trop absorbé par ses multiples tâches quotidiennes pour être vraiment un "écrivain," un "penseur" ou un "moraliste" digne de ce nom, ces témoignages attestent en revanche le caractère profondément conscient et passionné de la création moliéresque. Molière fut certainement, comme l'affirme J.D. Hubert, "a highly-conscious literary artist" (20). Le théâtre—et j'entends essentiellement, par ce terme, la création théâtrale—constitua pour lui, autant que la peinture pour Mignard ou pour Boileau la poésie, un "emploi de feu." Sa peau de chagrin. Sans doute la seule et vraie passion de sa vie. Celle à laquelle, en tout cas, il semble avoir subordonné toutes les autres.

Une fois reconnue et posée la dimension réflexive du théâtre de Molière, il reste à la définir, à en apprécier le sens et l'évolution. Tel est l'objet du présent travail: objet de controverse, matière à contestation et à débat plus que matière de bréviaire. C'est que la critique moliéresque demeure encore, dans une large mesure, tributaire du subjectivisme et de l'historisme de ses origines; et qu'en l'occurrence, le passé pèse lourd. En ce qui concerne sa signification, l'œuvre a pendant si longtemps été considérée comme une confidence personnelle à peine voilée, ou comme l'exposé volontiers didactique d'une thèse ou d'une "philosophie"—libertine, naturaliste, ou de sens commun—qu'il est encore difficile aujourd'hui d'adopter un point de vue totalement libéré de ces perspectives. Notre approche même en est faussée, entraînée qu'elle est par cette loi de l'esprit si bien décrite par Horace, et qui veut que nous n'échappions à un extrême que pour nous précipiter dans un autre: *Nil medium est; cum vitant . . . vitia, in contraria currunt*. Le passé avait eu trop tendance à sacrifier le signifiant au signifié, à négliger dans l'œuvre l'existence et le fonctionnement du texte lui-même au profit de son contenu biographique ou idéologique. Le présent lui répond en niant, contre toute évidence, l'existence de ce contenu, et en réduisant l'œuvre à ses dimensions esthétiques et formelles. Simple réaction d'humeur, qui tombe dans le même travers qu'elle entendait condamner. Au penseur, au moraliste ou au mari bafoué a succédé le créateur de formes pures, le virtuose de la théâtralité. Comme s'il allait de soi que la forme dût nécessairement exclure la pensée, ou la pensée la forme. Comme si l'on pouvait concevoir une critique autre que totalisante.

Il est vrai qu'à envisager l'œuvre dans ses seules perspectives domestiques ou philosophiques, à faire d'elle eût dit Flaubert, le "pot de chambre" des humeurs de Molière, de ses idées et de ses sentiments, on avait abouti à des résultats inattendus, et pour tout dire décourageants. Mettez un génie dans ses pantoufles, et vous verrez qu'il vous restera peu de raisons de l'admirer. Comme tout un chacun, Molière avait ses petits côtés: tyran domestique, volontiers coléreux, maniaque au-delà du supportable. Pour préserver sa réelle grandeur, on trouva donc bon de bâtir des romans d'imagination sur son destin malheureux de mari mal aimé, incompris et trahi, de comédien persécuté par les haines et les calomnies, d'homme malade et disgrâcié, finalement enterré de nuit comme un malfaiteur, sans sacrements ni sépulture décente. Images d'Epinal de la vie d'un bouffon trop sérieux, mélancolique et triste, que sa misère rapprochait et distinguait tout à la fois de l'humanité commune. Quant au penseur et au moraliste, son inspiration, malgré les étiquettes de "libertinage" et de "naturalisme" sous lesquelles on avait pris l'habitude de la présenter, avait fini par paraître bassement et désespérément bourgeoise, dénuée d'élan, de noblesse et d'originalité. C'était le temps où Faguet, voyant en Molière un "épicier de génie," définissait sa philosophie par celle des raisonneurs de ses comédies: n'être, autant qu'on le peut, ni méchant ni vicieux; mais se garder en même temps d'être trop bon, afficher une vertu "traitable," une sagesse moyenne, et terne dans sa modération; éviter tous les excès—y compris celui qui consiste à les fuir; s'habiller comme les autres, parler leur langage, faire complaisamment ce qu'ils font, quand ils le font: en un mot, se perdre dans le troupeau, "être médiocre, toujours médiocre, médiocre en tout, médiocre avec persévérance, médiocre avec obstination, implacablement médiocre" (21). Ainsi, tout compte fait, c'était donc çà, Molière? Et il n'avait vraiment rien de plus intéressant à nous apprendre? Il n'y avait guère dans cette plate leçon de conformisme pratique de quoi réveiller l'enthousiasme vacillant des abonnés de la Comédie Française, ou celui, plus fragile encore, des critiques littéraires de profession. C'était bien la peine de s'être abîmé les yeux et la santé dans les bibliothèques! La montagne accouchait d'une souris. Décidément, Montaigne avait bien raison de distinguer soigneusement le nom et la chose. Car, dans le cas de Molière, la chose n'était certes pas à la hauteur du nom.

Que Molière pensât comme Homais parut à beaucoup insupportable: insupportable à un point tel qu'ils préférèrent affirmer que Molière n'avait pas pensé du tout. Etrange remède en vérité que celui qui consiste, pour rétablir la santé ébranlée d'un malade, et sa vigueur, à lui couper la tête; et plus radical encore que celui de Toinette suggérant à Argan, pour renforcer l'acuité du gauche, de se crever l'œil droit. Il fut pourtant, on le sait, administré à Molière par des spécialistes aussi notoirement connus que W.G. Moore ou R. Bray. "Great art is not produced by explicit moral intention," affirme par exemple le critique anglo-saxon; "Molière's intention (as far as we know) . . . was to amuse" (22). Et son collègue français, moins prudent que lui, et plus péremptoire: "L'art littéraire n'a pour but que le divertissement." Ou encore, cette déclaration qui eut son heure de gloire: "Il n'y a pas de raisonneurs dans le théâtre de Molière. Chaque personnage est exigé par sa fonction dramatique, non par une prétendue fonction morale inventée par la critique." Il le faut croire, puisqu'il le dit. Que Molière ait par ailleurs avec conviction, et à plusieurs reprises, assigné pour but à la comédie de corriger les hommes en les divertissant ne gêne pas R. Bray outre mesure: car on ne saurait, en bonne conscience, se prévaloir selon lui de "propos sans sincérité," et dictés à Molière par les seules circonstances. En vérité, R. Bray l'affirme, "Molière n'a pensé qu'à nous faire rire." Et ce qui donne à son œuvre la force et l'unité qui la caractérisent, "ce n'est pas une pensée de moraliste, c'est une intention d'artiste" (23).

Il suffit pourtant de relire les comédies pour s'apercevoir que les raisonneurs existent, qu'ils raisonnent, ma foi, d'abondance, et qu'il est impossible, dans le strict respect du texte, de les réduire à leur seule fonction dramatique. Et pourquoi d'ailleurs cette fonction dramatique, en l'occurrence bien réelle, excluerait-elle d'emblée toute fonction morale? Le rire et la pensée n'ont jamais été incompatibles. *Ridentem dicere verum, / Quid vetat*? interrogeait déjà Horace. Bien évidemment rien. Et choisir le rire pour exprimer ce que l'on croit, ce que l'on sent être la vérité, n'est-ce pas nécessairement faire du rire une part même de la vérité que l'on exprime? Comme chez Rabelais, cet autre rieur, le rire est chez Molière inséparable de la pensée. Il est la pensée même: l'expression privilégiée d'un point de vue sur l'homme; *un jugement*, qui naît de la perception d'un vice ou d'un ridicule, et qui donc renvoie à une transcendance, suppose l'existence d'une norme, d'un système de valeurs. Il ne serait certainement venu à l'idée d'aucun contemporain de Molière de distinguer dans son œuvre, comme le fait R. Bray, l'intention de l'artiste de la pensée du moraliste. C'est par exemple tout naturellement que l'auteur de la *Lettre sur la comédie de l'Imposteur* définit le ridicule comme "l'une des plus sublimes matières de la véritable morale" (24). Ce qui, on l'avouera, revient bien à établir un lien très étroit entre le rire et la pensée. Rien n'est en fait aujourd'hui plus dangereux et plus vain pour la littérature que cette dichotomie artificiellement introduite entre le langage et les idées, la forme et le fond, la structure et l'idéologie. A force de subtilité et de raffinement, notre critique est retombée au temps des atomes et des tourbillons. Incapable désormais d'expliquer sans détruire, elle inflige à la création le même traitement qu'au créateur: démonté, sondé, disséqué, voire même mis en formules et en équations, réduit à un ensemble de vecteurs et de plans géométriques, le texte finalement éclate, part en fumée et se vaporise en éléments indépendants. M. Foucault, après Montaigne, le rappelait pourtant encore récemment: il y a le mot, et il y a la chose. Pour ainsi dire l'âme et le corps de la littérature. Affirmer que l'âme peut exister sans le corps, ou le corps sans l'âme, ce n'est pas faire de la critique littéraire, mais de la métaphysique. Etudier le mot sans la chose, ou la chose sans le mot, c'est se livrer à un exercice mutilant, stérile et contre-nature, ériger en méthode une véritable aberration méthodologique. Seule à notre sens est valable, est pertinente, l'approche critique qui, dans un effort exigeant de synthèse, de dépassement des contradictions apparentes et des répugnances de surface, respecte le dualisme organique signifiant-signifié du texte et procède, pour reprendre une belle formule du *Tiers Livre* de F. Rabelais, "par participation de l'une et l'aultre extremité, par abnegation de l'une et l'aultre extremité et, par compartiment du temps, maintenant en l'une, maintenant en l'aultre extremité." Pascal l'a dit de même: "On ne montre pas sa grandeur pour être à une extremité, mais en touchant les deux à la fois et en remplissant l'entre-deux."

Mais à quoi bon discuter davantage? Tout ce qu'on pouvait dire pour réfuter cette thèse et corriger ce qu'elle a d'excessif a déjà sans doute possible été dit depuis longtemps. Si malgré tout le débat n'est pas clos (25), c'est tout simplement parce qu'un faux problème ne saurait en aucun cas recevoir de solution pleinement satisfaisante. Qui ne voit désormais, l'expérience aidant, qu'à accepter de jouer le jeu selon les règles établies par la tradition, de nous enfermer ainsi, à propos de Molière, dans l'artificielle antinomie du penseur et de l'artiste, nous continuerons de nous entre-gloser, *cumulantes glossematis glossemata, opiniones opinionibus*, tant qu'il y aura de l'encre et du papier au monde? Que la nature même de cette moderne *disputatio* nous condamne, Sisyphes de plume, au piétinement, à l'indéfini ressassement du pour et du contre? Chacune des thèses en présence étant en effet tout à la fois vraie et fausse, nous sommes au rouet. Tout à la fois incapables de vaincre et d'être vaincus. Car s'il est vrai que Molière est un penseur, s'il est vrai qu'il est un artiste, il est faux qu'il ne soit qu'un penseur, faux également qu'il ne soit qu'un artiste. Quelle que soit donc la position que j'adopte en la matière, j'ai raison, et j'ai tort. Raison, en ceci que le texte me fournira toujours suffisamment d'arguments convaincants pour soutenir mon point de vue. Tort, en ceci que ce même point de vue ne me permettra jamais de rendre compte du texte dans sa totalité. Parfait cul-de-sac critique, puisque mon adversaire se trouve naturellement dans une situation en tous points comparable à la mienne: toujours en mesure, en s'appuyant sur les faiblesses de mon argumentation, de relancer la polémique; jamais à même, en revanche, de l'emporter sur moi d'une façon décisive, son point de vue étant comme le mien trop limité. Panurge dans cette impasse se serait complu. Nous pas. Pour en sortir, ne disons donc plus: "Molière est un artiste," ou "Molière est un penseur." Mais disons simplement avec R. Picard, quoique sur un autre mode que le sien, cette vérité d'évidence: Molière est un artiste qui pense.

Affirmation banale et de bon sens, mais étonnament riche de conséquences, et qui nous ramène directement, la pensée étant chose de soi mobile et vivante, à la notion d'évolution, c'est-à-dire au cœur même de notre propos.

La thèse n'a certes pas le mérite de la nouveauté. Sans même parler de Mauron, duquel il a été question plus haut, elle a été soutenue avec plus ou moins de conviction et de brio par des critiques aussi différents que Brunetière, Pellisson et Michaut, Fernandez et Thibaudet, Attinger, Guicharnaud et Gossman. On pourrait en l'occurrence remonter jusqu'à Boileau qui regrettait déjà, après avoir vu évoluer un Scapin trop burlesque à son goût, que Molière eût abandonné " pour le bouffon, l'agréable et le fin, / Et sans honte à Térence allié Tabarin." Malgré les vigoureuses dénégations de R. Bray—"Il n'y a aucune évolution dans la carrière du comédien, sinon celle d'une technique qui prend de l'assurance" (26)—, la thèse évolutive semble aujourd'hui acceptée, explicitement ou non, par la grande majorité des spécialistes de langue anglaise.

Le mérite en revient indubitablement à J. Guicharnaud (27), qui a su mieux que personne, à travers une lecture extrêmement minutieuse et brillante de la grande trilogie moliéresque, rendre compte de la dimension réflexive de ce théâtre et décrire l'aventure *existentielle* de Molière en la plaçant au niveau qui est véritablement le sien—c'est-à-dire, non pas au niveau, sentimental et professionnel, de l'homme privé, du comédien ou du directeur de troupe, mais à celui, intérieur et secret, de l'écrivain de théâtre, du poète et du théoricien de la comédie. Grâce à lui, nous savons que la grande aventure de Molière fut d'ordre théâtral, et que son théâtre est important, est grand, non tant parce qu'il est nourri des souffrances intimes de l'homme, des exposés du moraliste ou des trouvailles formelles de l'artiste, que parce qu'il consiste essentiellement en une méditation sur la nature et sur les mécanismes de la comédie, qui mène peu à peu Molière lui-même à prendre conscience de soi, à se remettre en question, pour parvenir en définitive à une vision comique du monde et de notre condition totalement différente de celle dont il était parti.

Sans doute parce que nul n'est prophète en son pays, cette thèse d'une évolution artistique de Molière et de son théâtre est loin d'avoir en France rallié tous les suffrages. Quand elle n'est pas ignorée, elle suscite encore aujourd'hui une attitude de réserve prudente et de réticences plus ou moins clairement formulées. C'est que l'esprit de finesse dont elle est nécessairement animée, comme la méthode intuitive et "structuraliste" sur laquelle elle a naturellement tendance à s'appuyer, sont par trop étrangères aux croyances et aux habitudes des Moliéristes français, profondément persuadés, d'ailleurs à juste titre, des vertus de la recherche historique, et méfiants d'instinct envers toute approche qui abandonne le terrain solide de l'érudition pour s'aventurer sur celui, plus dangereux dans sa mouvance, mais combien plus passionnant, des réalités malheureusement non répertoriables de l'esprit. La position adoptée en 1958 par R. Garapon face à l'hypothèse, avancée par G. Attinger, d'un "retour au spectacle" dans les dernières comédies de Molière est à cet égard caractéristique d'une tradition critique universitaire plus soucieuse des évidences documentaires que des jeux, même rigoureux, de l'imagination. Comme son prédécesseur R. Bray, R. Garapon se montre très sensible aux "conditions concrètes" dans lesquelles Molière travaillait, et il souligne avec force le rôle essentiel joué selon lui par les circonstances dans ce qu'il appelle d'abord "la prétendue évolution" de son génie. A cette première objection, il en ajoute une seconde: celle de l'existence des *Femmes savantes*, cette comédie bâtie sur le modèle de *Tartuffe* et représentée en 1672, sans danse ni musique, dans un théâtre qui, l'année précédente, à l'occasion de *Psyché*, venait justement de subir des transformations importantes et pouvait désormais, dans le domaine des entrées de ballet et autres divertissements musicaux, rivaliser de splendeur —ou presque—avec la scène royalement équipée des Tuileries. Tout en admettant donc volontiers que Molière ait été, sur la fin de sa vie, "fort intéressé par la fusion en un seul spectacle de la comédie, de la musique et de la danse," R. Garapon se refuse néanmoins à voir dans cet intérêt "l'essentiel des réflexions de

Molière sur son art entre 1670 et 1673." Et plutôt que d'un retour au spectacle, il lui paraît en définitive plus juste de parler d'une "marche en avant," d'une "tentative de synthèse des différents registres déjà utilisés," d'une *recherche de la comédie plénière* où fusionnent et se concilient, en un tout harmonieux et original, "la gaieté burlesque, la vérité psychologique et l'enseignement moral" (28).

Ce qui revient en somme à dire que R. Garapon, après avoir soulevé contre la thèse de l'évolution deux objections de taille, finit malgré tout par reconnaître que cette évolution existe, et par rendre à Molière ce qui lui appartient: *Ad te summa solum, Phormio, rerum redit*. Il a d'ailleurs, depuis cette importante mise au point, apporté de nouveaux arguments aux tenants de la thèse évolutive, en faisant remarquer que du début à la fin de sa carrière Molière s'est attaché et à diminuer le nombre de ses monologues, et à augmenter sensiblement le nombre moyen des personnages en scène, ce qui traduit bien évidemment "une recherche croissante du spectacle" (29). Animé du même esprit de précision statistique, R. Bray lui-même avait—à ses propres dépens—noté dans la carrière de Molière un goût de plus en plus prononcé pour la farce (2/10; 3/10; 6/10) et la comédie-ballet (1/10; 5/10; 7/10) (30). C'est qu'en l'occurrence le texte parle plus haut et plus clair que les faits, qu'il suggère irrésistiblement une métamorphose, une évolution, à partir de la comédie classique en cinq actes et en vers, vers une forme de spectacle total, libéré des contraintes imposées par les doctes et du corset de la versification, et dans lequel ne cesse de croître la part de la musique et de la danse: un mouvement, une sorte d'envol poétique vers la grâce du geste et le lyrisme bouffon de la démesure, hors de toute pesanteur et de toute angoisse.

C'est ce mouvement que nous nous proposons de décrire ici. Disons pour le moment, d'une façon très schématique, qu'il conduit progressivement Molière, à travers une crise provoquée en 1664 par l'interdiction de *Tartuffe*—et dont la trilogie, qui en est l'expression théâtrale, atteste la durée et la profondeur—, de Térence à Plaute, du discours à l'action, du vers à la prose, de la comédie humaniste régulière au spectacle total de la comédie-ballet, du didactisme à la poésie, de la satire à l'ironie, de la morale au plaisir, de l'exclusion à la communion, du sacrifice à la fête, et du règne de la raison à celui de la folie. La comédie première manière, celle qui fait suite aux tâtonnements nécessairement un peu impersonnels des débuts et qui englobe cette partie de l'œuvre comprise entre *Les Précieuses ridicules* et *Le Misanthrope*, possède en effet à notre sens une orientation morale et didactique trop évidente pour pouvoir être niée. Le but avoué de Molière y est d'ailleurs, d'une façon très classique, et dans la plus pure tradition humaniste—castigat ridendo mores —, d'obliger par le rire les hommes à se corriger de leurs défauts. Essentiellement satirique, le rire a pour fonction, dans ce type de comédie, le châtiment public d'un coupable, son expulsion hors de la scène et du monde, voire même sa mise à mort symbolique. Il est l'arme employé en bonne conscience et en toute justice par la société pour éliminer cette aberration passagère que constitue le vice, ou le ridicule, et rétablir ainsi une harmonie provisoirement menacée: spectacle parfois cruel, qui installe le spectateur dans sa supériorité, qui tient quelque peu de la cérémonie sacrificielle ou de la conjuration, et que seule sa dimension morale (la correction est toujours amplement *méritée*) rend finalement supportable. La comédie seconde manière, qui atteint sa plénitude avec *Le Bourgeois gentilhomme* et *Le Malade imaginaire*, est au contraire moins piège que refuge. Elle est destinée non plus à punir un coupable, et à le corriger, mais à faire prendre conscience au spectateur de l'identité profonde qui existe entre lui et le personnage dont il se moque. Abandonnant sa tonalité satirique, le rire prend alors celle, euphorique et libératrice, de la fête—d'une Fête qui s'orne des légères arabesques de la musique et de la danse, et dont le personnage central, symbole, par la grâce même de sa folie, de notre condition risible et imparfaite, est devenu le Roi, l'Ordonnateur et le Poète inspiré.

Mais comme toute comédie, à l'égal de la politique, suppose une certaine idée de l'homme, il nous appartiendra aussi de dépasser le niveau formel de l'aventure artistique pour atteindre celui de la vision qui l'inspire et qui lui communique toute sa richesse et ses résonances humaines. C'est là, comme ailleurs, le cœur qu'il faut gagner. Car il est clair que Molière n'a pas sur l'homme et sur la société, au début de sa carrière, des vues comparables à celles qui lui dicteront, sur le tard, les fresques follement bouffonnes de *Pourceaugnac*, du *Bourgeois* ou du *Malade*. D'abord fortement marqué par l'idéologie et le style héroïcogalants de Corneille, l'optimisme jésuite et les analyses des moralistes mondains, Molière finit par se rapprocher de Pascal et de La Rochefoucauld, et par retrouver, essentiellement grâce à Montaigne et à La Mothe Le Vayer, les chemins sereins de la Sceptique chrétienne. L'empereur romain se fait Démocrite. Le rire a parfois de ces profondeurs.

Comment d'ailleurs pourrait-il en être autrement? L'œuvre elle-même impose, de par sa nature, la thèse de l'aventure humaine et théâtrale. La création moliéresque couvre une période de presque vingt années. On ne saurait raisonnablement concevoir que rien, dans cet intervalle, chez Molière lui-même comme dans son œuvre, n'ait bougé. Celle-ci est en fait un tissu vivant et continu, qu'il faut considérer dans sa vie même, c'est-à-dire dans son développement et sa temporalité. Des cycles s'y distinguent, signes d'une croissance organique, structurée par l'intelligence de son créateur: cycles de la jalousie (*Le Cocu imaginaire, L'Ecole des maris, L'Ecole des femmes, Les Fâcheux, Le Misanthrope*); de l'imposture (*Tartuffe, Dom Juan, L'Amour médecin, Amphitryon*); de l'accommodement (*Dom Juan, L'Amour médecin, L'Avare, Le Bourgeois gentilhomme, Le Malade imaginaire*). On y décèle des influences continues: Rabelais rapproche *L'Ecole des femmes* du *Mariage forcé*, Plaute *Amphitryon* de *L'Avare*, Beltrame *L'Etourdi* des *Fourberies de Scapin*. Des ressemblances structurales très nettes existent entre *Tartuffe, Les Femmes savantes* et *Le Malade imaginaire*. *L'Amour peintre* n'est rien d'autre, à y bien regarder, qu'une transfiguration poétique de la très didactique *Ecole des maris*. *Monsieur de Pourceaugnac* et *La Comtesse d'Escarbagnas* l'exploitation, sur le mode farcesque, des principaux thèmes comiques du *Misanthrope*. Au portrait de Myrtil dans *Mélicerte*, répond celui d'Isidore dans *L'Amour peintre*. Face à ce réseau d'évidences accumulées, on ne peut alors que partager la conviction de L. Gossman: chez Molière, "no individual work, perhaps, can be properly understood in isolation from the whole, any more than one movement of a sonata can stand apart from the whole sonata" (31).

C'est dire que toute approche critique qui aborde l'œuvre comme une totalité statique, qui se montre insensible à son dynamisme et à son déroulement temporels, nous paraît totalement inadéquate à son objet, et vouée à l'échec par son inadéquation même. Il est impossible de parler de Molière en général. Clitidas n'est pas Moron, ni Béralde Cléante. Pour Molière comme pour Montaigne, les certitudes sont fonction du temps: vérité en deçà du *Misanthrope*, erreur au delà. C'est que pour Molière comme pour Montaigne l'écriture est, hors de toute contention et de tout artifice, un moyen de se connaître et de se remettre perpétuellement en question: un dialogue qui peu à peu tourne au monologue et finit par échapper, dans sa plénitude, à l'emprise du monde et du temps. Car le chemin du salut est le même pour le poète comique que pour l'essayiste: s'accommoder du monde et de soi avec une conscience, une sérénité telles que toute contrainte, toute limite, toute pesanteur en soient à jamais effacées et vaincues.

Nous paraît de même en soi condamnable toute démarche qui néglige du texte cette autre particularité: que Molière fut tout à la fois l'auteur, le metteur en scène et l'interprète de ses comédies. Et que par conséquent son œuvre, telle que nous la connaissons aujourd'hui, est une œuvre tronquée, réduite à son seul aspect textuel et dépouillée de sa dimension spectaculaire, de tout ce qui a trait à la représentation elle-même, à la mise en scène et à l'interprétation; que les comédies qui sont de nos jours représentées sous son nom dans nos théâtres ne sont plus entièrement de lui, mais aussi de X et de Y, de Jouvet, de Roussillon ou de Planchon, c'est-à-dire de gens qui, inconsciemment ou non, et quel que soit leur talent, en servant Molière se servent aussi de lui pour faire du X ou du Y, du Roussillon, du Jouvet ou du Planchon. Grandeur et misère du théâtre: grand, supérieur aux autres moyens d'expression en ceci qu'il possède, de par l'inscription du texte dans l'espace, une puissance visuelle et auditive immédiate; mais en même temps misérable, inférieur à tout autre moyen d'expression, en ceci que cette puissance est la plus fragile qui soit, et la plus aléatoire, puisqu'elle repose en partie sur des impondérables, détails matériels de la représentation, décors, jeu des acteurs, distribution des rôles, intelligence du metteur en scène—voire même confort des sièges et température de la salle. Que la fraise d'Arnolphe soit de travers, ou que son barbier l'ait mal rasé, et tout le visage de la comédie en est changé. Et qui ne voit, dans le cas précis de Molière, que la misère l'emporte de beaucoup sur la grandeur? N'en déplaise à nos théoriciens actuels de la culture et à nos hommes de théâtre qui ont le vent en poupe, et qui en prennent avec lui parfois trop à leur aise—"La politique règne et le point de Venise, / Et le reste on le nomme une pure sottise"—le théâtre de Molière a subi, en le perdant, la plus irréparable des pertes.

De cette perte, les témoignages contemporains, ceux des adversaires, des jaloux, des cagots et des envieux comme ceux, plus rares, des partisans, nous permettent à peu près de deviner l'étendue. Tous s'accordent pour louer les qualités exceptionnelles du metteur en scène et de l'acteur comique, et pour diminuer d'autant les mérites de l'auteur. C'est l'un des thèmes majeurs, par exemple, de la polémique suscitée contre *L'Ecole des femmes* par les petits esprits de profession. "Jamais comédie ne fut si bien représentée, ni avec tant d'art," reconnaît Donneau de Visé dans ses *Nouvelles nouvelles*; "chaque acteur sait combien il doit faire de pas, et toutes ses œillades sont comptées." Tel est bien en effet le directeur de troupe qui nous apparaît dans *L'Impromptu*, observant et critiquant le jeu de ses compagnons "avec une exactitude qui avait été inconnue jusque-là sur les théâtres de Paris" (32). Quant à l'acteur, on le vante avec une pensée de derrière, et sur l'air de la calomnie. Dans le sillage de Donneau, Boursault, Montfleury, Robinet, Philippe de La Croix répètent à l'envi que les "postures" et les "grimaces" de l'acteur constituent toute la richesse de la pièce, que le succès de cette "bagatelle" ne dépasse pas les limites de la scène, que ce qui vit au théâtre périt sur le papier, et qu'il est beaucoup plus glorieux de se faire comme Corneille admirer par des ouvrages solides que de faire rire comme Molière par des contorsions et des turlupinades. "Ses pièces sont-elles si belles?" ironise un personnage de *La Guerre comique*: "c'est son jeu qui pipe et qui les fait parestre." Et la Crysolite de Robinet a beau faire remarquer qu'il est de l'essence même du théâtre que toutes ces "beautés" qu'on reproche à Molière s'évanouissent "hors du jeu qui leur donne la vie"—et que sans cela, il ne serait pas nécessaire d'aller au théâtre "pour avoir tout le plaisir de la comédie," l'Alis de Montfleury n'en a pas moins proclamé, en marchande de livres avisée, qu'elle refusera toujours de vendre du Molière, car il faudrait, Monsieur, *vendre aussi ses grimaces*,

> Et de peur qu'en lisant on en vît pas l'effet,
> Au bout de chaque vers il faudrait un portrait. . . .
> Si quand il fait des vers il les dit plaisamment,
> Ces vers sur le papier perdent leur agrément;
> On est désabusé de sa façon d'écrire,
> L'on rit à les entendre, et l'on pleure à les lire,
> Et de ces mêmes vers tels qui seront charmés,
> Ne les connaissent plus quand ils sont imprimés (33).

Ces mêmes compliments empoisonnés seront repris en 1665 par l'auteur des *Observations sur Le Festin de Pierre*: "Ses amis avouent librement," écrira-t-il, "que ses pièces sont des jeux de théâtre où le comédien a plus de part que le poète, et dont la beauté consiste presque toute dans l'action. Ce qui fait rire en sa bouche fait souvent pitié sur le papier" (34). Et même une fois la part faite aux impératifs de la polémique, et aux exagérations qui sont la loi du genre, il reste que le motif d'un jeu théâtral hors du commun est trop fréquemment exploité pour ne pas correspondre à la réalité. Bien avant le début de la "guerre comique," Neuf-Villenaine justifiait déjà les arguments en prose qu'il avait cru bon d'ajouter aux vers du *Cocu imaginaire* par la nécessité de rendre compte de ces "jeux du théâtre" et de ces "postures" où Molière excellait, de ces "gestes qui sont inimitables et qui ne se peuvent exprimer sur le papier." Il appelait Poussin et Lebrun et Mignard à la rescousse pour conclure qu'"on ne doit pas moins admirer l'auteur pour avoir fait cette pièce, que pour la manière dont il la représente" (35).

Il est d'ailleurs clair qu'en "athlète complet du théâtre" Molière ne pouvait concevoir son texte autrement que comme une totalité organique où le mot s'accompagne spontanément de son expression corporelle, de sa mimique, c'est-à-dire de sa projection et de sa *traduction* visuelles. Chez ce maître farceur, élève de Scaramouche, le langage des gestes vient tout naturellement doubler celui des mots. Et la distinction classique, si chère aux rhétoriciens, de l'*inventio*, de la *dispositio*, de l'*elocutio*, de la *memoria*, et de l'*actio*, n'est certainement pas applicable à sa création. L'*actio* est pour lui présente à tous les niveaux d'élaboration du texte.

Il va de soi que Molière avait plus que quiconque conscience du caractère multi-dimensionnel, à la fois littéraire et spectaculaire, de son art. Et c'est parce que le théâtre n'est pas seulement de la littérature qu'il a longtemps, de son propre aveu, hésité à passer "du Théâtre de Bourbon dans la Galerie du Palais." Peut-être même n'aurait-il jamais, sans la piraterie de Ribou, fait imprimer sa farce des *Précieuses ridicules*. Car il n'est pas malheureusement au pouvoir du texte, en dépit de sa belle tenue littéraire, de nous faire voir Mascarille, le chef orné d'un minuscule chapeau, en équilibre instable sur des souliers à rubans d'un demi pied de haut, balayer la scène des pans de son immense perruque poudrée ou peigner furieusement ses canons. A tout le moins Molière prévient-il son lecteur qu'une grande partie des "grâces" qu'on a trouvées dans sa comédie "dépendent de l'action et du ton de voix," et qu'il aurait par conséquent préféré qu'on ne les dépouillât pas, en les imprimant, de ces ornements. Il récidive dans son Avertissement à *L'Amour médecin*, rappelant qu'au théâtre "beaucoup de choses dépendent de l'action," qu'après tout "les comédies ne sont faites que pour être jouées," et recommandant la lecture de sa pièce à ces seules personnnes qui ont des yeux pour découvrir dans ce qu'elles lisent "tout le jeu du théâtre" (36).

Cette mise en garde dictée de son vivant par Molière à ses lecteurs devrait, aujourd'hui qu'il n'est plus, constituer la règle d'or de tous ceux, comédiens ou critiques, qui cherchent à le mieux comprendre et à mieux le servir. Nous en avons fait le principe fondamental de notre recherche. Constamment nous a guidé le souci de restituer au texte la dimension essentielle qu'il a perdue, cette glose gestuelle qui, si nous la possédions encore, résoudrait sans doute définitivement pour nous tous les problèmes d'interprétation que nous ne cessons de nous poser à propos de *L'Ecole des femmes*, de *Tartuffe*, de *Dom Juan*, ou du *Misanthrope*. Puisque "tout parlait en Molière," et que Molière hélas ne nous parle plus, puisque l'acteur ou le metteur en scène n'est plus là pour donner leur sens aux mots que prononcent Arnolphe ou Orgon, Tartuffe, Dom Juan, Sganarelle ou Alceste, le seul moyen d'aborder son œuvre en la respectant nous a semblé être celui qui consiste à écouter ceux qui ont eu le privilège d'être ses spectateurs et de rire à ses postures:

>... il vient le nez au vent,
> Les pieds en parenthèse, et l'épaule en avant,
> Sa perruque qui suit le côté qu'il avance,
> Plus pleine de lauriers qu'un jambon de Mayence,
> Les mains sur les côtés d'un air peu négligé,
> La tête sur le dos comme un mulet chargé,
> Les yeux fort égarés ... (37)

C'est dire que nous avons, dans le sillage de R. Robert (38), prêté la plus grande attention aux témoignages contemporains comme, par exemple, la *Lettre sur la comédie de l'Imposteur*, en toute vraisemblance rédigée avec l'approbation, sinon la collaboration, de Molière lui-même, celle de Donneau de Visé sur *Le Misanthrope*, ou encore comme ce pamphlet extrêmement virulent que le curé Roullé, au nom des intérêts du Ciel, lance dès l'été 1664 contre l'auteur de *Tartuffe*. Ces documents nous ont, on s'en apercevra, plus d'une fois fourni des indications que nous croyons précieuses. Profondément enracinées dans leur temps—elles s'en veulent le miroir—, les comédies de Molière ne prennent tout leur sens que replacées dans leur temps. Nous sommes comme R. Picard persuadé que "l'histoire authentique ne saurait être fondée que sur les textes et documents les plus proches possible chronologiquement des faits qu'elle tente d'établir" (39). Et nous ferions volontiers nôtres, en les appliquant à Molière, les mots que la future Mme Dacier écrivait en 1683, dans la Préface à sa traduction des Comédies de Plaute (40):

Ce n'estoit pas à Plaute à deviner le goust que nous avons aujourd'hui, c'est à nous à prendre celuy de son siecle. Les Poëmes dramatiques, comme toutes sortes d'autres Ouvrages, ne sont bons qu'autant qu'ils portent les marques du temps, et des lieux de leur naissance ... Si on n'a la force de remonter jusques à ces temps-là, et d'y fixer son esprit, on ne goûtera que fort difficilement les plus belles choses de l'Antiquité, et l'on fera la mesme faute, que si pour juger des anciens Tableaux, on les examinoit par rapport à l'air et aux manières de son temps.

S'efforcer de découvrir comment Molière voyait Philinte, Alceste ou Tartuffe nous a paru préférable à cette pratique aujourd'hui très répandue qui consiste à récrire et à réinterpréter son œuvre, quand ce n'est pas à la lumière de Sade, de Laclos ou du Romantisme, dans une perspective freudienne, marxiste ou structuraliste. Si *George Dandin* nous a paru une comédie importante, ce n'est pas parce qu'elle illustre—*qu'ils disent*—le sacro-saint dogme de la lutte des classes, mais parce que nous avons cru y apercevoir la métaphore d'un dilemme—celui de l'être et du paraître, de l'apparence et de la vérité—dont Molière poursuivra l'exploration avec *Amphitryon*, et qui a ses racines dans *Tartuffe*. Planchon certes est grand. Mais Molière, qui est plus grand que lui, devrait être son dieu, et non pas son prophète.

Pour tout dire, Molière subit aujourd'hui trop souvent, du moins à notre avis, le sort que d'après Pascal les Jésuites infligeaient à la morale de Dieu. Trouvant dans son laxisme trop ardu de monter jusqu'à lui, notre époque, sous prétexte de dépoussiérage et de "modernité," le descend volontiers du piédestal où son génie l'a justement placé pour le mêler à ses querelles, le mesurer à l'aune de ses propres passions et redorer le terne blason de ses causes perdues. Grimarest notait déjà—c'était au début du XVIIIe siècle—que si jamais Molière revenait sur terre, il serait bien incapable de reconnaître ses ouvrages dans la bouche de ceux qui les représentent. Que dirait-il alors du jour d'aujourd'hui? *Inter porcos sparsit margaritas*: nous nous plaisons trop, et à nos dépens, à rejouer devant lui la farce de l'héritier ridicule. Car il est clair que nous avons beaucoup plus à apprendre de Molière que Molière de nous. Et que la seule attitude que nous puissions raisonnablement adopter à son égard est celle du respect et de la fidélité. Servir Molière, c'est d'abord ne pas se servir de lui.

PREMIÈRE PARTIE

DES *PRÉCIEUSES RIDICULES* À *TARTUFFE* : LA COMÉDIE MORALE

"Castigat ridendo mores."

"Le théâtre est l'école de l'homme..."

Chapitre I

SITUATION DE MOLIÈRE:
Théâtre et Société au début du règne de Louis XIV

"Simile gaudet simili"

Tous les historiens de la littérature s'accordent pour attacher, dans le siècle, une importance cruciale aux années 1660. Non seulement parce que Louis XIV décide, à la mort de Mazarin, de concentrer finalement tous les pouvoirs sur sa personne et que la France s'installe—certains diraient s'immobilise—dans la Monarchie absolue, mais aussi parce que de nouvelles valeurs, une nouvelle mentalité, font leur apparition (1). Après le tumulte sanglant des guerres de religion, la Fronde a porté le dernier coup à l'esprit féodal et à ce qui subsistait encore des chimères de l'héroïsme et du romanesque. Le XVIIe siècle est désormais assez adulte, assez mûr et désabusé pour que Corneille cède un peu de sa gloire à Molière et à Racine, et que s'impose de l'homme une vision plus réaliste et plus modérée. Celui-ci est rendu à la conscience de ses limites et de sa nature imparfaite. Il redevient sensible à la présence en lui de l'inéluctable, et de ces mécanismes autour de lui, Dieu, Destin ou Société, qui le dépassent infiniment, et contre lesquels il se sait désarmé. C'est le temps de la démolition du héros. Le temps de Méré, de Pascal et de La Rochefoucauld. Celui, aussi, de Sganarelle ou d'Arnolphe.

Mais n'allons cependant pas imaginer cette coupure plus nette qu'elle ne fut. Dans un article récent, A. Stegmann a rappelé avec beaucoup de pertinence et de force persuasive qu'il était impossible, en dépit des apparences, d'identifier l'âge de Louis XIII à une "dominante héroïque" (2). Si le courant est puissant —il représenterait 20% de la production littéraire de l'époque—, il est combattu par d'autres qui ne le sont pas moins, et qui tous favorisent "l'institution de l'honnête homme" et la "tendance à une commune médiocrité." L'esprit de la Contre-Réforme et celui de la Raison d'Etat, qui visent à l'ordre, à l'alignement et au conformisme, sont par essence hostiles à toute glorification de l'individu. L'humanisme, qu'il soit dévot ou libertin, recherche, dans le sillage de Montaigne, de Charron et du Stoïcisme renaissant, un idéal de sagesse et d'équilibre intérieur; il substitue, à la vaillance militaire, la vaillance philosophique. Quand il abandonne l'ombre des cloîtres et la prière pour s'engager dans le siècle, le mysticisme encourage une vie de charité et de dévouement sans éclat. Les traités politiques et moraux, alors fort nombreux, se caractérisent par un pragmatisme lucide peu propice aux grandes actions. Dans le domaine de la poésie, les influences conjuguées de Régnier, de Saint-Amant et des *Cabinets Satyriques* convergent pour discréditer ou noyer l'esprit héroïque. Et il n'est jusqu'à la littérature romanesque elle-même qui ne participe au mouvement, en proposant du héros une image dégradée et involontairement parodique.

Par ailleurs, l'abandon des beaux rêves de grandeur et de gloire ne va pas sans faiblesse, ni sans déchirements. Il est bien difficile, surtout quand on s'est cru pendant longtemps capable de grandes choses, de douter soudain de son importance, de ne plus se prendre au sérieux, de se résigner enfin à n'être plus que ce qu'on est. Même après l'éclatant succès des *Précieuses ridicules*, Molière, on le sait, reviendra aux empereurs romains. Mascarille pourtant admirable, il posera pour Mignard dans l'habit de Pompée. Il s'entêtera, jusqu'à les parodier chez les autres, à jouer ces rôles tragiques pour lesquels la nature ne l'a manifestement pas fait. Il éprouvera une telle tendresse pour son malheureux *Prince jaloux* qu'il en utilisera les débris non seulement dans *Le Misanthrope*, sans doute celle de ses pièces où il a mis le plus de lui-même, mais aussi dans *Tartuffe*, dans *Amphitryon*, et jusque dans *Les Femmes savantes*. Son *Cocu imaginaire* et son *Ecole des femmes* devront une bonne partie de leur puissance comique à une parodie heureusement inspirée du registre tragique. Sganarelle sera, comme le Cid, écartelé entre l'amour et l'honneur—l'honneur bafoué du mari, et l'amour de la vie et du repos. Il parlera noblement du courage qui le pousse à "venger sa honte," du redoutable "effet de [son] ressentiment," du "scandaleux affront / Qu'une femme mal née imprime sur [son] front." Célie, qui se croit comme lui honteusement trahie, aura ces belles envolées d'indignation tragique:

> Dois-tu ne te pas croire indigne de la vie
> Après t'être souillé de cette perfidie? . . .
> Ah! traître! scélérat! âme double et sans foi!
> . . . Avoir ainsi traité
> Et la même innocence et la même bonté! (3)

Et c'est par l'intermédiaire d'Arnolphe, parlant, comme Sertorius, en maître, maudissant "l'astre qui s'obstine à le désespérer," et disant des injures au "bourreau de destin" responsable de ses malheurs que Molière, faute de pouvoir être un autre Corneille, un Alexandre ou un César convaincants, se décidera à donner à la comédie ses lettres de noblesse. Très perceptible nostalgie d'un royaume tout ensemble humain et théâtral, que Molière avait découvert dans sa jeunesse, au temps de l'Illustre Théâtre, et dont Paris ne pouvait être naturellement pour lui que la capitale. D'où le détour, symbolique, de Rouen: c'est en héros de tragédie, non en "héros de farce" et en "daubeur de mœurs," que Molière partit à la conquête du Roi et du public parisien.

Ceci étant dit, il reste que le système de valeurs et de préjugés qui prévaut dans la société à l'époque de Colbert n'est plus exactement celui qui existait sous Richelieu. Climène et Lysidas ont beau dans *La Critique* déplorer le méchant goût d'un siècle qui s'encanaille furieusement et dont l'obscurité de discernement est telle qu'il déserte les grands ouvrages pour courir aux sottises, la Macarise stoïque de d'Aubignac, avant tout soucieuse de plaire, n'en donnera pas moins dans les vices du temps. Elle abandonnera tout ce que la sagesse qu'elle incarne a de dur et d'austère—cette grande roideur des vertus des vieux âges—pour apparaître sur la scène sociale en véritable héroïne de comédie, le "visage riant," d'"humeur agréable," pourvue "de mille graces" et "revétuë d'habillemens à la mode, d'ornemens propres à paraître devant le beau Monde." Elle ne cherchera nullement à détruire "les plaisirs honnêtes," ni à contredire "les règles de la bienséance." Elle n'aura d'aversion que pour le vice, dont "elle ne peut souffrir la société," et son but sera d'"enseigner la vertu par le plaisir," de "divertir le monde en le corrigeant," de "travailler en se jouant" à sa "réformation" (4). Si Molière ne put jamais, comme il l'avait espéré, triompher à Paris en héros de tragédie, ce n'est peut-être pas seulement parce que son physique et sa diction le desservaient dans les grands rôles sérieux du répertoire. C'est peut-être aussi parce que son génie comique répondait trop aux goûts et aux besoins du temps pour qu'il pût songer, ne serait-ce qu'un instant, à lui échapper.

Car il apparaît bien que le phénomène Molière s'explique avant tout par la rencontre d'un homme et d'une époque: d'une époque qui a décidé de ne plus prendre au sérieux que les choses qui la divertissent, et d'un homme qui tout en venant combler ce goût pour le divertissement désire très certainement être pris au sérieux. Il suffit pour s'en convaincre de consulter le chapitre solidement documenté que R. Bray, dans son *Molière homme de théâtre*, a consacré à l'histoire du répertoire de la troupe (5). Pendant les quatorze saisons de leur activité parisienne, Molière et ses compagnons ont monté et représenté quatre-vingt quinze pièces différentes, soit cinquante et une comédies et treize farces contre vingt-trois tragédies, quatre tragi-comédies et autant de pastorales. La supériorité du théâtre comique sur le théâtre sérieux que ces chiffres attestent déjà avec suffisamment de clarté est rendue encore plus évidente si l'on considère non plus le nombre des pièces et leur répartition entre les différents genres, mais celui des représentations elles-mêmes. On arrive alors, nous apprend R. Bray, à un total de près de deux mille représentations pour les farces et les comédies, alors que les tragédies, tragi-comédies et pastorales n'atteignent pas le chiffre de cinq cents. C'est qu'en général les pièces sérieuses n'ont eu que de courtes carrières, et que le succès a au contraire assuré aux comédies et aux farces une longévité plus grande. Si par exemple la troupe connaît, de 1669 à 1673, l'aisance des saisons faciles—la part atteint en 1669 le chiffre record de 5500 livres, et elle sera encore de 4500 livres en 1672—, c'est que Molière fut seul, ou presque seul, à alimenter le répertoire avec ses farces musicales et ses comédies-ballets, et que le public ne se lasse pas de ce genre de spectacle. Si en revanche les débuts furent difficiles, ce n'est pas seulement parce que la troupe eut à s'installer, à se faire connaître, à lutter contre les Grands Comédiens de l'Hôtel de Bourgogne, à déménager sans préavis du Petit-Bourbon pour prendre possession du Palais-Royal, mais aussi—et surtout—parce qu'elle joua beaucoup de pièces sérieuses—six tragédies du grand Corneille en 1659-1660, quatre en 1660-1661, trois en 1661-1662, sans oublier Tristan, Du Ryer, Rotrou, Gilbert, Coqueteau de la Clairière, Magnon, Prade et Boyer. Le succès vint avec *Les Précieuses, Le Cocu imaginaire, L'Ecole des maris* et *Les Fâcheux*. *L'Ecole des femmes* connut de l'hiver 1662 à celui de l'année suivante deux séries brillantes de trente-deux représentations. Et la saison 1663-1664, qui retentit des bruits de la guerre comique, fut, avec *La Critique* et *L'Impromptu*, en tous points "exceptionnelle." D'abord parce que Molière est décidément devenu un auteur à la mode, et son théâtre le rendez-vous du Tout-Paris. Ensuite parce que sur les vingt-quatre pièces qui furent représentées cette année-là ne figurent que quatre tragédies, contre quinze comédies et cinq farces—alors qu'en 1659-1660 la proportion, sur un total de vingt-neuf pièces, était de treize tragédies pour deux farces et quatorze comédies.

Rapprochés des témoignages contemporains, qu'ils vérifient et qu'ils précisent, ces chiffres remarquablement éloquents mais un peu froids s'animent soudain d'une vie intense. L'impression se confirme alors, dans un premier temps, d'une ascension difficile, mais relativement régulière, qui conduit des *Précieuses* à *L'Impromptu* et qui est indiscutablement fonction de l'attachement, grandissant ou non, que la troupe manifeste pour le comique. La preuve en est par exemple que la saison 1662-1663, marquée avec l'arrivée du tragédien Brécourt par "un retour momentané (et relatif) au tragique"—Molière redonne *Dom Garcie* et Corneille—, fut au total moins heureuse, malgré sa fin extrêmement brillante, que la précédente—caractérisée, elle, par un net glissement du répertoire vers la comédie. Et que ce furent bien en définitive, comme l'affirment les *Segrais* et les *Ménag(e)-iana*, *Les Précieuses* "qui mirent Molière en réputation," recueillant "un applaudissement général" et "l'approbation de tout Paris.» Molière, écrit un Grimarest exact en l'occurrence, et heureux de l'être, "enleva tout à fait l'estime du public en 1659 par *Les Précieuses ridicules*. Cette pièce fut représentée au simple la première fois, mais le jour suivant on fut obligé de la mettre au double, à cause de la foule incroyable qui y avait été le premier jour." Après le succès du *Cocu*—qu'atteste, entre autres choses, la copie féminisée de F. Donneau—, celui de *L'Ecole des maris* confirma que Molière était "entièrement maître du théâtre dans le genre qu'il avait choisi," et *Les Fâcheux* achevèrent de lui donner "la supériorité sur tous ceux de son temps qui travaillaient pour le théâtre comique. La diversité des caractères, dont cette pièce est remplie, et la nature que l'on y voyait peinte avec des traits si vifs, enlevaient tous les applaudissements du public . . . Toutes les dissertations malines que l'on faisait sur ses pièces n'en empêchaient pourtant point le succès; et le public était toujours de son côté." On connaît par ailleurs la fameuse *Lettre* de La Fontaine à Maucroix à propos des *Fâcheux*—

> Cet écrivain par sa manière
> Charme à présent toute la Cour.
> De la façon que son nom court,
> Il doit être par delà Rome . . .

—la non moins fameuse conclusion des "Stances" de Boileau:

> Laisse gronder tes envieux;
> Ils ont beau crier en tous lieux
> Qu'en vain tu charmes le vulgaire,
> Que tes vers n'ont rien de plaisant:
> Si tu savais un peu moins plaire,
> Tu ne leur déplairait pas tant (6).

Et l'on se souvient que si le Turlupin de *La Critique* juge *L'Ecole des femmes* "la plus méchante chose du monde," c'est parce que la foule du peuple lui a outrageusement piétiné les orteils, qu'il a pensé périr étouffé à la porte du théâtre, et que ses canons, sa perruque et ses rubans sont sortis de l'aventure aussi froissés que son amour-propre.

Le vieillard du parterre avait donc bien raison d'encourager publiquement Molière. Il ne faisait qu'exprimer un sentiment à peu près général: c'était là, vraiment, de la bonne comédie. Bonne à un tel point que les envieux eux-mêmes ne pouvaient faire autrement que d'en reconnaître le succès. Ils essayèrent naturellement d'expliquer celui-ci par la mise en œuvre de "ressorts" et de "brigues," la distribution des "coups de chapeau" et des "loges à deux pistoles," la recherche politique des protecteurs, des "approbateurs" et des "applaudissements mendiés" (7). Ou par la curiosité, et la spéculation qui toujours l'accompagne: qui Molière a-t-il joué dans *La Critique*? Ou encore, par l'empire irrésistible de la mode, qui fait que le seul nom d'un auteur, une fois que celui-ci s'est acquis de la réputation, suffit à assurer le succès de ses pièces. "La préoccupation que l'on a pour une personne," remarquait par exemple Donneau de Visé, "fait plus des trois tiers de la réüssite de ses Ouvrages. Nous voyons tous les jours quantité de Pièces qui réussissent par la bonne opinion que l'on a d'un Autheur" (8). Et Cléronte s'emportait dans *Zélinde* contre un temps qui juge d'un homme par le soulier, l'estime par la forme de son chapeau, et l'oblige, tant est forte en chacun la crainte du ridicule, d'applaudir avec les autres à tout ce qui sort de la plume d'Elomire. Mais les envieux avaient beau dire et beau faire. Il était bien difficile, malgré qu'on en eût, de s'opposer efficacement au "torrent des applaudissements" que Molière recevait "tous les jours," d'empêcher "presque toute l'Europe" de s'entretenir de lui et de "dire du bien de ses ouvrages," de ne pas confesser enfin avec Aristide qu'"il a le vent en poupe," avec Alcipe que "les rieurs sont de son côté," que son théâtre "crève de peuple" avec le Chevalier, et que "la foule est grande à ses pièces" avec l'auteur des *Observations sur le Festin de Pierre* (9). Tout le monde trouvait peut-être ses comédies méchantes, mais tout le monde y courait. C'est là qu'on allait rire. On n'avait plus le choix: il fallait, pour plaire, "estre Molière, ou faire comme lui" (10). Et l'accord sur ce point est tellement unanime—"C'est là faire et jouer des pièces comme il faut," dira encore, en 1670, Le Boulanger de Chalussay (11)—que l'affirmation malveillante de Montfleury perd toute saveur ironique et s'interprète spontanément *literaliter*: "... Il faut que tout cède au Bouffon d'aujourd'hui, / Sur mon âme à présent on ne rit que chez lui ..." (12).

Le succès de Molière fut d'ailleurs d'une ampleur et d'une qualité telles qu'il aboutit, pour ainsi dire naturellement, à une étroite collaboration entre l'auteur et son public. Donneau de Visé, avec ses *Nouvelles Nouvelles*, est encore ici notre meilleur témoin. Il rapporte qu'après la réussite des *Précieuses*, les gens de qualité, ceux-là mêmes que Molière avait si bien raillés dans sa comédie, lui "donnerent eux mesmes, avec beaucoup d'empressement, des memoires de tout ce qui se passait dans le monde, et des portraits de leurs propres deffauts, et de ceux de leurs meilleurs amis." Que le même phénomène se reproduisit après *Le Cocu imaginaire*, où Molière reçut, paraît-il, "plus de memoires que jamais" et où—*quod vidit, testatur*—Donneau le vit bien embarrassé un soir après la comédie, "qui cherchoit par tout des tablettes, pour écrire ce que luy disoient plusieurs personnes de condition, dont il estoit environné: tellement que l'on peut dire qu'il travailloit sous les gens de qualité, pour leur apprendre à vivre à leurs dépens." Qu'après enfin *L'Ecole des maris* le flot des collaborateurs bénévoles avait encore grossi, au point que "nostre Autheur ... receut des memoires en telle confusion, que de ceux qui luy restoient, et de ceux qu'il recevoit tous les jours, il en auroit eû de quoy travailler toute sa vie, s'il ne se fût advisé, pour satisfaire les gens de qualité, et pour les railler, ainsi qu'ils le souhaittoient, de faire une Piece où il pût mettre quantité de leurs Portraits." Ainsi s'explique selon Donneau de Visé la naissance des *Fâcheux*, qui ne serait rien d'autre qu'"un amas de Portraits détachez, et tirez de ces memoires" (13).

Nous avons d'autant moins de raisons de douter de cette collaboration que Molière lui-même en confirme l'existence à trois reprises. D'abord, de la façon la plus formelle et la plus éclatante, dans sa dédicace des *Fâcheux* au Roi, où il s'enorgueillit non seulement de la "glorieuse approbation" dont Sa Majesté a daigné "honorer" sa pièce, mais encore de l'ordre qu'Elle lui donne d'y ajouter un caractère de Fâcheux, dont, précise-t-il, "Elle eut la bonté de m'ouvrir les idées Elle-même, et qui a été trouvé partout le plus beau morceau de l'ouvrage." Ensuite, dans sa "Préface" de *L'Ecole des femmes*, où répondant à une accusation que Donneau de Visé, justement par l'intermédiaire de deux personnages de ses *Nouvelles Nouvelles*, venait de lancer contre *La Critique*—elle n'est pas de lui, mais de l'abbé du Buisson; ou si elle est de lui, ce n'est pas lui qui en a eu l'idée (14)—, Molière précise de quelle façon "une personne de qualité, dont l'esprit est assez connu dans le monde, et qui [lui] fait l'honneur de [l']aimer," exécuta en deux jours un projet dont lui-même, Molière, avait parlé le premier, et dont l'idée lui était venue "après les deux ou trois premières représentations" de son *Ecole*, pour "venger le public du chagrin délicat de certaines gens." Enfin dans *La Critique* elle-même, où Uranie propose à Dorante, puisque chacun des interlocuteurs en serait content, de "faire un mémoire" de tous les propos qui viennent d'être échangés sur le sujet de *L'Ecole des femmes*, et de remettre ce mémoire à Molière qui—selon son habitude?—en fera une comédie.

Confirmations précieuses. On conçoit aisément en effet, dans une société de mimes et de masques, qui vit les yeux constamment fixés sur la personne du Roi, et dont l'unique préoccupation est de faire ce qu'Il fait comme Il le fait au moment où Il le fait, que cette collaboration illustre et connue ne pouvait manquer de susciter l'émulation de tous les courtisans et autres "gens de qualité" du Royaume. Et l'on comprend mieux alors cette singulière participation du public à l'invention de comédies dont l'ambition avouée était de faire rire du ridicule et des défauts de tout le monde. En se substituant à Molière, l'abbé du Buisson, comme tous les auteurs de mémoires dont parle Donneau de Visé, pouvait désormais se recommander d'un exemple auguste. *Les Précieuses ridicules* avaient permis à Molière de prendre conscience des goûts du public, de conquérir les loges et le parterre, et de s'engager, non sans réticences, sur la voie du succès. *Les Fâcheux*, qui attirent l'attention bienveillante du Roi, qui suscitent sa collaboration, et que Paris accueillera aussi bien que la Cour, installent définitivement Molière dans le domaine du comique et constituent pour lui la plus décisive des consécrations. Pour reprendre une heureuse formule de R. Fernandez, le voici promu, par ce geste fondateur du Monarque, à la fonction de "Secrétaire d'Etat au Ridicule" (15).

Fonction, nous le verrons bientôt, plus officielle qu'il n'y paraît peut-être, et qui comporte en tout cas, parallèlement aux avantages indiscutables qu'elle procure, son lot de servitudes et d'amertumes. Comme le dit Molière lui-même dans sa dédicace des *Fâcheux*, l'approbation royale était certes de taille à "entraîner hautement celle de tout le monde." Fort de cet auguste appui, Molière est plus que jamais à même, que ce soit dans son Avertissement des *Fâcheux*, sa Préface à *L'Ecole des femmes*, sa *Critique* ou son *Impromptu*, de se faire contre les grincheux un bouclier des "rieurs," de s'en remettre "aux décisions de la multitude," d'affirmer qu'"il ne se soucie pas qu'on fronde ses pièces, pourvu qu'il y vienne du monde," qu'il tient pour "aussi difficile de combattre un ouvrage que le public approuve, que d'en défendre un qu'il condamne," et qu'enfin, en dépit du "savoir enrouillé des pédants," des règles d'Aristote et d'Horace, de la *protase*, de l'*épitase* et de la *péripétie*, le seul grand art consiste à remplir son théâtre en écrivant des comédies qui plaisent "à ceux pour qui elles sont faites." Mais qui ne voit par ailleurs qu'en faisant ainsi du "bonheur de plaire" aux rieurs de la Cour et de la Ville le principe même et la fin de son art, Molière se propose une tâche sinon impossible, du moins extrêmement délicate et complexe? Si le succès éclatant des *Fâcheux* permet à Molière de crier victoire—vous savez bien, dit Donneau de Visé, que "Quand on a réüssi, on est justifié"—, il a aussi pour conséquence directe de le contraindre à se poser avec une acuité nouvelle le problème majeur de la *qualité* du public auquel il entend s'adresser. Relativement stable dans sa composition et limité en nombre, ce public est en revanche loin d'être homogène. Grimarest est très clair à ce sujet, et la diversité étonnante de l'œuvre ne fait que confirmer ses dires: à partir du moment où il se partage entre la Cour et la Ville, Molière doit divertir à la fois trois sortes de personnes, le Courtisan, le Connaisseur et le Bourgeois, dont les goûts, c'est le moins qu'on puisse dire, ne se ressemblent guère:

> La Cour se plaisait aux spectacles, aux beaux sentiments de *La Princesse d'Elide*, des *Amants magnifiques*, de *Psyché*; et ne dédaignoit pas de rire à *Scapin*, au *Mariage forcé*, à *La Comtesse d'Escarbagnas*. Le peuple ne cherchait que la farce, et négligeoit ce qui étoit au-dessus de sa portée. L'habile homme vouloit qu'un Auteur comme Molière conduisît son sujet, et remplît noblement, en suivant la nature, le caractère qu'il avait choisi à l'exemple de Terence (16).

Dispar Convivium, eût dit Erasme (17). Lorsque le diligent *Spudus* vient, dans les *Colloques*, confier à *Apitius*, spécialiste en la matière, son ambition de donner un banquet qui ne déplaise à aucun des convives qu'il y invitera—"Magno studio molior convivium, in quo nulli displiceam convivarum, placeam omnibus"—, celui-ci lui répond, *tanta est palatorum varietas*, qu'il est vain d'espérer l'impossible, et que la meilleure façon de plaire à tout le monde est encore de n'inviter personne ("Ne conare, quod fieri non potest... Nulli ut displiceas, nullum invitare memento"). Et il ajoute, pour illustrer sa pensée: *Quae fuit unquam tam bene vel conscripta vel acta fabula, ut toti placuerit theatro?* Molière a beau vouloir se faire Tout-à-tous, afficher toute la souplesse d'Alcibiade, être austère à Sparte, voluptueux en Ionie, magnifique en Perse, éloquent à Athènes, muet en Laconie, proclamer dans sa *Critique* que "le bon sens n'a point de place déterminée à la comédie" ou que "la différence du demi-louis d'or et de la pièce de quinze sols ne fait rien du tout au bon goût," défendre d'un même élan le jugement du parterre (contre la Cour) et celui de la Cour (contre les pédants), l'entreprise se révélera vite impraticable. "Je plains fort," dira Racine, "le malheur d'un homme qui travaille pour le public" (18). On sait par exemple qu'après *Les Fourberies*, Boileau, qui avait admiré *Le Misanthrope* en connaisseur, reprochera à Molière d'être trop "ami du peuple en ses doctes peintures," et d'allier à la finesse et à l'urbanité de Térence les bouffonneries de Tabarin. On sait aussi—du moins si l'on en croit Grimarest—que la Cour accueillit d'abord *Le Bourgeois gentilhomme* avec un "mépris assommant," sous prétexte que son auteur y donnait trop visiblement dans la "farce italienne"; et que inversement le peuple de Paris, "qui voulait plus rire qu'admirer," et qui n'aimait point "tout ce sérieux qui est répandu dans cette pièce," avait de son côté boudé *Le Misanthrope* à un point tel que Molière, pour relancer sa troupe sur le chemin du succès en faisant "rire le Bourgeois de la rue Saint Denis," dut rédiger en hâte sa farce gauloise du *Médecin malgré lui* (19). Et même en rectifiant l'erreur de Grimarest—*Le Fagotier* ne fut pas donné pour soutenir la quatrième représentation du *Misanthrope*, mais seulement le 6 août 1666—, même en refusant de dire avec Voltaire, "à la honte de la nature humaine," que le Sage dut "se déguiser en farceur pour plaire à la multitude" (20), il reste que la majorité des spectateurs parisiens ne comprit pas les beautés du *Misanthrope* (21), et que ce glissement brutal du haut comique à la farce triviale, évidemment tactique, traduit bien quelque chose des difficultés auxquelles Molière, en raison de la disparité de son public, se trouvait continuellement confronté. "Si je travaillais pour l'honneur," aurait répondu Molière à un Chapelle qui lui reprochait son 'goût de la farce,' "mes ouvrages seraient tournés tout autrement: mais il faut que je parle à une foule de peuple, et à peu de gens d'esprit, pour soutenir ma troupe; ces gens-là ne s'accommoderaient nullement de votre élévation dans le style et dans les sentiments; et vous l'avez vu vous-même: quand j'ai hasardé quelque chose d'un peu passable, avec quelle peine il m'a fallu en arracher le succès" (22).

Malgré tout, il fut un temps où Molière, sans doute parce que son théâtre avait tous les charmes de la nouveauté et que la mode s'était emparée de lui, parvint à faire mentir *Apitius*, et à établir avec les différentes parties de son public une complicité et une harmonie profondes. Il faut en effet, en dépit des envieux de tous poils et de la "guerre comique" de 1663, attendre l'interdiction du premier *Tartuffe* (mai 1664) pour distinguer entre Molière et l'idéologie sociale dominante une crise réellement digne de ce nom—crise dont l'importance ne saurait d'ailleurs être surestimée puisque c'est elle qui va, à notre sens, amener Molière à remettre peu à peu en question la théorie comique qui a implicitement ou non orienté la création des premières années, et dont on découvre sans doute l'expression la plus achevée non dans les pièces polémiques de 1663, ni dans la Préface et les Placets de *Tartuffe*, mais dans la *Lettre* de 1667 *sur la comédie de l'Imposteur*. Jusqu'à cette date, tout indique que Molière a trouvé l'art de plaire au plus grand nombre des spectateurs de la Cour et de la Ville. Et il peut d'autant plus légitimement passer pour le Térence de son siècle qu'il est comme son modèle latin—du moins pour ce qui concerne la période 1659-1664—de ceux qui s'appliquent avant tout à complaire au plus possible d'honnêtes gens, et à en offenser le moins possible:

> Si quisquam est qui placere se studeat bonis
> Quam plurimis et minime multos laedere,
> In his poeta hic nomen profitetur suom (23).

Le fait a été remarqué de tous les contemporains: *omnium horarum homo*, Molière à su mieux que personne pratiquer ces préceptes de la sagesse et de la rhétorique antiques que par exemple Erasme avait rassemblés dans ses *Adages* et qui font de l'accommodement au temps, au lieu et aux personnes—"servire tempori, et rebus praesentibus sese accommodare"—le sommet de l'humaine *prudence* (24). Ce n'est pas en vain que l'Abbé d'Aubignac avait consacré un chapitre de sa *Pratique du Théâtre* à rappeler "comment l'auteur doit avoir les spectateurs en sa pensée" quand il écrit des comédies (25). Dès *Le Cocu imaginaire*, Neuf-Villenaine loue en Molière un discernement "propre à choisir ce qui plaît" (26). Donneau de Visé ne cesse, dans ses *Nouvelles Nouvelles*, de répéter que Molière a "de l'esprit" et qu'il sait ce qu'il faut faire pour réussir; que cet esprit "consiste principalement à se sçavoir bien servir de l'occasion" et à "bien faire son profit des conseils d'autruy"; que si l'auteur de *L'Ecole des femmes* mérite des louanges, c'est seulement "pour avoir choisi entre tous les sujets [de Straparolle], *celuy qui venoit le mieux au temps*"; que "l'on doit plustost estimer l'adresse de ceux qui réüssissent en ce temps, que la grandeur de leur esprit," et qu'il ne faut somme toute pas s'étonner du succès qui est le leur, puisque "loin de combattre les mauvais gousts du siecle et de s'opposer à ses appetitz déreglez pour luy faire reconnoistre son erreur, ils s'accommodent à sa faiblesse" (27). Grimarest note de même que l'échec du *Prince jaloux* fut positif en ceci qu'il permit à Molière de mieux connaître le goût du temps, et de s'y accommoder entièrement dans *L'Ecole des maris* (28). Chappuzeau, qu'"il sceut si bien prendre le goust du siecle et s'accommoder de sorte à la Cour et à la Ville, qu'il eut l'approbation universelle de côté et d'autre" (29). Et, vers la fin de ce même siècle, la future Mme Dacier dira encore, dans les "Remarques" qui précèdent sa traduction de l'*Amphitruo* de Plaute, que Molière a eu pour son temps la même complaisance qu'Aristophane et Plaute pour le leur: "Comme eux," concluera-t-elle, "il a voulu attirer le Peuple, en travaillant pour la Cour il n'a pas oublié la ville, et avec le revenu des loges, il a voulu fonder celuy du parterre" (30).

Et de fait, tout dans le théâtre de Molière comme dans sa vie, pour cette époque qui va de l'installation au Petit-Bourbon à l'interdiction de *Tartuffe*, montre qu'il est en bon humaniste homme qui "possède parfaitement son théâtre et qui, dans la pièce qu'il doit jouer, remplit son rôle avec convenance et harmonie"—*qui suam novit scenam, eique sese accommodans, in ea fabula quae in manibus est, suas partes concinne et cum decoro tutatur* (31). Dans *Dom Garcie de Navarre*, Elise ne cesse de rappeler au malheureux Prince jaloux que la diversité brutale des tempéraments, des jugements et des goûts contraint nécessairement celui qui veut plaire à adopter une attitude de complaisance, pour l'évidente raison—*Simile gaudet simili*—que "Nous n'aimons rien tant que ce qui nous ressemble" (32). C'est "travestie" en Marquis de Cour, "Arborant un chapeau chargé de trente plumes / Sur une perruque de prix," que la Muse de Molière se rend au Louvre pour remercier le Roi de ses bienfaits (33). Et c'est lui-même en courtisan averti, très désireux de plaire et "habile à ménager tous les puissants" (34) que Molière dédicace ses premières comédies: *L'Ecole des maris*, à Monsieur; *Les Fâcheux*, au Roi; *L'Ecole des femmes*, à Madame; et en pleine guerre comique, *La Critique* à la Reine Mère, qui "ne dédaigne pas de rire de cette même bouche dont elle prie si bien Dieu," et qui prouve si éloquemment, par sa personne, que "la véritable dévotion n'est point contraire aux honnêtes divertissements." Politique payante, puisque le Roi pensionne Molière en 1663, le soutient publiquement dans sa lutte contre l'Hôtel de Bourgogne, lui commande expressément *L'Impromptu de Versailles*, devient en 1664 le parrain de son premier fils, le fait enfin contribuer activement, avec *La Princesse d'Elide*, à la Fête des "Plaisirs de l'Ile Enchantée." Et payante d'autant plus qu'elle semble chez Molière avoir été, plus que le fruit d'un calcul intéressé, l'expression naturelle et spontanée d'un tempérament. Une image alors se propose à nous, cette image si bien décrite par R. Fernandez d'après une estampe du temps, celle d'un Molière "courbé en deux, le pied droit avancé, le jarret tendu, le chapeau à la main, la perruque pendante, la parole facile et docile aux reflets de l'humeur sur le visage du sollicité" (35).

Tous ces détails, certes, sont connus. Et Valéry, qui n'imaginait dans l'art rien de plus louche et de plus impur que la considération d'un public, ne les aurait sans doute guère appréciés. Ils valaient cependant la peine d'être rappelés ici, parce qu'ils tendent tous à souligner l'existence, entre Molière et son temps, d'une communion d'idées et de sentiments qui, jusqu'au milieu du printemps 1664, ne fait que s'approfondir—et qui est pour nous doublement précieuse. D'abord parce qu'elle constitue bien évidemment la pierre angulaire de la création comique moliéresque à ses débuts, la raison d'être du caractère "réaliste" et "moral" de la comédie première manière, et de sa théorie. Ensuite parce qu'elle nous rappelle, d'une part, que le théâtre, et surtout le théâtre comique, et surtout le théâtre de Molière, est par essence, autant qu'un phénomène littéraire, un phénomène de société, le point de rencontre d'un génie créateur et d'une mentalité collective, le produit de leur étroite collaboration; d'autre part, que cette mentalité collective attache au théâtre, qui oriente et domine alors le sens que l'homme accorde à l'existence, une importance de premier plan. Jamais sans doute une œuvre théâtrale n'aura à ce point avoué une vocation aussi nettement sociale. Inversement, jamais sans doute une société n'aura non plus à ce point assimilé ses structures et ses codes à ceux d'une comédie, ne se sera aussi lucidement éprouvée et voulue théâtre (36). A lire les ouvrages de l'époque, à mesurer l'ampleur de l'échange entre la salle et la scène, la réalité et l'illusion, la vie et le théâtre, on finit même par se demander si ce dernier, à force de s'incorporer, pour la refléter, toute la substance du réel, ne finit pas par s'y perdre et par ne plus être exactement ce que nous appelons aujourd'hui, d'une façon traditionnelle, le théâtre. Car il ne s'agit plus seulement à proprement parler d'un spectacle, mais d'une "étrange entreprise" où les frontières entre les deux univers, d'ordinaire nettement définies, tendent à s'estomper, voire même à disparaître complètement.

D'un côté en effet, le spectateur envahit la scène: littéralement parlant, on le sait, puisque l'habitude s'est établie au XVIIe siècle, en raison de l'exiguïté des salles et de la popularité croissante du théâtre, de l'y installer sur des chaises de paille. Acteur parmi les autres, il peut alors comme le fâcheux d'Eraste ou le snob de Dorante offrir aux loges et au parterre une "seconde comédie," un spectacle choquant ou ridicule, contraire en tout cas au bon goût et aux règles de la bienséance. Il peut aussi simplement, par sa présence et sa participation, par ce mouvement qui le porte vers la scène comme vers son milieu naturel, chercher, consciemment ou non, à exprimer la qualité éminemment théâtrale de son existence, son statut social de personnage en perpétuelle représentation. Donneau de Visé rapporte dans ses *Nouvelles Nouvelles* que les "gens de qualité" sont non seulement bien aises d'être raillés publiquement dans les comédies de Molière, mais encore tellement désireux de faire savoir aux autres qu'ils le sont, "qu'il s'en trouvoit qui faisoient en plain Theatre, lors que l'on les joüoit, les mesmes actions que les Comediens faisoient pour les contrefaire" (37). Etonnant jeu de miroirs et de reflets multipliés, où l'original se joue en même temps que sa copie, comme pour montrer à quel point, tant la double imitation est parfaite, lui et elle, l'être et le paraître, la réalité et l'illusion, sont désormais interchangeables, et où il est au fond question, par delà les puériles manifestations de l'amour-propre, de rendre hommage à ce pouvoir singulier que possède en soi le théâtre, par le fait même qu'il transforme nécessairement la personne en personnage, de montrer exactement les hommes tels qu'ils sont, c'est-à-dire de les révéler à eux-mêmes dans toute leur vérité d'acteurs et de comédiens. On lit en tête d'une des nombreuses éditions que le XVIIe siècle nous a laissées des Comédies de Térence:

> Praeclare dixit olim inter Graecos Philosophos sapientissimus Democrates [sic pour Démocrite], ὁ κόσμος σκηνή, ὁ βίος πάροδος. *Fabula* enim *vita est*, cujus Author Deus, actor Homo; qui in hoc mundi *Theatro* constitutus, *personam* sustinet, quam ei imposuit, ut rerum omnium, ita hujus vitae ac scenae *Moderator* supremus: huic divitis, isti pauperis; huic inglorii, isti illustris; huic domini, isti servi; et diversis, ac saepe uni, varias concessit *partes*; quas gnaviter *agere*, illud demum Hominis est, ac sapientis: ac maximam meretur laudem, qui, quam suscepit *personam*, eam strenue gerit: multum enim refert, quam bene acta sit *fabula* (38).

Mundus universus exercet histrionam; hic humanae vitae mimus: comme ce "grand rieur" de Démocrite, comme le Sénèque des *Epîtres à Lucilius*, comme Epictète, dont l'*Enchiridion* est traduit en 1655 par Gilles Boileau, comme Erasme qui, au début du XVIe siècle, retrouve dans son *Encomium Moriae* la vision de ses prédécesseurs, comme Montaigne enfin, citant Pétrone à travers le *De Constantia* de Juste Lipse, le XVIIe siècle classique pense que la vie est un théâtre, et que l'homme a été mis sur la terre non pour choisir, mais pour bien jouer le rôle qu'il a plu au Maître de la comédie de lui donner (39). Le Chevalier de Méré rappelle aux "personnes du monde," en scrupuleux pédagogue de l'honnêteté, qu'il suffit, pour "avoir le bon air" et bien faire ce qu'on fait, de posséder un bon talent d'acteur, et qu'il n'est pas inutile, en beaucoup d'occasions, "de regarder ce qu'on fait comme une comédie, et de s'imaginer qu'on joüe un personnage de théâtre" (40). Et pour La Rochefoucauld, "c'est être véritablement honnête homme que de vouloir être toujours exposé à la vue des honnêtes gens" (41).

Inversement, nous l'avons vu, et de la même façon que le spectateur l'était vers la scène, Molière semble avoir été attiré vers la salle et le siècle, désireux de *venir au temps* en s'accommodant à son humeur et à ses goûts, et d'abolir par tous les moyens possibles la distance qui le séparait de son public. C'est encore en lui l'une de ces choses qui a le plus frappé l'imagination de ses contemporains: que ce soit louange ou blâme, ils ne font pas de différence entre lui et le siècle, à tel point qu'aujourd'hui nous ne savons plus très bien, en dépit de leurs affirmations, si Molière a fait de ses comédies des "Satires" et des "Tableaux du temps" parce que la *satire* et la *bagatelle*—comprenez la peinture des choses communes—étaient à la mode, ou si au contraire les Satires et les Tableaux du temps ont été à la mode parce que Molière en a fait la substance de ses comédies. Molière est pour eux le siècle, et le siècle Molière. Faut-il comme eux parler de cause et d'effet, ou simplement de sympathie profonde? Quelle chance a Molière, fait remarquer Zélinde, "que d'avoir rencontré un siècle où l'on ne se plaît qu'à entendre des satires" (42)! D'un côté en effet la satire est "à la mode," elle est "en vogue"' elle est "en règne" comme le sont les chapeaux ronds ou le point de Venise (43). Et de l'autre, Molière "satirise tout," Marquis, Précieuses, Coquettes et Cocus, se pose en censeur des mœurs et en fléau des vicieux, assigne pour but à la comédie d'"entrer comme il faut dans le ridicule des hommes" et de "rendre agréablement sur le théâtre les défauts de tout le monde." Autre coïncidence troublante, le public déserte les grands et solides ouvrages, "les choses les plus fortes et les plus relevées"; il "ne veut plus rien que de naturel," il s'intéresse seulement à la peinture et à la représentation des choses ordinaires de la vie. "Ce n'est que par là que l'on réüssit présentement," constate par exemple Donneau de Visé: "Décrire ce qui se dit, et ce qui se fait tous les jours, et le bien représenter, c'est avoir trouvé l'unique moyen de plaire" (44). Et Molière, le souple Molière, donne dans les tableaux du temps, se fait "contrefaiseur de gens," et les portraits dont il orne ses comédies sont tellement ressemblants "que chacun s'y connaît." Affirmations qui n'ont rien de gratuit: Molière est devenu très vite pour ses contemporains "le Peintre ingénieux de tant de beaux tableaux de siècle," celui qui travaille toujours sur le vif, "d'après nature," qui dans un premier temps observe les gens, dessine leurs grimaces sur ses tablettes, pour les faire ensuite "représenter au naturel sur son théâtre" (45). Dès *Le Cocu imaginaire*, Neuf-Villenaine souligne que si les pièces de Molière ont un tel succès, c'est parce qu'elles ne comportent "rien de forcé," que "tout y est *naturel*"—voilà le grand mot lâché—, et que même les spectateurs *a priori* récalcitrants se voient contraints de confesser "que les passions produiraient en eux les mêmes effets qu'ils produisent en ceux qu'il [Molière] introduit sur la scène." Et ce qui selon lui, outre le talent d'acteur de Molière, explique l'extraordinaire réussite de Sganarelle, c'est qu'il n'a "aucun mouvement jaloux, ni ne pousse aucuns sentiments que l'auteur n'ait peut-être ouïs lui-même de quantité de gens au plus fort de leur jalousie, tant ils sont exprimés naturellement: si bien que l'on peut dire que quand il veut mettre quelque chose au jour, il le lit premièrement dans le monde" (46). De *L'Ecole des maris*, Donneau de Visé constate *dente superbo*, comme un nouvel exemple des mauvais goûts du siècle, que "c'est encore un de ces tableaux des choses que l'on voit le plus fréquemment arriver dans le monde." Et les belles parties qu'en dépit d'un jugement au total négatif il reconnaît à *L'Ecole des femmes* tiennent pour lui au fait qu'elle est remplie de choses "si naturelles, qu'il semble que la nature elle-même ait travaillé à les faire" et de "portraits de la nature qui peuvent passer pour originaux." Dans sa *Lettre* plus tardive *sur la comédie du Misanthrope*, il dira encore que la grande scène de l'acte IV entre Alceste et Célimène est un chef-d'œuvre parce qu'"on y voit un portrait, naturellement représenté, de ce que les amants font tous les jours en de semblables rencontres." Jamais homme, enfin, "n'a su si naturellement décrire, ni représenter les actions humaines." Et chacune de ses comédies est saluée comme "un tableau au naturel de ce qui se passe" (47). On comprend alors, dans un tel contexte, la signification de ce mouvement très perceptible qui conduit Molière de la charge bouffonne des *Précieuses* au réalisme total de *L'Impromptu*. La "tranche de vie," et la déclaration publique qui la couronne, constituent le point d'aboutissement logique de cette osmose de plus en plus parfaite qui existe, de par leurs volontés conjuguées, entre la scène et la salle. En apparaissant ainsi devant son public à masque levé, Molière se joue exactement comme il a joué les autres et confirme sa vocation de portraitiste du siècle.

On aura peut-être remarqué, dans ce double mouvement qui pousse l'un vers l'autre Molière et son public, la dynamique paradoxale et suicidaire propre à tout art *réaliste*—et en particulier à tout théâtre qui se propose uniquement la reproduction de la réalité pour objet. Sa perfection même—dans la mesure bien sûr où celle-ci est, sinon possible, du moins concevable—la voue de soi nécessairement au non-être, puisque s'il atteignait véritablement son but—la reproduction exacte du réel—, il se fondrait *ipso facto* dans la réalité qu'il aurait reproduite et ne pourrait conséquemment plus être perçu en tant que tel, dans sa spécificité artistique ou théâtrale. C'est pourquoi, à la manière de ce fâcheux venant par ses questions interrompre la répétition d'une pièce qui finalement, remarquons-le, ne sera pas jouée, la réalité fait dans *L'Impromptu* son entrée pour disputer la scène au théâtre, démontrer son caractère essentiellement théâtral, et rappeler victorieusement au public l'étendue de ses ressources et de ses possibilités. Pourquoi aussi le théâtre débouche soudainement sur la vie, et sur la fusion totale du personnage et de la personne. En se mettant lui-même en scène avec sa troupe et en finissant, après avoir successivement imité les Comédiens de l'Hôtel, joué un Marquis et esquissé à grands traits quelques-uns des originaux qui lui restent à peindre, par se glisser dans sa propre peau, Molière va certainement dans la voie du "réalisme" aussi loin qu'il peut aller. Il ne lui reste plus guère, pour se rapprocher encore davantage de son public, qu'à descendre de la scène pour se mêler à lui. Mais alors le théâtre, ni l'art, n'existeraient plus.

Molière a si bien senti le danger, et l'impasse où le mène sa propre réussite, que *Le Mariage forcé* marque par rapport à *L'Impromptu* un net retour à la théâtralité pure et aux conventions les plus éprouvées du jeu scénique—stylisation propre à la farce, grossissement caricatural des effets, utilisation des types comiques traditionnels, espace et décors intemporels. C'est que *L'Impromptu* constitue pour lui une prise de conscience non seulement des possibilités techniques étonnantes, mais aussi des limites et des contraintes trop réelles que comporte le type de comédie qu'il vient d'élaborer avec l'aide de son public et de son Roi. La comédie satirique et réaliste fait du théâtre une sorte de microcosme social, elle met littéralement la société sur la scène—et à un degré tel que les principes qui président à sa fabrication et à son fonctionnement sont les mêmes que ceux qui gouvernent la comédie sociale. "Miroir public," renvoyant au spectateur une image non seulement ressemblante, mais encore en quelque sorte lumineuse et expliquée, de lui-même et du monde dans lequel il vit, elle favorise en lui l'établissement de ce dédoublement et de cette distanciation si nécessaires à l'épanouissement de la sagesse sociale, elle lui apprend à bien jouer le rôle que la société attend qu'il joue, à *faire bien l'honnête homme et dûment*—voire même parfois à le devenir à force de le bien jouer. Satire du temps, elle procure en outre, avec le sentiment rassurant de supériorité qui toujours l'accompagne, ce rare plaisir de la contemplation et de la punition des ridicules d'autrui. Tout ensemble donc utile et délectable, elle flatte et fascine trop directement le siècle pour que celui-ci permette à Molière de quitter la nature d'un pas. *Difficile est picturam non scribere*: en échange de son appui et de sa participation, le public exerce sur Molière une pression de tous les instants, lui impose ses goûts et ses exigences, le rappelle sans cesse à ses devoirs de "daubeur de mœurs" et de "contrefaiseur de gens." Et la comédie, qui ne songe qu'à plaire, et qui le dit, se voit réduite à l'emploi rémunérateur mais peu glorieux de parasite:

>Quidquid dicunt, laudo; id rursum si negant, laudo id quoque;
>Negat quis: nego; ait: aio; postremo imperavi egomet mihi
>Omnia adsentari. . . . (48)

Comme le Gnathon de Térence, elle n'a plus le loisir d'être autre chose que ce que le public, dans la dépendance duquel elle s'est imprudemment placée, veut qu'elle soit.

De cette sujétion de la comédie au siècle, l'accueil distant réservé par le public parisien au divertissement rabelaisien du *Mariage forcé* fournit un bel exemple (49). Molière s'y était par trop absenté de son temps, par trop abandonné au jeu gratuit du théâtre, et à son langage propre. Il dut en conséquence retirer sa pièce de l'affiche après la douzième représentation. Si comme l'avait prouvé le succès des *Précieuses*, le public était prêt à accepter l'univers hyperbolique de la farce, encore fallait-il que celui-ci prît directement appui sur la réalité contemporaine la plus immédiate et qu'il ne poussât pas trop loin la stylisation, ni la caricature. *L'Ecole des femmes* avait déplu à certains esprits délicats parce qu'elle choquait partout le "naturel" et la "vraisemblance," et qu'il y régnait déjà quelque chose de ce lyrisme bouffon et démesuré dont Molière dotera son *Bourgeois gentilhomme*. C'était là pour le siècle le plus grand reproche qu'il pût adresser à Molière: d'avoir préféré l'action, l'effet scénique, à ces garde-fous du réalisme que sont le "naturel" et la "vraisemblance." Comment saurait-on admirer une pièce qui porte sur la scène autre chose que la vie nue et crue? Une pièce où l'on fait, en dépit des carrosses, "si facilement apporter des sièges au milieu des rues"; où une sotte écrit à son amant une lettre admirable d'esprit, et la lui fait ensuite parvenir le plus ingénieusement du monde, sous la moustache même de son barbon jaloux; où un homme que domine jusqu'à l'obsession la crainte du cocuage invite, sans aucune nécessité, un "railleur" à souper avec sa maîtresse; où "deux mesmes personnes tombent par simetrie, jusques à six ou sept fois, à genoux, aux deux costez de leur Maistre"—(*Il est impossible que cela arrive tant de fois, et ce n'est pas une action naturelle*); où "un homme parle si longtemps derrière un autre, sans estre entendu," pendant que celui qui ne l'entend pas "répond jusqu'à huit fois de suite à ce qu'on lui dit." Tout ceci n'est, à la vérité, qu'"un jeu de théâtre qui éblouit" (50). Et toutes ces fautes commises, en l'espace d'une seule comédie, contre la nature, la vraisemblance et la raison, mènent à penser que Molière, bien qu'il "se vante de travailler d'après nature," n'est toutefois qu'un "fort mauvais copiste" qui, dans l'oubli total de son modèle, lâche trop souvent et trop volontiers la bride à son imagination. A-t-on jamais vu un jaloux pousser le ridicule aussi loin qu'Arnolphe? Plutôt que de s'attacher, comme il le prétend, à faire reconnaître dans ses comédies les gens de son siècle, Molière ne songe qu'à nous les présenter "dans un faux jour" (51). Il est de ceux qui allongent les nez déjà longs, qui agrandissent, jusqu'à la monstruosité, les bouches déjà grandes. Il donne, en un mot, dans le grotesque et la caricature (52). Le fait est clair aussi bien pour ces "tableaux de la Cour" dont il a cru devoir orner ses autres comédies, que pour *L'Ecole des femmes*. Molière, accuse dans *Zélinde* un personnage de qualité, nous traite encore plus mal qu'il n'a traité Arnolphe:

Il nous habille autrement que nous ne sommes; il allonge nos cheveux, il agrandit nos rabats, apetisse nos pourpoints, augmente nos garnitures, donne plus de tours à nos canons; nous fait peigner plus souvent que nous ne faisons; nous fait faire des contorsions au lieu de révérences; . . . et en ajoutant ainsi à nos habits et à nos actions, *il veut nous faire passer pour ce que nous ne sommes pas* (53).

Ce faisant, il choque non seulement les goûts d'un siècle qui veut, comme l'Isodore de *L'Amour peintre*, "un portrait qui soit lui," mais aussi les principes et l'essence même d'une comédie qui, depuis l'antiquité, se proclame *imitationem vitae, speculum consuetudinis* et *imaginem veritatis* (54). Impardonnable liberté de l'*inventio* moliéresque. Aristote a pourtant dit que l'imitation est le propre de l'homme, que celui-ci est le plus grand singe de la création, μιμητικωτατος των ζωων, et que par conséquent tout art qui se présente d'abord comme une copie de la réalité lui sera de soi infiniment plaisant et délectable (55). Et tous les théoriciens, ceux du passé comme ceux du présent, répètent en chœur, après Horace et Cicéron, que le poète comique doit être le *doctum imitatorem* de la vie et des mœurs, et la comédie une "peinture," une "imitation," une "représentation," une "image" ou un "tableau" de la vie commune (56). "C'est le grand art de la comédie de s'attacher à la nature, et de n'en sortir jamais," dit par exemple le Père Rapin: la comédie "ne vaut rien du tout, dès qu'on ne s'y reconnoist point," il faut qu'on n'y voit rien d'autre "que ce qu'on y voit dans le monde" (57). Et D. Heinsius, dans le sens duquel abonde le Père Rapin, définit pour sa part le propos du poète comique à l'aide de cette belle formule empruntée à saint Jérôme: *humanos nosse atque imitari mores* (58). Que les préférences du siècle aillent à Térence plutôt qu'à Plaute n'est donc pas un hasard. C'est que jamais personne n'a comme lui à ce point excellé dans la science et la peinture des mœurs, qu'"il peint les hommes par les hommes mesmes, en les faisant paroistre sur son théâtre tels qu'ils paroissent tous les jours dans leurs maisons, et dans le commerce de la vie civile," et que le plaisir tout "intérieur" que procure la lecture de ses comédies est semblable à celui "dont on est rempli quand on regarde un tableau où la nature est parfaitement bien imitée" (59). De cette seule fidélité au réel découlent toutes les surprenantes beautés de l'art de Térence, la supériorité du *sermo moratus* sur la *vis comica*, et celle de la Nouvelle Comédie sur l'Ancienne (60). En cherchant par trop, comme Plaute et la *vetus comoedia*, à émouvoir le rire, Molière s'éloigne nécessairement de la nature et de la vérité: car le rire— et ici se fait encore sentir la présence d'Aristote—naît essentiellement de la contemplation de tout ce qui en l'homme s'écarte de la nature et de la vérité, la corrompt *absque morbo*, sans douleur ni dommage (61). Il détruit du coup la "grande comédie," au profit de "farces" et de "bagatelles" tout justes bonnes, en un autre temps, "à divertir la lie du peuple dans les carrefours et les autres places publiques" (62).

Molière entend si peu protester contre l'autorité d'Aristote, réagir contre les préjugés et les sentiments du siècle, défendre les droits de l'art à se créer sa propre réalité, rappeler qu'avant de naître de la vie, le théâtre naît d'abord du théâtre (63), qu'il s'empresse dans sa *Critique* de faire directement appel à l'expérience personnelle du spectateur pour souligner la vérité de sa peinture, et notamment du transport amoureux qui, au cinquième acte, jette aux pieds d'Agnès un Arnolphe soupirant, larmoyant et vaincu: transport, dit-il, qui n'a rien en soi de trop outré ni de trop comique, puisque "les honnêtes gens même et les plus sérieux, en de pareilles occasions"—c'est-à-dire "dans la violence de la passion"—se livrent à de semblables extravagances. Il ne s'agit donc pas pour lui d'affirmer son indépendance et son originalité, de remplacer une théorie par une autre, de substituer un certain type de comédie à un autre type de comédie, mais bien plutôt de montrer à quel point il respecte et met en pratique, dans ses propres comédies, la théorie qu'on l'accuse—à tort —de vouloir détruire, qui alors prévaut, et dont lui-même se fait d'ailleurs, par la bouche de Dorante, le défenseur éloquent. C'est sans aucun doute qu'il partage pleinement, à ce moment de sa carrière, les idées de son siècle sur le sujet, et que l'imitation de la nature, la peinture des mœurs, l'*oratio morata* à la Térence—"omnia cum judicio, cum ratione, circumspecte, ex arte et cum cura" (64)—constituent alors pour lui comme pour ses contemporains la substance même et la raison d'être de la comédie, le plus sûr moyen de plaire à tous les honnêtes gens.

On reproche alors volontiers à la *Vetus Comoedia*, et à Plaute en particulier (65), d'avoir trop souvent cherché à provoquer le rire des spectateurs par les moyens les plus grossiers, et bien sûr au détriment même de toutes ces qualités—*urbanitas, veritas, aequitas, simplicitas*—qui rendent Ménandre, Térence, et la Nouvelle Comédie si recommandables: "Plautini [personae]," écrit par exemple D. Heinsius dans son *De Plauto et Terentio Iudicium*, "quia risum quaerunt, veritatem et sermone et sententiis amittunt" (66). Confronté avec le *le* d'Agnès et ses *enfants par l'oreille* au même grief d'*obscénité* et de bassesse, Molière répond qu'il "n'a pas mis cela pour être de soi un bon mot, mais seulement pour une chose qui caractérise l'homme, *et qui peint d'autant mieux son extravagance*." Et quand Lysidas prétend démontrer que la comédie de *L'Ecole des Femmes* "pèche contre toutes les règles de l'art," Dorante soutient au contraire que "nous n'avons point de pièce au théâtre plus régulière que celle-là." Si la grande règle de toutes les règles est de plaire, Molière entend bien faire comprendre à son public qu'il n'en néglige pas pour autant les autres, ces "quelques observations aisées que le bon sens a faites," qu'il les a lues et méditées, Dieu merci, autant qu'homme de France. Il tient de toute évidence, en proclamant ainsi son orthodoxie esthétique, à se poser en porte-parole de son temps, à se ranger dans le clan de ces *bene morati* dont les plaisanteries ne sont jamais fades ni basses—*nunquam frigide, nunquam obscoene, nunquam inepte, nunquam putide* (67)—et dont la seule ambition est de peindre dans leurs ouvrages les hommes tels qu'ils sont. Il affirme qu'il est bien ce que les trompettes de la Renommée vont bientôt faire de lui: non le Plaute, mais le Térence de son siècle.

Le dialogue de Molière avec son temps se veut donc tout à la fois élaboration et affirmation d'une harmonie fondamentale. Sur tous les problèmes essentiels à son art, Molière commence par prendre une position qui est celle de la majorité de ses contemporains. Jamais peut-être artiste n'aura été, à ses débuts du moins, si peu que lui révolutionnaire. Comme celle de Racine, sa carrière s'inscrit à l'intérieur de la structure sociale et intellectuelle de son époque (68). Loin d'avoir, comme on le dit souvent, "créé" la grande comédie, Molière s'est contenté de faire sienne et de mettre en œuvre une théorie comique mise au point par l'Humanisme à dominante aristotélicienne du siècle—théorie qui rallie alors tous les suffrages des doctes, et dont les caractéristiques essentielles, empruntées à Térence et à la *Nova Comoedia*, correspondent parfaitement à la société du temps et à son idéologie de l'honnêteté. On ne peut même pas lui reconnaître l'audace, ou l'originalité, d'avoir le premier voulu, comme le dit Donneau de Visé, "mettre les pièces sérieuses au-dessous des comiques" (69), en affirmant que les comédies sont d'une fabrication plus difficile que les tragédies et qu'"il est bien plus aisé de se guinder sur de grands sentiments" que "d'entrer comme il faut dans le ridicule des hommes." L'idée est déjà chez Horace: "Creditur, ex medio quia res accersit, habere sudoris minimum, sed habet comoedia tanto plus oneris, quanto veniae minus . . ." (70). Et G.I. Vossius, dans ses *Poeticarum Institutionum Libri Tres*, en fait remonter l'origine à Antiphanes—à qui peut-être Horace l'a empruntée, pour l'accommoder à son propos:

Res in comoedia finguntur—Quia vero fingere argumentum qualecumque licet: facilius est comoediam scribere, quam tragoediam. Contrarium ajebat Antiphanes. Qui comico eo difficiliorem dicebat provinciam, quia fingendae illi essent et personae, et res tota (71).

Et l'on se souvient par ailleurs qu'à la fin du *Banquet* de Platon, Socrate renvoyait déjà dos à dos, en la personne d'Agathon et en celle d'Aristophane, ces deux sœurs imparfaites et indûment séparées que sont la comédie et la tragédie.

Il n'est donc pas étonnant, à considérer les tendances nettement moralisatrices du siècle (72), que Molière affirme comme ses prédécesseurs et avec autant de vigueur persuasive que ses contemporains l'utilité morale de la comédie. L'idée est la plus ancienne et la plus classique qui soit. Elle découle pour ainsi dire naturellement de cette conception humaniste qui fait de la comédie le miroir de la vie quotidienne. Le miroir, en montrant, enseigne. "Finis comoediae," écrit par exemple Vossius, "est vitae privatae exemplum proponere, ut inde mores quisque corrigat suos. Quomodo Demea apud Terentium *Adelphis* ait (Act. III, sc. 3): *Inspicere, tanquam in speculum, in vitas omnium*

/Iubeo, atque ex aliis sumere exemplum sibi: hoc facito: hoc fugito: hoc laudi est: hoc vitio datur" (73). Si la comédie doit s'attacher à la nature et n'en sortir jamais, affirme de même le Père Rapin, c'est qu'elle se propose avant tout pour fin de "corriger le peuple par la crainte du ridicule," de "guérir les défauts du public" en exposant sur le théâtre ceux des particuliers. Le théâtre est, dans l'optique humaniste du XVIIe siècle, ce qu'il a toujours été de tradition qu'il soit: "une leçon publique de bonnes mœurs pour instruire le peuple," une "secrette instruction des choses les plus utiles et les plus difficiles à luy persuader," une *peinture vivante* dans laquelle il découvre, "avec l'idée des personnes qu'on luy a représentées, la connaissance des vertus et des vices dont il a veu les exemples," *quid sit in vita utile, quid contra evitandum* (74). Et tous les suffrages vont au poète, *pictor, ergo morum doctor* (75), qui sait, suivant le précepte d'Horace, mêler l'utile à l'agréable, et charmer le lecteur en même temps qu'il l'instruit: "Omne tulit punctum qui miscuit utile dulci, lectorem delectando pariterque monendo" (76). "Docet affectus poeta per actiones," résume le grand Julius Caesar Scaliger, empereur de la critique aristotélicienne, "ut bonos amplectamur, atque imitemur ad agendum: malos aspernemur ob abstinendum" (77).

Molière a d'autant plus de raisons pour partager cette croyance humaniste à l'utilité de l'art que celle-ci, tout en installant l'auteur de comédies dans une indiscutable et rassurante position de supériorité sociale, fournit au genre comique cette auréole de respectabilité dont il a alors justement le plus grand besoin. Comment ne pas être persuadé, quand on est comme Molière un *Comicus* au dire de certains tout juste capable de composer des "bagatelles," que ces mêmes bagatelles "corrigent les mœurs, lors mesme qu'elles les exposent," et qu'elles sont, en dépit des apparences, des préjugés et des envieux, utiles à "l'institution des peuples" (78)? Dans le défi que Molière, faute de pouvoir être Corneille ou Quinault, a lancé au tragique, cette utilité est la plus utile qui soit. Elle lui permet par ailleurs de donner libre cours à sa verve satirique, à ce besoin vital de sa nature qui, si nous en croyons certaines de ses comédies, le pousse à exposer, à dénuder et à juger les autres, sans doute pour se sentir supérieur à eux. La mystérieuse et fatale alchimie des humeurs intervient ici. Basse continue de la création, elle a de toute évidence joué chez lui, comme chez son ami Boileau, un rôle de premier plan. Il est bien difficile, quand on a le tempérament de Juvénal ou celui d'Alceste, de ne pas écrire de satires. Bien difficile aussi de songer à remettre en question la légitimité de sa tâche ou de s'interroger sur son efficacité quand, d'une part, le public collabore et applaudit, et que d'autre part le Pouvoir royal, avec l'aide de Chapelain, et sous la haute direction de Colbert, pratique une politique d'enrégimentement du Parnasse éminemment propice à tout projet "moral" et "utilitaire." Car, au moment où Molière connaît le succès, l'Art a plus que jamais pour fonction, sous la vigilante protection du Roi—qu'il encense—et de concert avec lui, de participer activement à la grandeur du Règne, d'aider au maintien de l'ordre et de la moralité publiques, notamment en établissant fermement sur le Théâtre le "thrône de la Justice" (79). Et cette "ridicule comparaison" que Boileau, dans son *Discours au Roi* de septembre 1664, établit entre la "foudre" du Roi et la "plume" du poète—l'une "rétablissant l'équité," l'autre "gourmandant les vices"—, si elle fait s'esclaffer le pas si sot Cotin (80), n'en demeure pas moins révélatrice d'un état d'esprit qui a pu aussi bien être celui de Molière et dont rien au fond, dans l'état actuel de nos connaissances, ne permet de suspecter la sincérité. Dorante ne se propose-t-il pas, dans *La Critique*, de "justifier" la Cour et de défendre sa réputation *en daubant, jusqu'à ce qu'ils se rendent sages*, une douzaine de Marquis de Mascarille qui la déshonorent par leurs manières extravagantes? *Ab artibus ad mores*: le mouvement, alors, va de soi. Les poètes naissent "pour le repos et pour l'honneur du genre humain, pour l'achèvement et pour la consommation de la félicité politique" (81). La poésie doit "estre utile par la qualité de sa nature, et par la subordination essentielle que tout Art doit avoir à la Politique, dont la fin générale est le Bien public" (82). Et les Rois, "qui sont les Peres des Peuples," ont si bien compris que la Comédie, cette "peinture vivante de toutes les passions," est aussi "une ecole severe pour les tenir en bride," qu'ils ont trouvé "fort à propos qu'il y eust des gens devoüez au service du Public, pour nous representer bien naïvement un avare, un ambitieux, un vindicatif, et nous donner de l'aversion pour leurs défauts" (83). *Nihil felicius discitur, quam quod ludendo discitur*: leçon didactique, école—du peuple, des maris, des cocus, des femmes—, la comédie devient, sous Louis XIV et Molière, une affaire d'Etat.

Chapitre II

MOLIÈRE ET LA RAISON COMIQUE

"Une morale toute humaine"

"Parce que c'était lui, parce que c'était moi": des *Précieuses ridicules* à l'interdiction de *Tartuffe*, l'histoire des rapports entre Molière et son temps est donc, dans ses grandes lignes comme dans ses événements marquants, celle de la révélation, puis de la consolidation progressive d'une harmonie. D'une part, le public non seulement se presse au Palais Royal, rit et applaudit aux comédies de Molière, mais encore participe spontanément à leur élaboration—et, semble-t-il, d'une façon d'autant plus active qu'il se reconnaît en elles. De l'autre, Molière lui-même se montre d'autant plus soucieux de plaire, de "venir au temps" et d'en épouser l'esprit que celui-ci, loin de l'obliger, comme on pourrait légitimement le craindre, à des reniements, à des compromissions et à des accommodements pénibles, l'ouvre au contraire à lui-même et à la conscience de son propre génie. Le dialogue profite à l'un comme à l'autre: Molière se reconnaît en son public comme son public se reconnaît en lui. Sans être parfait, l'accord qui existe entre eux sur les points essentiels—peinture "réaliste" des mœurs, fin utilitaire de l'art, vision finalement optimiste de l'homme et de la société—est d'une qualité telle que tout mouvement de l'un vers l'autre se double naturellement d'un mouvement vers soi. Molière est à ce point moulé sur le patron du siècle que ni la disparité des goûts du public auquel il s'adresse, sensible surtout à partir des *Fâcheux*, ni quelques tensions passagères nées de la tendresse très prononcée qu'il éprouve pour les stylisations de la farce et la *vis comica* de Plaute, ne parviennent à affaiblir réellement une sympathie et une complicité en quelque sorte préétablies. Eclatante réussite, que confirme le rôle de premier plan joué par la "troupe joviale" dans la fête des *Plaisirs de l'île enchantée*. Le quasi-monopole qu'avec l'aide et l'approbation du Roi y exerce Molière fait de lui, véritablement, le poète officiel du Règne.

Il suffit d'ailleurs de réfléchir tant soit peu aux mécanismes fondamentaux du théâtre comique, cette entreprise à faire rire les honnêtes gens, et aux impératifs que ces mécanismes imposent à l'écrivain de théâtre, pour se persuader qu'il ne pouvait guère en être autrement. Tout grand théâtre comique, par le fait même qu'il est grand, est en effet nécessairement le miroir plus ou moins fidèle des idées moyennes de son temps. Le rire qui jaillit à la représentation a pour condition expresse la connivence aussi parfaite que possible de l'auteur et de son public. Ils doivent l'un et l'autre communier dans les mêmes valeurs et dans le même langage, avoir une idée semblable du vice et de la vertu, de la vérité et de l'erreur, du convenable et de l'inconvenant, du bien et du mal séant, partager en un mot la même vision des choses et des êtres. Si cette connivence fait défaut, ce qui pour l'un est ridicule ne le sera peut-être pas pour l'autre. Le comique est par nature un événement éminemment social. Pour que Cathos et Madelon fassent rire, il faut que le spectateur les regarde comme les regarde Molière. Pour que leurs affectations langagières soient trouvées ridicules, il faut que le spectateur appelle une chaise une chaise, et non une commodité de la conversation. Pour qu'Ariste—*l'excellent* Ariste—puisse être considéré comme le personnage raisonnable de *L'Ecole des maris*, il faut que son conformisme prudent, son respect des usages et sa philosophie du juste milieu, toutes ces valeurs dont il se fait le défenseur et au nom desquelles il raille l'abord loup-garou de Sganarelle et son pourpoint démodé, soient aussi celles de son siècle. Sans cette complicité, que R. Fernandez baptise très heureusement du nom de "convenance comique" (1), il n'est pas de comédie possible.

Ce qui en un sens revient bien à dire, dans le sillage de Moore et de Bénichou, que le poète n'est pas vraiment le maître de son idéologie, qu'il choisit ses sujets "d'après son public," qu'il se règle "sur les croyances, les préférences, les goûts et les dégoûts de la classe sociale dont il dépend pour son gagne-pain," et que sa tâche consiste avant tout, dans le refus de toute singularité, à traduire dans le langage du rire "les jugements déjà formés de ses auditeurs" (2). Mais ce qui en revanche ne signifie pas qu'il faille nécessairement lui interdire toute possibilité de manœuvre et le considérer, à travers Bray ou Gaiffe, comme le "prisonnier de son temps," l'esclave soumis, et soumis contre son gré, de la norme et de la convenance comiques (3). Car tout indique au contraire que le théâtre fut pour Molière, par excellence, le lieu de la conscience et de la liberté. L'affaire *Tartuffe* montre avec suffisamment de clarté que dans cet irrésistible mouvement qui pousse ainsi Molière vers le monde et les rieurs n'interviennent pas seulement des facteurs d'ordre professionel ou privé. Les calculs intéressés de l'artiste comique ou du directeur de troupe, s'ils ont joué leur rôle, n'ont cependant existé en lui que dans la mesure même où ils étaient compatibles avec l'idée qu'il se faisait de sa dignité. Ils n'ont jamais étouffé la voix de sa conscience. Celle-ci a toujours été la plus forte, et quand elle parlait il n'était plus question de plaire. N'accusons donc pas Molière d'indigne complaisance. S'il exprime, à un moment de sa carrière, les idées et les valeurs de son temps, c'est simplement que ces valeurs et ces idées sont aussi les siennes.

Une fois ce fait reconnu et décrit dans son déroulement historique, au niveau de son inscription dans les faits—c'était, en partie, le propos du précédent chapitre—, il nous appartient maintenant de l'étudier en soi, d'en examiner les conséquences et les implications multiples. Comme l'attestent non seulement le succès de ses comédies, mais aussi ses déclarations publiques, son évidente volonté de dialogue et le caractère alors très positif de ses relations à autrui, Molière s'éprouve, se sent et se veut de plain-pied avec son siècle. Il a sans réticence aucune adopté l'idéologie dominante. Tout, nous l'avons vu, permet de penser qu'il partage pleinement les idées politiques, les valeurs sociales et morales, les conceptions esthétiques de la majorité de ses contemporains. Mais ce système de valeurs, d'idées et de sentiments, de goûts et de préjugés, que présuppose-t-il de l'homme et du monde? Et quelles conséquences a-t-il sur le plan de la création comique?

Pour essayer de répondre à ces questions, nous nous tournerons d'abord vers la *Lettre sur la comédie de l'Imposteur*, ce document d'une importance exceptionnelle qui fut presque certainement composé par Donneau de Visé avec l'approbation, et peut-être la collaboration, de Molière lui-même, dans le but de réfuter les arguments de ceux qui, comme le premier Président de Lamoignon, prétendaient justifier l'interdiction dont *Tartuffe* venait d'être frappé pour la seconde fois en affirmant qu'"il ne convient pas à des comédiens d'instruire les hommes sur les matières de la morale chrétienne et de la religion," et que "ce n'est pas au théâtre à se mêler de prêcher l'Evangile" (4). Bien qu'elle date de 1667, cette *Lettre* appartient cependant, tout comme les *Placets* et la *Préface* de 1669—qui en reflètent d'ailleurs exactement l'esprit—, à la période qui nous occupe ici, puisqu'elle a trait à une comédie dont la conception remonte très certainement à l'hiver 1663-1664, et qui est de toute évidence la plus "morale" de toutes les comédies de Molière, celle où il déclenche contre les vices de son siècle, et sans doute dans l'espoir de l'en corriger, la plus radicale et la plus dévastatrice des attaques qui se puisse imaginer.

On appréciera mieux, je pense, le contenu idéologique, et notamment le "rationalisme," de ce "Discours du ridicule" si l'on consent à le replacer dans la perspective historique qui est la sienne, et à mesurer l'ampleur du bouleversement introduit dans les consciences, entre le XVIe et le XVIIe siècle, par l'Humanisme politique et aristotélicien de la Contre-Réforme. La comparaison, en l'occurrence, ne manque pas de raison. On sait en effet avec quelle netteté le siècle de Richelieu et de Louis XIV a rompu avec son prédécesseur, et pour des raisons qui ne tiennent pas seulement à une quelconque évolution des goûts littéraires, ou au désir d'un poète de "réformer les vers." Si Malherbe n'était pas venu, rien sans doute n'aurait changé. Ce qui fut aurait été. Car le désaccord est profond. Il est celui de la singularité et du conformisme, de la liberté et de l'ordre, du désaveu et de l'affirmation de la raison. Alors que la littérature classique est dans son ensemble l'émanation directe de l'ordre politique—l'écrivain est alors annexé par le Pouvoir—, celle du siècle précédent est essentiellement une littérature d'opposants, d'observateurs ou de marginaux. Par dessus tout, le mythe de l'athéisme de la Renaissance—car il s'agit bien d'un mythe—n'est à l'époque discuté de personne (5). Luther, Calvin, Melanchthon, Zwingli, Bèze, Castellion, Pasquier, tous "palefreniers du diable" et "enfans de l'Antechrist," sont honnis à l'égal de Théophile et de Vanini (6). Marot, traducteur pourtant inspiré des *Psaumes*, et auteur de poésies d'une rare élévation humanitaire et évangélique, est réduit à "l'élégant badinage" de ses premières épîtres. Rabelais est totalement incompris, et le plus souvent insulté. Garasse voit en lui un "bouffon de taverne," un "pernicieux coquin," l'émule ordurier de Lucien, d'Epicure et de Pomponace, et en son œuvre "l'enchiridion du libertinage" (7). Le Père Rapin, moins fanatique que son collègue en Dieu, et sans doute plus représentatif que lui de la mentalité du siècle, juge sa fréquentation en tous points "indigne des honnêtes gens" (8). Et "l'Autheur du Jonas et du David," dans la *Réponse* qu'il adresse à Boileau, accuse ce dernier d'avoir puisé chez l'auteur de *Pantagruel* ses idées de libertin satirique et débauché (9). Quant à Erasme—pour ne pas parler de Montaigne, dont on ne connaît que trop l'utilisation tendancieuse qui a été faite de ses *Essais* au XVIIe siècle—, la France l'ignore ou, quand elle ne l'ignore pas, le dé-satirise et le censure, l'aligne prudemment sur les canons de l'orthodoxie régnante. Les travaux du théologien, comme par exemple les *Paraphrases* au *Nouveau Testament*, les textes du propagandiste de l'Evangile et de la Foi, comme la *Paraclesis* ou l'*Enchiridion Militis Christiani*, sont totalement passés sous silence—jamais édités, et encore moins traduits (10). A s'en tenir au catalogue de la Bibliothèque Nationale, suffisamment riche pour être révélateur, aucune édition des *Adages*, ni même des *Apophtegmes*, ne paraît au XVIIe siècle en terre française. Si en revanche les *Colloques* y connaissent un meilleur sort, leur éditeur—Nicolas Mercier, "Artium Doctoris in Academia Parisiensi"—a pris soin d'en retrancher tous les passages "un peu libres" et "scandaleux" contre "les cérémonies, ordonnances et pratiques de l'Eglise, les façons de faire des Religieux et autres choses semblables"—"sublatis et detractis intereà quibusdam in locis, quae . . . à Desiderio Erasmo paulo liberius dicta, et ob causam à Sacro Concilio Tridentino damnata fuisse viderentur" (11). Et les cinq éditions françaises des *Colloquia familiaria* paraissent *Repurgata*, "in usum studiosae juventutis," et dans le plus scrupuleux respect des décisions du Concile de Trente (12). Les traductions françaises, au total assez fidèles, qu'en donne S. Chappuzeau voient le jour, à l'exception de la "troisième décade," moins dangereuse que les autres par son contenu, en Hollande et en Suisse (13). L'*Encomium Moriae* connaît un destin semblable. Des deux traductions en langue française que connaît le XVIIe siècle, la première—fort complète —est publiée à La Haye en 1642. Et l'autre, qui a le malheur d'être parisienne, paraît en 1670 amputée de toutes les attaques contre "la Religion, ses mystères et ses serviteurs"—papes, théologiens, évêques, cardinaux, moines, et autres sacrés piliers de la Chrétienté (14). "On peut croire de lui," nous dit son traducteur, "ou qu'il n'a pas eu de trop bons sentiments de la Religion Romaine, ou qu'il y a un peu trop de libertinage dans ses manières . . . La Loüange de la folie seule est une preuve convainquante, ou qu'il prenoit trop de liberté en écrivant, ou que ce qu'il pensoit de nos mystères estoit au dessous de leur grandeur." Pourquoi aussi avoir attaqué tant de saints et innocents personnages? Il semble, poursuit imperturbablement le traducteur, que la Folie aurait pu "entretenir ses auditeurs de quelque matière moins sérieuse que les capuchons et les ceintures." Mais ce qui doit au bout du compte rassurer tous ceux, et ils sont nombreux, qui se plaignent "sans raison" d'Erasme, c'est que la Folie n'a, sur les moines, heureusement rien dit "qui les rende moins honestes gens dans le monde" (15).

Pour être alors d'une extrême rareté, l'ironie de ces déclarations n'en est que plus rafraîchissante. Car l'esprit du siècle s'accommode généralement très mal des impertinences critiques et des libertés d'allure de la Sceptique chrétienne. Et que Molière ait fini par trouver pesante l'atmosphère de suspicion et de délation dévotes qui empoisonne alors les rapports sociaux et les jeux de la pensée ne doit pas nous faire oublier qu'il a pu s'y sentir assez longtemps fort à son aise. Fait qui prouve l'incontestable puissance de séduction du siècle—"c'est un grand charme que les louanges pour arrêter un auteur"—, et qui mérite d'autant plus de retenir notre attention que Molière possédait de la littérature humaniste une connaissance largement supérieure à celle de la majorité de ses contemporains. Une lecture même rapide de son théâtre révèle en effet à quel point il a subi l'influence non seulement de la comédie et de la satire classiques, d'Aristophane, de Térence et de Plaute, d'Horace et de Lucien, mais aussi de Rabelais, auquel il doit par exemple l'essentiel de *L'Ecole des femmes* et du *Mariage forcé* ; de Montaigne et de son doute salutaire, ennemi de pédantisme et de présomption; d'Erasme, dont il a très certainement utilisé les *Apophtegmes*, les *Adages*, les *Colloques* et, naturellement, l'*Eloge de la folie*. Et j'ai même eu récemment l'occasion de signaler (16), dans cet ouvrage impie, diabolique et scandaleux qu'est le *Tartuffe*, la présence d'un écho apparemment direct du *Miroir de l'âme pécheresse* de Marguerite de Navarre, l'une des œuvres les plus représentatives de cet Evangélisme à coloration mystique qui constitue comme la marque de la première Renaissance française.

Pourtant lorsque Molière commence à nous parler de la sagesse et de la folie des hommes, ce n'est pas aux valeurs ni à la vision du siècle précédent qu'il fait appel, mais à celles de son temps. Il semble n'avoir alors rien retenu du rôle central que joue la folie dans la littérature et dans la pensée de la Renaissance ni, à plus forte raison, de cette dialectique d'inspiration toute paulinienne dont il retrouvera plus tard le mouvement et l'esprit, et qui constitue la richesse essentielle de la *Nef des fous*, du *Tiers Livre* ou de l'*Eloge de la folie*. On sait en effet— M. Foucault le rappelait encore récemment (17)—qu'à partir du dernier quart du XVe siècle ce n'est plus le rictus de la Mort, mais le visage de la Folie, qui vient hanter l'imagination du monde occidental. Remarquable éloquence des dates: si Guyot Marchand publie sa *Danse macabre* en 1486, Brant fait paraître sa *Narrenschiff* en 1492, J. Bosch compose sa *Nef des fous* en 1498, et Erasme son *Stultitiae laus* en 1509. A la ballade des pendus succède soudain la ronde des déments, au macabre le grotesque, à l'angoisse physique ou métaphysique de la Mort, la prise de conscience du néant de la vie. Signe d'un temps qui déjà annonce Erasme et Luther: l'homme se tourne à nouveau vers la vie, mais seulement pour en découvrir le vide et la dérision. La Renaissance évangélique qui, sous l'impulsion de la *Devotio moderna* et de l'*Imitatio Christi* de Thomas a Kempis, caractérise la fin du XVe siècle en Europe du Nord, est certainement à l'origine de cette mutation extrêmement nette de l'imaginaire. Pour un certain Christianisme en effet, loin d'effrayer, la mort est aube, délivrance, porte de la vraie vie, "fin d'une prison obscure" et clef de toutes les béatitudes (18). Et, par voie de conséquence, la vie elle-même, et ce monde, leurre, ombre et néant. Que l'on accepte ou non cette explication, le fait demeure, comme le dit M. Foucault, que de la *Declamatio* d'Erasme à la méditation de Montaigne devant le Tasse "la folie est liée à toutes les expériences majeures de la Renaissance" (19).

Mais de quelle folie s'agit-il? De ce dérèglement de cervelle qui nous rend justiciables des Petites-Maisons? De cette folie tragique que, nous dit Erasme, "les Furies déchaînent des Enfers, toutes les fois qu'elles lancent leurs serpents, ou lorsqu'elles poursuivent de leurs torches terrifiantes les consciences criminelles" (20)? Nullement. Mais bien plutôt de cette folie aimable et éminemment désirable à laquelle nul d'entre nous n'échappe, puisqu'elle est la substance même de notre être, et comme le symbole de notre condition. Folie donc innombrable, qui a autant de visages qu'il y a au monde d'individus, de prétentions, d'ambitions, d'illusions, et qui est, "au cœur de tout homme, le rapport imaginaire qu'il entretient avec soi" (21). Voilà comment s'explique le fait que la Folie d'Erasme soit une divinité finalement peu exigeante: si "être fou, c'est proprement être homme," si "communément la nature des hommes est à insipience subjecte," si "autre chose n'est vie humaine que le jeu de la folie"—*moriae lusus quidam* (22)–, que pourrait-elle demander qu'elle ne possède déjà? "Pourquoi," interroge-t-elle, "désirerais-je un temple, disposant du plus beau de tous, puisque j'ai l'univers? Partout en effet où il y a des hommes, j'ai des fidèles ... Je compte autant de statues qu'il y a d'hommes puisque, volontairement ou non, ils sont ma vivante image"—*Mihi tot statuas erectas puto, quot sunt mortales, vivam mei imaginem prae se ferentes, etiamsi nolint* (23). Et si quelque autre Ménippe pouvait à nouveau grimper sur la lune, et de là se pencher pour regarder le monde, quel spectacle divertissant s'offrirait à lui, quelle universelle comédie, quelle agitation dérisoire et quelle variété de fous! "Tant de formes de la folie y abondent et chaque journée en fait naître tant de nouvelles que mille Démocrite ne suffiraient pas à s'en moquer" (24). Gens du peuple, philosophes, théologiens, moines, papes et cardinaux, tous payent tribut à l'universelle déesse. Et, naturellement, les sages plus que les autres. *O combien sont loing de sagesse ceulx qui se gloriffient lavoir* (25)! Car la plus grande folie pour l'homme, et en même temps la plus inévitable, consiste à se croire sage, à ignorer sa propre déraison. Qui en effet s'avouera jamais fou? La présomption, dira Montaigne, est en nous maladie naturelle et originelle.

L'expérience de la folie qui prévaut au XVIe siècle est donc essentiellement de nature morale et satirique. Il n'y a guère que chez Rabelais qu'elle retrouvera au *Quart Livre*, à travers les monstres allégoriques que croise sur sa route la nef pantagruélienne, quelque chose de ce visage inquiétant qu'elle possède chez Bosch, Brueghel ou Dürer. Avec Erasme et Brant, les figures tragiques de la folie rentrent dans l'ombre. L'ironie moralisante qui s'installe, et la distanciation rassurante qu'elle suppose, ne peut prendre l'homme au sérieux. La conscience critique l'emporte, et avec elle la raison, qui ne saurait donner meilleure preuve de sa santé que dans ce désaveu de soi dont parlera Pascal. Santé d'ailleurs limitée: tout le pouvoir de la raison s'épuise dans ce regard que l'homme jette sur soi. S'il se voit nu, vain et désarmé, et cependant gonflé d'importance, il ne saurait trouver en lui la force de se changer. Il n'a que celle de pouvoir constater ses irrémédiables et risibles faiblesses. La Folie d'Erasme entraîne avec elle dans sa ronde grotesque Philautie et ses compagnes: la flatterie, la paresse, la volupté, la mollesse, ainsi que les dieux de la bonne chère et du profond sommeil. Quant aux passagers de la "grande nef follatique" de S. Brant, les *stulti*, ils sont, nous précise Jacques Locher dans le Prologue à sa traduction latine (26), les "impios/superbos/avaros /luxuriosos/lascivos/delicatos/iracundos/gulosos/edaces/invidos/ veneficos/fidefragos/temerarios/audaces/temulentos indoctos et fatuos." C'est la raison pour laquelle il donne à l'œuvre de l'humaniste allemand le nom de *satyra* ("Navis fatuorum quam non inepte Satyram appellare possumus"): parce que comme les satires d'Horace, de Perse ou de Juvénal, elle se propose d'enseigner "quae mala: quae bona sint: quid vitia: quo virtus: quo ferat error," de fustiger les vicieux et de louer les "virtutis candidissimos imitatores" (27). Le "translateur" français de Brant (ou plutôt de Locher) est encore plus explicite à ce sujet. "Ce present livre nomme la Nef des Folz du monde," dit-il à son lecteur, "est fort utile pour ceux qui se veullent retirer de pechie et prendre le chemin de salut . . . Car combien qu'il puisse sembler de prime face à plusieurs non bien advertiz cestuy livre estre dit et intitule la nef des folz par maniere de derrision, si n'est il pas ainsi. Car combien que le nom de fol soit vulgaire si se entend il moralement pour les pechiez et vices qui se commettent en ce monde qui sont les souveraines follies et causes de perdition" (28). Il n'est donc pas étonnant que chez Brant comme chez Erasme, dame Follie "estende par tout ses chasteaux et territoires," que sa "cohorte" soit en nombre "immensurable," qu'elle "complectist et embrasse tout le monde" (29). C'est que chez Brant comme chez Erasme la folie est simplement le terme générique de tous les vices humains et de toutes les offenses faites par l'homme, ce fou par essence, à la morale et à la sagesse de Dieu; qu'elle renvoie constamment, non pas à une réalité clinique, mais à une transcendance religieuse constituée en norme, et par rapport à laquelle elle se définit comme aberration.

On voit du coup la transformation qu'en l'espace d'un siècle a subi la notion de norme. Transformation radicale. Si pour l'humaniste de la Renaissance l'ordre du monde n'est que folie, c'est essentiellement parce qu'il est mesuré à l'aune de la sagesse de Dieu. Si l'homme est fou, c'est parce qu'il est, de par sa nature corrompue, en état de péché continuel. Eve, nous dit Josse Bade Ascensius, est *omnium insipientium genitrix*, et son péché *omnis stulticiae origo* (30). Comparées à l'or de l'Ecriture, nos richesses ne sont que charbons. Quelle commune mesure saurait exister entre la *sapience* divine et notre *prudence* humaine? Les fous de la nef de Brant, précise la traduction française de 1530, sont ceux qui "trop veillent aux choses terriennes," qui "se confient en leur propre sapience et se complaisent en leurs faitz"—"Pour ce dit l'escripture: Ne te efforce point et confie du tout a ta prudence." Inversement, "celluy procede tous/ dessert les nobles honneurs et luy est donnee au ciel digne couronne qui se delecte en la sapience divine et qui de cueur flagrant et ardant honnore les sains enseignemens" (31). Et le traducteur latin: "fatui et stulti homines [sunt]: qui neglecto virtutis amore: ad tenebras ac huius mundi illecebras tendunt" (32). De même Erasme ne conçoit-il aucune sagesse possible en dehors de la "Philosophia Christi" (33). *Sapientia huius mundi Stultitia est apud Deum*: Dieu, dit l'apôtre aux Corinthiens, a par sa folie frappé de folie la sagesse du monde. Car la folie de Dieu est infiniment plus sage que toute la sagesse des hommes. Par conséquent, "celui qui cuide estre sage selon l'estimation du monde, que sagement il devienne fol, à fin que vraiment il soit sage. Qu'il cesse d'estre arrogant professeur de folle sagesse, et il sera capable pour estre disciple de folie tressage. Car comme les richesses de ce monde ne rendent pas l'homme vrayement riche . . . , ainsi la sagesse de ce monde ne rend pas l'homme vrayement sage envers Dieu" (34). A la fin du siècle, parallèlement à Sextus Empiricus et à H.C. Agrippa, Montaigne fera encore appel à saint Paul pour froisser et fouler aux pieds "l'orgueil et humaine fierté," pour dénéantiser l'homme et lui rappeler que c'est à la seule majesté divine qu'appartiennent la science et la sapience: "Abattons," dira-t-il, "ce cuider, premier fondement de la tyrannie du malin esprit."

Pour l'humaniste du XVIe siècle, paye donc tribut à la folie tout ce qui est de l'homme et du monde, y compris et surtout la raison. Au contraire, pour Molière, humaniste de la Contre-Réforme, comme pour son siècle d'ailleurs, paye tribut à la folie et tombe dans le ridicule celui qui refuse d'écouter le monde et sa raison. La *Lettre sur la comédie de l'Imposteur* est très claire à ce sujet. La norme n'y est plus la sagesse de Dieu, mais la sagesse du monde. L'une et l'autre s'y trouvent d'ailleurs rapprochées au point d'être presque confondues. Du divin à l'humain, la distance tout à coup ne semble plus si grande qu'elle ne puisse être parcourue. L'esprit du siècle étend son ordre. Alors que l'homme de la Renaissance se trouvait sommé de choisir entre Dieu et le monde, et que tout compromis lui était impossible, celui de la Contre-Réforme, qu'il soit laïque ou religieux, qu'il se tourne vers le monde ou vers Dieu, fait de l'accommodement le principe et la fin mêmes de toute sagesse et de toute vertu (35). Mondain comme Faret ou Méré, il définit l'honnêteté avant tout comme l'art de "ployer," de "fléchir" et de "s'accommoder à propos," en fonction des lieux et des circonstances, et avec toute la souplesse possible, "et pour autant que la bienséance et la perfection le peuvent souffrir, et quelquefois même au préjudice de l'un et de l'autre," aux personnes qu'on veut gagner (36). Dévot comme saint François de Sales, il s'efforce d'"accommoder la pratique de la dévotion aux forces, aux affaires et aux devoirs de chaque particulier," et de persuader les mondains qu'ils peuvent prétendre "à la palme de la piété chrétienne," sans avoir pour ce faire à quitter "la presse des affaires temporelles" et "le sein des ondes amères de ce siècle" (37). Membre, comme Petau ou Bauny, de la Société de Jésus, il affiche, pour ne désespérer personne, une "conduite obligeante et accommodante" de père Tout-à-tous, il contraint doucement la Loi de Dieu—"comme si c'était à la règle à se fléchir pour convenir au sujet qui doit lui être conforme"— à s'ajuster aux faiblesses et à la folie des hommes (38). Et ce qui chez les Jésuites et les casuistes révolte tant l'intransigeant Pascal, ce qui fait naître en lui un sentiment d'"horreur" indicible, que "la seule raison naturelle devienne notre lumière en toutes nos actions," qu'à cette morale divine "qui a en tête un Dieu crucifié" soit substituée "une morale toute humaine, qui n'a pour principe que la raison et pour fin que la concupiscence et les passions de la nature," se retrouve justement, et en toute candeur, exprimé par Donneau de Visé-Molière dans sa *Lettre de 1667 sur la comédie de l'Imposteur*: du moins pour la morale, qu'elle "purifie" et qu'elle "élève," la religion n'est en effet rien d'autre à ses yeux que "la perfection de la raison," une "raison plus parfaite." Nous croyons, dit Donneau, parlant en l'occurrence pour son siècle, puisque son *nous* est collectif, *nous croyons que la raison doit régler tout* (39). Voilà donc bien, en définitive, à quoi aboutit ce mouvement vers autrui, ce désir de plaire et de persuader si caractéristique de l'esprit de la Contre-Réforme: à faire de l'homme et de sa raison, plus que jamais et pour longtemps, la mesure et la source de toutes choses.

C'est sans doute R. Bray qui a le mieux souligné dans la "confiance en la raison," une raison de tous les siècles et de tous les pays, permanente et universelle, intangible et incorruptible comme Dieu même, l'un des traits essentiels de la mentalité du Siècle classique, et son érudition semble encore aujourd'hui suffisamment pertinente et solide pour qu'il soit nécessaire de refaire après lui, dans l'ombre de Descartes et d'Aristote, cette promenade dogmatique, qui conduit de Chapelain et de Jules de la Mesnardière, l'un "chantre du rationalisme," l'autre "grand prêtre de l'Aristotélisme," de Nicole et de Boileau, de Cotin, d'Aubignac et de Saint-Evremond, de Molière lui-même, baptisé pour l'occasion "champion de la raison et du bon sens," au positivisme et à l'esprit scientifique du Siècle des Lumières. "La règle est la *raison* même passée en loi"—"Tout ce qui n'est pas conforme à la *raison* nous blesse"—"L'homme n'est homme que par la *raison*"—"Rien ne nous contentent aujourd'hui que la solidité et la *raison*"—"Aimez donc la *raison*: que toujours vos écrits / Empruntent d'elle seule et leur lustre et leur prix"—"Les règles du Theatre ne sont pas fondées en autorité, mais en *raison*"—"La *raison* estant partout semblable à elle-mesme, elle oblige tout le monde"—"Il n'y a point d'excuse contre la *raison*"—"On ne peut vivre en homme sage que par la droite *raison* qui fait toute la perfection de l'homme, qui doit donner la regle à toutes ses actions, et qui seule est capable de luy communiquer le plus grand bien de tous les biens et le souverain remede de tous les maux" (40). Belles sentences à l'antique, qui brillent d'un éclat indiscutable et singulier au fronton du siècle, établissent l'homme dans sa dignité—dans son sérieux—d'être pensant, et lui reconnaissent, sur le monde et sur soi, un pouvoir d'action et de discernement que l'Humanisme de la Renaissance, plus sceptique et plus ironique en son essence, lui avait au fond refusé.

Encore convient-il cependant de ne pas s'en tenir à ces évidences statistiques et de préciser quelque peu les choses, en s'interrogeant notamment avec prudence sur la nature de cette "raison" sacrée "Reine de notre vie" et "Divinité des belles âmes" du siècle—de cette raison qui selon l'abbé d'Aubignac rend l'homme à ce point sage qu'elle le fait semblable à Dieu (41). Je ne dispute jamais des noms, disait déjà Pascal, pourvu qu'on m'avertisse du sens qu'on leur donne. Ce serait en effet par trop simplifier les données de croire qu'en matière de raison le XVIIe siècle ne connaît que Descartes. A. Adam et J. Brody ont par exemple excellemment montré que si au XVIIIe siècle la raison est devenue ce qu'elle est encore aujourd'hui pour nous— c'est-à-dire l'instrument privilégié de la science et du progrès—, elle demeure en revanche pour Boileau et pour bon nombre de ses contemporains essentiellement une "lumière de l'individu," un "principe de critique et de liberté," "a partner in the act of revelation," "an unimpeachable 'eye of the mind' which gave access to that order of esthetic truth which the discursive powers were powerless to unveil" (42). De même la "raison" invoquée dans sa *Lettre* par Donneau-Molière n'a-t-elle qu'une ressemblance lointaine avec l'universelle raison de Descartes. Il est vrai qu'elle se présente d'abord comme une "lumière" qui nous a été donnée par la nature "pour nous conduire en toutes choses," qui "doit être *partout* aussi présente à notre âme que l'œil à notre corps," et auprès de laquelle *"il n'y a point d'acceptions de personnes, de temps ni de lieux"* (43). Mais ni la perfection qu'elle revendique dans son ordre, ni l'étendue en principe illimitée de sa juridiction (elle *doit* certes être présente *partout*, mais l'est-elle vraiment?) ne sont en quoi que ce soit susceptibles de modifier profondément sa nature. Elle se révèle finalement, comme chez le traducteur de Longin, davantage esprit de finesse qu'esprit de géométrie. Sa démarche ignore les lenteurs et les progrès ordonnés du cheminement discursif. Elle est toute intuitive, et relève du précieux *je ne sais quoi*. La seule différence notable avec Boileau vient du fait qu'elle exerce désormais son activité non plus dans le domaine de l'art, mais dans celui des relations à autrui. Et cette différence est beaucoup plus apparente que réelle puisque, du moins à son niveau sensible, la vie en société repose en grande partie sur ce que J. Starobinski appelle "une esthétique de l'expression," suppose des principes tout formels d'élégance, de plaisir et d'harmonie, et fait pour tout dire appel à un *art d'agréer* dont le succès ou l'échec s'apprécient certainement plus "d'une seule vue" que par "progrès de raisonnement" (44). En effet, dit Donneau-Molière, "quoique la nature nous ait fait naître capables de connaître la raison pour la suivre," elle a cependant tenu, en mère attentionnée et consciente de nos faiblesses, à donner à cette raison "quelque sorte de forme extérieure et de dehors reconnaissable." D'où, pour finir, la définition qu'il nous en propose, et qui la ramène aux concepts éminemment sociaux de la *convenance* et de la *bienséance*:

> Son caractère n'est autre, dans le fond, que la convenance, et sa marque sensible, la bienséance, c'est-à-dire le fameux *quod decet* des anciens: de sorte que la bienséance est à l'égard de la convenance ce que les Platoniciens disent que la beauté est à l'égard de la bonté, c'est-à-dire qu'elle en est la fleur, le dehors, le corps et l'apparence extérieure; que la bienséance est la raison apparente, et que la convenance est la raison essentielle. De là vient que ce qui sied bien est toujours fondé sur quelque raison de convenance, comme l'indécence sur quelque disconvenance, c'est-à-dire le ridicule sur quelque manque de raison (45).

Définition en tous points capitale, non seulement pour la compréhension du théâtre de Molière, mais aussi pour celle de l'esprit du siècle. A un premier niveau, celui, extérieur et sensible, du corps et de son inscription dans l'espace social, la raison consiste à respecter les bienséances, c'est-à-dire à ne dire et ne faire précisément que "ces choses qui conviennent aux temps, aux lieux, à la personne qui parle, et à celle qui écoute" (46). A savoir donc se conformer, s'ajuster, s'accommoder, souplement et avec élégance, à la situation dans laquelle on se trouve placé, à l'esprit et au goût de celui—ou de ceux—à qui l'on s'adresse—dans le but bien évident de leur être agréable autant qu'il est possible, de ne les choquer en rien par ses manières, de leur éviter l'ennui, et de faire régner dans les compagnies cette atmosphère de gaieté légère et de politesse si nécessaire à l'existence et au bon fonctionnement des rapports sociaux. Ce qui revient très exactement, et d'emblée, à identifier l'honnête homme à l'homme de bon sens et de raison—ou du moins à son apparence. Car qu'est-ce que l'honnêteté, cette précieuse quintessence de toutes les vertus du siècle, sinon justement la connaissance intuitive et la mise en pratique de tout ce qui a trait aux agréments et aux bienséances de la vie? L'honnête homme est celui qui vit et qui se communique à autrui "d'une manière humaine et raisonnable" (47), celui qui plaît toujours, parce qu'il sait toujours, sans affectation et le plus naturellement du monde, "entrer dans les sentiments des autres" (48). Il possède "ce je ne sçay quoi de sage et d'habile" qui lui fait sentir en chaque chose "les mesures qu'il faut garder," et le mène infailliblement à adopter, de toutes les formes dont son âme "universelle" est susceptible, celle qui est la mieux appropriée et la plus convenable aux circonstances (49). *Caput artis decere*, disait déjà, au témoignage de Cicéron, le comédien Roscius. Et Quintilien: *Nihil potest placere, quod non decet* (50). Curieuse raison, qui se recommande à l'attention moins par son être que par son air. Nous sommes ici en pleine célébration de ce culte du *decorum* (πρέπον), de ce formalisme esthétique qui semble parfois résumer toute la sagesse sociale du siècle.

Cette orientation esthétique prise au XVIIe siècle par la sagesse sociale n'a d'ailleurs pas de quoi nous étonner. Elle est la conséquence directe des échanges qui s'opèrent alors entre la scène et la salle, l'acteur et le spectateur, la comédie sociale et la comédie tout court, et dont nous avons déjà eu l'occasion de mesurer l'ampleur et la profondeur. *Hic humanae vitae mimus*. Le monde s'éprouve essentiellement comme un théâtre, et se définit comme tel. Le théâtre se fait le miroir du monde et proclame bien haut sa vocation sociale. L'honnête homme se veut parfait comédien. Le comédien, parfait honnête homme. Et les règles qui président à la création théâtrale sont identiques à celles qui assurent le fonctionnement harmonieux des rapports sociaux. L'époque est à ce point sensible à la dimension théâtrale de l'existence humaine, et la continuité entre le monde et la scène est d'une qualité telle, que les glissements d'un univers à l'autre s'effectuent sans heurt, et sans même y songer. Pourquoi l'homme de théâtre ne se verrait-il pas soumis par cette même "raison apparente" qui gouverne déjà la vie en société aux mêmes impératifs que l'homme du monde? Son génie le voue naturellement aux relations mondaines, au respect absolu des bienséances et de la vraisemblance, à la fuite perpétuelle de "tout ce qui est contre les regles du temps, des mœurs, des sentiments, de l'expression," et conséquemment à la suite de "tout ce qui est conforme à l'opinion du public" et à "la créance de son siècle" (51). Car il vaut mieux, quand on veut plaire, s'accommoder au temps. On comprend, à considérer ainsi, d'un monde à l'autre, de la vie à l'art, la permanence des effets, que la raison n'ait vraiment aucune raison de changer. On comprend aussi que ce qui ici réellement importe n'est peut-être pas tant l'orientation particulière prise par cette raison, fondement de la sagesse du siècle, que le fait qu'elle s'évalue moins en termes d'*être* qu'en termes de *relation à autrui*. La valeur est, pour l'homme de la première Renaissance, un absolu qui trouve en Dieu sa source et sa justification. Le monde s'organise et se perçoit en fonction d'une transcendance alors si présente et si lumineuse au cœur de l'homme que toute forme de sagesse mondaine en paraît par comparaison soudain dérisoire et impossible. Au contraire, pour celui de la Contre-Réforme, elle s'enracine profondément dans le monde et dans sa contingence. Alors qu'auparavant elle condamnait au néant les prétentions du monde, c'est maintenant en son ordre et en lui qu'elle trouve sa justification. La norme, c'est "l'usage ordinaire du monde," la mode, le temps, *la persuasion qu'on a puisée dans le lait de sa nourrice.* "Satis igitur est Poetae quod vulgus sic opinatur" (52). Ce n'est plus Dieu, mais l'homme et ce qui lui convient.

Ce qui ne signifie nullement qu'il faille en conclure, avec tous ceux qui de Bourdaloue, Bossuet et Rousseau à Starobinski et Brody accusent d'immoralité—ou d'amoralité—le théâtre de Molière et la société dans laquelle il vit, que ce dernier, en accord avec son temps, a prétendu former non le véritable "honnête homme"—c'est-à-dire l'homme réellement vertueux—mais "l'homme du monde," qu'il se soucie beaucoup plus des ridicules que des vices et de la corruption, et que son éthique n'est au fond rien d'autre qu'une esthétique sociale dont les valeurs se sont indûment substituées aux impératifs moraux pour guider l'homme dans sa conduite. Il est vrai que si nous nous en tenons à ce niveau apparent des bienséances—niveau auquel, nous précise Chapelain, il est question non pas de "ce qui est honnête," mais seulement de "ce qui convient aux personnes" (53)—, la justesse du ton, l'aisance et la grâce du geste, le charme mystérieux du "je ne sais quoi" importent bien davantage que la justice de la cause ou la pureté des intentions. Et que, comme le dit finement Starobinski, l'individu compte alors moins pour ce qu'il est que pour la relation qu'il établit (54). Il demeure toutefois, à considérer le texte de la *Lettre* cité plus haut, que son auteur nous invite expressément à dépasser ce niveau superficiel, corporel et sensible, de la "raison apparente" pour atteindre à celui, plus profond et aussi plus secret, de ce qu'il appelle la "convenance," ou encore la "raison essentielle." Que cette convenance, cette raison essentielle, intérieure, qui relève de l'âme comme la bienséance de réalités corporelles et sensibles, a un caractère résolument *moral*. Et qu'ainsi s'affirme, dans une optique consciemment platonicienne, entre la *beauté* et la *bonté*, la *"bienséance"* et la *"convenance,"* l'*esthétique* et l'*éthique*, le plus indissoluble des liens. B. Castiglione le faisait déjà dire à Pierre Bembe dans son *Courtisan*, cet ouvrage capital qui a, au XVIIe siècle, exercé sur tous les théoriciens de l'Honnêteté, et notamment sur Faret, une influence qu'on ne saurait surestimer: "Le bon et le beau sont en quelque façon une mesme chose . . . Beauté ne peult estre sans Bonté . . . Comme la laydeur est la face obscure, fascheuse, desplaisante et triste du mal, la beaulté est la face gracieuse, plaisante, aggreable et desirable du bien" (55).

Mais plus encore peut-être que de Castiglione et du néo-Platonisme de la Renaissance, la pensée de Donneau-Molière se nourrit ici de l'humanisme moral de Cicéron, et plus précisément de cette vision pratique et extrêmement concrète qui caractérise l'esprit du *De Officiis*. Toutes les difficultés que pose l'interprétation de cette pensée, notamment en ce qui concerne les notions, pour nous à première vue si voisines, de *convenance* et de *bienséance*, s'éclairent en effet lorsqu'on rapproche cette partie de la *Lettre* du développement que Cicéron, dans le premier Livre de son Traité, consacre au convenable (*decorum*) et à sa nature. Car ce *decorum*, qui constitue pour Cicéron une partie de la beauté morale (*honestum*), entretient avec celle-ci des rapports exactement semblables à ceux qui existent chez Donneau-Molière entre la bienséance et la convenance. La signification du *decorum*—du grec πρέπον, ce qui convient—est telle, écrit Cicéron, "qu'on ne peut la dissocier de la beauté morale: car ce qui est convenable est beau, et ce qui est beau est convenable—*nam et quod decet, honestum est et quod honestum est, decet*." Quant à la nature de la différence entre l'*honestum* (l'honneste de Montaigne) et le *decorum*, elle est plus facile à "saisir" qu'à "expliquer." Tout ce que Cicéron peut dire, c'est que toute action juste nous apparaît nécessairement convenable —*justa omnia decora sunt*—, en raison même de sa beauté morale. Et qu'inversement, le convenable, qui ne se discerne pas par quelque raisonnement abscons, mais d'un seul regard, renvoie toujours nécessairement à une forme quelconque de la beauté morale. En fait—et l'on retrouve ici le type de comparaison utilisé dans la *Lettre*—, "de même qu'on ne peut séparer la grâce et la beauté du corps de la santé," le convenable est à ce point intimement mêlé à la vertu que seul un effort de réflexion est capable, abstraitement, de les distinguer—"Ut venustas et pulchritudo corporis secerni non potest a valetudine, sic hoc de quo loquimur, decorum totum illud quidem est cum virtute confusum, sed mente et cogitatione distinguitur" (56). Au total, nous dit Cicéron en un autre endroit (57), le convenable est "l'aspect extérieur de la beauté morale, et pour ainsi dire son visage (*formam quidem ipsam, et tamquam faciem honesti*)"— lequel, et Cicéron cite ici le *Phèdre* de Platon, s'il pouvait apparaître directement aux yeux (être, a traduit Rabelais, "corporel" et "spectable") (58), exciterait chez l'homme, pour la sagesse, des amours étonnantes.

On voit à quel point ces références au *De Officiis* permettent de mieux saisir, à travers le système philosophique sur lequel elle s'appuie, la pensée il faut bien l'avouer quelque peu elliptique de la *Lettre*. La "convenance" de Donneau-Molière, c'est l'*honestum*, c'est-à-dire un concept que Cicéron définit justement comme un rapport idéal de convenance ou d'harmonie intérieure (59). Et la "bienséance," le *decorum*, c'est-à-dire ce rapport concret qu'établit le comportement entre les données d'une situation, et qui, de même que la beauté du corps, attire l'approbation et charme le regard de ceux avec qui l'on vit "en vertu de l'ordonnance, de la constance et de la mesure de tous les propos et de tous les actes" (60). Et de même que le *decorum* est comme le visage de l'*honestum* (facies honesti), la bienséance est la "marque sensible," la "forme extérieure," le "dehors reconnaissable" de la convenance, ou encore, d'une façon plus précise, en utilisant par analogie la définition que Donneau-Molière nous propose du ridicule (61), "la forme extérieure et sensible que la Providence de la nature a attaché à tout ce qui est raisonnable, pour nous en faire apercevoir, et nous inviter à le suivre."

Cette croyance philosophique à la relation nécessaire du beau et du bien est lourde de conséquences et d'implications. Il suffit par exemple de considérer la définition analogique de la bienséance que nous venons de proposer pour prendre conscience du fait que, sur le plan idéologique, le monde retrouve en quelque sorte, sinon une transcendance, à tout le moins une norme et une justification. Car pour expliquer que le beau est toujours et nécessairement lié au bien, à qui faire appel, sinon à la "Providence de la nature"? Celle-ci nous a ainsi faits que notre âme trouve dans la *raison* et dans tout *objet moral* "quelque motif de joie et quelque motif de plaisir," que la *connaissance de la vérité et de la vertu* excitent dans notre esprit "une complaisance délicieuse" (62). Et comme la raison, la vérité et la vertu ne sont pas en soi directement perceptibles, la nature les a de plus revêtues d'une marque sensible pour nous permettre de les reconnaître et de les suivre. Vision, on le voit, résolument optimiste, et qui non seulement refuse l'absurde, suppose un monde signifiant et ordonné, mais qui encore postule l'essentielle dignité de l'homme. C'est en s'appuyant constamment sur ce qu'il appelle la *nature non vitiosa* de l'homme que Cicéron définit par exemple les quatre divisions de la beauté morale. C'est de l'homme qu'il part, et à lui qu'il revient sans cesse. Et s'il insiste comme il le fait sur la convenance, la grandeur d'âme, la recherche du vrai et la sauvegarde de la collectivité sociale, c'est que celles-ci constituent pour lui des données immédiates de notre nature, que nous tendons *naturellement* à la tempérance, à la grandeur, à la vérité et à la considération d'autrui. En effet, dit-il, "ceci convient le plus à chacun, qui appartient le plus à la nature de chacun"—*id maxime quemque decet quod est cuiusque maxime* (63). Il faut s'en persuader: comme Cicéron, comme Candide, Molière a cru pour un temps au règne de la Providence et à l'essentielle bonté de la nature humaine.

Cette "Providence de la nature," qui a dans sa bonté voulu que l'homme fût un être essentiellement raisonnable et vertueux —les deux termes sont chez Donneau-Molière, comme chez Cicéron et les Stoïciens, interchangeables—, qui a attaché en lui un sentiment de plaisir délicieux à la contemplation de la raison et de la vertu, et dont la sollicitude a même été jusqu'à donner à ces dernières une forme immédiatement perceptible et reconnaissable, fait de la comédie le lieu de la clarté et de la transparence. Dans ce monde où tout est signe, où le mal a son visage, où le bien a le sien, l'être est en effet nécessairement ce qu'il paraît. Il n'y a pas de confusion, ni de dissimulation, possibles. C'est pourquoi Donneau-Molière, dans sa *Lettre*, avoue ne pas comprendre la "grande objection qu'on a toujours faite contre cette pièce [i.e., *Le Tartuffe*], qui est que décriant les *apparences* de la vertu, on rend suspects ceux qui, outre cela, en ont le *fond*, aussi bien que ceux qui ne l'ont pas." Car il est pour lui patent que les véritables dévots ne sont pas capables des affectations que cette pièce reprend dans les hypocrites, que les apparences ne sauraient en aucun cas être les mêmes dans les uns que dans les autres, et que la vertu possède, comme le vice, "un dehors reconnaissable" (64).

L'objection faite par ses adversaires au *Tartuffe* semble à Molière d'autant plus injuste et incompréhensible qu'il a lui-même, en tant que poète comique, respecté jusqu'au scrupule les volontés déclarées de la Providence. C'est un argument sur lequel, dans sa *Préface* et ses deux premiers *Placets*, il ne cesse de revenir, pour souligner l'innocence de ses intentions. En peintre fidèle de la nature, il a traité sa comédie "avec toutes les précautions que demandait la délicatesse de la matière," il n'a point "laissé d'équivoque," il a "ôté tout ce qui pouvait confondre le bien avec le mal," il a utilisé toutes les ressources et toutes les finesses de son art "pour bien distinguer le personnage de l'hypocrite d'avec celui du vrai dévot":

> J'ai employé pour cela deux actes entiers à préparer la venue de mon scélérat. Il ne tient pas un seul moment l'auditoire en balance. On le connaît d'abord aux marques que je lui donne. Et d'un bout à l'autre, il ne dit pas un mot, il ne fait pas une action qui ne peigne aux spectateurs le caractère d'un méchant homme et ne fasse éclater celui du véritable homme de bien que je lui oppose.

Dans cet univers transparent et ordonné, où rien n'existe sans raison, tout devient signe, métaphore d'une réalité intérieure autrement indécelable. Dès qu'elle paraît sur scène, nous dit la *Lettre*, Pernelle se fait connaître du spectateur par son *air* et ses *habits*. Et cela d'autant plus qu'elle est suivie avec empressement "de diverses personnes *très propres* et de *fort bonne mine*." Elle incarne "l'austérité ridicule du temps passé," comme ceux qu'elle critique avec tant d'âpreté la "conduite"—de toute évidence raisonnable—"d'aujourd'hui." Tartuffe ressort pareillement de cette scène comme "un zélé indiscret et ridicule." Et pour que ne subsiste aucun doute quant à son caractère, "pour achever la peinture de ce bon Monsieur," on lui a donné un valet qui lui ressemble en tout: de sorte qu'en peignant le portrait du valet, on fait mieux connaître le maître. Lorsqu'Orgon, qui lui-même a d'abord paru sur la scène "dans le plus haut degré de son entêtement," raconte à son beau-frère de quelle façon il a pris Tartuffe en amitié, "l'histoire du saint homme, étant faite de cette sorte, et par une bouche très fidèle, puisqu'elle est passionnée, finit son caractère, et attire nécessairement toute la foi du spectateur." Tout ce que fait et que dit Elmire nous permet de même de la reconnaître pour "une vraie femme de bien, qui connaît parfaitement ses véritables devoirs et qui y satisfait jusqu'au scrupule." Et Cléante, qui a pour fonction, toujours "d'une manière nouvelle," de "prouver l'être de la véritable vertu," de continuellement distinguer la vraie dévotion de la fausse, est bien évidemment le "sage" de la pièce, un "véritable honnête homme." Somme toute, conclut l'auteur de la *Lettre*, on a employé tous les moyens possibles pour contraindre l'imposteur "à se découvrir tout entier," on a "prévu et évité jusqu'aux effets les moins fâcheux qui pouvaient arriver, même par accident, de la peinture du vice," on a pris enfin, "contre la corruption des esprits du siècle, toutes les précautions qu'une connaissance parfaite de la saine antiquité, une vénération solide pour la religion, une méditation profonde de la nature de l'âme, une expérience de plusieurs années et un travail effroyable ont pu fournir" (65).

La comparaison s'impose alors irrésistiblement à l'esprit de cet univers avec celui du langage. La bienséance est liée à la convenance, c'est-à-dire à la raison et à la vertu, aussi étroitement que le signifiant l'est à son signifié. Molière a, face au langage, la même attitude que face à l'individu. Il poursuit avec autant de soin les sophismes et les solécismes du langage que ceux du comportement. Au moins aussi soucieux, là comme ailleurs, du fond que de la forme, il entend d'abord faire la lumière, dévoiler au regard tout ce qui prétend lui échapper, pénétrer par delà l'écorce superficielle des mots jusqu'à la réalité substantielle des choses, restaurer dans sa vérité originelle la relation troublée du signifiant et du signifié. Sa démarche vise à empêcher tout glissement de sens, comme tout écart de conduite. "Puisqu'on doit discuter des choses et non pas des mots" écrit-il dans sa *Préface* de 1669, "et que la plupart des contrariétés viennent de ne se pas entendre et d'envelopper dans un même mot des choses opposées, il ne faut qu'ôter le voile de l'équivoque" (66).

Une fois reconnue, par le biais de l'indissoluble et providentielle relation du beau et du bien, la coloration indiscutablement morale de la sagesse moliéresque, il nous reste à essayer non seulement d'en examiner, mais encore d'en expliquer, voire même, si nous le pouvons, d'en justifier l'esprit. Car quand on accepte de reconnaître chez Molière l'existence d'une morale, c'est généralement, nous l'avons vu, pour en faire le procès et pour condamner au radotage et au ridicule ceux qui, dans la comédie, ont pour fonction de l'incarner. Que n'a-t-on pas dit contre la triste et terne sagesse de ces "raisonneurs" prodigues en lieux communs et conformes, et complaisants jusqu'à la fadeur! Notre époque, qui tend naturellement à ne voir d'issue que dans les extrêmes, qui cultive, comme des plantes de serre chaude, l'originalité, la singularité et l'anti-conformisme, ne saurait accepter de rester avec Cléante dans "le milieu qu'il faut." Elle éprouve, au dénouement de *Tartuffe*, une certaine difficulté à admirer sans une pensée de derrière ce Roi vertueux et juste dont la "ferme raison ne tombe en nul excès." Elle juge sans complaisance aucune la "vertu traitable" de Philinte, et sa "parfaite raison" du juste milieu. Elle a sur Ariste, ce vieux beau, et sur Chrysalde, ce cocu philosophe et prudent, l'ironie aussi facile que Sganarelle ou qu'Arnolphe. Et la modération d'Elmire, qui prétend être sage avec douceur, ou celle toute semblable d'Uranie, qui dénonce l'affectation de toute sagesse outrée, lui paraît *a priori* moralement suspecte.

Il y a pourtant, en l'occurrence, remède. Il suffit par exemple, comme l'a fait J. Morel, de regarder les comédies de Molière avec les lunettes de l'époque pour se persuader très vite que "le milieu où se tient la vertu selon les Aristotéliciens est senti au XVIIe siècle, non comme le lieu des facilités, des compromis et du refus à l'engagement," mais comme "celui de la perfection dans une sérénité conquise" (67). Dans tous les domaines de l'activité humaine, qu'il s'agisse de littérature, de morale ou de société, le public a alors tendance à "accorder la suprême importance" au "niveau moyen" et à privilégier la quête incessante de la mesure et du juste milieu. Nous avons beau dire et beau rire: Ariste, Chrysalde, Uranie, Cléante, Elmire et Philinte parlent exactement comme leur siècle. Ils en expriment toute la sagesse adulte. Sagesse qui a d'ailleurs d'incontestables lettres de noblesse. Dans son *Ethique à Nicomaque*, Aristote avait défini la vertu comme un juste milieu par rapport à deux vices, l'un par excès, l'autre par défaut—"Est igitur virtus habitus cum consilio et deliberatione inque mediatate consistens . . . Mediocritas autem seu Medietas est duorum vitiorum, unius quod ex nimio, alterius quod ex eo, quod parum est, nascitur" (68). Ainsi du courage, milieu entre l'audace et la lâcheté; de la libéralité, milieu entre la prodigalité et l'avarice; de l'enjouement, milieu entre la bouffonnerie et la sottise. Il avait fait de ce milieu un point de perfection difficile à atteindre. Car l'erreur est multiple, et la vérité une. Combien de flèches se perdent, pour une qui parvient à frapper la cible: "L'archer qui outrepasse le blanc faut," dira Montaigne, "comme celuy qui n'y arrive pas." Quelle science faut-il de même pour déterminer le centre d'un cercle!

Praetera peccare multis modis possumus. (Mali enim, ut Pythagorei coniectabant, natura habet infinitum atque interminatum: boni vero finitum et terminatum). At recte facere, uno tantum modo. Quocirca etiam hoc difficile est, illud vero facile: à scopo scilicet aberrare facile est/scopum ferire difficile . . . *Uno namque boni mille modisque mali*, ut ille ait. . . . Magni negotii est, in unaquaque re medium consequi: ut circuli punctum, medium reperire non cuiuslibet, sed scientiis atque intelligentis hominis est . . . (69).

Ces réflexions avaient été reprises et propagées notamment par Horace, Cicéron et Sénèque. Elles avaient même reçu l'appui inattendu de la sagesse divine: "Ne soyez pas plus sages qu'il ne faut," disait saint Paul (*Rom.*, XII, 3), "mais soyez sobrement sages." Elle se trouvaient partout au XVIe siècle, chez Erasme, chez Thomas More, chez Castiglione, chez Rabelais et chez Montaigne, et le plus souvent dans les termes mêmes où Aristote les avait formulées. "Celluy et non autre est vertueux qui vient a ce ou pou dommes pevent venir," lisait-on par exemple au début du siècle dans l'édition Vérard de la traduction française des *Oeuvres de Sénèque* (70). "Toute vertu retient la nature du milieu / le milieu est ung cercle qui est fort et dangereux à trouver / et pour ce pou dhomes y adviennent." *Le livre des meurs de Seneque a Lucile* se terminait par cette profession de foi du traducteur Laurent de Premierfait: "Et mesure est vertu louable en tous fais et en tous dys . . . tout ce est vice qui excede mesure" (71). Celui des *quatre vertus cardinaulx* [sic] était une exhortation à la "mesure" de prudence, attrempance, justice et magnanimité. "Ces quatre manieres des quatre vertus te feront vivre comme homme parfait par ces institutions et ordonnances dessus escriptes / mais que tu gardes par juste ouvrage la droicte mesure d'elles"—*si mensuram earum rectudinis equo vivendi fine servaveris* (72). C'était aussi la conviction exprimée par Jacques Legrand dans son *Sophologium sapientie*, maintes fois édité et traduit au XVIe siècle: "Virtus consistit in medio . . . Virtus est medium tenere et ad extrema non verti. Illi igitur virtuosi non sunt qui extrema quaerunt. Omne quod est nimium vertitur in vitium. . . . Verum plurimi medium tenere nesciunt. Unumque vitium extremum vitare volentes, in aliud extremum incidunt" (73). Pour tous les humanistes, clercs et courtisans de la Renaissance, la vertu consiste toujours "au point de médiocrité," la "médiocrité est en tous cas louée," tendre à l'extrémité "estonne" et est toujours vicieux:

> Car si comme il est difficile trouver le point du centre en ung rond, qui est le meillieu, pareillement est difficile trouver le poinct de la vertu assise au meillieu des deux extremitez vicieuses, dont lune git en trop, l'autre au peu (74).

Au siècle suivant, après l'échec de la Fronde, quand vient le temps de la démolition du héros et du sage stoïcien et que se précise, sous l'influence d'un pouvoir monarchique hostile par nature à toute morale de l'excès, la "tendance à une commune médiocrité," cette éthique aristotélicienne de la mesure s'impose à tous les esprits. L'introduction de saint François de Sales à la vie dévote est une introduction au juste milieu. Il s'agit simplement, pour se rendre agréable à l'Eglise et à Dieu, en tous les domaines, conversation, habillement, divertissements, plaisirs, de "fuir les deux extrémités" et de "se garder de l'excès." Cette recherche constante de la voie moyenne constitue aussi l'un des principes fondamentaux de ce que M. Magendie appelle "la philosophie de l'honnête homme" (75). Pour Méré, la médiocrité convient essentiellement à l'honnête homme, parce qu'elle ne saurait choquer qui que ce soit, et qu'elle traduit un élan, toujours souhaitable à ses yeux de mondain, vers une perfection plus grande de la nature: "Le plus difficile secret pour être honnête homme," affirme-t-il, "dépend de trouver le tempérament le plus juste en toutes ses actions" (76). Chez Vaumorière, elle résume tout l'art de plaire dans la conversation, "la belle manière de vivre ensemble" et de savoir échapper au ridicule sans rien renier de soi (77). Idées que partage l'abbé Bellegarde, auteur de très importantes *Reflexions sur le ridicule et sur les moyens de l'éviter* (78), et pour lequel le plus sûr moyen de plaire consiste en tout et surtout à fuir l'excès—un excès qui "gâte les meilleures choses" et qui toujours "blesse les personnes délicates":

> On se rend souvent incommode en voulant par trop bien faire: il faut que les vertus soient bien assaisonnées, on doit garder un certain tempérament, qui retranche ce qu'elles ont d'outré. . . . Tout excès est vicieux . . . Le grand art de plaire consiste à trouver le milieu entre trop et trop peu: ce tempérament fait la perfection des vertus humaines (79).

Lieu de convergence de tous les idéaux du siècle, cette voie moyenne est aussi naturellement celle des philosophes et des savants. Même lorsque, comme Pascal, ils regimbent, ils ne cessent pas pour autant de voir la raison des effets: "L'extrême esprit est accusé de folie, comme l'extrême défaut. Rien que la médiocrité n'est bon. C'est la pluralité qui a établi cela, et qui mord quiconque s'en échappe par quelque bout que ce soit. . . . C'est sortir de l'humanité que de sortir du milieu. La grandeur de l'âme consiste à savoir s'y tenir; tant s'en faut que la grandeur soit à en sortir, qu'elle est à n'en point sortir" (80). L'homme n'est ni ange, ni bête, un milieu entre rien et tout. Et sa vertu, qui participe de sa nature, est elle-même un milieu. Milieu qui fait sa grandeur, et qui est cerné des abîmes du vice: "Nous ne nous soutenons pas dans la vertu par notre propre force, mais par le contre-poids de deux vices opposés, comme nous demeurons debout entre deux vents contraires: ôtez un de ces vices, nous tombons dans l'autre" (81). Tout l'art consiste donc à savoir se tenir au lieu d'une "certaine médiocrité géométrique, également distante de l'excès et du défaut." *Quo magis virtus, eo magis medietas* (82). Cette médiocrité est dans sa difficulté tellement souhaitable et parfaite qu'elle finit même par envahir la vision aristocratique du monde. "La vertu n'est jamais vague et indéterminée," écrit par exemple, en 1661, F. de Caillères, dans un traité consacré essentiellement à un public de nobles. "Elle tire ses règles de la médiocrité, et à le bien prendre, elle est elle-même la médiocrité" (83). On ne s'étonnera donc pas que pour se préparer à sa tâche de Précepteur du Dauphin, Bossuet ait relu les Oeuvres d'Aristote, et notamment l'*Ethique à Nicomaque*. Et qu'il ait été précédé dans cette voie par le vieux La Mothe Le Vayer, dont le scepticisme autrement convaincu épargne curieusement la vertu des Païens (84). C'est que décidément la médiocrité comble toutes les aspirations du siècle. Vertu de chrétien, de libertin, d'honnête homme et de philosophe. Vertu de Prince et de Roi, et fondement de la vraie noblesse.

Chapitre III

UN DISCOURS DU RIDICULE

> "Mais quand ce vint au tour de Chiquanous, ilz le festoierent à grands coups de guanteletz, si bien qu'il resta tout estourdy et meurtry, un œil poché au beurre noir, huict coustes freussées, le brechet enfondré, les omoplates en quatre quartiers, la maschouere inferieure en trois loppins, *et le tout en riant* . . ."
>
> F. Rabelais, *Quart Livre*

Replacer ainsi les comédies de la première manière dans la perspective sociale et historique qui fut bien évidemment la leur, les regarder à travers "les lunettes de l'honnêteté," c'est-à-dire avec les yeux, les valeurs et les préjugés, les goûts et les dégoûts du spectateur de l'époque, constitue, sur le plan de l'analyse littéraire, l'exercice le plus salutaire et le plus fructueux qui soit. Le seul, au fond, qui en bonne méthode nous soit permis, à nous qui essayons de faire œuvre critique: parce que le seul à nous apprendre quelque chose sur Molière et sur son temps, à exiger de nous, qui n'avons toujours que trop tendance à projeter sur le texte que nous analysons nos propres valeurs et nos propres sentiments, l'adoption d'une perspective différente de la nôtre (car s'il est un domaine où "tout ce qui n'est que pour l'auteur ne vaut rien," c'est bien celui de la critique littéraire). Il a notamment pour conséquence, ce qui n'est pas peu, de renvoyer au néant, à ce néant d'où ils n'auraient jamais dû sortir, tous ces faux problèmes que pose encore trop souvent au Moliériste d'aujourd'hui le personnage pourtant fort transparent du "raisonneur," de sa nature et de sa fonction. Il est clair en effet que ce juste milieu, dans lequel se résume toute la sagesse du siècle, constitue aussi nécessairement, comme le dit J. Morel (1), "l'exact point de vue" à partir duquel Molière "organise la perspective comique," nous invite à contempler les hommes et à rire de leurs défauts. Comment pourrait-il en être autrement? La "convenance comique" est à ce prix, et nous avons vu à quel point Molière alors la recherche et s'appuie sur elle. Or, cette simple mise du regard en perspective, qui rend la sagesse comique en tous points identique à la sagesse sociale, nous interdit du même coup, à moins que d'ériger l'anachronisme et le subjectivisme critique en système, d'affirmer avec R. Bray qu'"il n'y a pas de raisonneurs dans le théâtre de Molière," ou avec R. Fargher, et à un moindre degré R. Herzel et A. Eustis, que ceux-ci sont le plus souvent—pour ne pas dire toujours—, dans leur complaisance, leur suffisance, leur importance et leur sérieux, des personnages essentiellement comiques, ridicules et de surcroît parfaitement ennuyeux (2). Elle nous oblige au contraire à reconnaître en eux autant d'incarnations de la sagesse et de l'honnêteté du siècle.

Comment en effet dénoncer les discours sermonneurs d'Ariste, de Chrysalde ou de Cléante, quand les opinions qu'ils soutiennent sont celles-là mêmes que soutient leur temps? C'est certes notre droit de spectateur et d'individu libre que de voir en Ariste, avec Sganarelle, un précepteur par trop "doucereux," un "suranné damoiseau," un "vieillard insensé / Qui fait le dameret dans un corps tout cassé." Mais ce n'est certainement pas notre droit critique. Car Ariste, *l'excellent* Ariste—Molière ne l'a sûrement pas baptisé en vain—, quand il fait, au sujet de l'habillement et du langage, sa profession de foi bien connue—

Toujours au plus grand nombre on doit s'accommoder,
Et jamais il ne faut se faire regarder.
L'un et l'autre excès choque, et tout homme bien sage

> Doit faire des habits ainsi que du langage,
> N'y rien trop affecter, et sans empressement
> Suivre ce que l'usage y fait de changement.
> Mon sentiment n'est pas qu'on prenne la méthode
> De ceux qu'on voit toujours renchérir sur la mode,
> Et qui dans ses excès, dont ils sont amoureux,
> Seraient fâchés qu'un autre eût été plus loin qu'eux;
> Mais je tiens qu'il est mal, sur quoi que l'on se fonde,
> De fuir obstinément ce que suit tout le monde,
> Et qu'il vaut mieux souffrir d'être au nombre des fous,
> Que du sage parti se voir seul contre tous.
> (I, 1, vv. 41-54)

—exprime en l'occurrence un credo qui est exactement celui de ses contemporains. L'accuser de complaisance sénile ou de fade conformisme revient donc à faire le procès de son siècle, c'est-à-dire à juger au lieu de comprendre, ce qui n'est pas, on l'avouera, notre propos. Son attitude ne diffère par exemple en rien de celle qu'adopte La Mothe Le Vayer dans son opuscule intitulé *Des habits et de leurs modes différentes*. Posant comme axiome, là comme partout, que la vertu "consiste dans une certaine médiocrité qui fait un milieu entre deux extremes" (3), l'auteur de la *Prose chagrine* recommande, entre le luxe et la négligence, de tenir une voie moyenne, de "suivre cette médiocrité qui nous fait estre propres et bien vestus, sans pompe et sans mesquinerie." Il faut, dit-il, rester dans ce "milieu souhaitable," en deça et au delà duquel l'on se rend "contemptible," observer une bienséance "qui ait son rapport au temps, au lieu et aux personnes," éviter surtout "ce qui est extrême en chaque mode nouvelle," "s'approcher doucement des modes, au lieu d'aller au devant d'elles," ne pas s'y assujettir, certes, mais savoir cependant "se laisser parfois emporter au torrent de la coutume." Car le monde est ainsi fait que "l'usage ordinaire l'emporte, et oblige souvent les plus sages à le suivre, quoique la raison semble s'y opposer." A quoi bon d'ailleurs résister? "La sagesse est trop ancienne, il faut vivre à la mode quelque fole qu'elle puisse estre" (4). Il est même possible de penser, vu le train des choses, que "les plus advisez sont ceux qui pour s'accommoder à l'usage, suivent librement et en riant les folies du commun" (5). Et que le fin mot de la sagesse humaine consiste peut-être à imiter

Démocrite, c'est-à-dire à "se rire de notre faiblesse," en "s'accommodant tout doucement à ce qu'on ne peut éviter" (6).

A tenir ces propos, le vieux sceptique ne fait d'ailleurs aucunement œuvre originale. Il traduit simplement la prose cicéronienne du *De Officiis*. Traitant des obligations diverses qui découlent du *decorum*, Cicéron avait en effet été jusqu'à préciser qu'il faut, dans le domaine de l'apparence physique et de l'habillement, "pratiquer une propreté qui ne soit pas importune ni trop recherchée, mais qui seulement évite un laisser-aller grossier et de mauvaise éducation." Car concluait-il, "en cela comme dans la plupart des choses, le juste milieu est le mieux— *in quo, sicut in plerisque rebus, mediocritas optima est*" (7). Et ces conseils d'une parfaite urbanité, dont nous sommes à même d'apprécier tout le retentissement qu'ils eurent au XVIIe siècle, sont suivis dans le texte—le fait vaut certes d'être noté—, d'une section consacrée au *decorum* et à l'art de la conversation. On comprend alors qu'Ariste établisse dans sa tirade un rapprochement entre les habits et le langage. Castiglione, qui s'inspire beaucoup de Cicéron, avait déjà, au second Livre de son *Courtisan* (8), glissé tout naturellement d'un thème à l'autre, recommandant au "magnifique Julian" de s'accommoder "à la coustume du plus grand nombre" et de fuir tout aussi bien l'affectation du vêtir que celle du parler.

Mais ce qui prouve peut-être encore le mieux le caractère exemplaire de la sagesse d'Ariste, c'est qu'elle se trouve reproduite telle quelle dans les traités de civilité du temps. C'est bien évidemment en songeant à Molière, et en particulier à *L'Ecole des maris*, qu'en 1666 l'Abbé d'Aubignac, qui a pour l'occasion pris le nom de plume d'Ariste, conseille à une jeune personne que préoccupe apparemment le souci de sa réputation de "rester toujours dans les regles de la ceremonie et de la bienséance publique," et notamment de s'habiller et de parler comme les autres: "Au langage et aux habillemens," dit-il à Célimène, "l'exemple public nous empêche de faillir; il faut parler selon l'usage, et s'habituer à la mode" (9). Vers la fin du siècle, l'Abbé Bellegarde écrira pareillement qu'"il y auroit de l'affectation à ne pas faire ce que tout le monde fait," et que, "quelque extravagante qu'une mode paroisse, il faut la suivre, quand elle est établie," en se contentant "de ne pas enchérir sur la folie de ceux qui l'ont inventée." Car quand on ne peut trouver en soi le courage nécessaire pour se bannir à jamais du commerce du monde, quelle solution reste-t-il, sinon celle de s'accoutumer à ses sottises, et de se faire le mieux possible "au goût des gens avec qui l'on est obligé de vivre"? Et comme "les singularitez, de quelque espece qu'elles soient, choquent toujours," la sagesse commande donc, "quelque bizarre que soit le goût de ceux qui aiment à changer la forme des habits," de "se vêtir comme les autres" et—on remarquera certainement ici la netteté de l'écho— "de *ne point se faire regarder*" (10). De même M. de Vaumorière recommande-t-il, sur le plan du langage, de s'en tenir à l'usage approuvé "par les gens les plus habiles et les plus polis," et de "s'attacher aux modes que suivent les personnes de bon goût" (11). Tant il est vrai que la complaisance, qui consiste, comme toutes les autres vertus, "dans un milieu entre deux extrémitez vicieuses," est "le plus grand charme de la société," et "le chemin le plus court pour gagner l'amitié des hommes" (12).

Il faut bien reconnaître qu'une démonstration du même ordre demeure impossible à faire en ce qui concerne le personnage de Chrysalde. Du moins à notre connaissance, sa philosophie du cocuage ne trouve l'appui d'aucun texte contemporain. Ce qui ne signifie nullement que Molière ait voulu peindre en son raisonneur un extrémiste de la complaisance, un mari prudent, cocu et content, qui, par son attitude et ses propos ridicules, constituerait le digne pendant d'Arnolphe. La preuve en est que dès le début de la pièce (I, 1, vv. 52-53) Chrysalde condamne fermement toute tolérance excessive en la matière, et déclare sans équivoque son intention de ne pas souffrir "Ce que d'aucuns maris souffrent paisiblement." En l'occurrence, la vérité est tout simplement que le thème abordé par Molière dans son *Ecole des femmes* n'est pas, en raison même de sa nature, de ceux qui suscitent aisément le commentaire des traités de morale pratique ou de civilité mondaine. Même Cicéron, en dépit du réalisme de sa visée, n'a pas, dans son *De Officiis*, donné de conseils à l'usage des maris cocus. Il suffit cependant de se reporter à la source où Molière a puisé une bonne partie de son inspiration pour comprendre que loin de parler en fou, Chrysalde—comme d'ailleurs son nom le suggère—"parle d'or." Il ne fait en réalité rien d'autre que de traduire pour son siècle, dans le langage de l'honnêteté, les termes mêmes dont Pantagruel et Frère Jean se servent au *Tiers Livre* pour tenter de rendre Panurge à la raison. Pour le stoïcisme évangélique de Rabelais, cet étonnant syncrétisme qui s'exprime surtout par la bouche de Pantagruel, le mariage est en effet, comme l'habillement ou le langage, l'une de ces choses "foraines, externes et indifférentes, lesquelles de soy ne sont bonnes ne maulvaises, pource qu'elles ne sortent de nos cœurs et pensées, qui est l'officine de tout bien et de tout mal: bien, si bonne est et par le esprit munde reiglée l'affection; mal, si hors aequité par l'esprit maling est l'affection depravée" (13). L'une de ces choses, par conséquent, où, comme le dit saint Paul (*Rom*. XIV, 5), chacun peut à loisir "abonder en son sens." Et l'épouse, l'un de ces biens "que le Ciel couvre et que la Terre contient en toutes ses dimensions," mais qui "ne sont pas dignes d'esmouvoir nos affections et troubler nos sens et espritz" (14). Une fois prise la décision de se marier—"Puis qu'une foys en avez jeté le dez," dit Pantagruel à Panurge, "et ainsi l'avez decreté et prins en ferme deliberation"—, il reste donc, et c'est la seule attitude vraiment raisonnable, à jouer la carte de l'"apathie" et de l'"ataraxie" stoïciennes: "Il se y convient mettre à l'adventure, les œilz bandez, baissant la teste, baisant la terre et se recommandant à Dieu au demourant" (15). Puisque le seul pouvoir que l'homme possède en ce monde lui vient de son propre vouloir, comment saurait-il s'inquiéter et être tenu pour responsable d'une chose qui, fondamentalement, ne dépend pas de lui? "N'estez vous asceuré de vostre vouloir?" interroge en vain le géant charitable. "Le poinct principal y gist: tout le reste est fortuit et dependent des fatales dispositions du Ciel" (16).

Telle est bien en effet la sagesse qui inspire les propos que Chrysalde, sur le thème du cocuage, débite à son compère Arnolphe. A tout prendre, "le cocuage n'est que ce qu'on le fait": un "accident," un "cas fortuit," l'un de ces "coups du hasard" dont personne ne saurait être garant. "Il n'est," disait Frère Jean à Panurge, "coqu qui veult." Mais comme il est écrit qu'il faut que tu le sois, "puys qu'ainsi t'es praedestiné, vouldroys tu faire retrograder les planetes, demancher toutes les sphaeres celestes, propouser erreur aux intelligences motrices . . ." (17)? De même, dit Chrysalde à Arnolphe, ne jurez pas de ne l'être jamais: "Si le sort l'a réglé, vos soins sont superflus." Songez plutôt à "corriger le hasard" par "la bonne conduite" du juste milieu:

> A le bien prendre au fond, pourquoi voulez-vous croire
> Que de ce *cas fortuit* dépende notre gloire,
> Et qu'une âme bien née ait à se reprocher
> L'injustice d'un mal qu'on ne peut empêcher?
> . . . .
> Mettez-vous dans l'esprit qu'on peut du cocuage
> Se faire en galant homme une plus douce image,
> Que des coups du hasard aucun n'étant garant,
> *Cet accident de soi doit être indifférent*,
> Et qu'enfin tout le mal, quoi que le monde glose,
> N'est que dans la façon de recevoir la chose;
> Car pour se bien conduire en ces difficultés,
> Il y faut, comme en tout, fuir les extrémités,
> N'imiter pas ces gens un peu trop débonnaires
> Qui tirent vanité de ces sortes d'affaires,
> . . . .
> Ce procédé, sans doute, est tout à fait blâmable;
> Mais l'autre extrémité n'est pas moins condamnable.
> . . . .
> Entre ces deux partis il en est un honnête,
> Où dans l'occasion l'homme prudent s'arrête;
> Et quand on le sait prendre, on n'a point à rougir
> Du pis dont une femme avec nous puisse agir.
> (IV, 8, vv. 1236-71)

"Si ce que nous appelons mal et tourment n'est ny mal ny tourment de soy, ains seulement que nostre fantaisie luy donne cette qualité," raisonnait déjà Montaigne (18), "il est en nous de le changer." Et l'ironie très apparente de la tirade—Chrysalde ici triomphe et s'en donne à cœur joie, il fait subir à Arnolphe l'un de ces "revers de satire" dont il l'avait menacé au début de la pièce—, si elle module la pensée et la rend quelque peu difficile à saisir, n'en altère cependant en rien le bon sens et le sérieux fondamental. Comme l'attestent, entre autres, un chapitre important de *L'Ethique à Nicomaque*, ou les considérations de M. de Vaumorière sur *L'Art de Plaire dans la conversation*, la raillerie est l'un de ces plaisirs modérés que l'honnête homme, *facetus, urbanus,* εὐτράπελος, peut, sans déroger aux bienséances, s'offrir (19).

Quant à Cléante, il est, par sa lucidité et son fin discernement, son éloquente dénonciation de l'imposture, son plaidoyer passionné en faveur de la "droite raison" et du "milieu qu'il faut," non seulement le porte-parole de l'honnêteté du siècle, mais encore—mais surtout—indiscutablement celui de Molière lui-même. Il suffit de se reporter aux textes que nous avons déjà cités pour se convaincre que son refus vigilant de l'excès, ses exhortations répétées à la "modération" et au "tempérament" reflètent parfaitement le credo moral de la grande majorité de ses contemporains. A cette nuance près cependant qu'il n'est plus ici question ni d'accommodement ni de souplesse, que la fermeté et la passion remplacent la complaisance, et qu'au désir de plaire s'ajoute maintenant, impérieux, celui d'éclairer et de persuader. De telle sorte qu'avec Cléante le langage du raisonneur gagne en complexité, s'enrichit d'accents et de tonalités qui évoquent parfois davantage Boileau que Faret, d'Aubignac ou Méré. L'auteur de la *Satire IV*, qui pense que "tous les hommes sont fous" et qu'"En ce monde il n'est point de parfaite sagesse," n'aurait certainement pas désavoué les propos incisifs que Cléante—"en passant"—adresse à Orgon pour dénoncer sa folie et celle de ses semblables:

> Les hommes la plupart sont étrangement faits!
> Dans la juste nature on ne les voit jamais;
> La raison a pour eux des bornes trop petites;
> En chaque caractère ils passent ses limites;
> Et la plus noble chose, ils la gâtent souvent
> Pour la vouloir outrer et pousser trop avant.
> (I, 5, vv. 339-44)

Et inversement, les portraits que, dans sa *Satire IV*, Boileau brosse du Bigot et du Libertin constituent une illustration parfaite de la pensée de Cléante. La folie naît de l'excès. La raison se tient au milieu:

> Un Bigot orgueilleux, qui dans sa vanité,
> Croit duper jusqu'à Dieu par son zèle affecté,

> Couvrant tous ses défauts d'une sainte apparence,
> Damne tous les Humains, de sa pleine puissance.
>   Un libertin d'ailleurs, qui sans âme et sans foi,
> Se fait de son plaisir une suprême loi,
> Tient que ces vieux propos, de démons et de flammes,
> Sont bons pour étonner des enfants et des femmes;
> Que c'est s'embarrasser de soucis superflus,
> Et qu'enfin tout dévot a le cerveau perclus.

Avec Cléante, le raisonneur ne se contente donc plus de parler pour son temps—ce que faisaient Ariste et Chrysalde: il parle aussi contre lui. La raison de ce glissement polémique tient clairement au fait que la complicité entre Molière et son public a été brutalement rompue, et qu'au dialogue a succédé la tension. Molière a été attaqué, et sa comédie interdite. Pire, ses intentions n'ont pas été comprises. Ou quand elles l'ont été, le public les a désapprouvées. Car le président de Lamoignon n'est certainement alors pas le seul à penser que ce n'est pas au théâtre à parler de la religion. Malgré l'évidente sympathie qu'il éprouve pour les comédiens en général, et pour Molière en particulier, malgré aussi le fait qu'il assigne pour fonction à la comédie "d'enseigner la vertu" et de "faire la guerre au vice et à la folie" —proclamant bien haut que la seule façon de les combattre est "d'en montrer le ridicule," et que le théâtre est un "honnête divertissement" utile à "l'instruction des peuples," S. Chappuzeau dira encore en 1673 que le nom de Dieu ne doit pas être mêlé au "risible," et qu'il faut soigneusement se garder de l'introduire dans "des pièces dont le sujet est comique" et où l'on traite "d'intrigues amoureuses" (20). Comme à cette divergence d'opinions concernant le droit que possède ou non la comédie de "prêcher l'Evangile" s'en ajoute, nous l'avons vu, une autre, tout aussi essentielle, sur la distinction entre les apparences du vice et celles de la vertu—et dont fait par exemple mention l'auteur de la relation officielle des *Plaisirs de l'Isle Enchantée* quand il affirme que "le Roi connut tant de conformité entre ceux qu'une véritable dévotion met dans le chemin du Ciel et ceux qu'une vaine ostentation des bonnes œuvres n'empêche pas d'en commettre de mauvaises, que son extrême délicatesse pour les choses de la Religion ne put souffrir cette ressemblance du vice avec la vertu, qui pouvaient être prises l'une pour l'autre," et qu'en conséquence, "quoiqu'on ne doutât point des bonnes intentions de l'auteur, il la défendit pourtant en public" (21), on comprend que Molière ait dans ces conditions utilisé tous les moyens dont il pouvait disposer pour plaider sa cause, proclamer son innocence et se justifier auprès des "vrais dévots," des "véritables gens de bien" et du Roi, de toutes les accusations portées contre "la conduite de sa comédie." Les *Placets*, la *Lettre* de 1667 et la *Préface* de 1669 constituent l'un de ces moyens. Et Cléante, bien évidemment l'autre.

Que sous la pression des circonstances Cléante soit devenu le porte-parole de Molière, un simple rapprochement entre les textes suffit à le démontrer. Si simple qu'il est permis de s'interroger sur les raisons qui ont pu pousser la critique moliéresque de ces dernières années à ignorer systématiquement, quand elle nous parle des "raisonneurs," des évidences aussi criantes. Par exemple, l'un des points sur lesquels Molière revient, dans son plaidoyer, avec le plus d'insistance, c'est qu'il a traité sa comédie avec "toutes les précautions que lui demandait la délicatesse de la matière," qu'il a surtout songé à prévenir toute possibilité d'équivoque ou de confusion entre le bien et le mal, à "bien distinguer" l'hypocrite du faux dévot, notamment en "mettant en vue," sous le regard du spectateur, "toutes les grimaces étudiées de ces gens de bien à outrance, toutes les friponneries couvertes de ces faux-monnayeurs en dévotion." Or que dit Cléante à Orgon, sinon qu'il faut avant tout avoir de bons yeux, savoir distinguer l'hypocrite du vrai dévot, et ne pas estimer la fausse monnaie à l'égal de la bonne? Et que manifestent toutes ses actions, sinon cette "plénitude de lumière," cette "prodigieuse pénétration d'esprit" et ce "discernement merveilleux de toutes choses" qui, si l'on en croit le dénouement de la comédie et la *Lettre* de 1667, caractérisent aussi l'âme du Monarque?

> Hé quoi? vous ne ferez nulle distinction
> Entre l'hypocrisie et la dévotion?
> Vous les voulez traiter d'un semblable langage,
> Et rendre même honneur au masque qu'au visage,
> Egaler l'artifice à la sincérité,

> Confondre l'apparence avec la vérité,
> Estimer le fantôme autant que la personne,
> Et la fausse monnaie à l'égal de la bonne?
> (I, 5, vv. 330-38)

"Suivant leur louable coutume," dit de même Molière dans sa *Préface* et son second *Placet*, "ils [les hypocrites] ont couvert leurs intérêts de la cause de Dieu . . . Ils ont l'art de donner de belles couleurs à toutes leurs intentions." Et Cléante, animé de ce "sentiment passionné" qui, selon la *Lettre* de 1667, constitue, par le plaisir qu'il procure au lecteur ou au spectateur, "le plus grand principe de la véritable rhétorique" (22):

> Et comme je ne vois nul genre de héros
> Qui soient plus à priser que les parfaits dévots,
> . . . .
> Aussi ne vois-je rien qui soit plus odieux
> Que le dehors plâtré d'un zèle spécieux,
> Que ces francs charlatans, que ces dévots de place,
> De qui la sacrilège et trompeuse grimace
> Abuse impunément et se joue à leur gré
> De ce qu'ont les mortels de plus saint et sacré,
> Ces gens qui, par une âme à l'intérêt soumise,
> Font de la dévotion métier et marchandise,
> . . . .
> Ces gens, dis-je, qu'on voit d'une ardeur non commune
> Par le chemin du Ciel courir à leur fortune,
> . . . .
> Qui savent ajuster leur zèle avec leurs vices,
> Sont prompts, vindicatifs, sans foi, pleins d'artifice,
> Et pour perdre quelqu'un couvrent insolemment
> De l'intérêt du Ciel leur fier ressentiment,
> D'autant plus dangereux dans leur âpre colère,
> Qu'ils prennent contre nous des armes qu'on révère, . . .
> (I, 5, vv. 355-78)

Mais à quoi bon multiplier les exemples? Le langage de Molière et celui de Cléante sont par trop semblables, et la cause est de celles qui, pour être entendues, n'ont pas besoin d'être plaidées. Et quelle que soit en définitive la solution que l'on adopte quant à la nature de l'*Urtartuffe* (23), il est certain qu'à l'origine le rôle de Cléante ne comportait pas cette dimension passionnée, personnelle et polémique. Que celle-ci a été rajoutée par Molière à son personnage en fonction des critiques et des attaques dont il était l'objet, au fur et à mesure des remaniements qu'il a fait subir à sa comédie entre 1664 et 1667. Que ce dernier a par conséquent, et décidément, toutes les raisons du monde de dire et de redire, dans sa *Préface* comme dans la *Lettre* de 1667, que Cléante est "le sage," "l'honnête homme" et "le véritable homme de bien" de la pièce (24). Et qu'enfin, en ce qui nous concerne, rien, ni nos préjugés (certains), ni notre subtilité (prétendue), ni notre aveuglement (réel), ne saurait nous autoriser à faire fi de tant d'évidences accumulées, et à voir Cléante autrement que ne le voyait Molière.

Il devient, partant de là, possible de définir la fonction du "raisonneur" dans les comédies du début. Le "raisonneur" répond essentiellement à cette loi du théâtre dont nous parle Valéry dans *Tel Quel*, et qui veut que "le spectateur puisse et doive toujours s'identifier, s'unir à quelqu'un qui est sur la scène—Par quoi il fait partie de la pièce et la joue, ce que signifie le mot d'*intérêt*: Etre dans l'affaire" (25). Ou encore, d'une façon peut-être plus convaincante parce que non anachronique, à ce besoin, dont fait mention Donneau de Visé dans ses *Nouvelles Nouvelles*, et qui pousse les auditeurs à *prendre parti*:

Ils veulent ou aimer, ou haïr, ou plaindre quelqu'un, et si l'on ne trouve moyen de les attacher, de leur faire prendre party dans une Piece, et de leur faire, pour ainsi dire, joüer en eux-mesmes un Rolle müet qui les occupe, qui les rende attentifs, et qui leur fasse toujours souhaiter d'apprendre ce que deviendront ceux qu'ils plaignent, ou ceux qu'ils haïssent, il est bien difficile qu'une Piece réüssisse (26).

Le "raisonneur" est ce personnage qui, par son caractère *raisonnable*, son idéal de mesure et de médiocrité, son "naturel," son "honnêteté" et sa lucidité, assure sur scène la présence de la norme: celui à partir duquel s'organise, indiscutablement, la perspective comique, s'affirme avec force la vocation didactique de la comédie, sa nature essentiellement morale; celui donc auquel le spectateur, pour lequel la pièce est écrite, s'identifie spontanément, riant quand il rit, approuvant ce qu'il approuve, condamnant ce qu'il condamne. Personnage dont la fonction est bien en ce sens *idéologique*—puisqu'il fournit un point d'appui au jugement; mais tout autant *esthétique*, puisque, comme l'a déjà fait remarquer W.G. Moore, la "prudence" (*prudentia*) et l'humanité qui sont les siennes en toute occasion ne font que mieux ressortir, dans ce monde de la clarté, l'égoïsme et la folie du personnage ridicule, Sganarelle, Arnolphe, Tartuffe ou Orgon, que Molière lui oppose. *Sense shows up nonsense, sobriety offsets bad temper* (27). Ou, comme le disait Aristote, *opposita, juxta se posita, magis elucescunt*.

Cette présence sur scène d'un représentant de la norme est d'autant plus nécessaire que le ridicule se définit d'abord chez Molière essentiellement comme un *manque*, une absence d'être, et qu'il n'a par conséquent pas d'existence en soi, mais seulement par rapport à tout ce qu'il n'est pas. La *Lettre sur la comédie de l'Imposteur* est très claire à ce sujet, et elle ne fait rien d'autre en l'occurrence que de reproduire une conviction et une vision des choses alors très répandues. Nous avons en effet découvert, au chapitre précédent, que la raison possède une "forme extérieure et un dehors reconnaissable," une "marque sensible" dont, dans son infinie bonté, l'a dotée la nature, pour nous en faciliter la connaissance et nous inviter conséquemment à la suivre. Cette forme—ce dehors, cette marque—est, d'une façon générale, "quelque matière de plaisir" que notre âme trouve naturellement dans la contemplation de tout "objet moral." Ce plaisir lui-même dépend, pour sa qualité, de la nature de l'objet contemplé. Il peut être "joie mêlée d'estime," ou "joie mêlée de mépris." Il est "joie mêlée d'estime" quand il naît de la contemplation des choses raisonnables; "joie mêlée de mépris" quand il naît de la contemplation des choses qui ne le sont point. Car si la connaissance de la "vérité" et de la "vertu" excite en notre esprit une "complaisance délicieuse," celle de l'"ignorance" et de l'"erreur," que "naturellement nous estimons des maux," y engendre ce sentiment complexe, curieux mélange de supériorité, de froideur et d'apathie, qui est proprement "le sentiment par lequel nous jugeons quelque chose ridicule." Le ridicule est donc, nous dit Donneau-Molière, "la forme extérieure et sensible que la providence de la nature a attaché à tout ce qui est déraisonnable, pour nous en faire apercevoir, et nous obliger à le fuir" (28). *Ce qui manque extrême-*

ment de raison. L'exact contraire de la bienséance. Car de même que "la bienséance est à l'égard de la convenance ce que les Platoniciens disent que la beauté est à l'égard de la bonté"—de même aussi que "la bienséance est la raison apparente, et la convenance la raison essentielle," le ridicule est à l'égard de la disconvenance ce que les Platoniciens diraient que la laideur est à l'égard de la méchanceté, il est *la déraison apparente*, et la disconvenance la déraison essentielle. "De là vient," ajoute le texte, "que ce qui sied bien est toujours fondé sur quelque raison de convenance, comme l'indécence sur quelque disconvenance, c'est-à-dire le ridicule sur quelque manque de raison" (29). D'où cette affirmation, pour nous capitale, puisqu'elle vérifie le bien-fondé de ce que nous disions plus haut au sujet du ridicule absence, ou défaut, d'être: pour être capable de connaître le ridicule, "il faut connaître la raison *dont il signifie le défaut*, et voir en quoi elle consiste" (30).

On retrouve très nettement ici, mêlée à celle de Cicéron, l'influence d'Aristote et de sa *Poétique* (31). Le ridicule est en effet pour le philosophe grec—selon cette même traduction latine de D. Heinsius qu'il nous a déjà été donné de citer (32) "vitium et foeditas, doloris expers; *quae partem in homine aliquam corrumpit absque morbo*: sicut foeda et detorta facies, si nullo cum dolore id fiat, risum movet." C'est-à-dire un défaut et une laideur (le ridicule est en effet pour Aristote "une partie du laid") qui corrompent, sans douleur ni dommage, une partie quelconque de la nature de l'homme. Une "difformité," une "faute"—comme, par exemple un visage contourné et grimaçant —, mais qui ne provoque cependant aucun sentiment de peine. Définition que reprend, pour la préciser, Cicéron au second Livre de son *De Oratore*. La laideur morale et la difformité physique constituent en effet pour lui comme pour Aristote le domaine de prédilection du ridicule. Et rien à son sens ne déclenche plus efficacement le rire que de faire remarquer avec esprit ("d'une façon qui ne soit point laide") l'une de ces laideurs. "Locus autem et regio quasi ridiculi," écrit-il, *"turpitudine* et *deformitate* quadam continetur. Haec enim ridentur vel sola vel maxime, quae notant et designant turpitudinem aliquam non turpiter" (33). Le ridicule a donc des limites précises. Ni l'extrême perversité, ni l'extrême misère ne prêtent par exemple à rire: car "on veut que les criminels soient frappés avec des armes plus dangereuses que celles du ridicule; et l'on ne veut pas voir insulter les malheureux" (34). Et les sujets où la raillerie se donne le mieux libre cours sont "ceux qui n'excitent ni une grande horreur ni une grande pitié"—*ea facillime luduntur, quae neque odio magno neque misericordia maxima digna sunt* (35). Tel est encore au XVIe siècle le point de vue de Castiglione qui, lorsqu'il aborde dans son *Courtisan* le problème du rire, se contente de traduire—pour ne pas dire plagier—le *De Oratore* (36). Tel est aussi, au siècle suivant, celui de Vossius, écrivant au second livre de ses *Institutions Poétiques*:

Comoedia exagitat κακιαν, seu vitia hominum: at non omnia, sed ea, quae risum potius, quam misericordiam, cieant. Comoedia, teste Aristotele [*De Poet.* cap. 5], versatur circa turpia. Sed turpe aliud φθαρικον* [perdens hominen], aliud γελοιον* [ridiculum]. Illud dolorem patienti adfert, spectanti misericordiam: hoc patienti pudorem, aliis risum praebet. Prioris generis sunt verbera, caedes, egestas, caecitas, et similia. Posterioris est ridicula facies, ut Thersitae. Comoedia vetus posterius genus sectatur. Quomodo Aristophanes in *Nubibus* ridet Socratem, quasi doceret metiri pulicum saltus, aut quomodo insecta bombibent. Etiam Latinis Comicis ejusmodi sunt avaritia Euclionis, iactatio militis gloriosi, et similia: quae, ut Aristoteles loquitur* [*De Poet.* cap. 5], habent *turpitudinem sine dolore* (37).

A lire ces textes, il est clair que Molière se fait du vice, du ridicule et de leur nature une idée aussi résolument optimiste que celle de ses devanciers. Le vice, qu'il baptise sans doute sous l'influence de Cicéron et de Castiglione ("Le lieu doncques et quasi la fontaine là où naissent les risées consistent en une certaine difformité, car lon rit seullement des choses qui en soy ont *desconvenances*, qui semblent estre mal seantes, sans que toutesfoys elles soient mal") (38) du nom de disconvenance, est bien évidemment pour lui comme pour eux un accident, un écart, une aberration, une laideur morale ou physique qui suppose non seulement—et nécessairement—une idée du beau, mais qui suppose aussi que le beau est l'essence même de l'homme, la norme au regard de laquelle s'évalue la laideur. D'où ce paradoxe comique, souligné par Heinsius à plusieurs reprises, et selon lequel l'écrivain de théâtre qui, comme par exemple Plaute, recherche trop exclusivement à émouvoir le rire par le spectacle du ridicule, s'éloigne du même coup de la nature, de la raison et de la vérité—c'est-à-dire de tout ce qui en l'homme est *insitus*, inné, et qu'il a justement pour fonction d'imiter (39). Alors que le *sermo moratus* (ἠθικόν) met sous nos yeux tout ce qui est de la nature de l'homme—"Moratum quia simile est naturae, leniter delectat: quod aetatum singularum, hominum, ac nationum, totiusque vitae, simulachrum quoddam ac imaginem in scaena repraesentat" (40)—, le ridicule, dont le domaine est l'*absurdum*, l'*inusitatum*, nous offre le spectacle de tout ce qui est étranger à la nature, et corruption de la nature (41). Il en va en somme du ridicule comme du vinaigre. Le vinaigre n'est bon vinaigre que lorsque le vin est corrompu. Le ridicule n'est vraiment le ridicule que lorsque la nature est corrompue: et tout ce qui est sain, tout ce qui est vrai, jamais n'excitera le rire—"ut acetum, nisi vinum sit corruptum, bonum nunquam erit; ita quae sincera sunt et vera, risum nunquam excitabunt" (42). Quintilien le dit, que cite Heinsius: "Et Hercule omnis salsa dicendi ratio, in eo est, ut aliter quam est rectum verumque dicatur" (43). Le "sermo compositus ad risum" est ainsi, de par sa nature même, privé de toutes ces précieuses vertus propres au *sermo moratus*, à l'*oratio recta*: "perspicuitas, aequitas, simplicitas, veritas"—de toutes ces vertus qui rendent Ménandre et Térence dignes de notre admiration, et qui établissent définitivement, du moins au dire de Heinsius, la supériorité de la nouvelle Comédie sur l'ancienne (44). Car tandis que la première se propose pour fin l'imitation de la nature, la seconde, "in qua omnia, a veritate et consuetudine aliena, hoc est, vere γελοῖα, et ad risum erant comparata" (45), ne songe qu'à s'en écarter.

Ne nous étonnons pas de ces rapprochements. L'auteur de la *Lettre* nous invite lui-même à les faire quand il nous précise que les défenseurs de la pièce de Molière, ces savants personnages qui croient que "le théâtre est l'école de l'homme," parlent du ridicule, dont le spectacle est selon eux capable de "guérir l'entendement des opinions erronées," non pas dans le sens du peuple, mais dans celui "d'Aristote, d'Horace, de Cicéron, de Quintilien et des autres maîtres" (46). Remarquons bien plutôt que la fidélité de Molière à ses sources n'est pas si grande qu'il voudrait nous le faire croire. Car si sa conception du vice comme accident, non comme substance, reste fondamentalement identique à celle des philosophes et des théoriciens qui l'ont précédé, en revanche le ridicule gagne avec lui en étendue, il élargit soudain ses frontières, il s'annexe d'autorité des provinces qui lui avaient été jusque-là interdites. Comme le montrent en effet les textes que nous venons d'alléguer, Aristote, Cicéron et leurs disciples avaient soigneusement borné le domaine du ridicule. "Ridiculum . . . a miseria prudenter Aristoteles sejungit," fait pertinemment remarquer Heinsius. "Risus enim cum atroci alicuius malo aut calamitate si coniuctus sit, immanis fit ac barbarus" (47). Et Castiglione, en l'occurrence écho parfait de Cicéron: "Lon n'induit point à rire en se mocquant d'un miserable et calamiteux, ny encores d'un meschant et mauvais garnement publicque: car il semble que telles gens meritent plus griefve pugnition que d'estre mocquez . . . Parquoy est chose convenable se mocquer et rire des vices coloquez en personnes qui ne soient tant miserables qu'elles mouvent compassion, ne se meschantes qu'il semble qu'elles meritent d'estre condampnées à peine capitale, ne si fort grandes qu'ung leur petit despit puisse faire grand dommaige" (48). D'où cette loi de la *nova Comoedia*, que nous cite, d'après le *Curculio* de Plaute, Heinsius: "Qui perjurem convenire vult hominem, mitto in comitium; / Qui mendacem et gloriosum, apud Cloacinae sacrum" (49). Or il n'est que de songer à Tartuffe, ou même à Arnolphe, pour constater que cette loi, Molière ne la respecte pas, et qu'il transgresse continuellement les limites dans lesquelles ses devanciers prétendaient enfermer le ridicule. Il le proclame d'ailleurs sans ambages dans sa *Préface* de 1669: si l'emploi de la comédie est de corriger les vices des hommes, il ne saurait y en avoir de privilégiés. Fi donc de la prudence: la comédie s'attaque aux puissants de ce monde, "et les gens qu'elle joue ont bien fait voir qu'ils étaient plus puissants en France que tous ceux que j'ai joués jusqu'ici." Fi donc aussi de l'horreur et de l'indignation: elle met en scène des "fourbes renommés," des "scélérats" infâmes, des criminels d'Etat que poursuit la Justice. Et de la pitié: toutes les "pièces" que Molière joue à ses personnages comiques sont, à l'égal de celle que La Grange et Du Croisy montent pour se venger du mépris de leurs "pecques provinciales," autant de "pièces sanglantes" (50). Avec Molière le ridicule devient véritablement, suivant la formule connue, "un point de vue sur l'homme tout entier." Aboutissement d'ailleurs en quelque sorte naturel, et qui ne doit nullement nous surprendre, puisqu'il est inscrit dans la définition même que la *Lettre* de 1667 nous propose du ridicule: si en effet, comme l'affirme Donneau-Molière, le ridicule "consiste dans quelque disconvenance," il s'ensuit nécessairement que "tout mensonge, déguisement, fourberie, dissimulation, toute apparence différente du fond, enfin toute contrariété entre actions qui procèdent d'un même principe, est essentiellement ridicule" (51).

Est-ce à dire, comme le prétend aujourd'hui, dans le sillage de W.G. Moore, une bonne partie de la critique anglo-saxonne, que le domaine du comique déborde largement chez Molière celui du rire, au point d'englober aussi celui du sérieux—"goes far beyond what we consider as funny, or what causes us to laugh" (52)? Il est certes indéniable que Molière, après d'ailleurs Jules de la Mesnardière (53), définit le ridicule comme tout "ce qui manque extrêmement de raison." Et qu'à nous en tenir au sens que nous donnons aujourd'hui au terme de *raison*, ce que fait bien évidemment, dans son ensemble, la critique anglaise, son manque ne provoque pas en soi toujours nécessairement le rire. Mais la raison de Molière n'est pas, nous l'avons dit, la nôtre. Et, par voie de conséquence, sa déraison non plus. Ici comme ailleurs, nos contrariétés sont grammairiennes. Elles viennent de ce que nous enveloppons dans un même mot des choses opposées. Et il nous semble bien, à considérer la signification particulière de "convenance" et de "bienséance" que Molière attache au mot de raison, que nous puissions faire l'économie d'un paradoxe somme toute inutile et bien encombrant. Simple *jeu de parolles*, aurait dit Montaigne: car en sommes-nous vraiment plus éclairés de savoir que chez Molière le comique est aussi ce qui ne fait pas rire? Et serait-il possible de changer la définition d'une chose sans que cette chose elle-même en soit aussi changée? Si le comique ne fait plus rire, il n'est plus le comique, la comédie n'est plus la comédie, et plus rien n'a de sens, puisque tout devient soudain susceptible de tous les sens, voire même des sens les plus opposés. Molière, qui entendait discourir des choses et non pas des mots, n'aurait sans doute guère apprécié ces équivoques et ces subtilités d'école, cette idée d'une comédie sans comédie. Disons donc plutôt, et plus simplement, que le génie de Molière consiste à rendre comiques toutes ces choses qui habituellement pour nous ne le sont point. A "démonter," comme il l'écrit lui-même (54), "par le moindre mélange de ridicule," le sérieux sans recul de nos entreprises et de nos passions. A transcender et à condamner par le rire, en pariant sur l'essentielle bonté de l'homme, nos misères, nos vices et nos indignités.

Ceci dit, il demeure que le comique n'est pas chez Molière seulement ce qui fait rire, que la notion acquiert avec lui une richesse et une complexité étonnantes, et que nous devons remercier W.G. Moore d'avoir été l'un des premiers à en sonder et à en inventorier les profondeurs: à jeter, comme eût dit Mauriac, des torches dans ses abîmes. La *Lettre* est encore ici notre meilleur témoin, dont il nous appartient de suivre jusqu'au bout la démonstration impérieuse et serrée. Si, nous dit l'auteur, tout vice nous paraît en soi nécessairement ridicule, c'est parce que la "Providence de la nature" l'a voulu ainsi (55). Parce que nous croyons *naturellement* que "la raison doit régler tout." Parce que "l'erreur et l'ignorance" nous paraissent *naturellement* des maux. Sans ce que Molière lui-même appelle ce "premier fondement" (56), fondement providentiel, rien ne serait possible. Avec son aide, tout le devient. Comme la nature nous a faits éminemment raisonnables, et que la raison participe naturellement de notre nature, il est clair que "la connaissance de défaut de raison d'une chose que nous donne l'apparence du ridicule qui est en elle nous fait la mésestimer nécessairement." Et comme ce mépris est un "sentiment relatif," qui consiste "dans une comparaison de la chose mésestimée avec nous, au désavantage de la personne dans qui nous voyons cette chose et à notre avantage"; comme la connaissance que nous avons du ridicule de cette personne "nous élève au-dessus d'elle," nous rend "plus éclairés, plus parfaits, enfin plus qu'elle" (puisque "par cela même que nous connaissons son erreur, par cela même nous en sommes exempts"); comme enfin "cette connaissance d'être plus qu'un autre est fort agréable à la nature," il s'ensuit que "le mépris qui enferme cette connaissance est *toujours accompagné de joie*" (57). Le sentiment du ridicule est donc loin, on le voit, de se réduire au rire qu'il provoque. Il est, pour celui qui l'éprouve, le "plus froid" et en même temps le plus délicieusement "spirituel" de tous les sentiments de l'âme: le "pur jugement plaisant et enjoué d'une chose proposée." Et pour celui qui au contraire en est l'objet, "le plus choquant, le plus rebutant et le plus odieux" de tous (58).

Molière ne se contente donc pas, en ce qui concerne le ridicule, d'étendre son domaine au-delà des limites que lui avaient assignées ses prédécesseurs. Il donne par ailleurs du sentiment qui accompagne sa perception une analyse dont on chercherait ailleurs, semble-t-il en vain, l'équivalent. C'est dire toute son importance en tant que théoricien du comique. Comme l'a si justement écrit R. Fernandez (59), nul n'a plus et mieux que lui défendu "le droit du jugement comique d'atteindre aux profondeurs de l'âme."

C'est aussi, soulignons-le, reconnaître une fois de plus la sincérité des propos qu'il n'a cessé de tenir au sujet du pouvoir guérisseur de la comédie. Propos qui, n'en déplaise à R. Bray et à ceux qui l'ont suivi, doivent certainement beaucoup moins aux circonstances et à la nécessité de se créer une rassurante façade de respectabilité qu'aux réflexions de Molière sur son art, et particulièrement à l'analyse de ce sentiment du ridicule dont il vient d'être question. C'est en effet dans ce riche terreau psychologique que Molière enracine sa croyance à l'utilité morale du théâtre et qu'il trouve l'occasion d'une démonstration dont on peut certes discuter les détails et les conclusions, mais dont on ne saurait nier ni la cohérence, ni le haut degré d'élaboration. Qui d'ailleurs aurait songé à nier ou même à discuter "l'extrême force du ridicule sur l'esprit humain" (60), à une époque où l'emprise exercée par la société sur l'individu—*omnium praesentes oculi*—est considérable, où, selon La Rochefoucauld, "le ridicule déshonore plus que le déshonneur" et où conséquemment la bienséance, pourtant "la moindre de toutes les lois," est "la plus suivie"? Ne sourions donc pas trop quand nous lisons sous la plume de Molière, ou sous celle de son avocat, que le *Tartuffe* est une pièce "capable de mettre la fidélité des mariages à l'abri des artifices de ses corrupteurs," et que sa représentation a si étroitement attaché un "caractère de ridicule" aux "voies" et aux "acheminements de corruption" par où l'on a coutume d'attaquer la vertu des femmes, que toute nouvelle entreprise de séduction s'en trouve désormais nécessairement vouée à l'échec: notre scepticisme n'est en l'occurrence pas de saison. S. Chappuzeau pourra encore en 1673 affirmer très sérieusement que Molière "a chastié avec tant d'esprit et le vice et l'ignorance, que bien des gens se sont corrigez à la représentation de ses ouvrages." Et en 1682 La Grange que "jamais homme n'a mieux su que lui remplir le précepte qui veut que la comédie instruise en divertissant," que "lorsqu'il a raillé les hommes sur leurs défauts, il leur a appris à s'en corriger," et que "nous verrions peut-être encore aujourd'hui régner les mêmes sottises qu'il a condamnées, si les portraits qu'il a faits d'après nature n'avaient été autant de miroirs dans lesquels ceux qu'il a joués se sont reconnus" (61). Puisque personne ne semble alors douter de la forte impression que le théâtre exerce sur les mœurs, et surtout pas ceux qui, comme Conti, Bourdaloue ou Bossuet en font une "chaire de pestilence," l'école du vice, de l'impiété et du libertinage (62), efforçons-nous plutôt d'être sensibles à la logique interne de ce véritable *Manifeste comique*, de ce nouveau *Traité de la Comédie* que constitue la *Lettre* de 1667. Replaçons-le, replaçons-nous, en son temps.

Si donc le théâtre, et en particulier le théâtre comique, est "l'école de l'homme," c'est que l'âme, "naturellement avide de joie," se laisse nécessairement "ravir à la première vue des choses qu'elle a conçues une fois comme extrêmement ridicules, et qui lui rafraîchissent l'idée du plaisir très sensible qu'elle a goûté cette première fois." Et que, pour nous en tenir à l'exemple proposé par Donneau-Molière, une femme qui se trouvera dans la situation d'Elmire, et "qui sera pressée par les mêmes raisons que Panulphe emploie," ne pourra s'empêcher de juger ridicule celui qui tente de la séduire et d'éprouver ce même sentiment délicieux de mépris et de joie mêlés que la comédie lui a une fois procuré. Car "l'extrême attachement de l'âme pour ce qui lui donne du plaisir," et particulièrement pour le ridicule, engendre en elle "une répugnance naturelle à cesser de considérer comme ridicule ce qu'elle a une fois considéré comme tel." Et comme il n'est rien de plus "froid" ni de plus "apathique" que ce "pur jugement," rien qui ne vous transforme davantage en spectateur tout à la fois détaché, lucide et jubilant, voilà celle qui le porte à l'abri du sérieux et de l'emportement de la passion, et sa vertu sauvée par le ridicule qu'elle découvre en celui qui veut la lui faire perdre.

Il va de soi que ce même sentiment du ridicule, s'il plonge l'âme du spectateur dans une sorte d'invincible ravissement (car rien certes ne ravit tant l'âme que tout ce qui peut la persuader de sa propre excellence, et notamment la considération des défauts d'autrui), précipite en revanche celui qui est regardé et jugé dans la confusion la plus pénible qui se puisse imaginer. Car qu'y a-t-il de plus déconcertant pour un homme amoureux et désireux de plaire que de se trouver ainsi vis-à-vis de la personne qu'il aime dans "un néant le plus cruel du monde"—objet non de passion, mais d'indifférence ou de mépris? De telle sorte que, conclut l'auteur de la *Lettre*, "pour peu qu'un homme ait du courage ou d'autre voie ouverte pour revenir à la liberté et à la raison, la moindre marque qu'il aura de paraître ridicule, *le guérira absolument*, ou du moins le troublera, et le mettra en désordre et par conséquent hors d'état de pousser une femme à bout pour cette fois, *et elle de même en sûreté quant à lui*: ce qui est le but de ma réflexion" (63).

Il ressort clairement de cette analyse circonstanciée que pour Molière l'utilité morale de la comédie est double. Sa première fonction est d'instruction et de prévention. Elle vise d'abord, pour les empêcher de tomber dans le vice et dans le ridicule, à mettre sous les yeux des honnêtes gens l'exemple de ce qu'ils ne doivent pas faire et de ce qu'il leur faut éviter. Sa deuxième fonction est de correction. Elle vise à châtier, pour les ramener dans le droit chemin de la raison et de la vertu, ceux qui ont eu le malheur de s'en écarter. A la fonction préventive, se rattachent par exemple les déclarations d'Ariste dans *L'Ecole des maris*:

> ... il nous faut en riant instruire la jeunesse,
> Reprendre ses défauts avec grande douceur,
> Et du nom de vertu ne lui point faire peur

> . . . .
> J'ai souffert qu'elle [Léonor] ait vu les belles compagnies,
> Les divertissements, les bals, les comédies;
> Ce sont choses, pour moi, que je tiens de tout temps
> Fort propres à former l'esprit des jeunes gens;
> Et l'école du monde, en l'air dont il faut vivre
> Instruit mieux, à mon gré, que ne fait aucun livre.
> (I, 2, vv. 180-92)

Celles d'Uranie, affirmant dans *La Critique* que la comédie est une "censure générale," un "miroir public," une *leçon* "plutôt capable de guérir les gens que de les rendre malades," et dont il appartient à chacun de savoir profiter. Ou encore celles de l'auteur de la *Lettre*, nous présentant la comédie de *L'Imposteur* comme "une instruction très chrétienne de la véritable dévotion." A la fonction corrective, la déclaration de guerre faite dans *La Critique* par Dorante, champion du "bon sens," aux Marquis de Mascarille, de les "dauber" tant en toutes rencontres "qu'à la fin ils se rendront sages" et ne déshonoreront plus les gens de cour "par leurs manières extravagantes." La conclusion de Lisette à *L'Ecole des maris*: "Vous, si vous connaissez des maris loups-garous, / Envoyez-les au moins à l'école chez nous" (III, 9, vv. 1113-14). Le conseil de Dorine à Orgon (v. 519), qu'il n'en ferait que mieux de suivre ses leçons. Le fait, comme le souligne très clairement la *Lettre* de 1667 (64), que le véritable sujet de la pièce soit le retour à la raison de celui qui l'a perdue: la façon, nous dit le texte même de la comédie (V, 1, v. 1611 et ss.), dont Orgon parvient à "voir son erreur" et à s'en "corriger." Le souhait charitable formulé par Cléante au dénouement (V, 7, vv. 1951-53), que le cœur de Tartuffe "Au sein de la vertu fasse un heureux retour," et que le traître "corrige sa vie en détestant son vice." Et les affirmations connues des *Placets* et de la *Préface* de 1669: le devoir de la comédie est "de corriger les hommes en les divertissant," et celui du poète comique "d'attaquer par des peintures ridicules les vices de son siècle"; le théâtre "a une grande vertu pour la correction ... rien ne reprend mieux les hommes que la peinture de leurs défauts. C'est une grande atteinte aux vices que de les exposer à la risée de tout le monde. On souffre aisément des répréhensions; mais on ne souffre point la raillerie. On veut bien être méchant, mais on ne veut point être ridicule." A considérer ces prises de position cohérentes et répétées—antérieures aussi, notons-le, à toute polémique, puisque Lisette dit déjà ce que répétera Dorine—, il semble difficile, pour ne pas dire impossible, d'échapper à la conclusion que pour Molière le théâtre a réellement été "l'école de l'homme," et que cette école travaille à "rectifier" (correction) et à "adoucir" (prévention) les passions des hommes.

Que saurait-on après cela reprocher à Molière, sinon d'être un homme intelligent et sensible dont le seul tort a été de croire que ceux auxquels il s'adressait l'étaient autant que lui? Le temps n'est plus en tout cas de se demander si Molière pensait: mais bien plutôt de constater qu'il pensait trop noblement et trop haut, et pour les gens de son siècle et pour nous. Quelle foi profonde faut-il en la nature humaine pour la croire ainsi susceptible d'une correction, et à ce point ouverte au langage de la raison et de la vérité qu'une fois qu'elle l'a connu, il lui est impossible de s'en écarter? Quelle foi aussi en l'efficacité morale de son art pour oser s'attaquer, comme il le fait dans *Tartuffe*, à un vice—la galanterie—à ce point répandu que "c'est être ridicule dans le monde que de ne pas s'y laisser entraîner," à un "péché" dont les "gens du monde" affirment qu'il est "moralement indifférent," et que "c'est un point où la religion contrarie directement la raison naturelle"? Entraîné par la logique de son propre système, et sans aucun doute aussi par un très compréhensible désir de persuader, Molière en arrive ainsi à constater une rupture entre la sagesse sociale et la sagesse comique. Et qu'il place cette rupture au niveau d'un problème de mœurs et non, comme on pourrait légitimement s'y attendre, à celui de l'hypocrisie religieuse, dans le but très évident de montrer à quel point la Comédie peut être l'alliée efficace de la Chaire dans sa lutte contre la dissolution générale des conduites—contre, nous dit la *Lettre*, "le torrent d'impureté qui ravage la France" —, ne nous retiendra pas outre mesure. Car l'essentiel, par delà les considérations tactiques, est bien que la connivence entre Molière et le public auquel il s'adresse, jusque-là si réelle et si parfaite, soit soudain rompue, et que Molière ait conscience de cette rupture. Il a, "en faveur de la vertu et de la vérité," négligé "toutes les lois de la coutume et de l'usage du beau monde," attaqué jusque dans leurs derniers retranchements "ses plus chères maximes et ses franchises les plus privilégiées." Affirmation capitale: pour la première fois, le ridicule du monde n'est plus celui de la comédie. Et, à l'opinion "impie" qu'embrasse alors la société—"la plupart des gens du monde"—, Molière oppose "les seules lumières de la nature" (65).

Ce qui clairement revient à dire que Molière, au nom de valeurs supérieures—la "raison," la "vérité," la "justice"—, condamne le monde et ses valeurs corrompues, dénonce l'homme de la société au nom du "naturel" de l'homme (66), et se trouve, par le biais même de cette fonction morale dont il a, d'accord avec son temps, investi la comédie, confronté à une situation qui, du moins en droit, paraît proprement inextricable. Car comment la comédie peut-elle survivre, si la norme est mise en cause, sur laquelle justement elle prétend s'appuyer? Qui désormais rira, si les Rieurs sont à leur tour pris comme objet de risée? Molière est, avec *Tartuffe*, à la croisée des chemins. Les mécanismes qu'il a patiemment mis en place, et qui avaient jusque-là assuré son succès, jouent maintenant contre lui. L'accusation remplace la complicité, l'incompréhension le dialogue, la tension succède à l'harmonie, l'imposture triomphe de la sincérité et Molière qui, comme Alceste, est en train de perdre son procès, qui sent monter contre lui l'hostilité d'un siècle naguère prodigue en applaudissements, se voit sommé de choisir entre deux solutions à ses yeux également inacceptables. Soit plier au temps, ramener prudemment la sagesse comique au niveau de la sagesse sociale, recréer cette "convenance comique" si nécessaire au bon fonctionnement de son théâtre: mais aussi, mais du même coup, abandonner toute réelle prétention morale, renoncer à la raison, à la vertu, à la justice, à toutes ces valeurs dont il a pensé un moment qu'elles étaient celles de la société et dont, avec l'approbation du Roi, il s'était fait le défenseur. Soit persévérer dans sa tâche de censeur des mœurs, continuer à "attaquer par des peintures ridicules les vices de son siècle," à "corriger les hommes en les divertissant," affronter en solitaire, et dans l'espoir de le changer, le monde, ses cabales et ses puissances, hisser, malgré qu'elle en ait, la sagesse sociale à la hauteur de la sagesse comique: mais courir dans cette persévérance même le risque insensé de perdre son public, de voir son théâtre déserté ou interdit, et d'entraîner dans sa propre ruine la troupe qu'il dirige et qu'il doit protéger.

Nous sommes là, véritablement, au cœur de la crise, au pire moment de la carrière du poète comique, et nous verrons bientôt quel a à notre sens été la réponse de Molière à la sommation et à la corruption de son siècle, dans quelle mesure et de quelle façon la crise, de toute évidence profonde, qu'il a traversée, a influencé et orienté sa création, bouleversé ses valeurs et sa vision du monde pour finalement aboutir, après une période de révolte, d'interrogations et de tâtonnements, à l'élaboration d'un nouveau type de comédie.

Car, il convient de le souligner ici avec force—l'argument, pour nous, est de poids, qui croyons à une évolution de son théâtre et de sa vision du monde—, cette crise, de par sa nature et son ampleur, ne pouvait pas ne pas contraindre Molière à une remise en question fondamentale des principes qui avaient jusque-là gouverné sa création. C'est en effet, avec le coup d'arrêt de 1664 et les péripéties qui s'ensuivent, la pierre angulaire de tout le système, et donc le système lui-même dans sa totalité, qui se trouvent ébranlés. Molière ne voit plus, ne pense plus et ne rit plus comme son siècle. Et cette divergence, qui bien évidemment détruit la "convenance comique," met directement en péril l'existence même de la comédie—sinon de toute comédie, du moins de celle, "réaliste" et "morale," que Molière a justement mise au point avec l'approbation et la collaboration de son public; de cette Olympe "femme de bien" dont il nous parle dans sa *Préface* de 1669, pour la distinguer soigneusement de la "débauchée" du même nom. Ce coup d'arrêt est aussi un coup au cœur. Molière le fait très clairement entendre au Roi dans son second *Placet*: adieu la comédie, si les tartuffes ont l'avantage. Et il s'agit certainement moins alors dans son esprit d'un chantage que de la simple constatation d'un fait. Car quelle raison d'être et de vivre saurait rester à Olympe, une fois que le monde la quitte, et qu'elle se sait trahie? une fois que sa croyance en la Providence de la nature et en l'essentielle bonté de l'homme est bafouée? Car, nous avons eu l'occasion de le dire, qu'elle soit femme de bien ou femme de rien, Olympe est d'abord une femme du monde: *imitatio vitae, speculum consuetudinis, imago veritatis*. Elle ne saurait à proprement parler exister sans lui. C'est sur lui qu'elle compte et qu'elle prend appui pour instruire et corriger les hommes, à partir de lui que s'organise la perspective comique, que se définit le bien et le mal, la norme et son aberration, de lui qu'elle tire en définitive sa seule justification. Dépendante au fond du monde, à peu près autant que dans un miroir le reflet dépend de son objet. Vertueuse, donc, si le monde est vertueux. Débauchée, s'il est mauvais.

Et ce qui lui permet d'être, comme Molière le proclame, une "femme de bien," de travailler en toute bonne conscience à l'instruction des bons et à la conversion des méchants, c'est qu'elle commence par croire très sincèrement à la possibilité d'une sagesse sociale—d'y croire au point de la poser comme un axiome—, et qu'avant de rejoindre Brant, Erasme et *Stultitia* dans leur condamnation de l'homme et du monde, elle a vu le monde comme le lieu du bien, de la raison et de la justice, et le vice comme une aberration dont le monde pouvait et voulait se libérer. La preuve en est que des *Précieuses ridicules* à *Tartuffe*, c'est-à-dire dans les comédies de la première manière, le rire apparaît toujours, par essence—la chose, alors, va de soi—, comme l'expression collective de la raison et de la santé morale, comme l'arme de la justice et du bien triomphants. Il prend pour cible des personnages isolés de la société par leur extravagance, leur aveuglement, ou leur bassesse: des personnages qui sont tous indiscutablement coupables, et qui tous méritent le châtiment qui leur est infligé. Ma comédie, prévient Molière dans sa *Préface* aux *Précieuse ridicules*—et ce qu'il dit des *Précieuses*, il pourrait tout aussi bien le dire, jusqu'à *Tartuffe*, de n'importe qu'elle autre de ses comédies—, "se tient partout dans les bornes de la satire honnête et permise." Elle s'attaque à de "vicieuses imitations de ce qu'il y a de plus parfait," à de *mauvais singes qui méritent d'être bernés*. Et de fait, Gorgibus souligne très clairement au dénouement de cette "pièce sanglante" la responsabilité de Cathos et de Madelon: "pièce sanglante" certes, mais qui est, dit-il, "un effet de votre impertinence." Tout comme au dénouement de la première *Ecole*, le sage et excellent Ariste dit à un Sganarelle confondu par le "honteux" mais nécessaire stratagème d'Isabelle—à un Sganarelle "cocu en herbe" dont la déroute constitue un "trait exemplaire," une "leçon" à l'adresse des "maris loups-garous":

> Mon frère, doucement il faut boire la chose:
> D'une telle action vos procédés sont cause;
> *Et je vois votre sort malheureux à ce point,*
> *Que, vous sachant dupé, l'on ne vous plaindra point.*
>   (III, 9, vv. 1091-94)

C'est dans le même esprit qu'au sujet d'Arnolphe un personnage de *La Guerre comique* affirme que "*ce brutal mérite bien ce qui lui arrive*," et que "son ris forcé est divertissant" (67). Et qu'Elise, qui vient dans *La Critique* de décrire la "façonnière," insupportable et précieuse Climène—la fâcheuse visite!—comme "la plus sotte bête qui se soit jamais mêlée de raisonner," ajoute, pour apaiser les scrupules de conscience de sa cousine Uranie, qu'"*elle mérite bien cela*, et quelque chose de plus, *si on lui faisait justice*." C'est partout, on le voit, la même mise en garde contre toute forme de sympathie à l'égard de la dupe et de la victime. La justesse de la cause comique exclut naturellement la pitié. Pour guérir la brebis galeuse et la ramener dans le droit chemin, Olympe tranche allègrement dans le vif. Collusion fondamentale du rire et de la bonne conscience sur laquelle Cléante, en porte-parole avisé de la norme comique, fait toute la lumière quand il souligne dans *Tartuffe* la légitimité du rire de Dorine face à la folie d'Orgon:

> A votre nez, mon frère, *elle se rit de vous*,
> Et, sans avoir dessein de vous mettre en courroux,
> Je vous dirai tout franc que c'est *avec justice*.
>   (I, 5, vv. 259-61)

Le réquisitoire que, dans *Le Panégyrique de L'Ecole des femmes*, prononce Lidamon (68), est donc, en droit, le plus injustifié qui soit. *L'Ecole* va selon lui contre toutes les règles du comique parce qu'elle se termine "par le désespoir d'un amant qui se retire avec un *Ouf!* par lequel il tâche d'exhaler la douleur qui l'étouffe," et qu'elle met en scène un héros dont l'amour va jusqu'à la fureur: "de manière qu'on ne sait si l'on doit rire ou pleurer dans une pièce où il semble qu'on veuille aussi tôt exciter la pitié que le plaisir." Mais on ne saurait, en bonne justice, plaindre un homme qui ne plaint pas les autres, un "fou," un "sot," un "franc animal," un "traître," un "bourreau," un "faquin," un "brutal," d'autant plus ridicule qu'il se croit sage et prudent philosophe et qu'il est lui-même, de surcroît, l'artisan de sa déconfiture: *verum irrisor nonne irridebetur*? Platon ici s'impose, pour qui le ridicule est essentiellement "cette part de la vilainie en général opposée à cet état d'esprit dont parle l'oracle de Delphes," *le fruit de l'ignorance de soi* (69). A tout le moins l'argument de Lidamon a-t-il cette vertu de nous rappeler que le bon fonctionnement de la comédie première manière dépend en définitive totalement de la dimension morale et didactique que Molière a su lui donner. C'est en effet grâce à cette seule dimension morale que la comédie reste la comédie, qu'elle ne tourne pas au drame, et que cet équilibre unique entre la cruauté du rire et la vérité de la peinture se trouve maintenu. Si Molière peut nous faire rire d'un homme qui aime et qui souffre, c'est tout simplement parce que notre rire est juste, et qu'Arnolphe a cent fois mérité sa souffrance. Tout, puisque nous avons raison, nous devient soudain permis. La comédie se fait "pièce sanglante" (70), ou, comme le dit R. Fernandez, "chasse en règle que l'hallali doit terminer" (71). Elle est vengeance (72), et piège. Tout son déroulement vise en fait à expulser l'intrus, le fou, le méchant, le bouc émissaire, et à rétablir la justice et l'harmonie sociale un moment menacés. La *Lettre* de 1667 rapporte, au sujet du stratagème qu'Elmire a imaginé pour obliger Panulphe à "se découvrir tout entier" et à "donner dans le panneau," que "c'était ici où le poète avait à travailler pour venir à bout de son dessein," parce qu'il avait prévu cette scène "comme devant être son chef-d'œuvre." Voilà le grand moment: celui de la leçon. Et le rire de Dorine peut bien être "malicieux," puisqu'il est "moral," et qu'Orgon "est puni selon ses mérites" (73). Molière dévoile ainsi, avec la comédie de ses débuts, la dimension sacrificielle de la cérémonie théâtrale, la valeur d'exorcisme de "l'étrange entreprise." Il fait surgir au grand jour la réalité de la violence, de ces forces et de ces pulsions agressives que l'être refoule généralement en soi (74). "Satyros pingi nudos," écrit Vossius, "quia vitia hominum denudentur" (75). Olympe n'a guère, pour se couvrir, que le manteau de sa vertu. Car comme Anarche, Picrochole et Panurge, comme tous ces représentants du vieux monde, ces Chiquanous, ces Tappecoue, ces Agelastes et ces monstres de tous poils et de tous plumages que Rabelais dans son œuvre, d'une façon symbolique ou réelle, "traîne à l'écorche-cul," humilie, déchiquette, frappe, chasse, maudit et anéantit (76); comme le Baron de la Crasse de R. Poisson daubé à Fontainebleau par les Courtisans (77)—

> *Et chacun m'entourait pour me couvrir de honte*
> Comme l'on fait un ours quand un enfant le monte
> . . . .
> Le ris se redouble, j'enfonçay mon chapeau,
> Et sortis en fuyant le nez dans mon manteau

—, comme l'illustre Dom Japhet d'Arménie de Scarron, qui se dit cousin de l'Empereur et descendant direct de Noé (78)—

> César vint, vit, vainquit, et moi, je suis venu,
> Je n'ai rien vu, *l'on m'a battu, puis mis à nu*
> . . . .
> Que maudit soit l'amour, et les balcons maudits,
> D'où l'on sort *tout couvert d'urine et sans habits*

—, Mascarille et Jodelet sont, à la fin des *Précieuses*, proprement dépouillés sur la scène des habits que leur avaient prêtés leurs maîtres pour jouer les Marquis de qualité; et Arnolphe, qui vient d'apprendre le début de son infortune de la bouche même d'Horace—"Ah! je crève!"—, voudrait, dans sa colère impuissante, "se pouvoir mettre nu." La comédie morale retrouve, pour se les assimiler, les mécanismes élémentaires du rite sacrificiel, de la mise à mort d'un individu—d'un individu dont la faute est surtout d'être différent—par un groupe qui ne saurait, en aucun cas, admettre la différence. Dans le monde du rire, plus encore que la bigamie, la singularité est un cas/est un cas pendable. On acquiert très vite, avec la conscience de sa propre cruauté, la conviction que le sentiment du ridicule est réellement, comme l'affirme la *Lettre* de 1667, "le plus froid de tous les sentiments de l'âme." Et l'on comprend, à se pencher sur les profondeurs qu'il atteint et qu'il remue en l'homme, à s'interroger ainsi sur sa nature et sur ses origines, que Molière ait pu pour un temps croire à son efficacité.

SECONDE PARTIE

DE *DOM JUAN* AU *MISANTHROPE* :
LA CRISE COMIQUE

"C'est être libertin que d'avoir de bons yeux."

"Le monde par vos soins ne se changera pas."

"On doit se regarder soi-même un fort long temps,
Avant que de songer à condamner les gens . . ."

Chapitre I

UNE REMISE EN QUESTION DE LA NORME: *DOM JUAN*, OU LA COMÉDIE FOUDROYÉE

"Il ne faut qu'ôter le voile de l'équivoque."

"Le Ciel veut qu'ici-bas chacun ait ses Fâcheux."

Dans son *Abbrégé de la Philosophie des Stoïques*, l'Abbé d'Aubignac rappelle, suivant les principes de ces "excellents philosophes," qu'"on ne doit considérer les hommes qu'en deux façons: ou comme vertueux et raisonnables . . . , ou comme vitieux et trompez par les fausses opinions." Les premiers sont les Sages. Ils habitent le Royaume d'Armacie où règne, entourée d'une cour dont les chevaliers "mettent plus volontiers en œuvre les efforts de l'esprit que ceux du bras," l'heureuse et parfaite Macarise. Les seconds sont les fous. Leur empire est la Morée, que tyrannise Doxane, et dont le désordre continuel ne fait que mieux ressortir, par contraste, l'harmonie paisible du monde de la sagesse. Dans son *Theatre François*, après avoir démontré que des deux voies qui s'offrent à l'homme pour enseigner la vertu, l'une sérieuse, rébarbative et difficile d'accès, l'autre enjouée, d'une pente facile et polie, le poète comique a choisi la plus efficace, S. Chappuzeau conclut: "Toute la morale roule sur la sagesse et la folie du monde. Et cette folie est inséparablement attachée au vice, comme la sagesse l'est à la vertu." Et dans ses *Conversations*, le Chevalier de Méré confesse, à propos de l'honnêteté: "Je ne trouve rien de si beau que d'avoir le cœur droit et sincère. Il me semble que c'est le fondement de la sagesse; au moins tous les méchants me sont suspects de folie" (1).

C'est, à la complexité près, dans un univers aussi résolument tranché que nous introduit la comédie de la première manière. Il est vrai que jamais Molière ne sacrifie la vérité et la profondeur de la peinture aux nécessités de la démonstration. On peut chez lui, l'exemple d'Arnolphe nous le dit assez clairement, être fou et avoir en même temps de l'esprit, être "ridicule en de certaines choses et honnête homme en d'autres" (2). Et inversement, être sage comme Isabelle ou Elmire, et cependant imaginer, pour triompher de l'imposture et de la tyrannie, des stratagèmes ni tout à fait raisonnables ni tout à fait innocents. Il demeure malgré tout qu'il assimile lui aussi la vertu et la raison à la sagesse, le vice à la folie, et que les frontières entre le sage et le fou sont aussi clairement définies chez lui que chez d'Aubignac, Chappuzeau ou Méré. Des *Précieuses ridicules* à *Tartuffe*, la comédie, qui se veut imitation, image, reflet de la réalité, peinture vivante des passions et des mœurs du siècle, propose en effet au spectateur la contemplation d'un monde connu et familier, elle l'introduit dans un système cohérent et ordonné de signes univoques et d'autant plus immédiatement accessibles qu'ils ne sont en définitive rien d'autre que la traduction et la projection scénique de ses propres valeurs et de celles de son temps. Système qui de soi, nous l'avons remarqué à plusieurs reprises, refuse toute forme d'arbitraire et de contingence, évoque le langage substantialiste et divin des origines du monde (3), puisqu'il a pour fondement avoué la "Providence de la nature" et qu'il repose tout entier sur la croyance première au rapport *naturel*, nécessaire—nécessaire parce que naturel— entre le signifiant et le signifié. Système dans lequel le bien est pourvu de sa "marque sensible," comme le mal de son "dehors reconnaissable": dans lequel, par conséquent, tout signe ne saurait renvoyer qu'à une seule réalité intérieure, le ridicule au mal, et la bienséance au bien. *C'est un scélérat qui parle*, ou c'est un honnête homme: aucune confusion n'est possible de l'un à l'autre, et le spectateur, constamment informé et guidé dans sa perception, ne peut que prendre parti pour le bien contre le mal, en s'identifiant spontanément avec l'acteur, ou le groupe d'acteurs, qui sur la scène incarne ses propres valeurs—ou ce qu'il croit être ses propres valeurs, la raison, la vertu, l'honnêteté, la justice; et en riant au contraire, d'un rire qui est condamnation et jugement, de celui qui s'est, par aveuglement, abandonné au vice, à l'ignorance ou à l'erreur, et qu'il s'agit de rendre, par le biais d'une "correction" méritée, à sa nature, à la nature et à la société des honnêtes gens.

Par rapport à cet univers harmonieux, signifiant et providentiel, univers de la certitude et de la transparence sur lequel veille, toute-puissante, la figure protectrice et paternelle du Roi, *Dom Juan* est rupture. Rupture brutale et calculée. Car le temps n'est plus où nous pouvions croire avec Faguet, Gendarme de Bévotte ou H.C. Lancaster (4) que *Dom Juan* est une pièce "mal faite, disparate, incohérente," une pièce bâclée par un Molière en mal d'argent et désireux de renflouer sa caisse en jouant à son tour, après les Italiens, après Dorimond et Villiers, la carte sûre de la comédie à machines, à grand spectacle et à succès. Grâce à M. Jurgens et E. Maxfield-Miller (5), nous savons maintenant que le 3 décembre 1664 Molière avait déjà suffisamment travaillé à sa comédie pour être à même d'en imaginer les décors successifs. Et la découverte relativement récente de ce "Devis des ouvrages de pintures [sic] qu'il convient faire pour Messieurs les comediens de Monseigneur le duc d'Orléans" transforme en certitude nos hypothèses et nos interrogations d'autrefois. Molière a pris son temps. Et sa comédie est ce qu'il a délibérément voulu qu'elle soit. Comme l'a fait si pertinemment remarquer M. Sauvage (6), un auteur pressé ou indifférent au thème donjuanesque n'eût certes pas pris la peine de créer le personnage d'Elvire: il se fût contenté d'utiliser sans y rien ajouter le matériau déjà existant de la légende. Mais Molière n'était ni indifférent ni pressé. Le *Registre* de La Grange nous apprend qu'entre le 4 janvier 1665, date de la dernière représentation de *La Princesse d'Elide*, et le 15 février suivant, date de la première de *Dom Juan*, la Troupe de Monsieur vivote de reprises. La recette du 9 janvier 1665 (*Les Fâcheux* et *Le Cocu imaginaire*) n'est que de 180 livres. Celle du 20 janvier (*Dépit amoureux*), de 140 livres. Celle du 30 du même mois (*L'Ecole des maris* et *Les Fâcheux*) tombe à 112 livres. Or la saison n'a guère été brillante. Pris de court par l'interdiction du 12 mai 1664, Molière a eu du mal à faire front. Et seules en définitive la création de *La Thébaïde*, le 20 juin 1664, et la carrière relativement satisfaisante de *La Princesse d'Elide* (9 novembre 1664-4 janvier 1665) parviendront à préserver la Troupe du désastre (7). Comment alors échapper à la conclusion que si Molière avait rédigé *Dom Juan* uniquement pour rétablir un équilibre financier plus que précaire, ce n'est pas le 15 février qu'il l'aurait fait jouer pour la première fois, mais environ six semaines plus tôt, au moment même où, épuisée, *La Princesse d'Elide* disparaît de l'affiche? Et que s'il a attendu jusque-là, en dépit de recettes constamment médiocres, c'est qu'il voulait justement prendre le temps de terminer une pièce dans laquelle il règle ses comptes et qui, de toute évidence, lui tient terriblement à cœur?

Car plus on s'efforce, en ce qui concerne cette question si importante de la conception et de la composition de *Dom Juan*, d'échapper aux affirmations générales et vagues, d'exploiter les documents et les faits connus, de préciser les dates et les circonstances, de reconstituer le cheminement de la pensée de Molière avec un degré suffisant, sinon de certitude, du moins de probabilité, et plus on est ramené à Molière lui-même et à la situation dans laquelle l'a placé bien malgré lui l'interdiction de *Tartuffe*. Et la conviction s'impose alors irrésistiblement que *Dom Juan* est à Molière ce que le Troisième Livre des *Essais* fut à Montaigne: la réponse à un acte d'accusation. Molière là encore est au centre de tout: non pas soumis, mais agissant. Les dates et leur enchaînement sont parfois d'une telle éloquence qu'il suffit de les laisser parler. *Tartuffe* est interdit le 12 mai 1664, pour mettre ceux qu'une "véritable dévotion" conduit dans "le chemin du Ciel" à l'abri des critiques du libertinage. Le 1er août suivant, le curé parisien Pierre Roullé, dans son pamphlet intitulé *Le Roy glorieux au monde*, lance contre Molière, au nom de Dieu, de la Religion, de l'Eglise et de ses "sages guides et conducteurs pieux," une attaque virulente et connue dont il convient pourtant ici de rappeler l'essentiel, tant elle nous semble, par les résonances précises qu'elle éveille et les rapprochements inévitables qu'elle suggère, avoir directement et nécessairement conduit Molière à Dom Juan:

> Sa Majesté est maintenant en son château royal de Fontainebleau, qu'elle a pris très grand soin elle-même qu'il fût fait beau, délicieux, agréable, parfait et accompli de toutes parts sans que rien n'y manque pour sa gloire, mais il n'y est allé qu'après une action héroïque et royale, véritablement digne de la grandeur de son cœur et de sa piété.... Un homme, ou plutôt un Démon vêtu de chair et habillé en homme et le plus signalé impie et libertin qui fût jamais dans les siècles passés, avait eu assez d'impiété et d'abomination pour faire sortir de son esprit diabolique une pièce toute prête d'être rendue publique en la faisant monter sur le théâtre à la dérision de toute l'Eglise et au mépris du caractère le plus sacré et de la fonction la plus divine, et au mépris de ce qu'il y a de plus saint dans l'Eglise, ordonné du Sauveur pour la sanctification des âmes, à dessein d'en rendre l'usage ridicule, contemptible, odieux. Il méritait par cet attentat sacrilège et impie un dernier supplice exemplaire et public et le feu même avant-coureur de celui de l'Enfer, pour expier un crime si grief de lèse-Majesté divine, qui va à ruiner la Religion catholique, en blâmant et jouant sa plus religieuse et sainte pratique, qui est la conduite et la direction des âmes et des familles par de sages guides et conducteurs pieux. Mais Sa Majesté, après lui avoir fait un sévère reproche, animé d'une juste colère par un trait de sa clémence ordinaire, en laquelle il imite la douceur essentielle à Dieu, lui a par abolition remis son insolence et pardonné sa hardiesse démoniaque, pour lui donner le temps d'en faire pénitence publique et solennelle toute sa vie.... Sa Majesté pouvait-elle mieux faire contre l'impiété et cet impie, que de lui témoigner un zèle si sage et si pieux, et une exécration d'un crime si infernal (8)?

Molière fut d'autant plus sensible à cette accusation d'athéisme et de libertinage que celle-ci était nommément adressée au Roi, qu'elle lui fut même présentée et qu'elle ne visait au fond à rien moins qu'à priver le comédien de la seule protection réellement efficace dont il pût alors se recommander. Pour parer au danger, une réponse s'imposait. Elle ne se fit pas attendre: Molière, nous dit Grimarest, "était vif quand on l'attaquait" (9). Le *Premier Placet*, daté du même mois, revient, pour les citer, essentiellement sur deux passages du *Roy glorieux au monde*: l'un relatif à la description que Roullé a faite de Molière; l'autre au sort peu enviable qu'il voudrait lui voir réserver:

Je l'ai faite, Sire, cette comédie, avec tout le soin, comme je crois, et toutes les circonspections que pouvait demander la délicatesse de la matière; et pour mieux conserver l'estime et le respect qu'on doit aux vrais dévots, j'en ai distingué le plus que j'ai pu le caractère que j'avais à toucher ...

Cependant, toutes mes précautions ont été inutiles. On a profité, Sire, de la délicatesse de votre âme sur les matières de religion, et l'on a su vous prendre par l'endroit seul que vous êtes prenable, je veux dire par le respect des choses saintes. Les Tartuffes, sous main, ont eu l'adresse de trouver grâce auprès de votre Majesté, et les originaux enfin ont fait supprimer la copie ...

Bien que ce m'ait été un coup sensible que la suppression de cet ouvrage, mon malheur pourtant était adouci par la manière dont Votre Majesté s'était expliquée sur ce sujet; et j'ai cru, Sire, qu'elle m'ôtait tout lieu de me plaindre, ayant eu la bonté de déclarer qu'elle ne trouvait rien à dire dans cette comédie qu'Elle me défendait de produire en public.

Mais malgré cette glorieuse déclaration du plus grand roi du monde et du plus éclairé, malgré l'approbation encore de Monsieur le Légat ..., on voit un livre composé par le curé de ... qui donne hautement un démenti à tous ces augustes témoignages. Votre Majesté a beau dire, et Monsieur le Légat ... : *ma comédie, sans l'avoir vue, est diabolique, et diabolique mon cerveau; je suis un démon vêtu de chair et habillé en homme, un libertin, un impie digne d'un supplice exemplaire. Ce n'est pas assez que le feu expie en public mon offense*, j'en serais quitte à trop bon marché: le zèle charitable de ce galant homme de bien n'a garde de demeurer là; il ne veut point que j'aie de miséricorde auprès de Dieu, il veut absolument que je sois damné, c'est une affaire résolue (10).

Qui, à lire ces textes, ne voit l'indéniable similitude qui existe entre la situation de Molière et celle dans laquelle le Dom Juan de la légende se trouve justement lui-même placé? Dom Juan est, comme Molière, "un Démon vêtu de chair et habillé en homme et le plus signalé impie et libertin qui fût jamais dans les siècles passés," un "Diable, un Turc, un Hérétique, qui ne croit ni Ciel, [ni saint, ni Dieu], ni loup-garou," un "pourceau d'Epicure," un "vrai Sardanapale qui ferme l'oreille à toutes les remontrances [chrétiennes] qu'on lui peut faire" (11), et qui, pour expier ses crimes, mérite "un dernier supplice exemplaire et public et le feu même avant-coureur de celui de l'Enfer." Un homme poursuivi, isolé et traqué au nom des "intérêts du Ciel," par des gens qui ne songent le plus souvent qu'à leurs propres intérêts (12). Et le rapprochement auquel ne peut manquer d'être conduit tout esprit tant soit peu averti des choses du théâtre va pour Molière tellement de soi que, trois ans après le *Factum* de Roullé, il y fera encore clairement allusion dans son *Second Placet*: "Ma comédie," écrira-t-il, "n'a pas plutôt paru, qu'*elle s'est vue foudroyée par le coup d'un pouvoir qui doit imposer du respect*."

Le choix de la métaphore, étant données les circonstances, n'a certainement rien de fortuit. Il tient selon nous à l'identification opérée spontanément par Molière entre lui et le libertin de la tradition théâtrale, à la sympathie en quelque façon instinctive et au total fort compréhensible qu'il éprouve pour un personnage dont le destin est étrangement parallèle au sien: le Ciel veut qu'ici-bas chacun ait ses Fâcheux. Et si cette identification n'est pas globale, si, comme le démontre très clairement sa propre pièce, le poète comique a parfaitement su garder ses distances vis-à-vis de celui que le Briguelle de Dorimond appelle "un monstre de nature," elle ne nous permet pas moins de replacer la création moliéresque dans sa véritable perspective, et d'abandonner du même coup ces lunettes libertines (Dom Juan-Valmont, Dom Juan-Sade), romantiques (Dom Juan-Prométhée), voire même sartriennes (Dom Juan-Oreste), dont notre héritage culturel n'a malheureusement que trop tendance à nous embarrasser la vue. Au vague des spéculations métaphysiques se substitue alors le mordant de la satire. A la quête infernale, l'enquête comique. Et au Roué d'une Régence attardée, au héros de la liberté, à l'homme révolté contre Dieu, le metteur en scène ironique, l'incomparable maître du jeu, l'accusateur passionné de la norme. C'est-à-dire le double de Molière, et sa projection scénique.

Cette identification du regard de Molière à celui de son personnage, toute partielle qu'elle soit, est riche d'enseignements et de conséquences. Elle nous autorise d'abord à faire remonter au mois d'août 1664, et plus précisément à la date de la parution du *Factum* de Roullé, la conception première de *Dom Juan*, l'idée de faire front et de répondre aux calomnies en tirant parti d'un sujet dont l'auteur de la *Lettre sur les Observations*—en toute vraisemblance Donneau de Visé [13]—nous rappelle fort à propos qu'il a été souffert de toute l'Europe, accepté sans aucune difficulté par l'Inquisition en Espagne et en Italie, et représenté partout en France, en province comme à Paris, sans que jamais personne ne s'en soit plaint. A dire donc que pour écrire sa pièce Molière a pu disposer d'environ six mois entiers. Ce qui, il convient ici d'être prudent, ne signifie nullement que Molière ait été pendant tout ce temps mobilisé par le seul *Dom Juan*. Nous savons bien au contraire que d'autres projets, alors, l'occupaient: *Le Misanthrope*, dont Brossette nous apprend que Molière a lu le premier acte à Boileau le 12 juillet 1664 (14); et, cela va de soi, *Tartuffe*, qu'il complète et qu'il ne cesse de remanier, si nous en croyons La Grange (15), justement à cette époque. Mais ce qui en revanche devrait nous permettre d'en finir une bonne fois pour toutes avec cette idée, aujourd'hui même encore trop répandue (16), d'une comédie rédigée en toute hâte, et pour ainsi dire à contre-cœur, dans le but de rétablir un équilibre financier réellement mis à mal par l'interdiction de *Tartuffe*. Le motif qui pousse Molière vers Dom Juan ne relève pas essentiellement du domaine de la stratégie budgétaire. Il est surtout, et profondément, d'ordre personnel.

C'est sans doute par ce biais que s'expliquent le mieux les transformations sensibles que Molière fait subir à l'univers dans lequel son personnage se trouve placé. Contrairement en effet à ce qu'on a longtemps pu croire et dire, la pièce de Molière révèle, surtout quand on se donne la peine de la comparer à ses devancières, un progrès certain vers la rigueur et la concentration classiques. Là où Villiers avouait ingénuement à Corneille son impuissance à maîtriser un sujet que caractérisent essentiellement son manque d'ordre et son "irrégularité" (17), Molière a élagué, supprimé les invraisemblances et les impossibilités, resserré la structure temporelle, relégué dans le passé quelques épisodes importants, introduit une continuité dans le crime, un mouvement vers la "dernière horreur" et le "comble des abominations," tempéré d'une main "ferme et pas trop pressée," écrit R. Pintard en conclusion d'une étude importante (18), "les libertés d'une technique archaïsante," enfin manifesté partout, chaque fois que cela lui a été possible, un "goût de la netteté et de l'harmonie dans l'équilibre." Et ce qui dans cette œuvre demeure malgré tout d'indéniable singularité, cet éclatement apparent de l'intrigue en centres et en épisodes multiples, ces changements surprenants des décors et des lieux, devrait en conséquence nous paraître moins le fruit de l'indifférence ou de la précipitation que celui de la volonté même de Molière, des impératifs de la démonstration et de la dénonciation dont sa comédie lui fournit le prétexte. Si, comme le dit R. Pintard, Molière viole cyniquement l'unité de lieu, c'est qu'il a ses raisons.

C'est sans doute aussi par ce biais d'une création méditée relativement à loisir et envisagée dans la perspective même de Dom Juan, en fonction de cette identité sinon de natures, du moins de situations, que s'expliquent le mieux les transformations très apparentes que Molière fait subir à son personnage. Le Dom Juan de Dorimond et de Villiers nous est sans équivoque présenté comme "l'horreur de la terre et la haine des cieux," un jouisseur brutal et sans grandeur, un inconscient qui se dit esprit fort, un criminel endurci, incapable de repentir et fermé à tout sentiment humain, qui frappe et injurie son père, le fait mourir de chagrin, tente de "forcer" Amarille à la faveur de la nuit et d'une conversation surprise, tue froidement, et sous les yeux du spectateur, le père de cette dernière,

> Un fils qui foule aux pieds l'honneur et le devoir,
> Qui n'a qu'impietez, et que fureurs dans l'âme,
> Qui va porter partout et le fer, et la flamme,
> Et qui, sans respecter le sexe, ni le rang,
> Tuë, enlève, assassine, et s'abreuve de sang (19).

Le projet avoué des prédécesseurs de Molière le veut ainsi, qui est résolument didactique et moral. Il s'agit en effet de montrer que le vice ne saurait en aucun cas rester impuni, et que là où la justice des hommes se révèle impuissante, intervient, terrible, celle de Dieu. "Mon but principal," écrit Dorimond, "était d'y faire paraître la vertu opposée au vice; j'ay fait tous mes efforts pour abaisser ce monstre sous les pieds de cette deesse." Et de la même façon qu'au dénouement de sa comédie il charge l'Ombre et Amarille de tirer clairement, pour l'édification du spectateur, la leçon morale de la pièce—

> Sçache que qui vit mal, aussi mourra de même.
> Grand Monarque des Cieux,
> L'homme qui s'endurcit, et se plaist dans le vice,
> Esprouve tost ou tard l'effet de ta justice ! (V, sc. 8 et 9)

—Villiers fait dire à Philipin, tout juste avant que le rideau ne tombe:

> Enfans, qui maudissez souvent, et Pere, et Mere,
> Regardez ce que c'est, de bien vivre, et bien faire;
> N'imitez pas Dom Juan, nous vous en prions tous,
> Car voicy, sans mentir, un beau miroir pour vous.
> (V, sc. dernière)

Le moins qu'en l'occurrence on puisse dire, c'est que là où Dorimond et Villiers jouent cartes sur table et offrent à notre jugement un Dom Juan tout entier tourné vers le mal, monolithique et transparent, Molière, contrairement à son habitude, cache son jeu, ne laisse nulle part rien paraître de ses intentions, et introduit sur la scène un personnage qui, par sa complexité, son talent d'ironiste et de comédien, ses silences et ses absences calculées, nous interdit toute certitude, se plaît à entretenir nos doutes et à laisser nos interrogations en suspens. Certes coupable et corrompu: sans foi ni loi, infidèle, menteur, hypocrite et volontiers casuiste, fils indigne et grand seigneur méchant homme, libertin pervers et certainement criminel. Et comme tel —"il n'est," aurait dit Louis XIV, "pas récompensé" (20)—, subissant le sort exemplaire de ses devanciers, foudroyé au dénouement par un Ciel juste rétributeur de nos entreprises. Mais au total, ne se livrant sur la scène à aucune de ces atrocités dans lesquelles se complaisent les "monstres" débauchés dont il est issu. Regrettant durement que certains pères vivent aussi longtemps que leurs fils: mais se gardant bien de frapper le sien, ou de le faire mourir de chagrin. Inconstant et jouisseur, artiste et théoricien inspiré—d'une inspiration d'ailleurs empruntée: il en parle "comme un livre"—de la séduction. Mais plutôt piètre exécutant, Alexandre de bas étage et de sous-préfecture, inégal et déroutant dans ses conquêtes. Apparemment capable d'arracher à Dieu, à ses vœux et à la clôture d'un couvent une héroïne de tragi-comédie de la classe de Done Elvire. Mais en revanche incapable de mener à bien sa tentative d'enlèvement et de concrétiser—il s'*embarrasse*, nous dit le texte (II, 4), dans ses propres mensonges—l'avantage qu'une rhétorique pourtant un peu grosse lui a procuré sur des paysannes pas très propres et un peu sottes. Bretteur redoutable, mais ni assassin, ni lâche, du moins si nous en croyons nos yeux. Car si nous ne savons rien de certain au sujet du Commandeur, sinon qu'il l'a "bien tué," et qu'il a "eu sa grâce en cette affaire," nous le voyons en revanche voler courageusement, dans un réflexe d'honneur, au secours de celui qui se trouve accablé par le nombre: "l'action de ces coquins," dit-il à Dom Carlos, "était si lâche, que c'eût été y prendre part que de ne pas s'y opposer" (III, 3). De toute évidence athée et esprit fort, aussi impie en religion qu'en médecine, mais se réfugiant dans un silence prudent, se contentant—il faut bien justifier le courroux du Ciel—d'affirmer que deux et deux sont quatre, et quatre et quatre sont huit, pour "s'empêcher," nous dit l'auteur de la *Lettre sur les Observations*, "de raisonner sur les choses que l'on lui demandait" (21), et laissant à Sganarelle le soin et la responsabilité de traduire ses signes de tête (22), ses haussements d'épaule ou ses onomatopées—"Eh! Ah! Ah! Ah!"—, et de casser le nez à ses arguments: "Vous vous taisez exprès," lui fait remarquer Sganarelle, "et me laissez parler par belle malice" (III, 1). Intelligent et lucide, mais jusqu'à un certain point seulement, refusant de se rendre à l'évidence quand celle-ci se présente à lui—"Voilà de mes esprits forts, qui ne veulent rien croire" (III, 5). Extrémiste de l'incrédulité, comme Sganarelle de la superstition. Grand dans le défi qu'il lance à Dieu et au surnaturel—"Non, non, rien n'est capable de m'inspirer de la terreur" (V, 5)—, mais transformant par son entêtement insensé sa grandeur en infantilisme et en bravade. Suprêmement élégant, doué, au sein même du mal, d'une sorte de grâce naturelle qui le rend souvent supérieur à ceux qui le poursuivent et le condamnent. Mais en même temps suffisamment snob de Cour, petit marquis et façonnier pour critiquer l'équipage de campagne d'Elvire (I, 2). "Gros gros Monsieur," avec "du dor à son habit tout de pis le haut jusqu'en bas": "et stapandant, tout gros Monsieur qu'il est, il seroit par ma fique nayé si je n'aviommes esté là" (II, 1). Personne, enfin, de qualité, mais "petit impertinent," mais "petit ver de terre" et "petit mirmidon," que son chapeau à plumes, ses rubans couleur de feu et sa perruque blonde—"Ils avont," dit Pierrot, "des cheveux qui ne tenont point à leu teste, et ils boutont ça aprés tout comme un gros bonnet de filace" (II, 1)—ne protégeront pas de la colère du Ciel. Somme toute, proprement insaisissable. Enigme, et nœud de contradictions: "Il est Diable; il est Saint; enfin, c'est un meslange / Où les plus raffinés se trouveront surpris" (23).

Ce qui, malgré tout, demeure clair, c'est que le Dom Juan de Molière est infiniment plus sympathique que celui de Dorimond ou de Villiers, et que l'auteur se sent suffisamment proche de son personnage pour faire de lui son porte-parole, lui confier à plusieurs reprises les choses qu'il pense et qu'il a à dire. Il nous paraît à cet égard très révélateur, alors que Sganarelle tombe en extase devant l'inutile magnificence de la statue et du tombeau du Commandeur—"Ah! que cela est beau! les belles statues! le beau marbre! les beaux piliers! Ah! que cela est beau!" (III, 5)—, d'entendre Dom Juan, ce libertin, critiquer "l'ambition d'un homme mort" et son "habit d'empereur romain" en des termes qui rappellent étrangement ceux de la tradition chrétienne humaniste. Ce que Dom Juan dit de l'insondable vanité humaine, Erasme, par exemple, l'avait dit avant lui. Et le rapprochement semble d'autant plus probant que l'on voit dans la pièce Dom Juan donner de l'argent au Pauvre "par amour de l'humanité"— c'est-à-dire pratiquer la solution qu'Erasme justement préconise:

Unde mihi videntur vix excusari posse a peccato capitali, qui sumptibus immodicis aut extruunt, aut ornant monasteria seu templa, quum interim tot viva Christi templa fame periclitentur, nuditate horreant, rerumque necessariarum inopia discrucientur. Quum essem apud Britannos, vidi tumbam divi Thomae gemmis innumeris summique precii onustam, praeter alia miracula divitiarum. Ego malim ista, quae superflua sunt, elargiri in usus pauperum, quam servare Satrapis aliquando semel omnia direpturis ac tumbam ornare frondibus ac flosculis, id opinor gratius esse illi sanctissimo viro. . . . Et sunt qui putent esse nefas eam pecuniam in pios usus avertere praeter mentem testatoris. Maluntque demoliri, quod instaurent, quam non aedificare. Haec, quoniam insignia sunt, visum est commemorare, quanquam sunt passim in templis nostris exempla permulta similia. *Haec mihi videtur ambitio*, non eleemosyna. Divites ambiunt sibi monumentum in templis, in quibus olim nec divis locus erat. Curant se sculpendos ac pingendos, additis etiam nominibus ac benificii titulo. Dicet aliquis: an horum munificientiam existimas reiiciendam? Nequaquam, si templo Dei dignum sit quod offerunt. Sed ego, si sacerdos aut episcopus essem, hortarer crassos illos aulicos aut negotiatores, ut, si vellent sua peccata redimere apud Deum, ista clanculum effunderent in subsidium eorum, qui vere pauperes sunt (24).

De même dans sa *Nef des Fous* S. Brant consacre-t-il un chapitre à condamner ceux "qui pour une gloire mondaine font faire grans sepulchres tombes sarcophages ou epitaphes pour vouloir perpetuyser [sic] leur nom. Et ne pensent aucunement de parer et decorer par bonnes vertuz leurs povres ames qui par adventure en faulte de ce faire choirront en enfer" (25). Comme il est par ailleurs indubitable que Dom Juan exprime vis-à-vis de la médecine, dans un langage qu'il emprunte directement à Montaigne et qui sera encore celui de Béralde (26), une incrédulité qui est exactement celle de Molière et que vient peut-être de raviver, en septembre 1664, la mort de l'Abbé Le Vayer (27). Comme enfin il est tout aussi certain qu'à l'acte V, dans sa fameuse tirade sur l'hypocrisie, Dom Juan parle pour Molière, utilisant les termes que celui-ci a utilisés—ou utilisera—soit dans son *Tartuffe*, soit dans sa *Préface* et ses *Placets* (28), allant même jusqu'à faire une allusion transparente aux calomnies du curé parisien Roullé—

Que si je viens à être découvert, je verrai, sans me remuer, prendre mes intérêts à toute la cabale, et je serai défendu par elle envers et contre tous. Enfin c'est là le vrai moyen de faire impunément tout ce que je voudrai. Je m'érigerai en censeur des actions d'autrui, jugerai mal de tout le monde, et n'aurai bonne opinion que de moi. Dès qu'une fois on m'aura choqué tant soit peu, je ne pardonnerai jamais et garderai tout doucement une haine irréconciliable. Je ferai le vengeur des intérêts du Ciel, et, sous ce prétexte commode, je pousserai mes ennemis, je les accuserai d'impiété, et saurai déchaîner contre eux des zélés indiscrets, qui, sans connnaissance de cause, crieront en public contre eux, qui les accableront d'injures, et les damneront hautement de leur autorité privée. C'est ainsi qu'il faut profiter des faiblesses des hommes, et qu'un sage esprit s'accommode aux vices de son siècle. (V, 2)

—on ne peut que constater, par rapport à Dorimond ou à Villiers, l'ampleur de la métamorphose. Avant Molière, Dom Juan est accusé et condamné sans équivoque. Avec lui, il accuse, et se dérobe à la prise.

On comprend mieux alors sa vocation de metteur en scène et de comédien, cette faculté qu'il possède au plus haut degré, et qu'ont par exemple heureusement commenté J. Rousset (29) et J. Guicharnaud (30), de transformer le monde en spectacle et en agitation de théâtre, de dévoiler, par la seule magie de sa présence, les faiblesses, les calculs, les petitesses, les prétentions et les mensonges de ceux qui le condamnent et s'efforcent de briser son élan. C'est que sa réelle importance, dans l'économie de la pièce, tient moins à ce qu'il est qu'à ce qu'il permet. C'est que ce personnage aux cent masques, ce comédien parfait et conscient de ses rôles, cet *hombre sin nombre*, est lui-même masque, rôle et prête-nom. Le prête-nom et le rôle de Molière, le masque derrière lequel celui-ci s'avance sur la scène pour finalement dire, comme dans *L'Impromptu de Versailles*, qu'il en fera sa déclaration publiquement. L'outil, le moyen théâtral qu'il utilise pour régler ses comptes avec la société, répondre aux accusations qu'elle a lancées contre lui, et foudroyer Tartuffe.

Encore convient-il ici de préciser qu'à notre sens cette relation très étroite de l'auteur et de son personnage ne nous autorise nullement ni, comme J. Cairncross, à faire de Molière un libertin, ni à valoriser Dom Juan outre mesure, à voir en lui, dans le sillage de J. Doolittle, l'incarnation d'un type supérieur d'humanité (31). Toute fortuite, la relation de Molière à Dom Juan tient essentiellement à l'orientation donnée par P. Roullé à la polémique contre *Tartuffe*. Publiquement accusé d'être un impie et un libertin, et puisqu'il s'agit encore une fois de discourir des choses, et non point des mots, Molière met en scène un impie et un libertin. Non pour défendre, exalter et prôner l'impiété et le libertinage—*Intus ut libet, foris ut moris est* (32) —, mais, comprenons-le bien, pour montrer ce que sont réellement l'impiété et le libertinage, et ce qu'ils font de l'homme qui se réclame d'eux. Sa comédie est donc, en ce sens, double démystification. Démystification d'abord de la société qui dénonce Dom Juan et qui le poursuit, impitoyable mise à nu de son essentielle mauvaise foi, de la fausseté de ses attitudes et de ses rhétoriques, de son impuissance, de ses peurs et de ses superstitions, de ses valeurs dérisoires, illusoires et corrompues. Mais aussi démystification du libertin lui-même, de l'image exagérément horrible que la société s'en fait. A entendre Sganarelle ou

Roullé, à lire Villiers, Conti ou Dorimond, Bourdaloue ou Bossuet, le spectateur s'attend en effet à trouver en face de lui un véritable "monstre de la nature," un "diable incarné," un "démon vêtu de chair et habillé en homme," un "enragé," "un chien," un "Turc," un "hérétique," une "bête brute." Et il ne découvre en fait qu'un petit Marquis en perruque blonde, avec de "petites brassières" qui ne lui "venont pas usqu'au brichet," "quatre grosses houppes de linge qui lui pendent sur l'estomaque," de "petits rabats au bout des bras" et "de grands entonnoirs de passement aux jambes": *comme vous autres, Messieurs*, dirait Bridoye. Un jeune noble un peu plus séduisant, un peu plus habile, un peu plus corrompu qu'un autre, qui se joue de lui comme il se joue de tout, qui prend des positions devant son valet, qui débite comme un livre son éloge de l'inconstance en amour, qui, alors qu'il se compare à Alexandre (33), courtise sans conclure des paysannes quelque peu niaises, fait le coup de poing avec un garçon de ferme et croit—la belle affaire!—que deux et deux sont quatre et que les hommes sont bêtes. Mauvais sujet, mauvais fils, et mauvais mari. Mais homme enfin, et parfois même capable de gestes d'une réelle grandeur. Ni Prométhée, ni Lucifer. Simplement, personnage parmi d'autres de cette grande comédie qu'évoque la *Lettre* sur *L'Imposteur*, et qui se joue sur la terre entre les hommes.

Ce refus délibéré de sérieux devant l'aventure donjuanesque (34), cette volonté nettement déclarée de dédramatiser le mythe, de placer le personnage du libertin dans une perspective résolument *comique* (35), de le ramener à ses véritables dimensions et à ses limites—lui qui n'a justement que trop tendance à les oublier—, ne font qu'accroître l'embarras du spectateur et la difficulté qu'il éprouve à comprendre, à définir son attitude et à formuler un jugement satisfaisant. Pour pouvoir en effet rire en toute quiétude d'esprit et sans arrière-pensée, il a besoin, comme le dit R. Fernandez (36), "de dominer son sujet, de n'être ni serré de trop près par lui, ni jeté dans le doute sur ses convictions." Or, s'il est un sujet qu'il ne parvient pas à dominer, qui le serre de trop près, et qui ébranle ses convictions les plus chères et qu'il croyait les mieux établies, c'est bien celui du *Dom Juan* de Molière. Pour paraphraser le Pascal de la 11ème

Provinciale, il a conçu du spectacle une si haute attente que "la disproportion surprenante entre ce qu'il attend et ce qu'il voit" le surprend. Non seulement l'image traditionnelle et toute faite qu'en accord avec son temps il possède du libertin est-elle radicalement remise en question. Mais encore se voit-il dans l'impossibilité totale de juger, et donc de condamner, celle qui lui est soumise. Tantôt en effet Dom Juan lui apparaît sous les traits d'un impeccable meneur de jeu, d'un maître comédien que son masque protège de toutes les attaques et dont les silences tactiques, les manières distantes, irréprochables et polies—blessantes à force d'être polies—, le regard tout ensemble lucide, ironique et froid, désarçonnent infailliblement l'adversaire, exposent au grand jour le ridicule de son attitude ou de ses propos. Et le mécanisme comique ne lui laisse alors d'autre choix que celui de s'identifier, comme le dit R. Bray, à "l'argent moteur de l'action" (37), de prendre parti pour le personnage qui joue, qui domine et qui dupe, contre le personnage qui est joué, dominé et dupé. C'est alors à partir de Dom Juan que s'organise nécessairement pour lui la perspective comique, à travers les yeux mêmes du libertin—Molière a de ces audaces—qu'il découvre les autres personnages de la pièce, qu'il rit de Pierrot, de Mathurine et de Charlotte, de M. Dimanche ou de Sganarelle, voire même peut-être d'Elvire, du Pauvre et de Dom Louis, qu'il porte ce "pur jugement plaisant et enjoué d'une chose proposée," qu'il éprouve cette joie, ce mépris et cette supériorité, cette jubilation froide qui, d'après la *Lettre* de 1667, caractérisent le sentiment du ridicule. Tantôt au contraire, ses préjugés et sa conscience morale aidant, Dom Juan lui apparaît comme un personnage lui-même victime de ce sentiment dont il accable les autres, comme un petit Marquis ridiculement arrogant, vain et prétentieux, qui se croit trop intelligent pour n'être pas sot, qui veut faire le diable et ne fait que la bête, et qui non seulement ne sort pas en vainqueur glorieux de ses duels avec Elvire, avec son Père, avec le Pauvre, mais qui encore se voit, à l'occasion, dominé et jugé par son propre valet. Parfois donc riant avec le libertin, parfois riant de lui, le spectateur est toujours, quoi qu'il fasse, placé, par rapport à ses croyances, dans une position de rupture, de déséquilibre et de contradiction.

Ce sentiment d'incertitude, de gêne et d'impuissance reste le même si, abandonnant Dom Juan, il s'efforce de trouver le point d'appui qui lui manque parmi les autres personnages de la pièce. Il se voit partout confronté à un univers de signes délibérément ambigus, à une réalité trouble, insaisissable et complexe. Sans parler de Gusman, benêt compassé et pompeux que les lieux trop communs de son discours vouent au ridicule, et que son caractère par trop épisodique fait vite oublier, il ne parvient à s'identifier totalement ni à Elvire, ni au Pauvre, ni à Dom Louis, ni à Dom Carlos ou à Dom Alonse. Ces personnages de noble stature, tous issus, comme Dom Juan, de l'univers cornélien, ne résistent pas mieux que lui au regard perspicace d'une comédie qui affirme plus que jamais, face au procès que la société lui intente, l'universalité et la pertinence de son jugement, et qui se livre, avec autant de mordant que d'allégresse, à une entreprise systématique de dévalorisation du style et de l'acte héroïques. *Dom Juan* constitue en ce sens dans l'œuvre de Molière un moment capital: celui de la démolition du héros, du refus définitif de toute forme d'héroïsme et, parallèlement, du triomphe non moins définitif de la vision comique. Héros du mal ou du bien, chacun s'y trouve proprement remis à sa place, débarrassé de tout ce qui n'est pas lui, dépouillé, comme chez Pascal, de ses fausses grandeurs et de son importance, réduit aux mouvements élémentaires de sa nature et de ses passions, haine, amour, envie, peur, désir, faim, vengeance; réduit, s'il est sans passion, à l'artifice de sa pose et de sa rhétorique. Grand seigneur peut-être: mais homme pour tout potage. En fidèle disciple d'Erasme et de Montaigne, et en maître de la sagesse comique, Molière nous donne dans *Dom Juan* une salutaire leçon de lucidité, d'humilité et de modestie. Il nous rappelle à la nécessité de distinguer le masque du visage, de ne pas confrondre la peau et la chemise, la personne et le personnage. Il nous dévoile la disconvenance essentielle de l'homme et de la grandeur, la part d'illusion, d'absurdité, de grandiloquence et de mensonge inhérente à toute prétention, le ridicule qu'il y a pour l'homme à tricher, à oublier sa vraie nature, à vouloir non seulement se faire passer pour ce qu'il n'est pas, mais à finir par croire lui-même à ce mirage qu'il essaie désespérément d'entretenir chez les autres. Pierrot rival en amour de Dom Juan, Mathurine et Charlotte conquises après Elvire, Dom Louis succédant dans le rôle de fâcheux à M. Dimanche, Sganarelle singeant les manières d'un maître qui, tout maître qu'il est, ne peut se passer de lui; Molière, chaque fois qu'il le peut, opère un nivellement conscient des différences, des titres, des hiérarchies sociales, affirme l'égalité, l'identité fondamentale des natures et des appétits. Et la comédie, qui s'était jusque-là voulue conservatrice, complice et gardienne de l'ordre social et de ses valeurs, se fait soudain accusatrice et subversive.

On comprend, dans un tel climat, qu'aucun personnage héroïque ne parvienne à emporter totalement l'adhésion. Comme Dom Juan, la comédie se tait, contraint le spectateur à raisonner et laisse ses questions sans réponse. Et celui-ci, placé dans l'inconfortable et inhabituelle situation de Sganarelle, ne peut, quoi qu'il fasse, que casser le nez à ses arguments. Dom Carlos se voit par les "déréglements de la conduite d'autrui" placé dans une situation impossible: contraint au nom d'un code dont il perçoit et analyse très lucidement les insuffisances et les absurdités de poursuivre celui qui vient de lui sauver la vie et pour lequel il ne peut s'empêcher d'éprouver de l'estime. Mais continuant malgré tout d'agir conformément à ce code qu'il dénonce, prisonnier du rôle que la société lui impose et qui lui colle à la peau. Prêt d'un côté à tout faire pour que "les choses aillent dans la douceur." Mais décidé de l'autre, lui qui parle à son frère de modération, de justice et de raison, à remplir toutes ses obligations, si illégitimes et déraisonnables qu'elles soient. Paraissant d'autant plus divisé et, au fond, irrésolu, que Molière lui a opposé un personnage sûr de soi et de son droit, et d'autant plus sourd à tout ce qui n'est pas sa vengeance que celle-ci satisfait de toute évidence un besoin fondamental de sa nature. Dom Alonse a besoin de tuer. Et les lois de l'honneur qu'il prétend respecter mieux que son frère ne constituent pour lui rien d'autre qu'une justification *a posteriori* de la violence qui le possède. Extrême, sa détermination transforme en faiblesse la modération qui lui fait pendant. Le jeu concerté de l'opposition des contraires le veut ainsi, qui entraîne par analogie l'esprit du spectateur dans une comparaison qui rend finalement suspecte l'attitude de Dom Carlos. Et la similitude des discours, la permanence du registre lexical et des procédés stylistiques par quoi les participants à cette *dispute* formelle du point d'honneur sont renvoyés dos à dos, et où tout à la fois s'égalise et se dissout leur antagonisme: *mérite, obligation, injure, vie, honneur, vengeance, gloire*—"le Ciel nous l'offre ici, c'est à nous d'en profiter"—"je jure le Ciel que je le défendrai ici contre qui que ce soit"—"Lorsque l'honneur est blessé mortellement, on ne doit point songer à garder aucunes mesures"—"Mon frère, montrons de la modération dans une action légitime," etc. Dom Alonse le dit très bien: tous ces discours sont ici superflus. Il faut que Dom Juan meure. Et non seulement Dom Juan ne meurt pas, non seulement la société se révèle une fois de plus totalement impuissante à maîtriser le libertin, mais c'est encore lui qui se trouve ironiquement placé par les circonstances—par Molière autant que par les circonstances—dans la position de spectateur et de juge; en sa compagnie donc, et à travers son regard amusé, que le public assiste à cet affrontement stérile et théâtral.

Le cas d'Elvire et de Dom Louis n'est différent qu'en apparence. Car si chacun d'eux occupe seul la scène face au maître et au valet, il y apparaît en revanche à deux reprises, et sous des éclairages tellement contradictoires que toute identification en devient impossible. Aussi bien que la brutale juxtaposition de deux natures antagonistes, la succession, chez un même personnage, d'attitudes à ce point irréconciliables a pour inévitable effet de garder le spectateur à distance et de le contraindre à s'interroger. "Ne soyez point surpris," dit à Dom Juan une Elvire méconnaissable et voilée, "de me voir à cette heure et dans cet équipage" (IV, 6). Précaution aussi vaine qu'oratoire: Dom Juan a en effet toutes les raisons de l'être, et le spectateur avec lui. Molière d'ailleurs souligne à dessein la surprenante ampleur, l'invraisemblable ampleur, de la métamorphose, qui fait dire à son personnage:

Je ne viens point ici pleine de ce courroux que j'ai tantôt fait éclater, et vous me voyez bien changée de ce que j'étais ce matin. Ce n'est plus cette Done Elvire qui faisait des vœux contre vous, et dont l'âme irritée ne jetait que menaces et ne respirait que vengeance. (IV, 6)

L'invraisemblance est patente, et cette disconvenance, en quoi justement consiste le ridicule. Et ce mensonge, ce déguisement, cette dissimulation, cette apparence différente du fond, cette contrariété entre actions qui procèdent d'un même principe, dont nous parle la *Lettre* de 1667. Laquelle est la vraie, des deux Elvire qui se succèdent sur la scène? L'épouse passionnée et trahie de l'acte I, qui voudrait s'entendre dire que Dom Juan l'aime toujours "d'une ardeur sans égale," qu'il "brûle de la rejoindre," que rien n'est capable de le détacher d'elle "que la mort" et qu'éloigné d'elle, il souffre tout ce que souffre "un corps séparé de son âme"? Ou la pécheresse repentie de l'acte IV, la messagère du Ciel libérée de tous les "transports tumultueux" d'un "attachement criminel," de tous les "honteux emportements" d'un "amour terrestre et grossier," que conduit au contraire un "pur et parfait amour" et qui retourne à Dieu pour "expier" sa faute, et "mériter, par une austère pénitence, le pardon de l'aveuglement où l'ont plongée les transports d'une passion condamnable"? De toute évidence, consciemment ou non, la "Dame voilée" ment, elle se déguise, elle joue un rôle, elle se dissimule. Plus sa rhétorique se veut persuasive, émouvante, insistante, et plus elle sonne faux. Et comme le fait remarquer Dom Juan, Sganarelle est certainement bien le seul à pleurer. Qui pourrait se laisser prendre à un tel déploiement d'artifice, sinon celui à qui sa sensiblerie tient lieu de bonne conscience? Même le Ciel, dont Elvire affirme qu'il est la cause de son changement, ne saurait, tout puissant qu'il soit, faire accepter l'invraisemblable au spectateur de l'époque. La conversion tient par trop du miracle, et l'explication qui finalement s'impose est celle, toute psychologique, d'une Elvire dupe de son propre masque, qui se leurre sur ses sentiments et trouve dans le mensonge—un mensonge inconscient de soi—la protection et le refuge dont elle a besoin (38).

Appliquée à Dom Louis, personnage fort proche de celui d'Elvire, cette explication ne perd rien de sa pertinence, ni de sa validité. On remarquera d'abord que l'apparition du Père noble et offensé fait, à l'acte IV, immédiatement suite à celle du créancier vaniteux et berné par un Dom Juan éblouissant de maîtrise comique. Que Molière a donc juxtaposé deux scènes

DOM JUAN, OU LA COMÉDIE FOUDROYÉE   151

de style et de registre totalement différents, et qu'il a sans doute pour le faire des raisons sur lesquelles il nous appartient de nous interroger. Gardons-nous en effet de trop sous-estimer Molière. N'allons surtout pas commettre l'erreur de croire, avec par exemple Gendarme de Bévotte (39), que, dans cette comédie mal bâtie, "composé assez hétérogène d'éléments empruntés à quatre sources, amalgamés sans unité, transposés hâtivement et souvent sans raison," l'agencement des scènes entre elles trahit partout la précipitation et la négligence, que nous avons en l'occurrence affaire à une "succession dont l'ordre pourrait sans inconvénient être interverti." Si Dom Juan sauve Dom Carlos tout juste après sa rencontre avec le Pauvre, si la seule scène où il se montre "sympathique" suit immédiatement "celle où il est apparu plus méprisable qu'il n'a jamais été," ce n'est nullement parce que "la pièce a l'air d'avoir été écrite sans plan préconçu": mais bien plutôt parce que Molière veut interdire au spectateur toute possibilité de jugement tranché, le forcer à réfléchir et à prendre conscience de ses préjugés, de la fragilité de ses certitudes et de ses idées reçues. Un libertin, tout méchant qu'il soit, peut malgré tout, par son courage, susciter l'admiration. De même, si Dom Louis entre en scène après M. Dimanche, si Molière nous fait ainsi passer sans transition de la farce à la tragi-comédie, ce n'est pas insouciance ou maladresse, mais stratégie. Il suffit d'ailleurs d'examiner brièvement, à l'acte IV, l'ordre d'apparition des Fâcheux, pour se persuader qu'il n'a rien de fortuit. Du créancier à la Statue du Commandeur, en passant par le Père et la "Dame voilée," la progression est nette. Et il est clair, en ce qui concerne l'enchaînement des scènes 3 (M. Dimanche) et 4 (Dom Louis), que Molière, fidèle à cette "dramaturgie de rupture" qui caractérise Dom Juan (40), place une fois de plus le spectateur en position de surprise et de déroute, l'invite, lui qui vient de se délecter au jeu éprouvé de la bêtise et de la ruse, de prendre pour le dupeur parti contre le dupé, à regarder Dom Louis dans une perspective qui est celle du libertin et de son valet.

Il va de soi que, résolument comique, cette perspective ne peut que nuire au personnage et contrarier son sérieux. Tant il est vrai, dans cette comédie, que Molière semble avoir pour intention première de démasquer la part d'artifice—donc de ridicule—inhérente à toute grandeur assumée—la part, aussi, d'incertitude inhérente à tout jugement. Le discours de Dom Louis est assurément irréprochable. Le Père indigné y énonce, dans un style noble et soutenu où affleure l'alexandrin, des lieux communs qui ne sauraient être alors, du moins en droit, ouvertement contestés de personne, qui ne diffèrent par exemple en rien de ceux que développe Boileau dans sa *Cinquième Satire*, et qui constituent bien évidemment le credo de l'époque en la matière (41). Il y rappelle à son fils et à la noblesse des vérités déjà formulées par Salluste et par Juvénal (42), reprises par Corneille dans *Le Menteur* (43), et qui sont alors, avec l'enquête dont les nobles de France font l'objet, plus que jamais d'actualité (44). Leçon salutaire et positive:

Ne rougissez-vous point de mériter si peu votre naissance? Etes-vous en droit, dites-moi, d'en tirer quelque vanité? Et qu'avez-vous fait dans le monde pour être gentilhomme? Croyez-vous qu'il suffise d'en porter le nom et les armes, et que ce nous soit une gloire d'être sorti d'un sang noble lorsque nous vivons en infâmes? Non, non, la naissance n'est rien où la vertu n'est pas.... Apprenez enfin qu'un gentilhomme qui vit mal est un monstre dans la nature, que la vertu est le premier titre de noblesse, que je regarde bien moins au nom qu'on signe qu'aux actions qu'on fait, et que je ferais plus d'état du fils d'un crocheteur qui serait honnête homme que du fils d'un monarque qui vivrait comme vous. (IV, 4)

Mais *leçon*. C'est-à-dire discours appris, débité, rebattu, mille fois entendu, qui n'appartient pas en propre à Dom Louis, qui lui est dicté par la société, et dont le libertin insolent mais poli sait faire ressortir tout ce qu'il comporte de convention, de conformisme et d'inutilité. "Monsieur, si vous étiez assis, vous en seriez mieux pour parler": quoi, somme toute, de plus naturel? Le langage appris et conventionnel du Père appelle une réponse du même ordre—et qui suppose, à la conscience près, le même décalage entre la forme et le fond, le signifiant et le signifié. Dom Louis joue son rôle, et Dom Juan le sien. Et ce qui en définitive donne à Dom Juan l'avantage, c'est que Dom Juan sait qu'il joue, alors que son père n'en sait rien, et qu'il ne se pose même pas la question de savoir si ce qu'il dit avec autant d'éloquence et de force persuasive reflète réellement ce qu'il éprouve. Il se contente, comme Elvire, comme Dom Carlos ou Dom Alonse, comme le spectateur, à qui Molière surtout pense quand il écrit sa comédie, de venir réciter, "dans le style qui lui convient, et à la place qui lui est assignée, ce qu'on attend de lui" (45). Il croit penser et parler, mais c'est la société qui parle à travers lui et qui pense à sa place.

Car le vrai Dom Louis, c'est bien évidemment ce père crédule et attendri de l'acte V qui "jette des larmes de joie," persuadé—comme Sganarelle, et peut-être aussi comme le spectateur—que la "bonté du Ciel" a enfin exaucé ses vœux, que son fils a finalement dépouillé le vieil homme, qu'il n'est "plus le même d'hier au soir" et qu'il entend désormais "faire éclater aux yeux du monde un soudain changement de vie." Si ce "changement" a, chez Dom Juan, de quoi surprendre, il n'est, dans l'optique de la pièce, nullement plus invraisemblable que celui d'Elvire— ou de Dom Louis. La tradition théâtrale, telle que Dorimond et Villiers l'avaient transmise, laissait supposer chez le libertin une tentation du repentir (46). Et Sganarelle, et le spectateur, et Dom Louis pourraient, pour s'être laissés prendre au jeu, invoquer quelques excuses. Mais que dire du changement de ce dernier? Si "tout est effacé" de cet "amas d'actions indignes," si, de cette colère vengeresse de la veille, tout est oublié—"je ne me souviens plus déjà de tous les déplaisirs . . ."—, c'est qu'en lui sans doute rien n'était réellement écrit, et qu'il suffit d'un langage pour en chasser un autre. Et ce que Molière, à travers lui comme à travers les autres personnages de sa comédie dénonce, c'est l'oubli des choses pour les mots, l'illusion de vérité qu'engendre en l'être la parole apprise ou attendue. Pour que Dom Juan aime véritablement Elvire, il ne suffit pas, comme elle voudrait le croire, qu'il le lui dise. Et ce n'est pas le discours emprunté de Dom Louis—Dom Juan n'est décidément pas le seul à "parler comme un livre"—qui fera de lui ce que la nature n'a de toute évidence pas voulu qu'il soit. Comme le dit très justement, en fidèle interprète de la pensée de Molière, l'auteur de la *Lettre sur les Observations*, rien n'est si vain ni si dangereux que de s'en tenir aux apparences: "l'on ne juge pas des hommes par leur habit, ni même par leurs discours; il faut voir leurs actions" (47).

C'est à la lumière de cette dénonciation, de cette démystification des pouvoirs d'illusion de toute apparence, que s'expliquent le mieux, aux niveaux structural et thématique, certaines des caractéristiques essentielles de la pièce. Parce qu'il se paie de masques et de mots, le monde que traverse Dom Juan est un monde en perpétuelle métamorphose, un monde d'ombres, de changements et d'apparences en fuite. Un monde disparate, éclaté, éparpillé que seul le regard du libertin—*c'est être libertin que d'avoir de bons yeux*—parvient à rendre à sa réalité et à sa substance. Les décors se succèdent autant que les registres. On passe successivement de la salle d'un palais à un "hameau de verdure," du hameau à une "forest," de la forêt à un "temple," du temple à une "chambre," de la chambre à une "ville" (48). Les personnages défilent, différents non seulement les uns des autres—paysans, valets, bourgeois, grands seigneurs, spectre, statue—, mais aussi différents d'eux, réduits à la succession de leurs langages et de leurs costumes. Elvire apparaît d'abord en "équipage de campagne," puis en "Dame voilée," Sganarelle se déguise en médecin, le Commandeur, statufié, en Empereur romain, Dom Juan change continuellement de langage et d'apparence, et à la fin de la pièce, le Spectre, qui s'est d'abord présenté sous l'aspect d'une "femme voilée" se métamorphose subitement pour représenter "le Temps avec sa faux à la main." Le spectateur est partout confronté au même univers de signes équivoques, multiples et contradictoires; de signes qui au lieu d'exprimer, de dévoiler et d'expliquer la réalité dont ils émanent —ce qui est proprement leur fonction dans les comédies de la première manière—, l'escamotent, la dissimulent ou la rendent méconnaissable.

On ne s'étonnera pas, dans un tel univers de mensonge et d'illusion, que le langage ait naturellement tendance à se replier sur soi et à se vider de toute signification. L'attitude de Dom Juan est à cet égard révélatrice, qui préfère généralement le silence aux élans de la rhétorique, ou qui, lorsqu'il se décide à discourir, le fait dans un esprit ludique, en prenant ses distances vis-à-vis de ce qu'il dit. Mais plus encore celle de Sganarelle, chez qui le langage prend volontiers la forme d'un automatisme —". . . l'homme est en ce monde ainsi que l'oiseau sur la branche; la branche est attachée à l'arbre; qui s'attache à l'arbre suit de bons préceptes; les bons préceptes valent mieux que les belles paroles . . ."—, et qui, trahi par une pensée défaillante, casse régulièrement le nez à ses raisonnements. Exemplaire en ceci, comme l'a bien vu J. Guicharnaud (49), que tout en assurant dans la comédie la permanence et le triomphe du comique, il symbolise "le risque que nous courons en condamnant Dom Juan," reflète les autres personnages, vit leur drame en face du libertin, se débat comme eux dans ses contradictions, dans ses complaisances et dans ses faiblesses. Tout ensemble complice et indigné, courageux et lâche, croyant et superstitieux, lucide et borné, bon et corrompu: aussi complexe au total que le maître qu'il sert et qu'il complète, et dont il est le "moule en creux." Ni, comme le prétend R. Bray (50), constamment ridicule et constamment dupé. Ni, comme le pensent W.G. Moore ou F. Lawrence (51), commentateur ironique et toujours pertinent des actions de Dom Juan. Car s'il lui arrive très souvent d'être joué et jugé par son maître, il lui arrive aussi de le juger, et en des termes qui parfois expriment bien évidemment les convictions les plus personnelles de Molière. Lui aussi porte-parole de son créateur, qui s'écrie au dernier acte, après la tirade de Dom Juan sur l'hypocrisie: "O Ciel! qu'entends-je ici? Il ne vous manquait plus que d'être hypocrite pour vous achever de tout point, et voilà le comble des abominations." Et qui, deux scènes plus tard, exprime à nouveau son indignation à un libertin qui, pour se mettre définitivement à l'abri des poursuites, a décidé d'embrasser la profession de grimacier, de se faire "un bouclier du manteau de la religion," et de s'ériger, au nom des "intérêts du Ciel," en censeur vigilant et impitoyable des actions d'autrui. *Ceci*, en effet, *est bien pis que le reste*. Et il vaut certes mieux, dans l'esprit de Molière, être un libertin qu'un hypocrite.

Là gît sans doute le vrai scandale et l'attentat, et non dans les accusations, depuis reprises, du Sieur de Rochemont: que Dom Juan subisse son châtiment au moment même où, par une dernière métamorphose, il s'est résolu à devenir Tartuffe, à jouer le jeu de la société, à se fondre dans la grisaille et l'anonymat de la grimace ambiante; au moment même où il se met à faire ce que les autres font, à parler leur langage et à utiliser contre eux cette même tactique qu'ils ont utilisée contre lui. Tous les "faiseurs de remontrances" que Dom Juan—comme Molière—croise sur sa route, parlent ou agissent en effet au nom du Ciel et de ses intérêts. "Le Ciel punit tôt ou tard les impies," lui prédit Sganarelle. Et Elvire passionnée: "Le Ciel te punira, perfide, de l'outrage que tu me fais." Et Elvire repentie: "C'est ce parfait et pur amour qui me conduit ici pour vous faire part d'un avis du Ciel." Et le Pauvre, qui "prie le Ciel tout le jour" (52): "Je ne manquerai pas de prier le Ciel qu'il vous donne toutes sortes de biens." Et Dom Louis: "Mais sache, fils indigne, . . . que je saurai, . . . prévenir sur toi le courroux du Ciel." Et Dom Alonse: "Le Ciel nous l'offre ici, c'est à nous d'en profiter." Et la Statue: "On n'a pas besoin de lumière, quand on est conduit par le Ciel." Et le libertin pourrait certes leur répondre, comme Cléante à Tartuffe—lequel est, "pour le Ciel, appris à tout souffrir":

>   Des intérêts du Ciel pourquoi vous chargez-vous?
>   Pour punir le coupable a-t-il besoin de nous?
>   Laissez-lui, laissez-lui le soin de ses vengeances:
>   Ne songez qu'au pardon qu'il prescrit des offenses.
>   (IV, 1, vv. 1219-22)

Mais il préfère comme eux prendre en main la cause de Dieu, prétendre comme l'autre que "l'intérêt du Ciel est tout ce qui le pousse," qu'il obéit au Ciel, que le Ciel le veut ainsi, qu'il le souhaite comme cela, qu'il l'ordonne de la sorte. *Et quoi, toujours le Ciel?* Contrairement à la comédie de Scaramouche, qui joue le Ciel et la Religion, celle de Molière joue tous ceux qui, à des fins toutes personnelles, se servent du Ciel et de la Religion. Acte d'accusation, instrument de la vengeance de Molière, elle constitue pour lui tout à la fois une victoire et un échec. Une victoire, parce qu'elle défie publiquement la cabale, la censure, et la société qui les tolère. Un échec, parce que dressée contre la société, contestant ses valeurs et ses mythes, dénonçant ses mensonges, ses complaisances et ses hypocrisies, elle se prive du même coup de la norme qui lui avait jusque-là servi de justification et de point d'appui. Dom Juan foudroyé, c'est aussi, foudroyée, la comédie de la première manière.

Chapitre II

LA FIN DE L'INNOCENCE COMIQUE: MOLIÈRE, ALCESTE ET LES RIEURS

"Sanitatis patrocinium est, insanientum turba."
St Augustin, *Cité de Dieu*

"Le plus fou de céans veut corriger les autres."
Beys, *L'Ospital des fous*

Dans *Dom Juan*, donc, la société est en procès. Loin de plier souplement au temps et de s'accommoder, en sage esprit, aux vices de son siècle, Molière fait front avec audace. Accusé de libertinage et d'impiété, il répond en mettant sur scène un impie et un libertin, et en faisant de ce dernier le juge et le liquidateur de la sagesse sociale. Vue à travers le regard amusé et distant de Dom Juan, la norme, sur laquelle Molière s'était jusque-là appuyé pour instruire et pour corriger les hommes, se révèle soudain le lieu du mensonge, de l'erreur et de l'illusion. Elle-même susceptible d'instruction et de correction: et par conséquent indigne désormais de juger et de condamner légitimement qui que ce soit, privée de cette dimension morale que Molière lui avait, dans l'euphorie de la réussite, un peu trop vite attribuée. Privée aussi de ses certitudes, attaquée dans ses croyances et dans ses convictions. Incapable de s'identifier totalement, tant la réalité à laquelle elle se trouve confrontée est complexe, avec aucun des personnages "respectables" qui paraissent sur la scène et s'opposent à Dom Juan. En revanche, riant d'un valet qui croit au Moine bourru, "fait une farce de la religion" et "raisonne grotesquement de Dieu" (1). Voire même, si nous en croyons la *Lettre sur les Observations* (2), éprouvant pour le maître, tout libertin qu'il soit, suffisamment de sympathie pour s'interroger sur la légitimité du châtiment qui lui est finalement infligé: "la moitié de Paris"—'Ce n'est point un conte' précice Donneau, 'c'est une vérité manifeste et connue de bien des gens'—"la moitié de Paris a douté qu'il le méritât."

Si elle compromet définitivement l'existence de la comédie morale, cette dénonciation, par Molière, de la corruption du monde ne nuit en rien à l'épanouissement du rire et de la sagesse comique. La comédie affirme au contraire plus que jamais ses droits, l'universalité de sa vision et de son jugement. Elle rit de tout vice comme de toute grandeur. L'héroïsme cornélien, celui du bien comme celui du mal—ou plutôt l'héroïsme tout court, toute prétention de l'homme à oublier sa nature et ses limites—, est ramené par elle au niveau d'un déguisement des appétits ou des faiblesses. Peut-être même se montre-t-elle finalement plus radicalement négative vis-à-vis du héros en bien, qui a pour lui les apparences et le respect instinctif qu'inspirent les valeurs— gloire, honneur, devoir—derrière lesquelles il s'abrite, quand le héros en mal, par le fait même qu'il vise à la grandeur et à l'au- réole sataniques, exerce nécessairement une fascination moins immédiate. Et l'entreprise de démystification systématique à laquelle elle se livre trouve sa source dans cette transcendance morale qui, si elle a déserté la salle et la scène, continue d'ins- pirer les jugements de la sagesse comique. C'est au nom de la raison, de la justice et de la vérité que, dans *Dom Juan*, Molière se bat. Et les armes qu'il utilise dans ce combat sont bien évi- demment celles de la comédie. Le recours aux mécanismes fon- damentaux de la farce, à ce que R. Bray appelle le jeu de la bêtise et de la ruse, du dupeur et du dupé, la présence perma- nente, sur scène, d'un Molière habillé en Sganarelle et qui, nous dit Rochemont (3), "se moque de Dieu et du Diable, qui joue le ciel et l'enfer, qui souffle le chaud et le froid, qui confond la vertu et le vice, qui croit et ne croit pas, qui pleure et qui rit, qui reprend et qui approuve, qui est censeur et athée, ... homme et démon tout ensemble," qui aussi, ajouterons-nous, porte son habituel numéro d'acteur à un sommet, en épuise d'un coup toutes les ressources, tous ces faits attestent, avec nous semble-t-il suffisamment d'éloquence, une volonté comique délibérée. Si étrange qu'elle puisse nous paraître aujourd'hui, à nous qui sommes profondément marqués par l'idéologie romantique, l'idée d'un *Dom Juan* comique, où le rire jaillit et coule naturellement, comme de source, semble raisonnablement la seule digne d'être retenue.

C'est pourquoi, plus encore que *Dom Juan*, *Le Misanthrope* tranche sur le reste de la production moliéresque. Non parce que Molière y trouve sans doute la plus belle expression de son art, et la plus achevée (4). Mais parce que soudain le rire du spectateur y hésite, s'interroge sur sa légitimité, perd quelque peu de sa franchise et de sa spontanéité, s'accompagne presque toujours, quand il réussit à percer, d'une sorte de mauvaise conscience. Contrairement à ce qu'il était dans *Les Précieuses*, dans *L'Ecole des femmes* ou dans *Dom Juan*; contrairement aussi à ce qu'il sera dans *Le Bourgeois*, dans *Les Fourberies* ou dans *Le Malade imaginaire*, le comique n'est plus dans *Le Misanthrope* donnée immédiate: il est donnée problématique. La présence insolite d'Alceste, ce trouble-fête extravagant, cet empêcheur de danser en rond du salon de Célimène et de l'univers comique moliéresque, le veut ainsi, qui pousse irrésistiblement, et pour la première fois, le lecteur-spectateur à se demander si le but de Molière écrivant *Le Misanthrope* était réellement—était seulement de faire naître le rire. Et si, après avoir accusé la société dans *Dom Juan*, Molière n'est pas, avec *Le Misanthrope*, en train d'accuser la comédie.

Et, remarquons-le bien, il ne s'agit certes pas ici d'une réaction anachronique, dictée par un romantisme facile ou une attitude vertueuse de philosophe à la Jean-Jacques. On sait en effet quel accueil hésitant les contemporains de Molière, dans leur grande majorité, réservèrent au *Misanthrope*. Si la première ne fut pas aussi *malheureuse* que le laisse entendre Louis Racine (5), les renseignements que nous fournit le *Registre* de La Grange ne laissent cependant planer aucun doute sur la destinée au total peu brillante de la pièce (6). *Le Misanthrope* marque indiscutablement, dans les relations de Molière et de son public, un moment de crise. Mais où est l'harmonie d'antan, et ce dialogue, cette étroite collaboration de l'auteur et de son siècle? Grimarest nous dit sans ambages, lui qui pourtant chercherait plutôt à présenter les choses sous leur jour avantageux, que "la seconde représentation fut encore plus faible que la première," et que "la troisième fut encore moins heureuse que les précédentes." Le public, précise-t-il, fut dérouté par la qualité même de la comédie: car, "pour vingt personnes qui sont susceptibles de sentir les traits délicats et élevés, il y en a cent qui les rebutent, faute de les connaître." Et comme "le peuple de Paris voulait plus rire qu'admirer," comme "on n'aimait pas tout ce sérieux qui est dans cette pièce," Molière, en habile tacticien du théâtre, pour "forcer le public à lui rendre justice" et l'habituer "insensiblement" à voir dans *Le Misanthrope* "une des meilleures pièces qui ait jamais paru," dut lui adjoindre en hâte le rire farcesque, vulgaire et gaulois du *Médecin malgré lui* (7).

Ce qui avait d'abord rebuté le bourgeois de Paris, dont le goût peu délicat s'accommodait plus aisément des grosses plaisanteries du *Fagotier*, suscita au contraire l'admiration circonstanciée du connaisseur. Encore celle-ci s'exprime-t-elle souvent en des termes parfois contradictoires et quelque peu embarrassés. Notre vocabulaire révèle tout à coup, face au *Misanthrope* et à la nature complexe et paradoxale d'Alceste, ses insuffisances, son manque de précision et de nuances, son impuissance à maîtriser tout ce qui, réalité esthétique ou humaine, par sa richesse ou sa nouveauté, échappe à nos concepts simplificateurs. Robinet trouve Molière si "sage"—est-ce un compliment pour un auteur comique qui s'est publiquement assigné pour tâche de "faire rire les honnêtes gens"?—qu'il le compare à un "prédicateur." Et il nous présente déjà la pièce dans son axe essentiel, dans sa contradiction et dans sa tension majeures, d'une façon fort proche au total de celle de Grimarest:

> *Le Misanthrope* enfin se joue;
> Je le vis dimanche, et j'avoue
> Que de Molière, son auteur,
> N'a rien fait de cette hauteur.
> Les expressions en sont belles,
> Et vigoureuses et nouvelles;
> *Le plaisant* et *le sérieux*
> Y sont assaisonnés des mieux,
> Et ce Misanthrope est si sage
> En frondant les mœurs de notre âge,
> Que l'on diroit, benoît lecteur,
> Qu'on entend un prédicateur (8).

Dans sa *Lettre écrite sur la comédie du Misanthrope*, pour rendre à la pièce, qu'il admire, la justice qui lui est due, pour exprimer pleinement ses sentiments envers cette "ingénieuse et admirable comédie," Donneau de Visé a lui aussi recours au paradoxe du *sérieux plaisant*. "Je ne crois qu'on puisse rien voir de plus beau," écrit-il par exemple à propos de la scène 3 de l'acte IV: "elle est toute *sérieuse*, et cependant il y en a peu dans la pièce qui *divertissent* davantage." Quant au héros lui-même, "bien qu'il paraisse en quelque sorte ridicule, il dit des choses fort justes," et il a, "malgré sa folie, le caractère d'un honnête homme," et "beaucoup de fermeté." Et ce qui, aux yeux de Donneau, rend la comédie "d'autant plus admirable," c'est que le héros "en est le plaisant sans être trop ridicule, et qu'il fait rire les honnêtes gens sans dire des plaisanteries fades et basses, comme l'on a accoutumé de voir dans des pièces comiques." Au total, on s'en persuade aisément à suivre dans ses méandres la phrase embarrassé de Donneau, *Le Misanthrope* ne laisse pas le spectateur sur une impression de facilité et de transparence. On en sort, comme le dit G. Couton à propos de *Dom Juan* (9), avec la conviction que les choses ne sont pas simples. Et ce qui finalement explique la singularité du *Misanthrope*, c'est, dit Donneau, la qualité de son comique. On y rit "moins haut" que dans les autres comédies, et d'un "rire dans l'âme." Mais l'on s'y divertit "davantage" et plus "continuellement" (10).

A parcourir aujourd'hui la critique moliéresque, il apparaît vite que notre façon d'envisager le problème du comique dans

Le Misanthrope n'a guère évolué depuis Donneau de Visé. C'est toujours à ce *rire dans l'âme*, à ce paradoxe du *sérieux plaisant* et à cette finesse inhabituelle d'un comique qui tend au sérieux au point souvent de s'y confondre que nos Moliéristes font appel pour justifier leur admiration et rendre compte de l'essentielle singularité de cette comédie. Car il est impossible, comme on l'a trop souvent tenté, de faire du *Misanthrope* soit une pièce totalement sérieuse (Alceste devenant alors le porte-parole de Molière, voire même tendant à s'identifier à lui), soit une pièce totalement comique (le rôle de "raisonneur" et de norme étant alors confié à Philinte). Toute tentative de ce genre vient nécessairement achopper contre les richesses d'un univers théâtral assez vaste pour embrasser à la fois le sérieux et le comique, et suffisamment génial et neuf pour vivre de leur tension. Et notre dialectique, qu'elle soit chrétienne ou marxiste, s'est révélée trop subjective ou trop hypothétique pour parvenir à dépasser réellement les termes de l'essentielle contradiction d'un *sérieux comique* (ou d'un *comique sérieux*). C'est ainsi, par exemple, que la démarche analytique de P.J. Yarrow (11), pour séduisante et ingénieuse qu'elle soit, ne respecte cependant pas l'objectivité qu'elle revendique. Elle laisse, au fond, trop de champ à l'interprétation personnelle pour emporter totalement notre adhésion. D'abord, parce qu'elle est bon gré mal gré dominée par le désir d'illustrer le bien-fondé d'une thèse (Alceste, primitivement conçu comme un personnage comique— actes I et II—, aurait ensuite été pris au *sérieux* par son créateur, qui se serait finalement—actes IV et V—reconnu en lui) (12). Ensuite parce qu'elle adopte un point de vue résolument extérieur à la pièce (nous verrons qu'il en existe un autre), et qu'elle ne peut donc prétendre, pour la juger, posséder des normes universellement acceptables—et objectives: nul spectateur n'est *archispectateur*, nul critique *archicritique*. Force nous est alors d'en revenir aux formules heureuses, aux circonvolutions laudatives, aux nuances subtiles et parfois contradictoires de Donneau de Visé: ce que font par exemple R. Jasinski et A. Adam. "Il ose sa pièce la plus *sérieuse*," écrit le premier. "Est-ce à dire qu'il renonce à son habituelle *gaieté*? Non pas. Mais il substitue au rire le sourire, à la joie épanouie un plaisir subtil" (13). Et le second, après avoir fait remarquer que "cette comédie tend vers le drame, offre un visage ambigu, impose au spectateur cette gêne de ne pas savoir exactement s'il doit rire ou s'émouvoir, et la crainte de commettre un contresens," qu'elle ne songe "plus tout à fait à provoquer le rire," aboutit de même finalement à constater dans la pièce l'existence d'un comique de qualité supérieure: un "comique de nuances," "fin" mais "franc," une sorte de "clair-obscur" (14).

Ces analyses, fort proches les unes des autres et par l'esprit qui les anime, et par les résultats auxquels elles aboutissent, ne sont pas sans mérite. Elles ont notamment pour elles d'attirer l'attention sur le problème du rire, qui est bien, de toute évidence, le problème fondamental posé par Molière dans *Le Misanthrope*. Elles ont en revanche contre elles, à notre sens, et d'avoir par trop négligé la dimension réflexive de la pièce, et de n'avoir pas tenu suffisamment compte des conditions particulières dans lesquelles Molière—et quand je dis Molière, j'entends non l'homme public ou privé, mais le poète comique—se trouve placé à l'époque où, entre 1664 et 1666, il compose son chef-d'œuvre. Centrées sur l'homme et sur le directeur de troupe, elles ont tendance à oublier le créateur, et cette méditation sur son art, cette remise en question qu'a déclenchée l'interdiction de *Tartuffe*, dont, nous venons de le voir, *Dom Juan* porte la marque, et qui se poursuit, d'une façon plus que jamais systématique, avec l'histoire de la coquette, de l'ami fidèle et de l'atrabilaire amoureux. Abordant l'œuvre de l'extérieur, elles n'en perçoivent pas la profondeur théorique, l'aspect comédie sur la comédie, elles ne parviennent pas, croyons-nous, à poser comme il convient le problème du comique dans *Le Misanthrope*.

Car le texte le dit clairement: la singularité du *Misanthrope* ne tient pas seulement à la qualité inhabituelle de son comique. Se demander si cette comédie fait rire ou non, si Alceste est ou n'est pas un personnage comique, si le rire qui naît à la représentation est plus proche de la farce ou du sourire, c'est poser des problèmes que Molière n'a pas voulu que nous nous posions, soit qu'il les considérât comme inessentiels ou inappropriés, soit qu'il pensât les avoir déjà résolus d'autorité au niveau même de l'écriture et de la structure de sa pièce. Plutôt que de la présence ou de l'absence du rire (le dilemme *sérieux-plaisant*), plutôt aussi que de sa nature (le rire farcesque, le rire dans l'âme ou le sourire subtil), il est dans *Le Misanthrope* question de sa justice et de sa légitimité. Notre erreur est de perspective. Elle vient de ce que nous avons trop l'habitude de regarder *Le Misanthrope* comme nous regardons, par exemple, *L'Ecole des femmes, Tartuffe* ou *Le Bourgeois gentilhomme*. Or rien en fait n'autorise une telle assimilation. *L'Ecole, Tartuffe* et *Le Bourgeois* sont fondamentalement de purs spectacles, sans dimension réflexive. La frontière entre l'illusion et la réalité, la vie et son imitation, la salle et la scène, les spectateurs et les personnages, y est encore nettement définie. Au contraire, cette frontière a tendance à s'effacer dans *Le Misanthrope*, qui n'est plus seulement spectacle comique, mais aussi réflexion sur le spectacle comique, "révélation qui fait coup double," dit J. Guicharnaud (15), puisque la comédie y vise "à la définition simultanée d'elle-même et de la réalité." Dans cette interrogation sur son art et sur soi que constitue *Le Misanthrope*, Molière fait perdre au spectateur sa situation privilégiée, sa supériorité de norme et de point de vue. Comme dans *Dom Juan* celui-ci, de *regardant*, devient *regardé*, de *juge, jugé*. Venu pour assister à un spectacle et pour rire des ridicules d'autrui, il se retrouve soudain, par la volonté de Molière, le point de mire de ses propres regards, il ne contemple rien d'autre en définitive, dans cette comédie qui a pour thème la comédie sociale (et qui en est la métaphore, traduite en termes de théâtre), que son propre personnage. Véritable "miroir public"—*speculum vitae, imago veritatis*—, *Le Misanthrope* est l'application la plus systématique et la plus parfaite de la théorie énoncée dans *La Critique* et *L'Impromptu*. Plus complètement que dans aucune autre comédie, Molière y porte sur la scène la société de son temps, peint d'après nature la coquette, la prude, le marquis, le fat, l'honnête homme, le scélérat, le misanthrope, etc., fait reconnaître les gens de son siècle et rend "agréablement" leurs défauts sur le théâtre. Ce fidèle *tableau des mœurs du siècle* (16) n'offre d'échappatoire à personne, pas même à l'auteur, qui s'y joue comme il y joue les autres, qui s'y accuse comme il a, dans *Dom Juan*, accusé la société. Nul ne peut contempler cette diversité de portraits, de relations et d'attitudes—diversité concertée, qui couvre tout le champ du possible—, et prétendre ensuite, en bonne conscience, ne s'y être pas, peu ou prou, reconnu. Du coup, le lieu scénique s'approfondit. Comme dans *L'Impromptu*, le théâtre est introduit dans le théâtre, la comédie dans la comédie. Et l'acteur, devenu spectateur (on retrouve encore ici l'une des caractéristiques essentielles de *Dom Juan*), regarde autant qu'il est regardé.

Cette structure, qu'il faut bien qualifier de "baroque"—qualificatif gênant, quand on songe qu'il s'applique à la plus grande de nos grandes comédies "classiques"—, permet à Molière de s'intéresser dans *Le Misanthrope* moins au rire des spectateurs qu'à celui de ses personnages. Les raisons de ce déplacement stratégique sont évidentes. Si l'art de Molière, qui vise habituellement à faire naître le rire du public, à se ménager l'appui des *rieurs*, est ici utilisé pour faire rire Philinte, Acaste ou Clitandre, c'est que dans cet univers particulier du *Misanthrope*, où le théâtre s'est élargi aux dimensions de la société, où celle-ci est toujours éprouvée par Molière comme une présence fondamentalement suspecte et hostile, où l'expérience théâtrale de *Dom Juan* a laissé des traces, il n'y a plus de point de vue privilégié possible, plus réellement de public, ni d'acteurs, ni même d'auteur, mais seulement des acteurs-spectateurs qui tous, bon gré mal gré, jouent un rôle dans la comédie en cours.

Or cette comédie elle-même, cette comédie de la comédie, le proclame sans équivoque: les acteurs-spectateurs *rient*. Cette pièce, dont les résonances touchent parfois indiscutablement au drame, est sans doute, de toutes les pièces de Molière, celle dans laquelle le rire résonne le plus fréquemment. Et ce rire, comme l'a montré R. Jasinski (17), adopte tous les tons, du "rire de bonne humeur, tout de gaieté heureuse, cordiale, inoffensive," au rire satirique, "beaucoup plus âpre et corrosif." A quoi bon, donc, s'interroger sur les vertus comiques du *Misanthrope*, ou sur la qualité du rire qui jaillit à sa représentation? Car en faisant rire Célimène, Philinte ou les Marquis, c'est bien en définitive *son public* que Molière fait rire—et à ses propres dépens. Ne jouait-il pas le rôle d'Alceste? Et qui oserait douter du génie comique de l'acteur-auteur Molière? Le doute est d'ailleurs en l'occurrence impossible. Tout se passe en effet comme si Molière, négligeant ouvertement les conseils et les mises en garde des théoriciens du théâtre—et notamment de d'Aubignac (18)—, avait voulu multiplier dans sa pièce, par tous les moyens possibles, les preuves de son irrésistible pouvoir d'auteur et d'acteur comique. Les indications de rôle, directes ou indirectes, à l'aide desquelles Molière éclaire son texte et en dirige l'interprétation, ont très souvent pour fonction de souligner le succès comique de Molière acteur, ou son habileté d'auteur. Un grand nombre d'entre elles mettent en relief le rire par lequel les autres personnages accueillent le "numéro" exceptionnel que leur joue Molière-Alceste. Voyez Philinte. Il passe son temps à rire d'Alceste. A ses hyperboles rageuses de misanthrope jaloux, il répond par des plaisanteries et des éclats de rire, refusant systématiquement de prendre au sérieux un homme qui ne rêve que de l'être. Alceste, qui se voudrait Dom Garcie, s'identifie pour lui au Sganarelle de *L'Ecole des maris*. Alceste ne peut que "se moquer" (I, 1, v. 87). Son "chagrin philosophe" de réformateur social et de trouble-fête professionnel relève tout au plus de la "comédie" (*ibid.*, v. 106):

> *Je ris* des noirs accès où je vous envisage
> Et crois voir en nous deux, sous mêmes soins nourris,
> Ces deux frères que peint *L'Ecole des maris* . . .
> (*ibid.*, vv. 98-100)

Malgré sa bonne volonté et sa bienveillance évidentes—"Mais, *sérieusement*, que voulez-vous qu'on fasse?"—, Philinte ne peut parvenir à prendre au sérieux les déclarations amères et absolues d'Alceste. Il y voit autant d'indices d'une *maladie* qui expose Alceste au ridicule, et fait de lui un spectacle:

> *On se rirait de vous*, Alceste, tout de bon,
> Si l'on vous entendait parler de la façon.
> (*ibid.*, vv. 203-04)

Positivement, Alceste est *fou* (v. 157). Et le rire est le signe par lequel Philinte se désolidarise des extravagances de son ami, affirme son bon sens et son appartenance au clan des bien-portants, conserve intact son prestige social et sa réputation d'honnête homme. Si la vanité d'Oronte est en soi condamnable, elle ne trahit en rien les règles fondamentales du jeu social. Elle permet au contraire de les faire fonctionner et d'en vérifier l'efficacité. Au contraire, l'attitude butée d'Alceste, le sérieux qu'il apporte à traiter une matière essentiellement frivole, le lyrisme naïf avec lequel il se laisse prendre au charme vieillot d'une chanson surannée, constituent autant d'atteintes impardonnables à l'harmonie préétablie des rapports sociaux. En société, la passion ne peut "parler toute pure." Le rire de Philinte—"Monsieur le rieur" (I, 2, v. 414)—se doit alors d'éclater à nouveau pour neutraliser cette conduite extravagante, rejeter dans la comédie celui qui ne songe qu'à en sortir et qui, obstinément, se refuse à jouer le jeu.

Car c'est bien là ce que reprochent à Alceste non seulement Philinte, mais aussi Célimène, les Marquis, la société en général: son refus de jouer comme les autres, de rire avec les autres, d'entretenir de bon gré l'euphorie sociale. La "folie" d'Alceste est d'être sérieux dans un monde qui se refuse à l'être, et qui fait du divertissement sa valeur suprême. Si le rire occupe indiscutablement la première place dans la thématique de la pièce— il suffit, pour s'en convaincre, de noter la fréquence étonnante du mot *rire* et de ses apparentés sémantiques, *se moquer, jouer, plaisanter, joie, amusement, enjouement*, etc.—, c'est qu'il constitue le symbole même de la société qui gravite autour de Célimène et de son salon. Bergson pense sans doute particulièrement à l'exemple du *Misanthrope* lorsqu'il affirme qu'il n'y a pas de rire solitaire, que "notre rire est toujours le rire d'un groupe," un phénomène essentiellement social qui suppose "une arrière-pensée d'entente" et qui "a besoin d'un écho pour se prolonger" (19). Mais ce qu'il dit du *Misanthrope* pourrait par exemple tout aussi bien s'appliquer à la société choisie qui, dans *Le Courtisan* de B. Castiglione (20), gravite autour d'Elisabeth Gonzague, duchesse d'Urbino. C'est d'abord par le rire que l'individu se définit en tant qu'être social, se fait accepter des autres et les accepte, crée entre lui et autrui cet indispensable climat de complicité et d'harmonie dans lequel se noient les différences, les jalousies et les antagonismes. Dans la société, la joie est viatique nécessaire, indispensable monnaie d'échange: "Lorsqu'un homme vous vient embrasser avec joie, / Il faut bien le payer de la même monnoie . . ." (I, 1, vv. 37-38). Parfait microcosme social, le salon de la Coquette est par excellence le lieu du plaisir et de la joie, l'endroit où, à l'égal des rubans, des perruques et des canons, le rire est de rigueur, et où le sérieux, quand il n'est pas mis hors la loi, est réduit au rang de spectacle comique. Autant que par sa vaste rhingrave ou l'ongle long qu'il porte au petit doigt, Clitandre se caractérise par sa *façon de rire* (II, 1, v. 487). Acaste, "fort aimé du beau sexe, et bien auprès du maître," promène partout une âme satisfaite et un éternel contentement de soi qui le font "paraître joyeux": "Toute chose l'*égaye*, et rien ne l'inquiète" (III, 1, v. 778). Dans la perfection d'un tel bonheur, dans cette étonnante profusion de dons—jeune, riche, beau, spirituel, noble, courageux—, on n'a que faire, pour séduire, du secours des "soupirs" et des "pleurs." Célimène éprouve elle aussi, qu'elle se contemple dans son miroir ou dans le regard d'autrui, ce sentiment de plénitude heureuse qui habite les Marquis et les dresse, petits coqs de cour, sur leurs ergots enrubannés. Elle est l'incarnation même du bonheur d'exister, pour et par le plaisir. Comme l'Elvire du *Favory*, cette tragi-comédie de Mlle Des Jardins représentée par la troupe de Molière en 1665 (21), elle croit qu'"Icy bas le bon sens gist à se rendre heureuse," et "la joye est en tout et [sa] regle et [sa] loi." Sa dimension première, dit J. Guicharnaud, est son "euphorie," son "plaisir d'être elle-même dans un monde qu'elle épouse parfaitement" (22). Ce qu'elle pardonne le moins à autrui, c'est de ne pas la divertir. Elle entend que sa jeunesse soit une fête perpétuelle, une succession ininterrompue de triomphes et de plaisirs. Si elle garde près d'elle l'homme aux rubans verts, assure-t-elle à Clitandre (V, 4), c'est qu'il "la *divertit* quelquefois avec ses brusqueries et son chagrin bourru." Pour elle comme pour les grands brailleurs qui espèrent ses faveurs et guignent ses appas, distiller l'ennui est le crime majeur de lèse-société, l'impardonnable tare. Dans l'exemplaire et admirable scène des portraits, où règne de la façon la plus perceptible ce climat grisant d'euphorie si bien analysé par R. Jasinski (23), le mécanisme d'exclusion fonctionne d'abord à l'encontre de ces fâcheux qui sont incapables de se distraire et de distraire autrui. Le rire du groupe fustige surtout ceux qui ennuient et qui ne savent pas, ou ne veulent pas, rire. Damon le raisonneur parle pour ne rien dire, Timante "assomme le monde," Géralde est un "ennuyeux conteur," le "sec entretien" de Bélise et son "stupide silence" de bûche inerte font "bâiller," et Damis–l'accusation est grave dans un tel milieu, elle va faire éclater Alceste qui se sent directement visé–pense "Qu'il n'appartient qu'aux sots d'admirer et de *rire*" (II, 4, v. 642).

Ainsi observé dans son lieu de prédilection, là où il jaillit spontanément–le salon de Célimène–, le rire n'est pas seulement l'expression de la cordialité et de l'euphorie sociales, il apparaît aussi comme une sorte de réflexe de défense individuel ou collectif, qui se manifeste chaque fois que l'harmonie du groupe est menacée, que risque de s'effacer la fragile illusion du bonheur de l'instant. Il a pour but de dévaloriser l'assaillant, de faire de celui-là même qui entendait l'empêcher, le figer sur les visages, un prétexte nouveau à son épanouissement. C'est pourquoi les *chagrins* d'Arsinoé, son "affectation d'un *grave* extérieur" et son "*triste* mérite" n'ont pas leur place dans le salon de Célimène, et le rire par lequel Clitandre et Acaste accompagnent leur sortie (III, 4)–leur fuite devant l'intruse–, comme la simultanéité parfaitement synchronisée du jeu de scène–ils sortent *parce qu*'elle entre–, illustrent bien l'incompatibilité fondamentale des natures, l'antagonisme essentiel qui va dresser l'une contre l'autre, dans un impitoyable affrontement, la prude et la coquette, la *tristesse* et la *joie* de vivre. Et si Molière prête à Alceste, à l'arrivée des Marquis (II, 3), une réaction de fuite comparable à la leur–entendant Basque prononcer le nom de Clitandre, après celui d'Acaste, Alceste témoigne "s'en vouloir aller"–, c'est parce qu'une incompatibilité de même nature existe entre lui et le groupe dont Célimène est le centre adulé. La conversation des petits maîtres *l'ennuie*, comme celle d'Arsinoé ennuie les petits maîtres. Il ne faut donc pas s'étonner de le voir subir un traitement semblable à celui qui est infligé à la prude. Comme elle, il incarne l'esprit de sérieux (24). Comme elle fera irruption dans la joie de Célimène pour essayer de la détruire, en lui substituant l'inquiétude, il est présent, d'une présence qui est menace, pour briser, par une explosion de colère vertueuse, la complicité joyeuse de Célimène et des Marquis, pour dénoncer, dans l'accord parfait des esprits et des rires, le jeu des lâches complaisances et des flatteries coupables. Et le rire insolent d'Acaste et de Clitandre, comme il repousse Arsinoé hors du cercle où elle voudrait s'introduire, vient rejeter Alceste à sa solitude et à sa bizarrerie, nier son importance et son sérieux. Et son intervention brutale et maladroite n'aura en définitive servi qu'à alimenter la joie et la verve des esprits médisants, en permettant une fois de plus à Célimène de démontrer la perfection de ses talents satiriques: "*Les rieurs* sont pour vous, Madame, c'est tout dire, / Et vous pouvez pousser contre moi la satire" (II, 4, vv. 681-82).

Le rire est comme la fatalité d'Alceste. Cet homme qui ne rit jamais ne cesse d'être poursuivi par le rire des autres. Philinte, Célimène, Acaste, Clitandre, les gens qu'il aime comme ceux qu'il déteste, tous rient continuellement de lui. "Hé bien, quoi? qu'est-ce? qu'y a-t-il? Au diantre soit la sotte ville, et les sottes gens qui y sont," s'exclamera Monsieur de Pourceaugnac, poursuivi, à son arrivée dans la capitale, par le rire des Parisiens. "*Ne pouvoir faire un pas sans trouver des nigauds qui vous regardent et se mettent à rire!*" Alceste est au salon de Célimène ce que le Limousin est à Paris: un spectacle comique (25). A la fin de l'acte II, lorsque, convoqué par le tribunal des Maréchaux, il doit quitter à regret le salon de Célimène, le rire accordé de Clitandre et d'Acaste éclate encore pour saluer sa sortie comique de bouffon trop sérieux: "Par la sangbleu! Messieurs, je ne croyais pas être / Si plaisant que je suis."

L'existence de cette coalition des rieurs constitue dans la pièce une donnée dont toute analyse du personnage d'Alceste se doit de tenir compte. Elle jette notamment une grande clarté sur les intentions de Molière et sur son attitude vis-à-vis de l'atrabilaire amoureux. Les rires perpétuels qui accueillent dans le salon de Célimène les colères et les indignations d'Alceste montrent que Molière a, de toute évidence, voulu faire de lui un personnage profondément comique et ridicule.

Encore convient-il ici de préciser, pour répondre à une distinction qui est souvent faite, que le comique d'Alceste est autant un comique de *caractère* qu'un comique de *situation*. Lorsque, séduit par Alceste, on reconnaît en lui, avec Eliante, une âme supérieure, digne d'admiration—"Et la sincérité dont son âme se pique / A quelque chose en soi de noble et d'héroïque" (IV, 1, vv. 1165-66)—, on a en effet coutume, pour lui épargner autant que faire se peut l'accusation de ridicule, d'affirmer que ce n'est pas tant lui qui est comique que la situation dans laquelle il se trouve placé. "Atrabilaire amoureux d'une coquette, misanthrope prisonnier d'un salon mondain," fait par exemple justement remarquer A. Simon: "le ressort comique n'est pas le caractère, mais la situation d'Alceste" (26). Et A. Adam: "Alceste n'est pas grotesque. Il ne fait pas rire, mais sourire . . . Le comique qui se dégage du rôle est plutôt dans les situations où par sa faute il se met que dans le caractère même" (27). La distinction est certes judicieuse, mais elle n'explique pas tout. Il est indéniable que la situation d'Alceste compte pour beaucoup dans ses colères hyperboliques et dans les rires qui leur font écho. Le salon de Célimène est la dernière place où devrait se trouver un misanthrope; une coquette est, pour parler le langage de l'époque, le dernier "objet" dont devrait s'éprendre un atrabilaire avant tout soucieux d'être *distingué*. Mais il est non moins vrai—A. Adam, d'ailleurs le reconnaît—que cette situation impossible est, en dernier ressort, le fruit du caractère inconséquent d'Alceste, de son impossibilité à vivre en accord avec ses principes, de son inaptitude essentielle au bonheur. Le rire des Marquis est autre chose que l'expression d'un préjugé qui s'ignore. Alceste n'est pas seulement ridicule dans le salon de Célimène, et par rapport à la norme sociale que ce salon constitue. Il n'est pas Pourceaugnac. Celui-ci est à Limoges un respectable bourgeois gentilhomme dont personne ne songerait à se moquer. Il lui faut se transporter à Paris—où il est *autrement que les autres*—pour que les rires naissent sous ses pas. Au contraire, arraché au salon de la Coquette, Alceste reste obstinément Alceste. Convoqué par exemple devant le tribunal des Maréchaux, il demeure, par son entêtement théâtral, un personnage profondément comique. D'un sonnet où transparaît, selon lui, "le méchant goût du siècle," il fait une affaire d'état. Seule une intervention du Roi pourrait lui faire trouver bons des vers qu'il juge mauvais. Il ne se dédira point. Il n'en démordra point. Il n'aura jamais de lâche complaisance: "Je soutiendrai toujours, morbleu! qu'ils sont mauvais, / Et qu'un homme est pendable après les avoir faits" (II, 6, vv. 771-72). Ce n'est pas seulement aux Marquis qu'il en a, mais à la société tout entière. Sa haine est universelle, elle embrasse tout le genre humain, et elle donne partout le même spectacle divertissant. Philinte le dit sans équivoque:

> Je vous dirai tout franc que cette maladie
> Partout où vous allez, donne la comédie,
> Et qu'un si grand courroux contre les mœurs du temps
> Vous tourne en ridicule auprès de bien des gens.
> (I, 1, vv. 105-08)

Et confirmation pour nous précieuse, les contemporains de Molière aussi, qui, extrêmement attentifs au ridicule d'autrui et eux-mêmes extrêmement anxieux de s'en garantir, songent avant tout à découvrir "la belle manière de vivre ensemble"—persuadés qu'"on a trouvé le secret de plaire quand on sait entrer dans le genie des gens que l'on pratique" (28). Les hommes, écrit par exemple l'Abbé Bellegarde, "les hommes sont nés pour la société; ainsi la plus utile de toutes les sciences est celle qui apprend à vivre: il faut être perpétuellement en garde contre le Ridicule, pour éviter tout ce qui peut rebuter les personnes que nous pratiquons, et diminuer le plaisir qu'elles goûtent en notre commerce." A cet effet, le respect scrupuleux mais aisé des bienséances constitue sans doute la meilleure des panacées. Et aussi la *politesse*, qui est "un assemblage de discrétion, de civilité, de complaisance, de circonspection, et d'une modestie accompagnée d'un air agréable" (29). Car l'erreur serait grande de croire qu'il suffit, pour être accepté du monde et échapper à sa censure (30), de posséder un beau visage ou une belle âme, une intelligence ou une vertu supérieures. Car "on peut tomber dans le Ridicule avec de l'esprit, du mérite personnel, de belles qualitez, de rares talens, si on ne sait pas les mettre en œuvre" (31). Et ce qui au fond importe n'est point tant l'être que la manière d'être, cette souplesse constamment en éveil qui permet de *s'accommoder*, d'épouser la personnalité des autres et d'entrer adroitement dans leurs sentiments. Il est bien certain que tout le monde a ses faiblesses: *Nam vitiis*, dit le Satirique, *nemo sine nascitur*. Mais il ne faut pas que les autres en souffrent. La principale étude d'un honnête homme, raisonne donc Bellegarde, sera de "se défaire de ses vices," ou du moins de "les cacher": ce qu'on appelle un grand mérite "n'est quelquefois qu'une grande habileté à empêcher que ses imperfections ne paraissent" (32).

Le moins qu'on puisse dire ici, c'est qu'Alceste ne possède ni cette souplesse, ni cette habileté, et qu'il est apparemment plus soucieux de mettre ses imperfections en valeur que de les dissimuler. "L'esprit chagrin" a beau être "le fléau de la société civile," et "le plus incommode de tous les vices," "empoisonner la vie" et "bannir toutes les douceurs du commerce" (33), Alceste n'en a cure. Il est de ceux dont Bellegarde nous dit qu'ils sont nés pour leur propre tourment et pour celui d'autrui (34). "La bizarrerie de certaines gens ne se peut comprendre," écrit-il; "tout les fâche, tout les offense, on ne sait quelles mesures garder pour entrer dans leurs sentimens; ils n'en ont point de fixes et d'arrêtez: leur humeur contrariante s'oppose toujours à ce que les autres souhaitent, et qui leur feroit plaisir. Ennemis des divertissemens, ils ont de l'aversion pour ce qui peut inspirer de la joïe; ce qui réjouit les autres, les met en mauvaise humeur. De telles gens devroient au moins avoir la discretion de demeurer seules, et de ne point aller dans des assemblées pour y mêler le poison et la noirceur de leur chagrin" (35). Car enfin, renchérit M. de Vaumorière, "Irai-je dans une assemblée pour y faire paroître une passion contraire à celle qui y règnera?" (36). Il faut user de complaisance. Par exemple, en ce qui concerne le problème des "embrassades"—Vaumorière a bien évidemment ici Alceste en point de mire, et le passage vaut par conséquent d'être cité en entier—, le véritable honnête homme saluera les gens, les abordera ou les recevra "de la manière qui est en usage":

L'on voit tous les jours des gens qui s'embrassent, qui se baisent, et qui se font mille offres, comme s'ils estoient les meilleurs amis du monde; et qui un moment après, avoüent sans honte, qu'ils ne se connoissent presque point. Cependant il faut suivre cet usage, au lieu d'entreprendre de le changer. C'est moins nôtre [sic] vice, que celui de nôtre siecle, et tout ce que peuvent faire les gens sages, est de s'en servir avec discretion et retenuë. Quand tout le monde tombe dans une faute, personne n'en doit être blâmé, et quelque extravagante que puisse être une mode, un homme serait encore plus extravagant, s'il refusoit de s'y assujettir. S'opposera-t-il seul au consentement général de sa Nation? . . . Ainsi l'autorité de l'usage peut tout en matière de cérémonie: il le faut considérer comme une espèce de Loi. Que l'on n'examine point si cette Loi est bonne ou mauvaise; il suffit qu'elle soit établie. . . . Un François qui feroit scrupule de dire, *Je suis vôtre tres humble serviteur*, parce qu'il sentiroit dans son âme qu'il ne le seroit point, *passeroit pour un misantrope ridicule*. [en marge]: [c'est-à-dire *un bourru, un fantasque*] (37)

Des témoignages d'une telle précision ne laissent à notre avis planer aucun doute sur la façon dont Molière et son siècle ont accueilli Alceste. Et la meilleure complaisance du monde ne suffirait pas à le sauver de la dégradation comique. Il est, comme le dit R. Fernandez, "un personnage strictement comique, de la lignée d'Arnolphe" (38). Et le ridicule n'est pas seulement chez lui une question de décor social. Ridicule à Paris, Alceste le serait à Limoges. Sa nature le veut ainsi. Bergson l'a bien dit: *Quiconque s'isole s'expose au ridicule*. Dans la comédie sociale, Alceste a choisi de jouer le plus mauvais rôle: le rôle de celui qui justement refuse de jouer un rôle (39), qui se refuse à faire ce que les autres font. Il occupe dans le salon de Célimène (et dans la société) l'inconfortable position de Caton le censeur aux Floralies (40), ou celle de ce "Monsieur du bel air" dont Dorante nous conte la mésaventure dans *La Critique*. Lui aussi se fâcherait de rire avec les autres. Lui aussi se rend ridicule par son désir de se distinguer. Lui aussi "écoute toute la pièce *avec un sérieux le plus sombre du monde*"; et "tout ce qui égaye les autres ride son front":

A tous les éclats de rire, il haussait les épaules et regardait le parterre en pitié; et quelquefois aussi, le regardant avec dépit, il lui disait tout haut: *Ris donc, parterre, ris donc!* Ce fut une seconde comédie que le chagrin de notre ami. Il la donna en galant homme à toute l'assemblée, et chacun demeura d'accord qu'on ne pouvait pas mieux jouer qu'il fît. (sc. 5) (41)

Dans un monde qui vit pour le plaisir et dont la grande affaire est le divertissement, qui se contemple et s'éprouve comme une comédie—sans rien en lui qui pèse ou qui pose—, Alceste l'*agroikos*, le *casse-pieds*, le *fâcheux*, est un personnage que son extravagance et son incongruité rattachent à la plus authentique tradition comique. La preuve en est que la *Moria* d'Erasme, nourrie des *Adages* de l'Antiquité, formée à l'école de Lucien, d'Aristophane, de Térence et de Plaute, lui accorde une place de choix dans sa folle sarabande, et qu'elle lui réserve justement le sort que Molière lui réservera:

> Si quis histrionibus in scena fabulam agentibus personas detrahere conetur, ac spectatoribus veras nativasque facies ostendere, nonne is fabulam omnem perverterit, dignusque habeatur, quem omnes e theatro velut lymphatum saxis ejiciant? (42)

Il en va de même dans la vie, cette "pièce de théâtre où chacun, sous le masque, joue son personnage jusqu'à ce que le chorège le renvoie de la scène" (*Porro mortalium vita omnis quid alium est, quam fabulam quaepiam, in qua alii aliis obtecti personis procedunt, aguntque suas quisque partes, donec choragus educat e proscenio?*) (43). Comédie scénique et comédie sociale sont identiques. Et le sage qui entend dire la vérité, démasquer les visages, parler la voix de la raison, y passe aux yeux d'autrui pour un fou furieux (*demens ac furiosus*):

> Ut nihil est stultius praepostera sapientia, ita perversa prudentia nihil imprudentius. Siquidem perverse facit, qui sese non accommodet rebus praesentibus, foroque nolit uti, nec saltem legis illius convivialis meminerit, ἢ πίθι, ἢ ἄπιθι, postuletque, ut fabula jam non sit fabula. Contra, vere prudentis est, cum sis mortalis, nihil ultra sortem sapere velle, cumque universa hominum multitudine vel connivere libenter, vel comiter errare (44).

Or, on le sait, l'accusation de folie n'épargne pas Alceste, *l'homme aux rubans verts* (45). Philinte la profère contre lui: "Et c'est une *folie* à nulle autre seconde / De vouloir se mêler de corriger le monde" (I, 1, vv. 157-58). Et Célimène, qui dans sa vision frivole du monde et des rapports humains, assimile le sérieux à la démence:

> Avez-vous, dites-moi, *perdu le jugement*?
> (IV, 3, v. 1316)
>
> Allez, vous êtes *fou* dans vos transports jaloux.
> (IV, 3, v. 1391)

Quod si quis discrepet a lege chori, ridiculus habeatur, commente Erasme dans son adage *Extra chorum saltare* (46). Alceste se rend continuellement coupable de cette faute suprême, qui consiste à ne pas participer à la mascarade sociale. Il reste en dehors du cercle, il se refuse obstinément, comme le Moi du *Neveu de Rameau*, à danser le grand branle de la terre, la vile pantomime: sensible seulement à sa propre musique. Impardonnable et risible discordance! Sa gravité détonne parmi les rires et les jeux du monde. Son moi tyrannique, qui condamne toute forme de divertissement, l'oppose constamment à une société qui ne songe, elle, qu'à se divertir. Sa rigueur s'offusque par dessus tout des jeux d'esprit et des jeux de mots. L'esprit l'impatiente et le déroute, qui entretient l'incertitude, empêche la prise, sauvegarde la liberté de l'être aimé. De même, par la maîtrise qu'elle suppose de soi et du langage, l'ironie l'irrite (47). Elle fait obstacle à son désir de possession et de domination. C'est pourquoi elle est toujours mal accueillie. "Que la *plaisanterie* est de mauvaise grâce!" s'entend rétorquer Philinte, pourtant spirituel et pertinent, "MonDieu! Laissons là vos comparaisons fades." Et Célimène: "Ah! ne plaisantez point, il n'est pas temps de rire" (48). "Plus d'amusement" est son impérieux leitmotiv (49). *Tant pis pour qui rira*: sans faille, le sérieux d'Alceste ne se dément pas un seul instant. Molière s'est plu à en multiplier les marques. Toute tentative de minimisation par le rire des propos d'Alceste se heurte, quel que soit l'interlocuteur, au même démenti catégorique. L'automatisme des répliques, la fixité du personnage et son inflexible raideur nous font pénétrer dans le monde de la farce:

> Philinte: Vous vous moquez.
> Alceste: *Je ne me moque point.*
>
> Célimène: Vous vous moquez, je pense.
> Alceste: *Non*, mais vous choisirez; c'est trop de patience.
>
> Célimène: C'est pour rire, je crois.
> Alceste: *Non, en aucune sorte*;
> Nous verrons si c'est moi que vous voudrez qui sorte (50).

Confrontée aux hésitations et aux lenteurs, aux détours et aux énigmes d'un Du Bois farcesque "*plaisamment* figuré"—

"Ah! que d'amusement!"—, la sévérité pointilleuse d'Alceste souffre le martyre. C'est qu'involontaire ou délibéré, l'esprit de jeu, dont Du Bois, dans sa démarche illogique et déroutante, apparaît comme le symbole, est contraire aux visées inquisitoriales d'un homme qui s'est d'autorité arrogé la fonction de juge, se pose en créateur de la morale, et entend constamment forcer autrui à l'aveu. A y bien regarder, Alceste jamais ne dialogue: il *interroge*, ou il *accuse*. Et son interlocuteur, quel qu'il soit, se retrouve toujours dans la peau d'un coupable. Même les déclarations d'amour prennent chez Alceste la forme d'un acte d'accusation, d'un implacable réquisitoire: "Plus on aime quelqu'un, moins il faut qu'on le flatte: / A ne rien pardonner le pur amour éclate" (II, 4, vv. 701-02). Censeur perpétuel des actions d'autrui, et pénétré de l'importance et de la légitimité de sa tâche, Alceste s'identifie à la Justice, dont il a la raideur. Et le rire est son ennemi public numéro un. Le bonheur l'offense, en qui il voit un signe de corruption. Il a tendance à trouver toute joie et tout plaisir coupables. *Malheur à vous qui riez, car vous pleurerez*: on décèle indiscutablement en cette âme obsédée de vertu et que les vices du temps scandalisent une certaine profondeur religieuse, une dimension dévote et janséniste qui s'effarouche du divertissement. Le mal, chez Alceste, ne va jamais sans le rire. Il reproche à Célimène le "trop riant espoir" (II, 1, v. 471) par lequel elle retient auprès d'elle "la cohue" de ses soupirants. Il ne peut supporter la "façon de rire" (*ibid*., v. 487) de Clitandre, et les "ris complaisants" et flatteurs de ses "bons amis de cour" (II, 4, v. 659) le mettent hors de lui. Il fait de ces rires sans conséquence l'"encens coupable" et corrupteur qui pousse Célimène à la médisance et entretient son humeur satirique. Mais son horreur du rire et de la joie—il y voit, lui aussi, "comme une odieuse exagération du péché" (51)—se trahit surtout dans le portrait qu'il fait à Philinte de ce *franc scélérat*, de ce *pied plat* hypocrite— bien évidemment Tartuffe—avec lequel il a procès. La repoussante grimace de l'imposture triomphante est partout lâchement accueillie par le rire d'une société complaisante. Et le rire devient alors le rictus même du masque, le signe obligé de l'imposture, le symbole de l'universelle corruption:

> Nommez-le fourbe, infâme et scélérat maudit,
> Tout le monde en convient, et nul n'y contredit.
> Cependant sa grimace est partout bienvenue;
> On l'accueille, *on lui rit*, partout il s'insinue.
> (I, 1, vv. 135-38)

Cette haine obsessionnelle du rire, cette incapacité fondamentale à jeter sur le monde et sur soi ce regard distant et ironique derrière lequel Philinte sauvegarde sa liberté, constituent la maladie comique d'Alceste. "Homme bourru et fâcheux," "ennemi de la joie et de la société"—telle est la définition que le *Dictionnaire de l'Académie* (1694) donnait alors du misanthrope (52)—, Alceste est, par son refus de badiner, le continuel badin de la farce.

De cette analyse thématique, il ressort que *Le Misanthrope* est essentiellement fait d'une tension entre le rire et sa négation; ou, comme le dit J. Guicharnaud, entre *l'esprit de jeu*, "qui regarde de l'extérieur," et *l'esprit de sérieux*, "qui est installé (ou se croit installé) au cœur des choses" (53). A cette coalition des rieurs que constitue la société, lieu du divertissement et de la comédie, des plaisirs et de la joie de vivre, et où le monde est éprouvé comme un spectacle, s'oppose un Alceste solitaire et vulnérable, habité par un rêve impossible de vertu et de profondeur, incarnation chagrine du sérieux et de l'inaptitude au bonheur.

Cette tension donne au *Misanthrope* une dimension réflexive et critique riche en résonances humaines. On voit en effet la signification particulière que pouvait revêtir, aux yeux de Molière auteur et acteur comique, une comédie qui est remise en question de la comédie, méditation sur les mécanismes et sur l'essence du rire, interrogation lucide et désabusée sur l'utilité et la légitimité de cette entreprise qui consiste à vouloir se mêler de corriger le monde en le divertissant. Molière n'aura sans doute jamais mis autant de lui-même dans aucune autre comédie —sauf peut-être dans *Le Malade imaginaire*, où le jeu comique se fait conjuration de la mort. Satire, comme *Dom Juan*, de la société, "juste tableau des mœurs du siècle," *Le Misanthrope* est de plus, est surtout, une réflexion sur soi et sur la comédie, une "satire de son auteur" (54).

Ce parallèle entre la vie et l'œuvre a été maintes fois souligné de façon convaincante (55). Il est fortement suggéré par les données extérieures de l'histoire littéraire et de la biographie. La Grange et Le Boulanger de Chalussay nous disent clairement que Molière ne s'est pas contenté de jouer ses contemporains sur le théâtre, mais qu'il s'y est aussi joué lui-même (56). *Le Peintre* a fait son propre portrait, il s'est soumis à cette justice comique dont Chrysalde menace Arnolphe dans *L'Ecole des femmes*: "qui rit d'autrui / Doit craindre qu'en revanche on rie aussi de lui." Quelle autre solution reste-t-il d'ailleurs à un auteur comique trop sensibilisé aux grimaces et aux mœurs du temps pour vouloir en rire davatange, sinon de s'offrir soi-même en spectacle et de faire rire à ses dépens? Car, comme le dit A. Adam, Molière n'a que trop de raisons, au moment où il compose *Le Misanthrope*, c'est-à-dire au plein cœur de la lutte contre Tartuffe, de "vouer à l'humanité cette haine effroyable dont parle Alceste," et de sentir monter en lui la colère, le dégoût et le découragement. Difficultés de carrière et tristesses personnelles s'accumulent, et poussent malgré lui Molière à la misanthropie. Et les relations étroites qui existent entre Molière et son personnage—Molière joue Molière—sont trop évidentes pour pouvoir être niées.

Mais il faut cependant voir dans *Le Misanthrope* autre chose, et bien davatange, qu'un "chef-d'œuvre de la littérature personnelle." Car Molière n'a pas seulement nourri Alceste de ses propres tourments d'homme privé, il a aussi, comme le démontre l'analyse thématique de la pièce, projeté en lui ses dilemmes et ses doutes d'artiste et de poète comique, poursuivi à travers lui, et cette fois-ci d'une façon plus systématique que dans *Dom Juan*, sa remise en question de la comédie morale et de la norme sur laquelle elle s'appuie. *Le Misanthrope* est, dans cette perspective, la comédie des illusions perdues, la prise de conscience, lumineuse et définitive, d'un échec théâtral. Toutes les comédies antérieures, y compris *Tartuffe*, qui en est l'aboutissement, affirment nous l'avons vu explicitement ou non (57), depuis *Les Précieuses ridicules*, la valeur nécessairement morale du rire. Le rire y apparaît toujours, par essence, comme l'expression de la raison et de la santé morale, l'arme de la justice et du bien triomphants. Sa fonction est de dénoncer la folie des vices humains, d'exposer dans toute sa vérité sur le théâtre, afin d'amener les hommes à s'en corriger, cette *aberration* passagère, cet *accident* susceptible de correction, cet *écart* d'une nature par ailleurs perçue comme fondamentalement bonne. Cette conception morale de la comédie, qui suppose une vision profondément optimiste de l'homme et de la société, installe le poète comique dans une position de supériorité, fait de lui un juge et un censeur, un pédagogue en qui résident la sagesse et la norme, et dont les comédies sont autant de leçons profitables. Molière ne saurait trouver à *Tartuffe* de meilleure justification. En arrachant le masque à l'imposture, en apprenant à lire à ses contemporains, Molière est persuadé d'accomplir une tâche de salubrité publique. La Comédie, de connivence avec le Pouvoir, travaille au triomphe de la Justice et de l'Ordre social. Les rires de Cléante et de Dorine constituent le *juste* châtiment de la folie d'Orgon et de Mme Pernelle. Et la défaite de Tartuffe au dénouement rend à la "joie" (v. 1957) non seulement la famille un instant menacée, mais aussi l'univers entier de la comédie sur lequel veille, protectrice, toute-puissante et paternelle, la figure du Roi.

Cette illusoire et rassurante harmonie s'évanouit avec *Le Misanthrope*, dont la visée expérimentale et réaliste aboutit, dans sa profondeur, à la destruction de toute norme et la négation de toute justice. *Il n'est plus temps de rire*: Alceste a pour lui la justice, et il perd son procès. Cette constatation indignée marque l'échec et la fin de la comédie morale, consomme publiquement le divorce du rire et du bien. Par sa nature même, la comédie morale suppose en effet implicitement l'existence d'un monde où règne la justice et sur lequel une Providence, divine ou royale, exerce une efficace toute-puissance. Dans l'univers comique, le mal n'a aucun pouvoir réel, il n'existe que pour être bafoué, ridiculisé, que pour susciter les rires et permettre la victoire finale du bien. Dans un monde où règnent au contraire la grimace et l'iniquité, et qu'a déserté la Providence, la comédie est impossible: "Il est très assuré, Sire," dira Molière dans son *Placet* de 1667, "qu'il ne faut plus que je songe à faire de comédie, si les tartuffes ont l'avantage." Pour la première fois dans *Le Misanthrope*, la réalité—jusque-là support du comique—est éprouvée par Molière comme un obstacle à son épanouissement (58). Si Alceste ne peut pas et ne veut pas rire, ce n'est pas seulement par mélancolie hypocondriaque, c'est aussi parce qu'il voit trop le monde tel qu'il est: "Je tombe d'accord de tout ce qui vous plaît," lui dit Philinte, "*Tout marche par cabale et par pur intérêt*" (V, 1, vv. 1555-56). Le vice triomphant n'a en soi rien de risible. Pour pouvoir continuer à rire dans un monde corrompu où Tartuffe parle en maître et impose sa fausse monnaie, il faut donc soit vivre dans une illusion involontaire, voir le monde autrement qu'il n'est—ce que font les Marquis, dont l'euphorie narcissique est signe d'aveuglement; soit, comme Philinte, avoir lucidement choisi de s'en déprendre et de s'en prétendre innocent—ce qui est une forme d'illusion volontaire et de mensonge à soi-même.

On comprend alors les raisons de ce malaise de conscience et de définition qui entoure depuis son apparition la comédie du *Misanthrope*. Le problème n'y est pas, comme le croit trop souvent la critique moliéresque, de se demander si l'on rit (car l'on rit, et la présence des rires est essentielle au propos de Molière et à sa démonstration), ni de quelle façon l'on rit (chacun a sa façon, et celle de Clitandre n'est certainement pas celle de Philinte), mais bien plutôt de savoir *si l'on a le droit de rire*. Molière, face à une société que ses peintures satiriques n'ont pas réussi à corriger et qui s'entête dans ses vices, pose dans *Le Misanthrope* le problème moral de l'utilité et de la légitimité du rire. Le théâtre n'a plus désormais cette "grande vertu pour la correction" que Molière alléguera encore, par nécessité stratégique, dans sa Préface de *Tartuffe*. Philinte le dit et redit à Alceste: à quoi bon se mêler de corriger le monde? "Le monde par vos soins ne se changera pas" (I, 1, v. 103). Le rire n'a aucune propriété morale ou corrective. Privé du soutien de la raison et de la justice, résonnant dans un univers corrompu où les hommes vivent en "vrais loups," le rire qui est supposé naître à la représentation du *Misanthrope* a perdu toute son innocence. Il est soudain devenu suspect. Il n'est plus acte de justice, mais acte d'agression, châtiment mérité, mais brimade sociale (59). Son amoralité foncière est telle qu'il s'exerce aux dépens d'un être dont le ridicule vient essentiellement de ce qu'il s'efforce, dans un monde vicié qui ne connaît que ses plaisirs et que son intérêt, de conserver à sa vie une certaine dimension éthique (60). Ce qui dans la comédie de la première manière rendait un personnage ridicule, c'était son défaut de raison et de vertu. Ce sont au contraire ses prétentions à la raison et à la vertu qui, dans *Le Misanthrope*, isolent Alceste du monde. Les rieurs, qu'ils s'appellent Acaste, Clitandre, Célimène ou Philinte, ne valent pas mieux, ou valent moins, que celui dont ils se moquent. Et leurs rires ne constituent au fond rien d'autre qu'un moyen commode d'éluder ses accusations, d'escamoter les imperfections qu'il découvre. Fausse réponse, et réponse coupable, de natures désespérément frivoles ou indifférentes. Le monde où l'on rit d'Alceste est un monde mal fait.

C'est aussi un monde factice et sans épaisseur, qui repose sur la puissance d'illusion de chacun, et que tout regard lucide détruit. Le vernis léger d'euphorie sous lequel cherchent à s'oublier tant bien que mal la rivalité sourde des intérêts, l'opposition des désirs brutaux et la tyrannie des appétits, craque à la première blessure d'amour-propre. Et l'être alors resurgit, sans fard, dans sa réalité dérisoire et dangereuse. Le jeu n'est concevable que lorsqu'il se joue aux dépens d'autrui. Avec la fin de l'espoir, la seconde scène des portraits (V, 4) sonne d'une prose enjouée et cruelle le glas de la coalition des rieurs. Dans un monde rendu à sa vérité, les rires ne sont plus de saison. La fuite d'Alceste au désert marque l'échec et la fin de la comédie. Le bouffon abandonne le monde à sa corruption.

Par ailleurs, ce qui achève de consumer dans *Le Misanthrope* la déroute de la notion de norme, c'est que l'accusateur, qui aurait pu être à son tour constitué en norme, y est mis en accusation au même titre que la société dont il dénonce le pourrissement. *Scribimus inclusi*: à l'exemple de Perse, Molière s'accuse comme il a accusé les autres, il ne s'exclut nullement de la comédie humaine, il remet en question, à travers Alceste, ce rôle donquichotesque de censeur des mœurs qu'il s'était trop vite et trop naïvement attribué, et dont il confesse la dérision en se jouant soi-même. Les objections qu'hier il faisait à autrui, il les dirige aujourd'hui contre lui. Si, comme le dit Montaigne (61), ce n'est pas raison de faire dépendre la vie d'un sage du jugement des fols, sur quelles raisons se fonde celui qui se prétend plus sage que les autres, qui se pose en "donneur d'avis," et "se mêle de juger ses frères"? A lui s'applique aussi bien cette parole de Saint Paul que cite l'auteur de la *Lettre sur les Observations: Quis es tu judicas fratrem tuum? Nonne stabimus omnes ante tribunal Dei* (62)? Seul Dieu est "le scrutateur des cœurs." Nous sommes tous fous, à des degrés divers. Et Célimène rappelle d'une façon très pertinente à Arsinoé "ce grand aveuglement où chacun est pour soi." Si les autres sont imparfaits, au nom de quelle perfection Alceste s'arrogera-t-il le droit de les juger (63)?

> On doit se regarder soi-même un fort long temps
> Avant que de songer à condamner les gens;
> Il faut mettre le poids d'une vie exemplaire
> Dans les corrections qu'aux autres on veut faire;
> Et ... encore vaut-il mieux s'en remettre au besoin
> A ceux à qui le ciel en a commis le soin.
>   (III, 4, vv. 951-56)

Tout corrompu qu'il soit, le siècle est étonnament lucide. "Ceux qui veulent réformer les abus," s'écrie par exemple Bellegarde (64), "ne le font pas toujours par un motif purement désintéressé: ils y mêlent souvent le chagrin de leurs passions particulières." Ou encore: "Ce n'est guère par l'envie qu'on a de corriger les gens, ou de les rendre meilleurs, qu'on les censure; c'est pour prendre un ascendant sur eux, et pour montrer une supériorité de genie" (65). La Rochefoucauld dans ses *Maximes* déjà l'affirmait: "L'orgueil a plus de part que la bonté aux remontrances que nous faisons à ceux qui commettent des fautes, et nous ne les reprenons pas tant pour les en corriger que pour leur persuader que nous en sommes exempts." Et à quoi bon d'ailleurs cette arrogance et cette présomption? "On perd son temps et sa peine à s'ériger en réformateurs: les hommes ont toujours vécu de la même façon. C'est une phrase usée de dire que le siècle est corrompu" (66). *El mal que no tiene cura, es locura*. Et dans "ce grand Hospital des Incurables" qu'est, selon La Mothe Le Vayer, le monde, "il n'y en a point de plus fous que ceux qui veulent faire les Medecins" (67). Sagesse résignée de vieux philosophe, qui semble bien être celle vers laquelle Molière tend à la fin du *Misanthrope*. "Je ne veux pas me mesler de corriger mon siècle: *nolo medicinam moribus facere*," nous dit l'auteur de *La Prose chagrine* (68). Ni jouer le méchant rôle "de ces Medecins pasles et fort mal constituez de leur personne, qui ne laissent pas de vouloir restablir la santé des autres, sans se la procurer." Les Italiens d'ailleurs le disent très bien, qui condamnent eux aussi "la témérité de ceux qui osent entreprendre de rendre sages leurs voisins en dépit qu'ils en aient": pour guérir un fou, il en faut un et demi—*a guarir un pazzo, ce ne vuol uno e mezzo* (69). Et si le premier degré de folie est de s'estimer sage, "le second est de faire profession de sagesse, et le troisième de vouloir en conséquence réformer le monde, et guérir la folie des autres" (70). On le voit: Molière tourne, avec *Le Misanthrope*, une page décisive. Olympe a bel et bien vécu.

TROISIÈME PARTIE

DU *MÉDECIN MALGRÉ LUI* AU *MALADE IMAGINAIRE*: L'UNIVERSELLE COMÉDIE

"Je me mêle un peu de musique et de danse."

"Ne songeons qu'à nous réjouir:
La grande affaire est le plaisir."

"Deo visum esse, ut per Stultitiam servire mundum,
quandoquidem per sapientiam restitui non poterat."
Erasme, *Stutitiae Laus*

Chapitre I

VERS UNE NOUVELLE SAGESSE COMIQUE: MOLIÈRE ET LES ABDÉRITAINS

"Humanius est deridere vitam, quam deplorare."
Sénèque

Molière après *Le Misanthrope*, c'est un peu Ménippe sur la lune, un Ménippe constatant la corruption triomphante du siècle et de la nature humaine, et ayant définitivement pris conscience de l'étendue de ses illusions et de la dérision, de l'inutilité, voire même de l'impossibilité de toute sagesse sociale authentique. Molière dénonçait dans *Dom Juan* l'attitude, les valeurs et le jugement du monde. Attaqué et condamné sans même avoir été entendu, il faisait front avec audace, jugeait et condamnait à son tour, et se donnait le plaisir, avec la complicité d'une tradition théâtrale au-dessus de tout soupçon, de foudroyer Tartuffe en plein théâtre. Dans *Le Misanthrope*, le monde conteste, en le vouant au ridicule, l'attitude, les valeurs et le jugement d'un homme qui s'est d'autorité investi de la fonction de juge et de censeur public et qui, aveuglé par l'esprit de sérieux, intimement persuadé de sa supériorité morale, convaincu de la noblesse, de l'urgence et de la légitimité de sa mission, distribue le blâme avec éclat. Affrontement exemplaire d'une conscience et du monde, où Molière trouve l'occasion d'un examen systématique et rigoureux de son art et de ses croyances, et où la comédie morale se révèle finalement sans objet ni justification, impuissante à transformer la réalité qu'elle exprime et en fin de compte aussi suspecte que ceux dont elle s'est cru le droit de condamner les vices.

Examen donc en soi largement négatif. Au dénouement du *Misanthrope*, ce n'est pas seulement Alceste, c'est aussi un certain Molière, solitaire et vaincu, qui disparaît à jamais de la scène et du monde. La rupture est nette et sans remède. Tartuffe régit le monde, l'apparence dispose de la réalité, et cette seule constatation suffit pour que tout soit soudain remis en question, que s'effritent les certitudes d'antan, et que se grippent les rouages d'une comédie qui, trois ans plus tôt, avait pourtant parfaitement su résister aux épreuves de la "guerre comique." Tout, dans les comédies du début aussi bien que dans la *Lettre* de 1667, nous persuade en effet que Molière croyait à la Providence et à l'essentielle bonté de la nature humaine, qu'il partageait avec son temps, en humaniste de la Contre-Réforme, une vision résolument optimiste et quelque peu lénifiante des choses et des êtres, celle d'un monde plein et ordonné, transparent et signifiant, qui égale la raison à la vertu, tend de soi naturellement à la vérité et à la justice, et où le mal, aisément repérable et rapidement circonscrit—il a, comme le bien, sa marque reconnaissable—, n'est rien de plus qu'un accident, qu'un écart momentané par rapport à la norme, et susceptible de correction. Un monde où il y a remède, et où chacun reçoit selon ses mérites, où les méchants sont punis et les bons récompensés, où Léonor épouse Ariste, Agnès Horace et Mariane Valère, tandis que Cathos et Madelon, Sganarelle et Arnolphe, les tyrans, les pédants et les "mauvais singes" finissent dans l'humiliation et dans la déconfiture. Un monde enfin où la voix de la raison résonne si haut et si clair qu'Orgon est capable de "voir son erreur" et de "s'en corriger," et que Tartuffe lui-même—il est, avec Cléante, permis de l'espérer—parviendra peut-être un jour à "détester son vice" et à retrouver en son cœur le chemin tout tracé de la vertu. Tout dans les comédies d'après 1666 nous persuade au contraire que cette harmonie n'est plus et que le monde, privé de son "premier fondement" providentiel, a irrémédiablement basculé dans l'absurde et dans la contingence. A l'image rassurante d'un Roi dont le fin et proprement miraculeux discernement assure au dénouement de *Tartuffe* le retour à l'ordre établi et le triomphe de la norme, se substitue dans *Amphitryon* celle de Jupiter, l'imposteur divin, qui abuse de son pouvoir, bafoue l'ordre du monde avec cynisme, anéantit d'un caprice la relation nécessaire de la chose et du mot, la distinction du mal et du bien, de l'être et du paraître, de l'erreur et de la vérité, et dont toute la bonté qu'il exerce envers les hommes désemparés consiste, en bon sophiste, à savoir divinement leur "dorer la pilule." A un Arnolphe finalement châtié et suffisamment humain pour tomber amoureux de la femme-objet qu'il se mitonne en maître succède un Harpagon monolithique et malfaisant, totalement insensible à tout ce qui n'est pas son vice, et qui échappe non seulement au châtiment comique, mais qui encore rêve de mettre lui-même l'humanité entière à la torture, jusqu'à ce que sa chère cassette lui soit rendue—*de tous les humains, l'humain le moins humain*. Comment croire encore, à contempler cette méchanceté pure, naturelle et froide, cette agressivité calculatrice, méthodique et parfaitement inconsciente de sa monstruosité, que l'homme a nécessairement été créé pour le bien, et qu'il a spontanément le mal en horreur? Le mal, désormais, existe en tant que substance, non plus seulement en tant qu'accident. Il est, comme le bien, l'un des visages *possibles* de l'homme. Et la comédie n'en dispose plus aussi victorieusement que par le passé. D'impérieuse, elle se fait accommodante et souple. Si en définitive Mariane épouse toujours Cléante et Valère Elise, c'est en contournant l'obstacle que le mal représente, ce n'est plus, comme par le passé, en l'affrontant directement, et en l'éliminant de la scène. Et le bonheur des amants n'est plus obligatoirement le signe d'un retour à l'ordre et à la justice. Harpagon reste à la fin de la comédie ce qu'il était à son début. Il garde sa cassette, et sa malignité.

Malgré l'ampleur du bouleversement subi, ce serait à notre sens aller trop loin de dire, comme par exemple le fait J. Guicharnaud (1), que *Le Misanthrope* débouche sur "un néant" et que cette scène vide par laquelle se termine l'affrontement d'Alceste et du monde symbolise l'échec non seulement de la comédie morale, mais aussi de toute forme et de toute espèce de comédie (2). Car on s'aperçoit très vite, à considérer l'orientation prise à partir de 1666 par la comédie moliéresque, que le bilan n'est pas aussi négatif qu'il y paraît, et que dans *Le Misanthrope* Molière, loin de désespérer, au moment même où il prend conscience, au point de se jouer lui-même, du caractère illusoire du genre qu'il a jusque-là pratiqué, est en train de trouver une solution à ses problèmes et d'élaborer, sur de nouvelles bases, ce qu'il faut bien appeler la comédie de la seconde manière.

Car enfin *Le Misanthrope*, ce n'est pas seulement Alceste, c'est aussi Philinte, et ce serait sans doute par trop déformer la pensée de Molière et trahir ses intentions que d'oublier l'existence de ce couple uni et raisonnablement heureux qui forme au dénouement le vœu d'arracher l'homme seul à son désespoir et à son chagrin. Philinte assure sur la scène, par sa seule présence, la permanence du bien et de l'espoir, la possibilité du rire et de la vision comique. Il est l'antidote de Tartuffe, le parfait honnête homme, la preuve incarnée que Molière n'a jamais totalement douté de l'humanité. Et c'est, comme l'affirme R. Jasinski, "en pleine connaissance de cause" que son créateur "l'élève" à la plus haute sagesse (3). Symbole de notre condition et de ce qu'elle peut quand elle se dévoue au bien et que l'habite, suivant la belle formule de M. Gutwirth (4), "la conscience joyeuse de notre finitude." *D'autant es tu Dieu comme / Tu te recognois homme*. Philinte sait comme Alceste que le monde est un coupe-gorge, la proie des singes, des vautours et des loups; et que les hommes gagneraient (morbleu!) à être faits d'autre sorte. Il a comme lui mesuré l'incompatibilité profonde du monde et de la valeur, de l'éthique et du politique. Comparable en tous points à celle de Cléante, sa lucidité ne lui permet pas à cet égard la moindre illusion:

> Non, je tombe d'accord de tout ce qu'il vous plaît:
> Tout marche par cabale et par pur intérêt;
> Ce n'est plus que la ruse aujourd'hui qui l'emporte,
> . . . .

> J'observe comme vous cent choses tous les jours
> Qui pourraient mieux aller, prenant un autre cours (5).

Mais il a également compris que s'il est difficile d'être du monde, il est encore plus difficile, voire impossible, de ne pas en être. Mesuré, également, le danger inhérent à tout humanisme, qui consiste à renier l'homme au nom du respect qu'on lui porte et de la haute—trop haute—idée qu'on se fait de lui. Toutes les chimères de l'idéalisme ne pourront jamais rien contre cette évidence: nous sommes, que nous le voulions ou non, *embarqués*. Passagers à vie de la nef du monde, et de ses fous: d'une nef que ne parviendront jamais à redresser les vagues dérisoires de notre indignation. Et, toute imparfaite qu'elle soit, la seule solution possible et praticable qui nous reste consiste à "fléchir au temps sans obstination," à "prendre tout doucement les hommes comme ils sont," à accoutumer notre âme "à souffrir ce qu'ils font":

> Il faut, parmi le monde, une vertu traitable;
> A force de sagesse, on peut être blâmable;
> La parfaite raison fuit toute extrémité,
> Et veut que l'on soit sage avec sobriété.
> Cette grande roideur des vertus des vieux âges
> Heurte trop notre siècle et les communs usages;
> Elle veut aux mortels trop de perfection:
> Il faut fléchir au temps sans obstination;
> Et c'est une folie à nulle autre seconde
> De vouloir se mêler de corriger le monde.
> (I, 1, vv. 148-57)

Sagesse dont nous avons certainement aujourd'hui le droit de contester la tiédeur, le conformisme et la résignation, mais dont nous devons pourtant reconnaître qu'elle est exactement, dans sa forme comme dans son esprit, celle à laquelle s'est finalement rallié le vieux La Mothe Le Vayer, dont on sait l'influence directe et considérable qu'il a exercée sur Molière, et dont l'itinéraire spirituel, tel que lui-même nous le rapporte dans sa *Prose chagrine*, a indiscutablement nourri et orienté le dialogue intérieur auquel Molière, à travers Alceste et Philinte, se livre dans *Le Misanthrope*. Comme Alceste, la contemplation de ses semblables jette La Mothe Le Vayer "dans une parfaite misanthropie" (6). Le monde entier va de travers: il semble gouverné par de "mauvais démons." La Religion, la Justice, les Finances, sont corrompues. La Science n'est qu'un leurre. L'homme, un "animal bigearre" et extravagant, qui passe son temps à maquiller ses ignorances en dogmes et en certitudes. Singe qui se drape dans une robe de pourpre. Ane magistral. Le temps n'a guère émoussé le tranchant du style et des convictions. Et l'humeur chagrine et indignée du vieux sceptique, surtout quand elle s'exerce contre la médecine, retrouve les accents du jeune Orasius Tubero: "Toute notre vie n'est, à le bien prendre, qu'une fable, notre cognoissance qu'une asnerie, nos certitudes que des contes: bref, tout ce monde n'est qu'une farce et perpétuelle comédie" (7). Quel que soit l'endroit où il jette les yeux, La Mothe Le Vayer "ne voit rien qui ne choque sa raison." Comment ne pas s'indigner d'un monde "où souvent la folie, l'injustice, ou quelque violente cabale" l'emportent sur "l'intégrité, sur le bon sens, et sur la plus haute vertu"? Malgré tout, et une fois surmontée la tentation du "désert"—d'un désert "propre à la contemplation" (8)—, la sagesse l'emporte, et la résignation. Puisque de toute évidence l'homme et le monde sont inguérissables, et qu'il n'y a, comme le dit Montaigne, remède; puisque personne, par ailleurs, n'est exempt de cette folie qu'il remarque si bien chez les autres—*Ole, quid ad te?*—et qu'il y a finalement beaucoup de "présomption" et de "témérité" pour un particulier de "vouloir réformer le monde" (9), s'impose alors la solution qui consiste à "vivre à sa mode" sans rompre le silence par des vérités "importunes" et "inutiles," à "se rire de notre faiblesse, en s'accommodant *tout doucement* à ce qu'on ne peut éviter" (10). Démocrite, "ce grand rieur" dont le rire, nous dit La Mothe Le Vayer, repose "sur une profonde méditation de notre faiblesse et de notre vanité tout ensemble" (11), Démocrite prend le relais de Perse et de Juvénal. Et Philinte, celui d'Alceste. "Peu m'importe qui que ce soit qui ait raison," dira pour conclure sa *Lettre* de 1667 *sur la comédie de L'Imposteur* le truchement de Molière: "je m'accoutume insensiblement, Dieu merci, à rire de tout comme les autres, et à ne regarder toutes les choses qui se passent dans le monde que comme les diverses scènes de la grande comédie qui se joue sur la terre entre les hommes" (12).

Si elle doit indiscutablement beaucoup au vieux La Mothe Le Vayer, cette nouvelle sagesse comique n'est pas non plus sans porter la marque de Chapelle et de Boileau, c'est-à-dire, d'une façon très générale, celle du milieu intellectuel dans lequel Molière à cette époque-là gravite. Comment par exemple ne pas mentionner la *Satire IV* de Boileau, justement dédiée à l'Abbé de La Mothe Le Vayer, le fils du philosophe auteur de la *Prose chagrine*, composée en 1664, au moment même où Molière travaille à son *Misanthrope*, et dont certains passages évoquent Alceste et Philinte avec une précision telle qu'ils semblent avoir été directement destinées à leur servir de glose explicative?

> D'où vient, cher Le Vayer, que l'homme le moins sage
> Croit toujours seul avoir la sagesse en partage,
> Et qu'il n'est point de fou, qui par sotes raisons
> Ne loge son voisin aux Petites-Maisons?
> . . . .
> En ce monde il n'est point de parfaite sagesse,
> Tous les hommes sont fous . . .
> Chacun suit dans le monde une route incertaine
> . . . .
> Et tel _ fait l'habile et nous traite de fous,
> Qui sous le nom de sage est le plus fou de tous.
> Mais quoy que sur ce point la Satyre publie,
> Chacun veut en sagesse ériger sa folie.
> . . . .
> Le plus sage est celuy qui ne le croit pas estre,
> Qui toûjours pour un autre enclin à la douceur,
> Se regarde soy-mesme en sévère censeur,
> Rend à tous ses défauts une exacte justice,
> Et fait, sans se flatter, le procès à son vice (13).

Comment oublier de même tel rondeau de Chapelle, ou tel sonnet de Des Barreaux, incontestables et reconnaissables échos de la *Satire IV*? Là où Boileau affirmait, contre ce "rêveur" de d'Aubignac et sa *Macarise*, que la raison est souvent le pire de tous nos maux, Des Barreaux constate:

> Notre mal ne nous vient que de l'entendement
> . . . .
> La sotte raison nous rend déraisonnables (14).

Et Chapelle, juste après avoir chanté "Les longs Dînés de la Croix blanche / Et les charmants soirs du Marais":

> Marotte n'est adjugeable aisément,
> Tant méritée elle est communément.
> . . . .
> Nul parmi nous n'est exempt de folie (15).

Certes les fréquentations et les influences n'expliquent pas tout. Elles permettent, au mieux, de définir un climat possible, un milieu ambiant, de suggérer plutôt que de conclure. Et nous nous garderons bien ici, en dépit de certaines coïncidences étonnantes (16), de toute affirmation simplificatrice et péremptoire, nous contentant de faire remarquer, de Molière à Boileau et à La Mothe Le Vayer, l'indéniable parenté des thèmes et des attitudes. Il demeure malgré tout légitime, à notre sens, de penser que cette parenté spirituelle très étroite a joué dans l'évolution de la pensée de Molière et de sa vision du monde un rôle non négligeable. Elle a pu, notamment, renforcer un scepticisme et un anti-intellectualisme de plus en plus perceptibles avec les années, déjà sensibles, il est vrai, avant la crise décisive des années 1664-1666, mais qui ne s'épanouissent et ne donnent réellement leur pleine mesure qu'à partir du moment où Molière a pris ses distances par rapport à son temps. L'anecdote rapportée par Monchesnay, compilateur de *Bolaeana, ou Bons Mots de M. Boileau*, est ici pertinente, qui nous rappelle non seulement, des *Précieuses* au *Malade*, le rôle de plus en plus important joué par la folie dans l'univers comique moliéresque—". . . En quel lieu sommes-nous? / De quelque part qu'on tourne, on ne voit que des fous" (17)—mais aussi l'intérêt que Molière portait à ce thème et l'interprétation toute personnelle qu'il en proposait:

M. Despréaux m'a dit que, lisant à Molière sa satire qui commence par: "Mais il n'est point de fou qui, par bonnes raisons / Ne loge son voisin aux Petites-Maisons," Molière lui fit entendre qu'il avait eu dessein de traiter ce sujet-là, mais qu'il demandait à être traité avec la dernière délicatesse, qu'il ne fallait point surtout faire comme Desmarets dans ses *Visionnaires*, qui a justement mis sur le théâtre des fous dignes des Petites-Maisons. Car, qu'un homme s'imagine être Alexandre, et autres caractères de pareille nature, cela ne peut arriver que la cervelle ne soit tout à fait altérée; mais le dessein du poète comique était de peindre plusieurs fous de société, qui tous auraient des manies pour lesquelles on ne renferme point, et qui ne laisseraient pas de se faire le procès les uns des autres, comme s'ils étaient moins fous pour avoir de différentes folies . . . (18).

Il ne s'agit pas ici en effet, comme dans *Tartuffe* ou dans *L'Ecole des maris*, d'une vision qui assimile la folie à une aberration passagère ou isolée, à un écart par rapport à une norme présente et finalement triomphante. Mais bien plutôt de l'affirmation d'une sorte de folie universelle qui touche, à la seule différence, dirait Boileau, "du plus ou du moins" (19), chacun des protagonistes de la comédie et qui, ayant envahi la totalité de l'espace scénique, se présente à son tour comme la seule norme possible. Et l'on voit, au moment où Boileau lit à Molière sa quatrième satire, le chemin que celui-ci a déjà parcouru. S'il est vrai, comme le dit J. Morel (20), que Molière "paraît bien assimiler à un malade mental celui qui refuse la société où il vit," encore convient-il de préciser qu'à partir de *Dom Juan* et du *Misanthrope*, et sous le coup de l'interdiction de *Tartuffe*, cette même société a perdu pour lui toute son innocence et toutes ses vertus. Et que s'il faut malgré tout continuer à en faire partie, c'est à la façon de Philinte, en jouant lucidement, sans la moindre illusion, à couvert et comme à distance, le rôle qu'elle attend de nous. Observateur ironique et détaché de la comédie humaine, Philinte sait, comme Ariste, accepter les modes et les usages du monde, vivre en apparence comme lui. Mais il sait aussi, contrairement à Ariste, que ce monde dans lequel il accepte de vivre ne vaut rien. Aiguisée par l'épreuve, la vision de Molière rejoint ainsi, dans sa profondeur, celle de ces autres solitaires que furent Pascal et La Rochefoucauld. Si Molière continue de penser que celui qui refuse le monde est fou et se condamne au ridicule, il a par ailleurs compris, avec l'auteur des *Maximes*, que "c'est une grande folie que de vouloir être sage tout seul"; et avec celui des *Pensées* que "les hommes sont si nécessairement fous, que ce serait être fou par un autre tour de folie, de n'être pas fou."

Il faut donc vivre au monde, s'accommoder en douceur et sans obstination à l'inévitable, "suivre librement et en riant les folies du commun" (21). *Fléchir au temps* et aux hommes, là où, il n'y a pas longtemps, on les attaquait de front. Partout, dans la vie aussi bien que dans la création, s'affirme désormais la nécessité du compromis, retentit le même avertissement, la même mise en garde. On ne corrige pas le fou: on le circonscrit, on abonde dans son sens, on le flatte, on le trompe et on le désarme. Si Chapelle qui a trop bu, et qui a décidé de se noyer pour oublier ses malheurs, prend Molière à témoin, celui-ci ne perd plus son temps à lui prêcher éloquemment les bienfaits de la sobriété, les beautés de la tempérance et du juste milieu, *quid sit in vita utile, quid contra evitandum*. Il approuve au contraire cette décision héroïque et belle, la proclame digne d'admiration, et propose seulement d'attendre un état et un moment plus propices: "Demain, sur les huit à neuf heures du matin, bien à jeun et devant tout le monde . . ." (22). Si Harpagon préfère son vice au bonheur de sa fille—"Sans dot! Qui diantre peut aller là contre? . . . Le moyen de résister à une raison comme celle-là?"—, plus aucun raisonneur ne vient sur scène essayer de lui démontrer qu'il a tort. Cléante n'est plus là pour lui faire la leçon: Et Dorine, cette "fille suivante / Un peu trop forte en gueule, et fort impertinente," incarnation même et esprit d'une comédie *qui se mêle de dire son avis sur tout*, laisse symboliquement la place à un Valère avant tout soucieux de "chercher des biais" et d'endormir la méfiance du "maudit vieillard" dont l'avarice fait obstacle à ses désirs. Si l'honnête y est chemin faisant sacrifié à l'utile, et si la sincérité en souffre, l'amour en revanche et la joie y trouvent leur compte. La fin, désormais, justifie les moyens. Que saurait-on, d'ailleurs, en bonne justice, reprocher à Valère? "C'est pour ne point l'aigrir, et pour mieux en venir à bout. Heurter de front ses sentiments est le moyen de tout gâter; et il y a de certains esprits qu'il ne faut prendre qu'en biaisant, des tempéraments ennemis de toute résistance, des naturels rétifs, que la vérité fait cabrer, qui toujours se roidissent contre le droit chemin de la raison et qu'on ne mène qu'en tournant où l'on veut les conduire. Faites semblant de consentir à ce qu'il veut, vous en viendrez mieux à vos fins . . ." (I, 5). Il n'y a plus maintenant de honte à cela: *c'est ainsi qu'il faut profiter des faiblesses des hommes, et qu'un sage esprit s'accommode aux vices de son siècle*:

Vous voyez comme je m'y prends, et les adroites complaisances qu'il m'a fallu mettre en usage pour m'introduire à son service; sous quel masque de sympathie et de rapports de sentiments je me déguise pour lui plaire, et quel personnage je joue tous les jours avec lui, afin d'acquérir sa tendresse. J'y fais des progrès admirables; et j'éprouve que pour gagner les hommes, il n'est point de meilleure voie que de se parer à leurs yeux de leurs inclinations, que de donner dans leurs maximes, encenser leurs défauts, et applaudir à ce qu'ils font. On n'a que faire d'avoir peur de trop charger la complaisance; et la manière dont on les joue a beau être visible, les plus fins toujours sont de grandes dupes du côté de la flatterie; et il n'y a rien de si impertinent et de si ridicule qu'on ne fasse avaler lorsqu'on l'assaisonne en louange. La sincérité souffre un peu au métier que je fais; mais quand on a besoin des hommes, il faut bien s'ajuster à eux; et puisqu'on ne saurait les gagner que par là, ce n'est pas la faute de ceux qui flattent, mais de ceux qui veulent être flattés. (I, 1)

C'est dans *Le Bourgeois gentilhomme* de la même façon que, du tailleur à Dorante, en passant par les différents maîtres, tous les parasites qui gravitent autour de M. Jourdain parviennent à faire de lui "une vraie dupe"; que Covielle, pour vaincre son obstination, ne saurait imaginer plus sûr stratagème que de "s'ajuster à ses visions" de noblesse et de galanterie; et que Béralde, pour assurer le bonheur d'Angélique, décide dans *Le Malade imaginaire* de "s'accommoder aux fantaisies" d'Argan (23). La comédie, décidément, n'est plus ce qu'elle était. Elle qui se proposait d'"*attaquer* par des peintures ridicules les vices de son siècle," qui se faisait fort "d'*obliger* les hommes à *se corriger* de leurs défauts," utilise maintenant les moyens mêmes qu'il n'y a pas longtemps encore elle dénonçait avec véhémence: elle se déguise, elle joue un personnage; pour tout dire, *elle se tartuffie*. Pour paraphraser un Montaigne ici comme ailleurs toujours pertinent (24), puisque les hommes, par leur insuffisance, ne se peuvent assez payer d'une bonne monnoye, la comédie, sensible aux leçons de l'expérience et à la profonde sagesse de Philinte, décide d'y employer encore la fausse. *Sic sculptus est hominis animus, ut longe magis fucis, quam veris capiatur* (25). A la vérité et à la sincérité, qui ne paient pas et ne convainquent personne, succèdent le mensonge et la complaisance. Pour gagner les fous, dit un distique très connu de Caton, la plus grande sagesse est de le paraître (26): "Insipiens esto, cum tempus postulat, aut res. / Stultitiam simulare loco prudentia summa est." Et la glose d'Erasme renchérit, d'où semble issue la sagesse de Philinte et de la nouvelle comédie, et qui remet fort opportunément en mémoire les deux visages du médecin tels que, d'après le père Hippocrate, les décrit F. Rabelais dans l'ancien "Prologue" de son *Quart Livre* (27): l'un, celui d'Alceste, "chagrin, tétricque, reubarbatif, mal plaisant, mal content," et qui "contriste le malade." L'autre, celui de Philinte, "joyeux, serein, plaisant, riant, ouvert," qui l'"esjouyt":

> Aliquando deponendum est supercilium, et remittenda severitas, ut in conviviis, in lusu, deponenda persona sapientis, sumenda persona stulti, praesertim inter stultos, at ita, ut stultum agas, non ut stultus fias. Summa enim prudentia est servire tempori (loco), id est, cum est opportunum. Ita Terentius: in loco vero laudo (28).

La comédie, somme toute, se fait rhétorique, art insidieux "de bien parler pour persuader." Elle ne pouvait, ce faisant, s'accommoder davantage à un temps avant tout préoccupé, sur le plan politique comme sur le plan religieux, de ramener au bercail les brebis ou les loups égarés. Rien n'est si important, dit par exemple le Père B. Lamy, très représentatif en ceci de son siècle, rien n'est si important que de savoir persuader: *c'est de quoi il s'agit dans le commerce du monde* (29). Tout l'art consiste à "faire tomber dans son sentiment ceux qui en ont un contraire": à connaître, donc, et à mettre en œuvre toutes "les manières de s'insinuer dans l'esprit de ceux à qui l'on parle" (30). Et à ce sujet interviennent des considérations tellement parallèles à celles que Molière, par la bouche de ses personnages, développe dans ses comédies de la seconde manière, qu'il nous paraît nécessaire de les citer ici en entier:

> Si les hommes cherchaient la vérité sincèrement, il ne seroit besoin pour la leur faire recevoir, que de la leur proposer simplement, et sans art. Mais parce qu'elle ne s'accommode pas avec leurs intérêts, ils s'aveuglent volontairement pour ne pas la voir, car ils s'aiment trop pour se laisser persuader que ce qui leur est désagréable, soit vrai. Avant que de recevoir une vérité, ils veulent être assurés qu'elle ne sera point incommode. C'est donc en vain qu'on se sert de fortes raisons quand on parle à des personnages qui ne veulent pas les entendre, qui persécutent la vérité, et la regardant comme

leur ennemie, ne veulent pas envisager son éclat, de crainte de reconnaître leur injustice. On est donc contraint de traiter la plupart des hommes qu'on veut délivrer de leurs fausses opinions, comme on fait les phrénétiques, à qui on cache avec artifice les remèdes qu'on emploie pour les guérir. Il faut proposer les vérités dont il est nécessaire qu'ils soient persuadés, avec cette adresse, qu'elles soient maîtresses de leur cœur avant qu'ils les ayent apperceues; . . . , il faut obtenir d'eux par de petites caresses, qu'ils veuillent bien avaler la médecine qui est utile à leur santé. . . . Lorsqu'on propose des choses contraires aux inclinations de ceux à qui on parle, l'adresse est nécessaire. L'on ne peut s'insinuer dans leur esprit que par des chemins écartés et secrets. . . . On doit combattre leurs inclinations par leurs inclinations (31).

Envisagées dans cette perspective, les comédies de conception contemporaine ou immédiatement postérieure à celle du *Misanthrope* prennent une dimension et une signification nouvelles. Elles apparaissent toutes, dans l'ombre projetée de *Tartuffe*, comme autant de méditations centrées sur le problème fondamental de la vérité et de sa communication à autrui. Plus que jamais, la création moliéresque s'observe et se dépasse en "conscience de soi," élabore sa propre théorie au moment même où elle s'inscrit dans l'espace scénique. Les hommes n'y sont de toute évidence plus, comme le prétend encore la *Lettre* de 1667, *naturellement* portés à la raison, à la justice et à la vérité. A l'optimisme cicéronien des débuts succède une vision quasiment janséniste de la nature humaine. Dans un monde où règnent Jupiter, Tartuffe et Filerin et que l'inhumanité d'Harpagon assombrit, la vérité et la sincérité ne sauraient être de mise. Que de chemin en quelques années parcouru! En 1661, dans l'univers héroïque et galant de *Dom Garcie de Navarre*, le cynisme et "l'adroite complaisance" de Dom Lope n'avaient pas leur place et recevaient leur juste salaire. L'infâme courtisan était finalement chassé par le maître dont il avait trop longtemps entretenu et flatté la jalousie. Et ce "rayon de lumière" qui, à l'acte IV, "descendait" sur l'esprit de Dom Garcie, libérait symboliquement la scène des derniers échos d'un discours intolérablement mensonger (32):

> Et quand, charmante Elise, a-t-on vu, s'il vous plaît,
> Qu'on cherche auprès des grands que son propre intérêt,

> Qu'un parfait courtisan veuille charger leur suite
> D'un censeur des défauts qu'on trouve en leur conduite,
> Et s'aille inquiéter si son discours leur nuit,
> Pourvu que sa fortune en tire quelque fruit?
> Tout ce qu'on fait ne va qu'à se mettre en leur grâce:
> Par la plus courte voie on y cherche une place;
> Et les plus prompts moyens de gagner leur faveur,
> C'est de flatter toujours le faible de leur cœur,
> D'applaudir en aveugle à ce qu'ils veulent faire,
> Et n'appuyer jamais ce qui peut leur déplaire:
> C'est là le vrai secret d'être bien auprès d'eux.
> Les utiles conseils font passer pour fâcheux, . . .
> Enfin on voit partout que l'art des courtisans
> Ne tend qu'à profiter des faiblesses des grands,
> A nourrir leurs erreurs, et jamais dans leur âme
> Ne porter les avis des choses qu'on y blâme.
>
> (II, 1, vv. 410-29)

A partir du *Misanthrope* au contraire ce type de discours devient la norme, définit la tactique de la nouvelle comédie. Celle-ci, qui a renoncé à l'impossible et qui voit désormais les choses de plus haut, préfère comme Mercure "un vice commode" à "une fatigante vertu" (33). Elle sait que la vérité est souvent dangereuse à dire. Avant de faire à son maître Amphitryon le rapport fidèle de son incroyable aventure, Sosie, qui a suffisamment vécu pour connaître le monde, met prudemment ses épaules à l'abri du bâton. La vérité sera ce qu'Amphitryon la fera: "je suis," dit Sosie, "le valet, et vous êtes le maître; / Il n'en sera, Monsieur, que ce que vous voudrez":

> Dites-moi, de grâce à l'avance,
> De quel air il vous plaît que ceci soit traité.
> Parlerai-je, Monsieur, selon ma conscience,
> Ou comme auprès des grands on le voit usité?
> Faut-il dire la vérité,
> Ou bien user de complaisance?

Si le maître regimbe—"Comment, coquin?"—, le valet prévient, conciliant et pratique: "Monsieur, vous n'avez qu'à dire, / Je mentirai, si vous voulez." S'il s'emporte devant "la chose comme elle est," le valet, que la peur inspire, rappelle à son interlocuteur les termes du marché. Il ne continuera que si Amphitryon tient sa promesse:

> Si vous vous mettez en courroux,
> Plus de conférence entre nous:
> Vous savez que d'abord tout cesse.
> (II, 1, vv. 689-766)

Prudence ô combien justifiée. C'est pour ne pas jouer le même jeu et pécher par idéalisme que dans *Le Bourgeois gentilhomme* Cléonte, qui se pique, en ce qui concerne ses origines, d'avoir des sentiments un peu délicats, qui trouve que "toute imposture"— toujours ce mot—"est indigne d'un honnête homme," qu'il y a "de la lâcheté à déguiser ce que le Ciel nous a fait naître, à se parer aux yeux du monde d'un titre dérobé, à se vouloir donner pour ce qu'on n'est pas," entend M. Jourdain lui refuser la main de Lucile. On ne fait pas, dans l'univers de la nouvelle comédie, de "belles affaires" avec de "beaux sentiments." "Vous moquez-vous," ironise Covielle, "de le prendre sérieusement avec un homme comme cela? Ne voyez-vous pas qu'il est fou? et vous coûtait-il quelque chose de *vous accommoder à ses chimères?*" (III, 13). Maître Jacques en fait dans *L'Avare* la très pénible et douloureuse expérience qui, pour dénoncer la flatterie de Valère, l'insidieuse façon dont l'intendant "gratte" Harpagon et lui "fait sa cour," décide, toutes précautions prises, de faire savoir à ce dernier ce que réellement le monde pense de lui:

Monsieur, puisque vous le voulez, je vous dirai franchement qu'on se moque partout de vous; qu'on nous jette de tous côtés cent brocards à votre sujet; et que l'on n'est point plus ravi que de vous tenir au cul et aux chausses, et de faire sans cesse des contes de votre lésine. L'un dit . . . . L'autre, ... Celui-là conte . . . . Celui-ci, ... Enfin, voulez-vous que je vous dise? On ne saurait aller nulle part où l'on ne vous entende accommoder de toutes pièces; vous êtes la fable et la risée de tout le monde; et jamais on ne parle de vous que sous les noms d'avare, de ladre, de vilain et de fesse-mathieu. (III, 1)

Il reçoit pour salaire, avec une bordée d'insultes—"Vous êtes un sot, un maraud, un coquin, et un impudent"—qui fait écho à celle dont il vient de conclure sa péroraison, une volée de bois vert, et le conseil d'"apprendre à parler." Il n'y a pas de doute, la vérité déplaît. "A ce que je puis voir, maître Jacques," commente, avec le sourire un Valère qui incarne ici, face à celui de l'ancienne, l'esprit de la nouvelle comédie, "on paye mal votre franchise" (34). Et c'est pour avoir sottement oublié l'avertissement pourtant pertinent que vient de lui donner Harpagon, que la vieille comédie est pour la seconde fois battue, et qu'elle fait, par la bouche de maître Jacques, le serment de ne plus jamais dire vrai. *Peste soit de la sincérité! C'est un mauvais métier.* "Mieulx vault se taire et paix avoir / Questre battu pour dire voir" (35). Mieux vaut appliquer la tactique du commissaire qui, plutôt que de "faire donner la question" à toute la maison, de convoquer "des archers, des prévôts, des juges, des gênes, des potences et des bourreaux," décide de "n'effaroucher personne," et de "tâcher *doucement* d'attraper quelques preuves" (V, 1). Ou celle de Frosine, qui se propose, comme La Flèche, de "tirer adroitement son épingle du jeu," de "profiter du mieux qu'il lui est possible des petits talents qu'elle peut avoir" —c'est-à-dire ceux de *traire*, en les flattant, les hommes, et de *vivre d'adresse, d'intrigue et d'industrie*: manière d'agir qui, si elle ne remplit pas toujours l'escarcelle, met au moins à l'abri des insultes et des représailles. Clitidas, qui n'a plus les audaces ni la liberté d'allure de Moron, qui a vieilli et qui s'est assagi, exprimera encore dans *Les Amants magnifiques*, en se morigénant, une philosophie du même ordre. En dépit des "astres," de la "destinée" et d'un "ascendant plus fort que tout," qui le poussent irrésistiblement à parler d'Anaxarque et de cette "affaire d'Etat" qu'est l'astrologie, le "plaisant de Cour" se résout finalement à un silence prudent. *Il ne faut point toucher à cette corde-là*: "Paix! impertinent que vous êtes. . . . Je vous l'ai dit plusieurs fois, vous vous émancipez trop, et vous prenez de certaines libertés qui vous joueront un mauvais tour: je vous en avertis; vous verrez qu'un de ces jours on vous donnera du pied au cul, et qu'on vous chassera comme un faquin. Taisez-vous, si vous êtes sage" (I, 2).

Car c'est bien là le but auquel tend en définitive Molière: non pas à jouer jusqu'au bout le jeu corrompu du monde, mais à le jouer d'une façon suffisamment convaincante pour pouvoir se protéger de lui. Les mensonges de Valère, de Covielle ou de Béralde sont excusables en ce sens qu'ils visent seulement à assurer le bonheur légitime des amants, le triomphe final de l'amour et de la joie de vivre. Au contraire celui de maître

Jacques, qui lui est dicté à la fin de *L'Avare* par la jalousie et par la rancune, ne saurait être toléré: battu pour avoir dit la vérité, maître Jacques court, pour avoir menti, le risque d'être pendu. C'est qu'il s'agit uniquement, pour Philinte et la nouvelle comédie, de s'accommoder au monde comme il va, non d'en tirer profit et d'augmenter, par ses actions, la corruption déjà menaçante du siècle. Le mal existe, et il est devenu impossible d'en disposer comme par le passé. Sachons donc le rendre aussi inoffensif qu'il se peut: Molière n'en demande pas davantage. Et sa sagesse se rapproche alors étrangement de celle que La Fontaine nous propose dans ses *Fables*. Sagesse de moraliste, et non de moralisateur, qui se veut avant tout consciente et lucide, qui refuse toute forme de chimère et dont la fin n'est plus tant de protester, de dénoncer ou de corriger que de montrer. C'est là, dira Diderot dans *Le Neveu*, le pacte tacite. Les loups sont faits pour manger les brebis, les forts partout pour égorger les faibles. Et toute la sagesse du monde va simplement, pour ne pas être estropié, à se garder du mal et à ne pas mettre la main dans la cage du fauve:

> Oui, je vois ces défauts dont votre âme murmure
> Comme vices unis à l'humaine nature;
> Et mon esprit enfin n'est pas plus offensé
> De voir un homme fourbe, injuste, intéressé,
> Que de voir des vautours affamés de carnage,
> Des singes malfaisants, et des loups pleins de rage (36).

A cet égard le crayon aristophanesque de *L'Amour médecin*, qui s'insère dans la carrière de Molière entre *Dom Juan* et *Le Misanthrope*, c'est-à-dire à un moment de colère et de passion, est des plus révélateurs. Curieux divertissement de cour, qui met en scène, sous des masques "faits tout exprès" (37), ces sommités du monde médical de l'époque que sont Esprit, Guénault, d'Aquin, Yvelin et Des Fougerais. Jamais la satire de Molière n'aura été plus mordante, plus âpre, ni plus directe. Jamais sur scène le mal n'aura paru si massivement présent, ni si bien installé. Le rapport de forces s'est, depuis *Tartuffe*, inversé. De la cellule familiale unie et solidement groupée autour de Cléante et de Dorine ne subsistent plus ici que Lucinde et Lisette, la fille et la servante. Le monde est bien malade, d'une gangrène efficace, galopante, organisée et d'autant plus sans remède que ceux qui ont pour fonction de la combattre et d'en débarrasser le monde ne songent au contraire qu'à la multiplier. D'un cynisme clinique et révoltant, les déclarations faites par Filerin au début de l'acte III ne laissent place à aucun espoir de guérison. Les charlatans titrés sauront dissimuler aux yeux du monde la "forfanterie de leur art" et "profiter" au mieux des faiblesses de la nature humaine:

> Puisque le Ciel nous fait la grâce que, depuis tant de siècles, on demeure infatué de nous, ne désabusons point les hommes avec nos cabales extravagantes, et profitons de leur sottise le plus doucement que nous pourrons. Nous ne sommes pas les seuls, comme vous savez, qui tâchons à nous prévaloir de la faiblesse humaine. C'est là que va l'étude de la plupart du monde, et chacun s'efforce de prendre les hommes par leur faible, pour en tirer quelque profit. Les flatteurs, par exemple, cherchent à profiter de l'amour que les hommes ont pour les louanges, en leur donnant tout le vain encens qu'ils souhaitent; et c'est un art où l'on fait, comme l'on voit, des fortunes considérables. Les alchimistes tâchent à profiter de la passion que l'on a pour les richesses, en promettant des montagnes d'or à ceux qui les écoutent; et les diseurs d'horoscope, par leurs prédictions trompeuses, profitent de la vanité et de l'ambition des crédules esprits. Mais le plus grand faible des hommes, c'est l'amour qu'ils ont pour la vie; et nous en profitons, nous autres, par notre pompeux galimatias, et savons prendre nos avantages de cette vénération que la peur de mourir leur donne pour notre métier. Conservons-nous donc dans le degré d'estime où leur faiblesse nous a mis, ... N'allons point, dis-je, détruire sottement les heureuses préventions d'une erreur qui donne du pain à tant de personnes.

En l'occurrence, le scandale ne naît peut-être pas tant de l'existence même du mal que de l'impeccable et froide logique de son raisonnement. Dans sa justesse et sa lucidité, l'analyse de Filerin, sa description des mécanismes de l'illusion, est proprement désespérante. Si Filerin est un coquin prospère, s'il a déjà solidement "établi ses petites affaires," si, comme il le dit lui-même, il a désormais "de quoi se passer des vivants," c'est surtout parce que ceux-ci sont sots, faibles, aveugles et crédules, qu'ils acceptent le mensonge pour la vérité, qu'ils confondent le bien et son apparence, qu'ils sont incapables—*naturellement* incapables—de résister à la flatterie et aux louanges, ou à l'appel de leurs passions: passion de l'or, de la gloire, de la vie; passion de soi. Le diagnostic est sans appel. Sans la complicité involontaire qu'il trouve chez l'homme, le médecin n'existerait pas. Et il suffirait, pour le ruiner définitivement, que, par quelque imprudence, le malade ouvre les yeux.

Loin de la contester, la comédie partage cette vision désabusée de l'homme. Lisette, qui bien évidemment dans *L'Amour médecin* en incarne l'esprit, a certes gardé quelques traits de ressemblance avec Dorine, sa plus illustre devancière. Elle est, comme Dorine, de taille à tenir tête à son maître, voire même à se moquer franchement de lui: certainement "forte en gueule" et des plus "impertinente," et recevant d'un Sganarelle impatienté des ordres semblables à ceux que Dorine recevait d'Orgon: "Taisez-vous . . . Voulez-vous vous taire, vous dis-je. Mais voyez quelle impertinence!" (38). Sachant malgré tout mener son maître à sa guise, provoquer chez lui les réactions qu'elle attend avec un tel succès que celui-ci finit par l'empêcher de jouer jusqu'au bout son rôle de circonstance—"Ah! malheur! Ah! disgrâce! Ah! pauvre seigneur Sganarelle! . . ."—, et qu'il lui faut, pour se reprendre et se remettre dans son personnage, demander à sa dupe: "Monsieur, ne pleurez donc point comme cela; car vous me feriez rire" (I, 6). Proche encore en ceci de Dorine qu'elle met son talent et son ingéniosité au service de l'amour, de la joie et de la jeunesse, et qu'elle trouve un "plaisir extrême"—un plaisir légitime—à combattre l'autorité et la tyrannie d'un père malfaisant. Mais différente d'elle quant à l'esprit et aux moyens de son action. Experte en "tours," en "détours" et en "stratagèmes," et peu regardante sur leur moralité. Son naturel, "le plus humain du monde," et le "désir ardent" qu'elle éprouve de "soulager les maux" des amants, ne s'embarrassent d'aucun scrupule. Lorsque dans *L'Ecole des maris* Isabelle courait se jeter dans les bras inconnus de Valère, ce n'était pas sans quelques tiraillements de conscience. Et Molière prenait un soin extrême à justifier pour le spectateur une action certainement en soi alors peu justifiable, dissimulant l'audace sous le drapé d'une périphrase—"Le stratagème adroit d'une *innocente* amour"—et faisant dire à son personnage:

> Je fais pour une fille un projet bien hardi;
> Mais l'injuste rigueur dont envers moi l'on use,
> Dans tout esprit bien fait me servira d'excuse.
> (II, 1, vv. 366-68)

> Oui, le trépas cent fois me semble moins à craindre
> Que cet hymen fatal où l'on me veut contraindre;
> Et tout ce que je fais pour en fuir les rigueurs
> Doit trouver quelque grâce auprès de mes censeurs.
> (III, 1, vv. 803-06)

> Ma sœur, je vous demande un généreux pardon,
> Si de mes libertés, j'ai taché votre nom.
> Le pressant embarras d'une surprise extrême
> M'a tantôt inspiré ce honteux stratagème:
> Votre exemple condamne un tel emportement:
> Mais le sort nous traita nous deux diversement.
> (III, 9, vv. 1077-82)

Pareillement, lorsqu'Elmire se voit réduite, par l'obstination et l'aveuglement d'Orgon, à duper Tartuffe en feignant de répondre à ses avances, elle éprouve finalement le besoin d'apaiser sa conscience, de s'excuser auprès du scélérat du tour qu'elle vient de lui jouer: "C'est contre mon humeur que j'ai fait tout ceci: / Mais on m'a mise au point de vous traiter ainsi" (IV, 7, vv. 1551-52) (39). C'est qu'Olympe, qui se pose en institutrice des hommes et en gardienne de leur moralité, est très soucieuse de son image publique, et qu'elle tient peut-être à escamoter, autant que faire se peut, les contradictions dans lesquelles elle s'embarrasse, la dimension individualiste et contestataire de ses plaidoyers. Moins humaniste et moins traditionnelle, la comédie de la seconde manière n'a pas ces prétentions, ni ces calculs. Débordante d'énergie et d'invention—bon droit a plus que jamais besoin d'aide (40)—, Lisette annonce sans ambages à Clitandre (III, 3) qu'elle veut *"à quelque prix que ce soit"* tirer Lucinde de la tyrannie où elle est, que le piège, monté de concert avec Lucinde, n'attend plus que sa dupe, et que l'amour, qui de soi risque "des choses extraordinaires," trouvera, si celle-ci échoue, "mille autres voies" pour parvenir à son but. Et de fait, Clitandre se présente à Sganarelle en habit de médecin, et applique à la lettre la tactique de l'honorable confrérie. Filerin ne pourrait qu'admirer son impeccable connaissance du cœur humain et la sûreté de son approche. Il faut, dit-il à Sganarelle, "courir à guérir les esprits, avant que de venir au corps." Et, pour ce faire, "*flatter* l'imagination des malades," les "*prendre par leur faible,"* abonder en leur sens et ne jamais les contrarier. Et c'est grâce à ce procédé—dont Molière tient, de toute évidence, à souligner l'efficacité—qu'il parvient à son but avec l'involontaire complicité du père, s'offrant même le plaisir savoureux de "dire les choses comme elles sont," que son habit "n'est qu'un prétexte inventé," et qu'il n'a fait le médecin que pour s'approcher de Lucinde et "obtenir ce qu'il souhaite" (III, 6). Le cœur humain est ainsi fait: la vérité n'est acceptée que lorsqu'elle se présente sous le masque du mensonge. Et si Clitandre, malgré ses affirmations—"moi, je guéris par des paroles, par des sons, par des lettres, par des talismans et par des anneaux constellés" (III, 5)–, ne guérit à proprement parler personne—Lucinde n'est pas malade, et Sganarelle, qui l'est, demeure la proie de ses fantaisies et de son aveuglement—, du moins la comédie a-t-elle cette vertu, en engendrant la joie et les rires, de "pacifier," avec l'aide de la musique et du ballet, les "troubles de l'esprit," et de permettre l'épanouissement final de la fête.

On aurait certainement tort de prendre à la légère les enseignements de cet impromptu de cinq jours. C'est là souvent, dans ces croquis rapides et légers, que Molière va à l'essentiel, enferme la substance même de ses réflexions et se livre à nous avec le plus de candeur. Si, dans sa "paresse" et dans sa "pesanteur," la peinture à l'huile favorise la méditation, autorise les "erreurs" et les "retouches," en revanche la "fresque," dans sa "promptitude" et ses "brusques fiertés," exige la précision, la sûreté et la "justesse rapide" de l'œil et de la main (41). Et Molière, dans *L'Amour médecin*, ne se contente certes pas de "donner du plaisir au plus grand roi du monde" (42). Il définit aussi, en même temps qu'une vision de la nature humaine, les nouveaux moyens d'action de la comédie. Si celle-ci se résout finalement à jouer le jeu du monde, à fléchir au temps et à s'accommoder doucement à la faiblesse des hommes, elle le fait dans un esprit différent de celui, détesté, de Tartuffe, d'Anaxarque ou de Filerin. Ne nous laissons pas prendre aux apparences: il y a un bon et un mauvais usage de la flatterie. Et la comédie rachète le caractère dorénavant suspect de ses cheminements et de sa relation à autrui par la pureté de ses intentions et des fins qu'elle se propose. Elle traite maintenant le mal par le mal: combat, dirait le Père Lamy, les inclinations des hommes par leurs inclinations (43).

Il reste malgré tout que, marquée par cette casuistique à laquelle elle a maintenant recours, la comédie de la nouvelle manière se montre beaucoup moins que l'ancienne préoccupée de morale et de respectabilité. Les incarnations successives de l'esprit divin du théâtre et du jeu que Molière projette tour à tour sur la scène sont tous peu ou prou, et symboliquement, de mauvais drôles, des gens de sac et de corde qui ont eu maille à partir avec la justice. Hali, qui n'est à tout prendre, nous le verrons bientôt, qu'une réincarnation d'Ergaste, le serviteur de Valère dans *L'Ecole des maris*, Hali se targue de son adresse et de sa "qualité de fourbe," il prétend déjouer la surveillance de Dom Pèdre, ce "jaloux maudit," et "faire éclater" au grand jour —fît-il nuit— les "talents" qu'il a reçus du Ciel (sc. 5). Sbrigani, "l'adroit Sbrigani," le "subtil Napolitain"—comme le ciel de *L'Amour peintre*, la nouvelle comédie a tendance, on le voit, à "s'habiller en Scaramouche" (44)—, est, pour les "exploits" douteux, le "héros de son siècle": un homme qui, "vingt fois en sa vie, pour servir ses amis, a généreusement affronté les galères, qui, au péril de ses bras et de ses épaules, sait mettre noblement à fin les aventures les plus difficiles; et qui, tel que vous le voyez, est exilé de son pays pour je ne sais combien d'actions honorables qu'il a généreusement entreprises." Et sa complice Nérine s'est acquise une réputation hors de pair pour avoir, grâce à ses nombreux talents de société (abus de confiance, extorsion, faux témoignages, etc.) volé un jeune seigneur étranger, ruiné toute une famille, et fait pendre deux personnages qui ne l'avaient pas mérité (I, 2). Incontestablement tous deux "fourbes de la première classe" (II, 3), et *ludimagistri* d'une comédie qui s'encanaille à plaisir et dont la justice, comme le dit Pourceaugnac, est *bien injuste* (III, 2). Et Scapin, ce dieu du théâtre pur qui va, à quinze années d'intervalle, retrouver la souplesse et les audaces du Mascarille de *L'Etourdi*, mais qui se présente d'abord à nous sous les traits d'un spectateur amusé et détaché de la comédie humaine—"J'ai," dit-il (I, 3), "fait de grands serments de ne me mêler plus du monde . . ."—, Scapin confirme de la plus éclatante façon la vocation pour ainsi dire marginale de la comédie, l'indifférence dont elle fait maintenant preuve vis-à-vis de tout ce qui touche à la morale et à l'ordre publics, l'attirance de plus en plus nette qu'elle manifeste pour les galères et les affaires louches:

> A vous dire la vérité, il y a peu de choses qui me soient impossibles, quand je veux m'en mêler. J'ai sans doute reçu du Ciel un génie assez beau pour toutes les fabriques de ces gentillesses d'esprit, de ces galanteries ingénieuses à qui le vulgaire ignorant donne le nom de fourberies; et je puis dire, sans vanité, qu'on n'a guère vu d'homme qui fût plus habile ouvrier de ressorts et d'intrigues, qui ait acquis plus de gloire que moi dans ce noble métier; mais, ma foi! le mérite est trop maltraité aujourd'hui, et j'ai renoncé à toutes choses depuis certain chagrin d'une affaire qui m'arriva.
> *Octave*: Comment? quelle affaire, Scapin?
> *Scapin*: Une aventure où je me brouillai avec la justice. (I, 2)

Que la comédie soit, comme Scapin—comme Alceste et Molière?—brouillée avec la justice, un regard même rapide jeté sur la production des années 1666-1673 le montre avec suffisamment de clarté. Sans invoquer ici *Le Bourgeois gentilhomme*, *Les Femmes savantes* et *Le Malade imaginaire*, dont il sera question plus loin, il est indubitable que les mécanismes comiques n'ont plus désormais essentiellement pour fonction de consommer au dénouement la défaite d'un *coupable*, de corriger et de châtier explicitement son vice et son ridicule. Le "vice" de Pourceaugnac, cette réincarnation bouffonne d'Alceste, est avant tout de s'appeler Pourceaugnac (45), d'être "Limosin," passablement bête—"homme à donner dans tous les panneaux qu'on lui présentera" (I, 2)—et *différent des autres* (46). La stricte morale n'a ici plus que faire, et les relations humaines ne s'évaluent plus en termes de justice, de mal ou de bien, de vice ou de vertu, mais en termes, réalistes et pratiques, d'intelligence, de ruse ou de force. Sosie a beau avoir raison de proclamer qu'il est ce qu'il est, cela ne l'empêche pas d'être battu par Mercure. Jupiter, loin d'être le gardien et le protecteur de la morale sociale, s'en fait le perturbateur sans scrupule. Et si une comédie consacre chez Molière le triomphe insolent de l'imposture, c'est bien cette délicieuse, poétique et mythologique fantaisie d'*Amphitryon* (47).

On comprend alors que pour nourrir le procès d'immoralité intenté au théâtre de Molière, Bourdaloue, Bossuet ou Rousseau aient eu essentiellement recours à des exemples empruntés soit au *Misanthrope*, soit à des comédies—*George Dandin, Le Bourgeois gentilhomme*—qui lui sont postérieures (48). C'est que, par la bouche de Célimène, Molière s'est déjà à peu près dit dans *Le Misanthrope* ce que, au témoignage de Boileau, le Président de Lamoignon lui redira avec beaucoup de bon sens et d'à-propos en août 1667: qu'"'il ne convient pas à des comédiens d'instruire les hommes sur les matières de la morale chrétienne et de la religion," et que "ce n'est pas au théâtre à se mêler de prêcher l'Evangile" (49). (A-propos qui seul, notons-le au passage, permet d'expliquer cet embarras de Molière rapporté par Boileau, ce "bégaiement" d'avocat "déconcerté" et l'impossibilité dans laquelle il se trouva de pouvoir répondre d'une manière satisfaisante à l'argument pourtant prévisible et commun du premier Président.) C'est que, à partir de ce moment-là, ses comédies ont en effet, du moins en apparence, naturellement tendance non seulement à se débarrasser de toute préoccupation didactique et morale, mais encore à proclamer bien haut l'immoralité des moyens qu'elles emploient. Et que, dans leur bouffonnerie lyrique et démesurée, elles se situent toutes alors plus ou moins à ce niveau superficiel, gestuel et esthétique—niveau du personnage, et non de la personne (50)—où la question morale ne/ se pose pas, où la Valeur n'a, en soi, proprement plus de place ni de réelle signification.

Encore faut-il à notre sens se garder d'affirmer, comme le fait par exemple J. Brody (51), que la position des accusateurs de Molière demeure aujourd'hui comme hier bel et bien "inattaquable." Car, si éloquents soient-ils, leurs plaidoyers ne sont pas sans faiblesses. Dire par exemple avec Bourdaloue que *George Dandin* est "le comble du désordre," parce qu'"'un mari sensible au déshonneur de sa maison est le personnage que l'on joue sur le théâtre," et qu'"'une femme adroite à le tromper est l'héroïne que l'on y produit" (52), c'est en effet par trop simplifier, et d'une façon tendancieuse, les données de la pièce. S'efforcer de répondre aux questions pressantes de J.J. Rousseau —"Quel est le plus criminel d'un paysan assez fou pour épouser une demoiselle, ou d'une femme qui cherche à déshonorer son époux? Que penser d'une pièce où le parterre applaudit à l'infidélité, au mensonge, à l'impudence de celle-ci, et rit de la bêtise du manant puni?" (53)—, c'est de même, nous semble-t-il, trahir plus ou moins les intentions de Molière. Pour la bonne raison que Dandin mérite amplement ce qui lui arrive, qu'il a péché par vanité stupide, qu'il n'est pas question chez lui d'amour, mais d'amour-propre, que ses souffrances lui viennent surtout de son impuissance à pouvoir se venger, et que son mariage constitue somme toute, comme lui-même d'ailleurs le reconnaît, *"une leçon bien parlante* à tous les paysans qui veulent s'élever au-dessus de leur condition" (I, 1). Et que, par ailleurs, si coupable, hypocrite et corrompue qu'elle soit, Angélique peut, sinon justifier totalement sa conduite, du moins plaider, légitimement, les circonstances atténuantes. Mariée contre sa volonté à un imbécile qu'elle n'aime pas et qui ne lui a pas demandé son avis, réduite par sa condition de femme au statut d'esclave et d'objet, elle a toutes les raisons du monde de se rebeller. Il demeure malgré tout que cette association du rire et de la justice—"Vous l'avez voulu, George Dandin, Vous l'avez voulu, cela vous sied fort bien, et vous voilà ajusté comme il faut; *vous avez justement ce que vous méritez*" (I, 7)—existe désormais dans un univers et dans un contexte dégradés, où il s'agit moins de vice et de vertu, de mensonge et de vérité, que d'un pur rapport de forces. C'est le plus rusé qui l'emporte, et c'est tout. Tous les personnages de cette farce cruelle et amère sont également coupables et également vicieux. Le spectateur n'a plus, comme par le passé, de porte-parole sympathique auquel s'identifier. Et son rire, même quand il s'exerce aux dépens d'un manant qui le mérite, a perdu une bonne part de son innocence d'antan.

Quelle solution reste-t-il alors au spectateur qui entend rire à bon et juste escient, sinon celle de s'aller, après le mari confondu, jeter dans l'eau la tête la première? Car la dégradation est générale, dont fait état le monde comique et grinçant de M. de la Dandinière. Là où Sganarelle et Arnolphe se battaient pour n'être pas cocus, la seule grâce que Dandin demande au Ciel est de faire savoir qu'il l'est: on a les ambitions qu'on peut. Et il enrage de ne pas y parvenir, "d'avoir tort lorsqu'il a raison"—exactement semblable en l'occurrence à Sosie, à Amphitryon, ou à Molière. Non seulement la vérité n'est pas communicable, mais encore elle cède à l'apparence. Sosie a la sienne, qui n'est pas celle d'Amphitryon. Et Alcmène. Personne ne ment. Et pourtant personne n'est cru. On bat le fagotier: et le voilà médecin. Médecin malgré lui, mais médecin quand même. Mercure bat Sosie: et Sosie, tout Sosie qu'il est, en est *désosifié*. Ira-t-il, protestant, crier à l'imposteur—"Ciel! me faut-il ainsi renoncer à moi-même, / Et par un imposteur me voir voler mon nom?" (I, 2, vv. 400-01)—, usant du même langage— "Quoi? pendard, *imposteur*, coquin . . ." (*ibid.*, v. 418)—, Mercure lui renverra le compliment. Et le monde des certitudes élémentaires se mettra, d'un coup, à chavirer, la raison, qui il n'y a pas longtemps encore, clamait ses évidences, à douter d'elle-même:

> Il a raison. A moins d'être Sosie,
> On ne peut pas savoir tout ce qu'il dit;
> Et dans l'étonnement dont mon âme est saisie,
> Je commence à mon tour à le croire un petit.
> . . . .
> Il ne ment pas d'un mot à chaque répartie,
> Et de moi je commence à douter tout de bon.
> Près de moi, par la force, il est déjà Sosie;
> Il pourrait bien encor l'être par la raison.
> Pourtant, quand je me tâte et que je me rappelle,
> Il me semble que je suis moi.
> Où puis-je rencontrer quelque clarté fidèle,
> Pour démêler ce que je vois?
> (I, 2, vv. 468-71 et 484-91)

Question pertinente, mais qui reste sans réponse: il n'y a plus de norme, plus de critère universel (54). Là où l'ancienne comédie savait "du faux avec le vrai faire la différence," la nouvelle hésite et avoue finalement son ignorance. C'est que, de Mercure à Sosie, de la vérité au mensonge, la ressemblance est celle de "deux gouttes de lait" (55). Que parfois "la nature produit des ressemblances / Dont quelques imposteurs ont pris droit d'abuser" (56). Et que, comme le fait, non sans ironie, remarquer Jupiter à propos de sa ressemblance avec Amphitryon:

> L'œil ne peut entre nous faire de différence
> Et je vois qu'aisément on s'y peut abuser.
> . . . .
> L'un de nous est Amphitryon;
> Et tous deux à vos yeux nous le pouvons paraître.
> (III, 5, vv. 1671-72 et 1679-80)

L'habileté de l'imposteur est telle qu'il parviendrait, s'il le voulait, sans peine à se faire reconnaître pour le véritable Amphitryon: non seulement par Sosie, à qui rien ne semble plus convaincant qu'une invitation à souper; mais aussi bien par le fidèle Naucratès, qui s'avoue troublé:

> Je ne sais pas s'il impose;
> Mais il parle sur la chose
> Comme s'il avait raison.
> (III, 5, vv. 1713-15)

On surprend ici, par delà les différences de surface, et dans toute sa rigueur, la continuité de la création moliéresque, l'impeccable logique interne d'une œuvre qui se prend elle-même pour sujet, et qui trouve, dans la dimension réflexive qui la soustend, sa cohérence et sa nécessité. Comparées à cette réflexion continue de Molière sur son art et sur le monde dont son œuvre est le reflet, les commandes royales, les servitudes et les vicissitudes du métier, les circonstances extérieures ne jouent qu'un rôle mineur. La pensée est trop puissante et trop passionnée pour ne pas dominer et façonner la matière qui lui est offerte. Il est clair par exemple que si nous nous interrogeons avec G. Couton sur la—ou les—raison(s) qui ont pu pousser Molière à choisir le sujet d'*Amphitryon*, nous serons amenés, dans cette perspective, à dire que ce n'est ni parce qu'il s'était alors pris d'affection pour Plaute; ni parce que Rotrou avait traité le thème avant lui; ni à cause de la guerre de Dévolution; ni pour glorifier les amours adultères de Louis XIV et de la Montespan, ou apprendre au mari cocu qu'"Un partage avec Jupiter / N'a rien du tout qui déshonore." Mais bien plutôt parce qu'il trouvait dans la comédie de Plaute l'occasion de poursuivre, sur le problème des apparences du vice et de la vertu, une méditation bien évidemment déclenchée par *Tartuffe*, et dont la *Lettre* de 1667 nous offre le premier état (57). On se souvient en effet que là où ses adversaires affirmaient, apparemment d'ailleurs dans le sillage du Roi (58), que "l'hypocrite et le dévot ont une même apparence," que "ce n'est qu'une même chose dans le public" et qu'"il n'y a que l'intérieur qui les distingue" (59), Molière soutenait au contraire que le vice a, comme la vertu, son "dehors reconnaissable," que les apparences de l'un ne sont pas celles de l'autre, que les véritables dévots ne sont pas capables des "affectations" que sa pièce reprend dans les hypocrites, et qu'il est donc parfaitement possible de la distinguer (60). Et cette remise en question de sa pensée que constitue pour lui *Amphitryon* conduira finalement Molière à conclure dans *L'Avare*, par la bouche d'Elise, que "chacun tient les mêmes discours," que tous les hommes "sont semblables par les paroles" et que "ce n'est que les actions qui les découvrent différents" (I, 1). On voit l'ampleur de la concession faite par Molière à ses adversaires. Autrefois transparent, le monde se fait opaque. Et l'on comprend aussi qu'*Amphitryon* soit dédié au Grand Condé, c'est-à-dire à l'allié le plus fidèle et le plus efficace que, dans sa lutte contre la Cabale, Molière ait jamais possédé.

Si négatif et sombre que paraisse le bilan, ce serait cependant commettre une erreur de croire chez Molière au pessimisme et au découragement. Certes Molière ne voit plus les hommes comme naturellement portés au bien, à la justice et à la vérité. Son point de vue serait plutôt, en l'occurrence, celui de Pascal (61). La folie semble dans le monde être devenue la norme; et la raison une aberration qu'il faut, au risque de passer pour ridicule, savoir dissimuler. Le monde n'est plus régi par une Providence bienveillante, mais par des dieux cyniques et capricieux. Il perd sa transparence originelle. Désormais équivoques, les signes semblent avoir pour fonction non seulement d'occulter la réalité qu'autrefois ils dévoilaient, mais encore de se substituer à elle. Molière ne les interprète plus de la même façon que son siècle: littéralement, il ne parle plus le même langage que lui. Il est seul à croire à sa vérité, et incapable de la faire partager aux autres. Et tellement ébranlé, au fond, par la résistance qu'ils lui opposent, qu'il finit lui-même par se demander si ce n'est pas lui qui a tort, et les autres raison, par douter de ce en quoi il avait jusque-là toujours cru: et notamment de la raison, du pouvoir qu'elle se prête de distinguer la vérité de l'erreur, et le vice de la vertu. Mais au fur et à mesure que se précise et s'approfondit sa vision des choses et des êtres, s'affirme aussi dans la comédie la présence grandissante du Rire. Parti pour se jeter dans l'eau la tête la première, Dandin, entraîné par les tourbillons de la musique et de la danse, noie finalement son chagrin dans le vin. Si la vie n'est qu'une *farce et perpétuelle comédie*, si l'homme est fou, si ses certitudes ne sont que des contes et ses connaissances que des âneries, il lui reste toujours, dans sa folie, dans sa misère et dans sa dérision, la solution de Démocrite. *Humanius est deridere vitam, quam deplorare*. Plaute remplace symboliquement Térence au plus haut degré du Panthéon comique (62). Et libérée du réel, tendant de plus en plus vers la farce pure, ornée de musique et de danse, la comédie devient une fête où l'homme, conscient des limites et des imperfections de sa nature, se donne à lui-même, pour s'en réjouir et, nous le verrons, pour s'en guérir, le spectacle de sa propre folie.

Chapitre II

VERS UNE NOUVELLE FORME COMIQUE: MOLIÈRE ET LE DIVERTISSEMENT DE COUR

"Qui se donne à la cour se dérobe à son art."

"Paissez, chères brebis, les herbettes naissantes..."

On ne saurait donc trop souligner, dans la carrière de Molière, l'importance des années 1665-1668. Une nouvelle sagesse comique, un nouveau rire y prennent forme, qui vont définitivement s'épanouir dans l'univers poétique, fantastique, surréaliste et bouffon des comédies-ballets, *Monsieur de Pourceaugnac, Le Bourgeois gentilhomme, Le Malade imaginaire*. Olympe, qui a commencé par se prendre au sérieux, par se vouloir le miroir du siècle, l'institutrice des hommes et la gardienne de leur moralité, et qui a pris durement conscience de son échec et de l'impossibilité de sa tâche, se met maintenant à l'école du monde. Sa connaissance, désormais sans illusion, de la nature humaine, et peut-être aussi un très légitime désir de reconquérir un public qui, depuis l'interdiction de *Tartuffe*, a tendance à lui échapper (1), l'amènent à abandonner le fouet de la satire au profit des flatteries calculées, des beaux mensonges, des complaisances et des accommodements de la rhétorique. Elle change de visage, se fait ouvertement séductrice, sollicite, davantage que par le passé, les sens du spectateur, s'oriente délibérément, avec l'aide du maître de musique et celle du maître à danser, dans une direction qui est, du moins en apparence, totalement différente de celle qu'elle avait initialement choisie. C'est le temps du *carpe diem* et du triomphe de la folie, le temps de l'amour, de la joie et du divertissement. Plus encore qu'à l'époque de Marinette et de Gros-René, le chagrin paraît à la comédie une "incommode chose." *Laissons venir la fête avant que la chômer*, "Ne songeons qu'à nous réjouir, / La grande affaire est le plaisir" (2). Puisqu'après tout la vie n'est qu'une farce ou une comédie; puisque dans notre vanité, nos prétentions, notre amour-propre et notre aveuglement, nos préjugés et nos passions, nous sommes tous frères, et que nos jours nous sont comptés; puisque nous sommes, que nous le voulions ou non, sur la scène, et que personne ne parviendra jamais, quoi qu'il fasse, à changer l'esprit, le déroulement, les décors ou la distribution de la représentation en cours, faisons en sorte de rendre celle-ci aussi agréable que possible, en jouant sans regimber, dans la bonne humeur et du mieux que nous le pourrons, le rôle qui nous a été imparti, et en chantant avec l'Egyptienne de la *Pastorale comique*:

>Croyez-moi, hâtons-nous, ma Sylvie,
>Usons bien des moments précieux;
> Contentons ici notre envie,
>De nos ans le feu nous y convie;
>Nous ne saurions, vous et moi, faire mieux.
>
>Quand l'hiver a glacé nos guérets,
>Le printemps vient reprendre sa place,
>Et ramène à leurs champs leurs attraits;
>Mais hélas; quand l'âge nous glace,
>Nos beaux jours ne reviennent jamais.
>
>Ne cherchons tous les jours qu'à nous plaire,
>Soyons-y l'un et l'autre empressés;
>Du plaisir faisons notre affaire,
>Des chagrins songeons à nous défaire:
>Il vient un temps où l'on en prend assez (3).

Ce qui bien évidemment revient à dire qu'à notre sens la comédie de la seconde manière est née de la rencontre et de la fusion de cette nouvelle vision comique avec la forme du Divertissement de cour, le jour où Molière a compris qu'en lui insufflant une âme, qu'en le dotant d'une signification et d'une profondeur qui lui avaient jusque-là fait défaut, il pouvait tirer un parti extraordinaire de ce genre en soi éminemment artificiel, conventionnel et plat, mais riche de virtualités esthétiques et incontestablement pourvu, à ses yeux de technicien averti, d'une dimension spectaculaire propre à susciter l'envie et les spéculations. Si avant Molière le Ballet de cour est un pur spectacle, un divertissement gratuit qui n'engage en rien la personne, une sorte de tapisserie allégorique et mythologique réduite à l'harmonie de ses couleurs, de ses mouvements et de ses chants, il acquiert avec Molière, sans rien perdre de ses grâces, une épaisseur humaine inattendue, il devient le moyen d'expression privilégié d'une sagesse et d'une vision du monde.

Il convient en effet, si l'on veut apprécier à sa juste valeur le rôle joué par Molière en ce domaine, la nature et l'importance de sa contribution, de soigneusement distinguer le Divertissement de cour de la Comédie-ballet. De la Comédie-ballet, Molière est l'indiscutable et génial inventeur. Le Divertissement de cour est au contraire un genre alors extrêmement florissant, dont les origines remontent approximativement au début du siècle, et qui a déjà, au moment où Molière entre au service du Roi (4), son histoire, ses traditions, ses théoriciens et ses poètes (5). Il déroule généralement chaque année ses fastes à la Cour au moment du Carnaval, au mois de janvier ou de février, et à l'occasion des grands événements de l'histoire du règne, mariages, naissances, nouvelles maîtresses royales ou traités de paix. Très friand de ce genre de spectacle et de délassement, auquel il participe activement en tant que danseur, tantôt sous les traits de Renaud, de Jupiter ou d'Apollon, tantôt sous ceux, moins flatteurs, de "fille de village" ou d'"égyptien" (6), Louis XIV a même tendance, par rapport à ses prédécesseurs, à en multiplier les représentations. Voilà, dira à peu près bientôt Pascal, tout ce que les rois ont pu inventer pour se rendre heureux. Mazarin étant mort le 5 mars 1661, Lulli devient le 19 mai suivant le "Surintendant de la musique de la Chambre," poste où il succède à Cambefort. Et le 23 juillet de la même année se danse à Fontainebleau le *Ballet des Saisons*, qui inaugure en quelque sorte une ère de fêtes, d'enchantements et de splendeurs ininterrompues. Foucquet, qui rivalise avec le Roi de magnificence, et qui va payer son audace très cher, fait jouer au mois d'août, en son château de Vaux-le-Vicomte, avec un luxe inouï (7), *Les Fâcheux* de Molière, comédie à laquelle avaient été cousus en toute hâte, et, nous dit Molière (8), du mieux que l'on avait pu, les ballets de Beauchamps et d'Olivet (9). En 1662, le mariage de Louis XIV et de Marie-Thérèse d'Autriche fournit le prétexte à la représentation d'*Ercole Amante*, tragédie lyrique de Buti et Cavalli, et à celle d'un ballet de Bensserade et Lulli qui porte le même nom (10). En janvier 1663, Bensserade et Lulli—encore eux—font jouer chez Molière, au Palais-Royal, avec la collaboration de Beauchamps pour la chorégraphie et celle de Vigarani pour les décors, le *Ballet des Arts*, où le Roi apparaît en berger-héros

> Dont l'âme grande applique ses pensées
> Au soin de voir ses brebis engraissées,
> En leur laissant la laine sur le dos (11),

et Mlle de La Vallière, alors maîtresse régnante, successivement en bergère et en amazone:

> Non sans doute il n'est point de bergère plus belle,
> . . . .
> Elle a dans ses beaux yeux une douce langueur,
> Et bien qu'en apparence aucun n'en soit la cause,
> Pour peu qu'il fût permis de foüiller dans son cœur,
> On ne laisserait pas d'y trouver quelque chose.
> . . . .
> Telle a mille cœurs sous ses Lois,
> Craignant de vivre trop à l'ombre,
> Telle considère parfois
> La qualité plus que le nombre.

Et à Vincennes, la même année, la "mascarade ridicule" des *Nopces de Village*, l'un de ces "ballets plaisans" dont, nous dit le Père Ménestrier (12), "l'invention est semblable à celle des farces et des plaisanteries." Le Carnaval de 1664 voit s'affronter *Le Mariage forcé* (29 janvier) et le *Ballet des Amours Deguizés* (13 février), c'est-à-dire la troupe de Molière, soutenue de la musique de Lulli, et celle de l'Hôtel de Bourgogne, qui ne veut pas être en reste, et qui a été demander à M. de Périgny les vers de circonstance destinés à illustrer la bataille de Pallas-Vertu et de Plaisir-Vénus (13). L'inauguration officielle de Versailles donne lieu, au mois de mai de la même année, sous la direction du duc de Saint-Aignan, à l'extraordinaire fête des *Plaisirs de l'Ile enchantée, Course de bague, Collation ornée de machines, Comédie ornée de danse et de musique, Ballet du Palais d'Alcine, Feu d'artifice et autres fêtes galantes*. Pour donner, comme le dit la *Relation* publiée peu après par R. Ballard, pour donner "aux Reines et à toute sa cour le plaisir de quelques fêtes peu communes," le Roi avait fait appel aux services conjugués de Lulli, de Molière, de Vigarani, de Bensserade et de Périgny. Il y apparaissait lui-même sous l'habit richement décoré de Roger, resplendissant d'argent, d'or et de diamants, la tête couronnée d'un casque "tout couvert de plumes couleur de feu." Jamais un air "plus libre, ni plus guerrier" n'avait "mis un mortel au-dessus des autres hommes":

> Quelle taille, quel port a ce fier conquérant!
> Sa personne éblouit quiconque l'examine,
> Et quoique par son poste il soit déjà si grand,
> Quelque chose de plus éclate dans sa mine (14).

Et au soir de la troisième journée il semblait, pour la destruction du "superbe palais d'Alcine," que "le ciel, la terre et l'eau fussent tous en feu." O prodiges et miracles, "la hauteur et le nombre des fusées volantes, celles qui roulaient sur le rivage, et celles qui ressortaient de l'eau après s'y être enfoncées, faisaient un spectacle si grand et si magnifique, que rien ne pouvait mieux terminer les enchantements qu'un si beau feu d'artifice" (15). Le Carnaval de l'année suivante (1665) était marqué par la représentation du *Ballet de la naissance de Vénus*. Et celui de l'année de 1667, en avance sur l'horaire (16), par celle des quatorze entrées du gigantesque *Ballet des Muses*, auquel Molière, désormais comédien du Roi, participe avec sa *Mélicerte*, sa *Pastorale comique* et son *Sicilien*, en compagnie de tous les artistes du royaume, et notamment de Quinault, de Lulli et de Benserrade (17). L'année 1668 retentit des échos multipliés de la *Mascarade* du Carnaval, du ballet de Bensserade et Lulli intitulé *Le Grand Porte-Diadème* (janvier), et du *Grand Divertissement Royal de Versailles* (juillet), destiné à célébrer la victoire des armées royales en Franche-Comté et la paix d'Aix-la-Chapelle, et où Molière enchâsse symboliquement son amer *George Dandin* dans une pastorale des plus galantes, et au milieu d'une architecture de statues, de verdure et de jets d'eau. Le 13 février 1669 lui succède le somptueux *Ballet de Flore* qui, "pris en son sens allégorique," marque, nous dit le Livret (18), "la Paix que le Roy vient de donner à l'Europe, l'abondance et le bonheur dont il comble ses sujets," et dans lequel on voit en effet le Soleil, "touché de voir toute la nature souffrir, et demeurer comme ensevelie dans les longues nuits de l'Hyver, la Terre couverte de néges [sic], les arbres dépoüillez de leur parure, les Fleuves troublés, les Fontaines glacées," prendre la résolution de "mettre fin à ces désordres," de "donner la paix à tout le monde," d'y faire naître "un Printemps qui dure toûjours," et sortir en conséquence de la mer où il a son palais, "environné des plus beaux rayons dont il ait jamais brillé," chasser victorieusement le vieil Hyver et toute sa suite, pour finalement changer "la face du Theatre" en une "agreable verdure" (19):

> Charmons icy toute la Terre,
> Que le bruit même de la guerre
> Devienne un bruit mélodieux:
> Et que de nos concerts la douceur infinie
> Réponde à l'harmonie
> Dont le Ciel divertit les Dieux.

Ce *Ballet de Flore* joue indirectement, dans la carrière de Molière, un rôle important: Bensserade, spécialiste jusque-là incontesté du vers spirituel et de la "bagatelle mélodieuse," y annonce en effet sa retraite:

> Je suis trop las de jouer ce rolet,
> Depuis longtemps je travaille au Ballet,
> L'Office n'est envié de personne,
> . . . .
> Je ne suis plus si gay, ny si folet,
> Un noir chagrin me saisit au colet,
> Et je n'ay plus que la volonté bonne,
> Je suis trop las (20).

Molière devient du coup le principal fournisseur des divertissements royaux. De plus en plus accaparé par cette tâche, il donne alors successivement, avec la collaboration de Lulli, *Monsieur de Pourceaugnac* (Chambord, septembre 1669), le "Divertissement royal" des *Amants magnifiques,* où le Roi, fait, déguisé en Soleil, sa dernière apparition sur la scène (Saint-Germain, février 1670), *Psyché,* avec la collaboration de Corneille et de Quinault (Tuileries, janvier 1671), le *Ballet des ballets,* dans lequel il insère sa *Comtesse d'Escarbagnas* (Saint-Germain, décembre 1671), et où l'on voit d'abord descendre du ciel "une grande machine au milieu de quatre autres plus petites," toutes "enveloppées dans des nuages qui descendent sur le Theatre"; où ensuite le ciel se ferme, et se change "en un aggreable boccage pour le commencement de la Comédie"; et redevient enfin, au septième acte, "une grande décoration céleste," avec "un grand nombre de concertants assis sur des nuages au-dessus d'une mer flottante" (21). Métamorphoses, splendeurs et séductions du règne. C'était certainement, eût dit Montaigne, *chose belle à voir*. Et "s'il y a quelque chose qui soit excusable en tels excez, c'est où l'invention et la nouveauté fournit d'admiration, non pas la despence" (22).

Même rapide—notre propos n'est pas de refaire ici l'histoire du Divertissement de cour—, un survol de ce genre est riche d'enseignements. Il montre d'abord qu'il existe entre l'art de Molière et celui de la cour une différence de nature fondamentale. Le divertissement royal, comme le dit clairement l'Abbé de Pure, "n'est tenu que de plaire aux yeux, de leur fournir des objets agréables et dont l'apparence et le dehors impriment de fortes et de belles images" (23). La musique et la danse y règnent en reines, le texte lui-même y est réduit à la portion congrue, et le spectateur n'y comprendrait très souvent rien—en admettant qu'il y ait quelque chose à comprendre—, n'était le livret qui est distribué avant la représentation et qui contient des vers destinés essentiellement à "débrouiller le sujet." Et si, comme le prétend un Ménestrier soucieux de grandir le genre dont il fait la théorie (24), et si le ballet exige "une connaissance de la Poesie, de la Musique, de la Geometrie, de la Rhétorique, de la Fable, de l'Histoire et de la Philosophie," il ne laisse pourtant pas de contenter davantage les oreilles et les yeux que le cœur et l'esprit. Toute la richesse de ce genre de spectacle tient dans sa représentation. Elle s'épuise avec elle. Et les ornements dont ces sortes d'ouvrages s'accompagnent, les airs et les symphonies de "l'incomparable M. Lully," mêlés à la beauté des voix et à l'adresse des danseurs, leur donnent, sans l'ombre d'un doute, des grâces dont il leur est tout à fait impossible de se passer (25). La beauté du spectacle y est à elle-même sa propre fin. Au ballet de *Psyché*, constate par exemple le Père Ménestrier, "la toile qui fermoit le Theatre étant levée, il parut sur le devant de la Scene des lieux champêtres. Un peu plus loin parut un port de Mer fortifié de plusieurs tours. Dans l'enfoncement on vit d'un côté un grand nombre de vaisseaux, et de l'autre une ville d'une tres-vaste etenduë . . . Ce Spectacle est grand, il remplit l'imagination, il prépare à de belles choses, mais on en cherche la liaison avec le sujet, et l'on ne voit point ce que font là ces vaisseaux, cette mer, ce port, et cette grande ville, où personne n'entre, et d'où personne ne sort" (26). Observation peut-être fondée, mais qui trahit son "classique," et qui méconnaît par trop l'esprit d'un genre uniquement destiné à éblouir les sens et à les subjuguer. Ce qui est merveilleux dans cette sorte de spectacle, raconte un autre contemporain spectateur de *Psyché* (27), c'est, outre la quantité des maîtres à danser—soixante-dix dansent ensemble en la dernière entrée—, celle "des violons, des joueurs d'instruments et des musiciens qui sont plus de trois cents tous magnifiquement habillés. La salle est superbe, faite exprès, le théâtre spacieux, merveilleusement bien décoré; les machines et les changements de scènes magnifiques, et qui ont bien joué, Vigarani s'étant fait honneur en cette rencontre." Quant à la dernière scène, "c'est bien," poursuit le témoin ravi, "la chose la plus étonnante qui se puisse voir, car l'on voit tout en un instant paraître plus de trois cents personnes suspendues ou dans des nuages, ou dans une gloire, et cela fait la plus belle symphonie du monde, en violons, théorbes, luths, clavecins, hautbois, flûtes, trompettes et cymbales." Aucun doute n'est ici possible: la comédie de Molière est d'une autre essence. Le poète y domine, il n'est jamais à ce point assujetti au peintre, au machiniste, au danseur ou au musicien. Et si sur la fin de sa carrière il songe davantage à satisfaire la vue et l'ouïe de son public, cette promotion du spectaculaire, accomplie dans un esprit de recherche et dans l'espoir de parvenir à un art total et multidimensionnel, ne nuit en rien à la suprématie de son texte.

Le Père Ménestrier a donc parfaitement raison de dire que si "la Tragedie et la Comedie sont pour les mœurs et pour l'instruction," le Ballet vise pour sa part au "plaisir" et au "divertissement" (28). Encore convient-il ici de préciser, puisque Ménestrier ne le fait pas, que ce plaisir est lourd d'implications et d'arrière-pensées politiques. Le Divertissement de cour constitue en effet indiscutablement pour le Roi aussi bien un outil de gouvernement qu'un prétexte à réjouissance et à délectation narcissique. Et ce que J. Morel fait remarquer au sujet des fêtes coûteuses et brillantes organisées successivement par Catherine de Médicis, par les deux Henri et par Louis XIII, qu'"elles ont eu pour objet la justification du pouvoir par l'éblouissement des yeux, par la mise en évidence d'une harmonie esthétique, image de l'ordre social et politique recherché à travers le désordre des guerres et des intrigues, et par la familiarité d'un moment que de tels divertissements procurent entre le maître et ses sujets" (29), vaut tout autant pour le Roi-Soleil. Le contraire eût d'ailleurs été étonnant, à une époque où, sous la direction de Colbert et de Chapelain, les hommes de lettres et les artistes sont étroitement subordonnés au Pouvoir, et sommés de chanter et de répandre aux quatre coins de l'univers la gloire, les admirables vertus et les hauts faits du Monarque. A une époque aussi où les remous de la Fronde des Princes secouent encore les esprits, et où Bensserade, qui, en courtisan et en poète clairvoyant, connaît bien son métier, juge opportun de faire dire à Apollon, en plein milieu du *Ballet des Noces de Pelee et de Thetis* (1654) (30):

> J'ay vaincu ce Python qui desoloit le monde,
> Ce terrible serpent que l'Enfer, et la Fronde,
> D'un venin dangereux avoient assaisonné...

Ou au Génie de la Danse, dans le *Ballet des Plaisirs* (1655) (31):

> Place à ce demy-Dieu qui triomphe aujourd'huy,
> Ses charmes déployés vont être en évidence,
> Et malheur à qui ne danse
> De cadence avec luy.
>
> Encore maintenant le voit-on terrasser
> Tout ce que sa valeur a d'opposé contre elle.
> Et la revolte infidelle
> Ne sçait sur quel pied danser.

Ou encore à Eole, dans le *Ballet Royal d'Alcidiane* (1658) (32):

> Roy d'un Peuple leger, inconstant et volage,
> Et l'arbitre absolu du calme et de l'orage,
> Un légitime orgueil a sujet de m'enfler:
> Des vents seditieux j'apaise l'insolence,
> Et par tout où ma voix impose le silence,
> Quelque mutin qu'on soit, rien n'oserait souffler.

Plus encore que la comédie de Molière, le Divertissement de cour est une affaire d'Etat, une "entreprise de gloire"—Montaigne eût dit une *diversion*—destinée à persuader les esprits des beautés de la servitude. "Cette société de plaisirs," écrira lui-même le Roi en 1662 (33), "qui donne aux personnes de la Cour une honnête familiarité avec nous, les touche et les charme plus qu'on ne peut dire. Les peuples, d'un autre côté, se plaisent au spectacle, où au fond on a toujours pour but de leur plaire; et tous nos sujets, en général, sont ravis de voir que nous aimons ce qu'ils aiment, ou à quoi ils réussissent le mieux. Par là nous tenons leur esprit et leur cœur, quelquefois plus fortement peut-être que par les récompenses et les bienfaits." Jupiter parfois descend de son Olympe, pour offrir à son peuple des plaisirs et des jeux.

Il est par ailleurs clair que les goûts du siècle ne sauraient contrarier en rien les projets et les calculs du Monarque. Louis XIV gratte le siècle par où il se démange. Ce qui suscite en effet le plus l'admiration et l'enthousiasme de la grande majorité des contemporains de Molière et de son Roi, ce n'est ni la tragédie, qui va avec Racine mourir de sa belle mort, ni la grande comédie en cinq actes et en vers—et encore moins, comme l'atteste la piètre carrière de *L'Avare*, la grande comédie en cinq actes et en prose—, mais bien plutôt la pièce à grand spectacle et à machines, l'étalage des richesses et du luxe, la magnificence des décors et des costumes, l'éclat, l'ampleur et l'enchaînement des métamorphoses. A Molière, le Roi n'a commandé ni *L'Ecole des femmes*, ni *Tartuffe*, ni *Le Misanthrope*, ni même *Amphitryon*: mais des divertissements comparables à ceux que lui offrait Bensserade, pastorales héroïques et galantes, ou dialogues comiques susceptibles de servir de cadre et de prétexte aux arabesques du ballet, et de permettre l'apparition des faunes, des nymphes ou des bergers (34):

> Champêtres Divinités,
> Faunes, Dryades, sortez
> De vos paisibles retraites;
> Mêlez vos pas à nos sons,
> Et tracez sur les herbettes
> l'image de vos chaussons (35).

Que Molière soit malgré tout parvenu à présenter au public de la Cour ces fresques poétiques, ces farces magistrales et ces extraordinaires comédies-ballets que sont *Le Sicilien, Monsieur de Pourceaugnac, La Comtesse d'Escarbagnas* et *Le Bourgeois gentilhomme*, qu'il ait avec *Psyché* contribué à la naissance de l'Opéra français, est tout à son honneur. La Cour se serait certainement contentée à moindres frais. Que retint-elle du *Grand Divertissement Royal* de juillet 1668? Non pas, si l'on en croit Huyghens (36), le *Dandin* de Molière, "sujet fait fort à la hâte, et peu de chose," mais le feu d'artifice, mais la beauté de la salle et du théâtre, mais sans doute aussi la musique de Lulli, les ballets de l'Amour et de Bacchus, les pyramides de fruits et de confiture (37). Et une fois Molière disparu, Lulli, qui s'est fait en mars 1672 donner par le Roi le privilège de la représentation des Opéras, et qui contrôle désormais l'entière production musicale du Royaume, n'aura aucun mal à faire oublier au public l'univers bouffon, surréaliste et humain des comédies-ballets, en lui substituant les pompes, les splendeurs et les cuivres de *Cadmus et Hermione*, d'*Alceste*, de *Thésée*, ou de *Roland furieux*. Et la vogue de l'opéra fera dire à La Fontaine: "On ne va plus au bal, on ne va plus au cours: / Hiver, été, printemps, bref Opera toujours" (38).

Il est incontestable que Molière a subi, comme tous ses confrères hommes de lettres, comme Bensserade, comme Corneille, comme Quinault, comme Donneau de Visé, comme La Fontaine, la pression de la Cour et du siècle, qu'il a été lui aussi entraîné vers cet univers de décors, de machines et de conventions qui allait donner naissance à l'Opéra, et que, pour tout dire, les fameuses "circonstances," si chères, nous l'avons vu, à la critique moliéresque, ont en l'occurrence bien évidemment joué un rôle. Molière est comédien du Roi, pensionné et protégé du Roi, dans sa totale dépendance: à la merci des coups de pied au cul, obligé donc de jouer le jeu, et de créer sur commande *La Princesse d'Elide*, *Mélicerte*, *Les Amants magnifiques* et *Psyché*. Molière le sait, et il le dit. Voire même, il s'en plaint. Le temps n'est plus de *L'Impromptu de Versailles*, et du bonheur de faire savoir aux envieux qu'un Roi vous l'a commandé et qu'il vous fait l'honneur d'utiliser vos talents. Hali regimbe: "sotte condition que celle d'un esclave! de ne vivre jamais pour soi, et d'être toujours tout entier aux passions d'un maître! de n'être réglé que par ses humeurs, et de se voir réduit à faire ses propres affaires de tous les soucis qu'il peut prendre!" (39). Et Sosie, qui s'apitoie sur son sort:

> Sosie à quelle servitude
> Tes jours sont-ils assujettis!
> Notre sort est beaucoup plus rude
> Chez les grands que chez les petits.
> Ils veulent que pour eux, tout soit, dans la nature,
> Obligé de s'immoler.
> Jour et nuit, grêle, vent, péril, chaleur, froidure,
> Dès qu'ils parlent, il faut voler.
> Vingt ans d'assidu service
> N'en obtiennent rien pour nous;
> Le moindre petit caprice
> Nous attire leur courroux.
> Cependant notre âme insensée
> S'acharne au vain honneur de demeurer près d'eux,
> Et s'y veut contenter de la fausse pensée
> Qu'ont tous les autres gens que nous sommes heureux.
> Vers la retraite en vain la raison nous appelle;
> En vain notre dépit quelquefois y consent:
> Leur vue a sur notre zèle

> Un ascendant tout puissant,
> Et la moindre faveur d'un coup d'œil caressant
> Nous rengage de plus belle.
> (I, 1, vv. 166-86)

Et Moron avant eux, moins fou qu'il ne veut le paraître, Moron qui sait déjà que les grands de la terre sont parfois "d'assez fâcheuses gens," qu'il convient de regarder "comme on leur parle" et de "manier la chose avec adresse"; Moron qui dit: "L'office de bouffon a des prérogatives; / Mais souvent on rabat nos libres tentatives" (I, 2, vv. 237-38). Et, à travers eux, Molière, qui ne parvient pas, malgré ses *Placets* et son obstination, à faire jouer *Tartuffe*, que Louis XIV enferme dans le rôle entre tous ingrat de "plaisant de cour" et de nouveau Bensserade, lui qui rêve déjà de Jourdain, de Scapin, de Philaminte et d'Argan; Molière, dont la position en cour n'est pas telle qu'il puisse comme l'indispensable Lulli se permettre d'opposer aux exigences et à l'impatience royales le trait d'esprit bien connu: "Le Roy est le maistre, il peut attendre tant qu'il lui plaira" (40); mais qui trouvera toujours le moyen de préserver sa liberté, de dire ouvertement ce qu'il pense des Filerins, des Anaxarques et des affaires d'état, et de nous faire comprendre, à nous spectateurs, qu'il garde ses distances vis-à-vis du Divertissement de cour, et qu'il ne cède aux "circonstances" que ce qu'il veut bien leur céder. Au demeurant homme de théâtre trop lucide et trop averti pour ne pas percevoir les possibilités d'un genre dont il s'emploie par ailleurs à railler la frivolité, les conventions et les limites. Un esprit comme celui de Molière ne rompt pas; et s'il plie, ce n'est qu'en apparence. Il poursuit au fond sa quête impérieuse, insensible à tout ce qui n'est pas elle, transformant les accidents en substance et le hasard en nécessité. Les contemporains d'ailleurs ne s'y sont pas trompés qui, mieux à même de comparer et de juger, ont été plus sensibles que nous ne le sommes aujourd'hui à la puissante originalité de sa création. Il a, écrira par exemple en 1673 Donneau de Visé, "Il a le premier inventé la manière de mesler des scènes de musique et de balets dans ses comédies, et il avait trouvé par là un nouveau secret de plaire, qui avait été jusqu'alors inconnu, et qui a donné lieu en France à ces fameux Opera, qui font aujourd'huy tant de bruit" (41). Et ce qui doit selon nous compter et retenir notre attention, ce qui rend Molière si profondément différent d'un Bensserade, ce n'est pas qu'il ait été lui aussi contraint, par une série d'événements extérieurs—le goût du Roi pour les ballets, la présence de Lulli, la retraite anticipée de Bensserade—de sacrifier au Divertissement de cour; mais qu'il ait su lui imprimer sa marque, comprendre que ce "mélange" de la comédie, de la musique et de la danse, "nouveau pour nos théâtres," pouvait, comme il le dit lui-même dans sa Préface aux *Fâcheux*, "servir d'idée à d'autres choses qui pourraient être méditées avec plus de loisir."

Et de fait, des *Fâcheux* au *Bourgeois gentilhomme* et au *Malade imaginaire*, une sorte de mouvement progressif, trop progressif pour n'être pas intérieur et concerté, semble porter irrésistiblement Molière vers l'univers bouffon, fantaisiste et heureux de la Comédie-ballet. Illusion rétrospective, qui nous fait découvrir et reconstituer une méditation suivie, là où n'a peut-être existé qu'un enchaînement de circonstances fortuites? Il faudrait, pour le croire, admettre que le hasard est le plus grand des artistes—il ne l'est que dans les romans—, que ses caprices ne sont qu'apparents, et que l'inspirent en fait, et que le guident, les Arts, les Muses et le feu d'Apollon. Et il est certainement plus simple, et plus satisfaisant pour l'esprit, de reconnaître et de saluer en l'occurrence le rôle prépondérant et organisateur du génie. En dépit même de ses imperfections et de son caractère improvisé, ou peut-être pour ces raisons mêmes, l'expérience de Vaux-le Vicomte a en effet éveillé en Molière le plus vif intérêt esthétique. Il en tire la théorie d'un genre qui, le fait vaut d'être noté, ne sera réellement exploité qu'à partir du jour où Molière aura finalement triomphé de *Tartuffe*: le texte est premier; le ballet ne constitue qu'un ornement; il doit être intégré au texte le plus naturellement possible, de telle sorte que l'ensemble forme un tout—"une seule chose"—, et que le fil de la représentation ne soit jamais rompu; pour être parfaite, et atteindre à l'harmonie recherchée, cette fusion de deux formes d'art jusque-là indépendantes sera entièrement "réglée par une même tête" (42). Ces idées, pourtant fort viables en soi, devront attendre plus de deux ans leur première réalisation pratique, Molière étant alors sollicité par des projets d'un autre ordre: nommément l'élaboration de la grande comédie classique, réaliste et morale, et la polémique nourrie dont elle fournit l'occasion. Mais elles seront scrupuleusement mises en pratique pour le Carnaval de 1664, avec la "comédie-mascarade" et rabelaisienne du *Mariage forcé*. Et elles trouveront, symboliquement, leur expression définitive dans le "Prologue" de *L'Amour médecin*, c'est-à-dire au moment même où la comédie morale, qui traverse la grave crise que l'on sait, se voit, tous mécanismes faussés, systématiquement remise en question par son créateur, et où celui-ci, bien évidemment à la recherche d'une solution de remplacement, définit ironiquement, sous les yeux mêmes de son public, les modalités d'un nouvel art de séduire et de persuader. Puisque la comédie se fait rhétorique, il est tout naturel qu'elle s'adjoigne, pour parvenir plus sûrement à ses fins, les figures, les arabesques et les grâces de la Musique et du Ballet:

> Quittons, quittons notre vaine querelle,
> Ne nous disputons point nos talents tour à tour,
> Et d'une gloire plus belle
> Piquons-nous en ce jour:
> Unissons-nous tous trois d'une ardeur sans seconde
> Pour donner du plaisir au plus grand Roi du monde.

Mais il est indéniable qu'à cette époque de sa vie Molière est mobilisé par d'autres soucis et d'autres ambitions, et que replacée dans l'échelle de sa création, la Comédie-Ballet demeure encore un genre inférieur et quelque peu négligé, qui n'est cultivé que sur commande expresse, qui semble sinon uniquement, du moins essentiellement, réservé au divertissement du Roi et de la Cour, et dont les possibilités artistiques sont loin d'avoir été toutes explorées. *Le Mariage forcé* (janvier 1664), *L'Amour médecin* (septembre 1665) et *L'Amour peintre* (février 1667), qui sont les trois premières comédies-ballets de Molière, et qui furent toutes trois composées soit au moment—euphorique—du règne de la comédie morale et de la complicité des "rieurs," soit à celui, entre tous décisif, de la crise et des interrogations multiples qu'elle suscite, témoignent toutes à leur façon d'un certain détachement créateur. Molière chaque fois s'en tire à peu de frais, prend certes la chose en main, mais ni au poumon ni au foie: tantôt pillant le *Tiers Livre* de Rabelais, et jouant une fois de plus, pour déclencher les rires, la carte facile du cocuage; tantôt utilisant, en profitant des souvenirs du *Pédant joué* et de l'élan donné par *Dom Juan*, le filon de la satire anti-médicale; tantôt enfin en déguisant, et en la démarquant purement et simplement, l'une de ses comédies antérieures (43). Et quand il se décide à faire publier *L'Amour médecin*—*Le Mariage forcé* ne l'avait pas été—, c'est en précisant qu'il ne s'agit que d'un "simple crayon," un "petit impromptu" rédigé en toute hâte, un divertissement sans conséquence qui de soi résiste mal à l'impression et qui, privé des airs et des symphonies de Lulli, de la beauté des voix et de l'habileté des danseurs, se trouve réduit à peu de chose. La modestie, soyons-en persuadés, n'est pas feinte, ni la précaution strictement oratoire. Molière après tout, est bon juge, qui va bientôt faire rire d'Alceste, et qui, en sage libertin, sait distinguer la peau de la chemise.

Mais si négligée qu'elle soit encore, la Comédie-ballet jouit cependant dans l'esprit de Molière d'une estime nettement supérieure à celle dont se voit gratifiée, si l'on peut dire, la Pastorale héroïque ou galante. On décèle en effet chez Molière, à l'égard de ce genre, et ceci dès le début, une attitude délibérément sceptique, une résistance sourde et opiniâtre qu'aucune "circonstance" extérieure ne parviendra réellement à fléchir, et qui ne perd jamais une occasion de s'exprimer. Molière est, de toute évidence, comme Jourdain: il n'aime pas les bergers. Leurs plaintes l'endorment, leur univers de convention l'ennuie, et aucune tradition—"Le chant," dit à Jourdain le Maître à danser, "a été de tout temps affecté aux bergers" (44)—ne saura justifier à ses yeux le fait que, pour "parler en musique," on se croit tenu, au nom du "naturel" et de la "vraisemblance," de "donner dans la bergerie." Il est peut-être à cet égard significatif que ni *Mélicerte* ni *La Pastorale comique* n'aient été ni imprimées du vivant de Molière—nous ne connaissons même, du texte de *La Pastorale comique*, que ce que nous en apprend son *Livret*—, et que, de la même façon, nous ne sachions aujourd'hui plus rien de la *Pastorale* à sept personnages enchâssée dans *La Comtesse d'Escarbagnas*, sinon, aux dires du Vicomte (45), qu'elle avait été faite seulement pour "lier ensemble les différents morceaux de musique et de danse" qui composaient le divertissement grandiose et creux du *Ballet des Ballets*. Apparemment Molière n'attache aucune importance à ces vers de commande et de mirliton dont l'unique raison d'être est de servir de cadre et d'introduction aux entrées de ballet. Significatif aussi que ni *Mélicerte* ni *La Pastorale comique* n'aient été présentées au public du Palais-Royal: encore qu'ici les calculs du metteur en scène et du directeur de troupe aient pu venir s'ajouter aux réticences du poète comique. Car cette forme d'art est extrêmement coûteuse. Elle exige des danseurs, des musiciens, des chanteurs, des décors appropriés, et parfois des machines. Et Molière, qui n'a pas les ressources du Roi, peut certes hésiter à se lancer dans des frais considérables, dont rien ne dit à l'avance qu'ils seront couverts par les recettes. Significatif enfin que Molière, chaque fois qu'il s'agit pour lui de faire face à une commande de ce genre, se plaigne d'avoir été pris de court, bousculé, pressé, et trouve toujours finalement le moyen de laisser son ouvrage inachevé. *La Princesse d'Elide* est, on le sait, un curieux mélange de vers et de prose. *Mélicerte* ne comprend que deux actes (à quoi bon en écrire cinq, si le Roi se contente de deux?). Et jamais *Psyché*, cette tragédie-ballet unique en son genre, mais qu'il nous semble ici légitime, pour la clarté de la démonstration, de rapprocher des Pastorales, jamais *Psyché* n'aurait été terminée sans la collaboration de Corneille et de Quinault. Les nécessités du métier de courtisan et de fournisseur des divertissements royaux ont fait de Molière un mauvais poète. Avant d'accepter totalement, et sans aucune pensée de derrière, le genre de la Comédie-ballet, avant de saluer celle-ci comme sa nouvelle Olympe—ce qui se fait, d'après nous, au moment de cette "comédie heureuse" qu'est *Le Bourgeois gentilhomme*—, Molière semble, en tant que créateur, n'avoir décidément et proprement respiré qu'à la Ville. La Cour n'a guère été propice à son inspiration (46).

Mais plus encore que ces faits d'histoire littéraire qui sont, comme tous les faits, susceptibles d'interprétations, sinon divergentes, du moins nuancées, et qui prêtent de soi naturellement à la controverse, aux échanges *pro et contra* de mises au point contradictoires et érudites, les textes eux-mêmes, ou plutôt ce qu'il en reste, nous apprennent avec suffisamment de clarté ce que nous avons ici besoin de savoir: que Molière à la Cour, c'est un peu George Dandin égaré dans l'univers artificiel, sentimental et romanesque du *Grand Divertissement Royal* de 1668. Ou encore M. Harpin, qui dans *La Comtesse d'Escarbagnas* monte sur la scène pour interrompre fort peu civilement la représentation de la Pastorale, et crier "de dessus un théâtre" des "vérités" qui ne se devraient dire qu'en particulier. Car qu'est-ce qu'une vérité qui n'est pas partagée? Plutôt que de se taire, Harpin préfère courir le risque d'être mal jugé par la société, et de passer à ses yeux pour un rustre ridicule. Au moins gardera-t-il, dans sa disgrâce, la satisfaction intime d'avoir dit ce qu'il avait à dire, et d'avoir lui aussi bien fait sa scène et joué son rôle. La véritable comédie n'est pas toujours où on la croit, et Harpin n'est pas, qu'on se le dise, d'humeur "à payer les violons pour faire danser les autres" (sc. 8). De même Dandin crève de ne pouvoir faire partager ses évidences: *il enrage d'avoir tort quand il a raison*. Il se bat pour que le monde sache, pour que le monde reconnaisse, pour que le monde atteste et enregistre le fait qu'il est cocu, qu'il a été floué, qu'il a fait un marché de dupes avec les Sottenville, et qu'autant en pend au nez de ceux qui rêvent, au milieu de leurs dindons, de particule et de promotion sociale. Mais la vérité ne peut rien contre l'apparence. Mais le monde, qui a déjà trop à faire avec ses propres problèmes, n'est pas enclin à se soucier de ceux d'autrui. Mais il a ses occupations et ses plaisirs, dont rien ne saurait le distraire. Il chante, il danse, il s'étourdit, il ne veut pas entendre. Et s'il daigne écouter, c'est pour répondre que tout cela n'est rien et finira par des chansons. L'incompatibilité des univers est profonde et sans remède. Là où Dandin "récite" et refuse tout ce qui est chant, les autres "chantent" et refusent tout ce qui est récit (47). Là où Dandin s'enfonce de plus en plus dans le désespoir et le chagrin, et prend une conscience de plus en plus aiguë de l'inutilité de ses efforts et de l'impuissance inhérente à sa condition, Tircis et Philène passent, eux, graduellement, d'un désespoir de convention—"Ces deux bergers," nous dit le *Livret* (48), "s'en vont désespérés, suivant la coutume des anciens amants qui se désespéraient de peu de chose"—aux réalités palpables et grisantes de la Fête. Leur suicide n'était qu'un stratagème d'auteur, destiné à briser la glace et le cœur de deux belles inhumaines. Faute de bateliers providentiels, celui de Dandin pourrait connaître une fin moins heureuse. Et la joie universelle qui éclate au dénouement pour saluer, avec la réunion et le bonheur des amants, le triomphe de l'Amour et celui de Bacchus, ne sert par contraste qu'à mieux faire ressortir l'échec, l'humiliation et la solitude du paysan trop parvenu :

> Qu'avec peu de raison on se plaint d'un martyre
> Que suivent de si doux plaisirs.
>
> Un moment de bonheur dans l'amoureux empire
> Répare dix ans de soupirs (49).

Mais aussi, et du même coup, l'échec et l'illusion de la Fête elle-même, qui ne peut se dérouler qu'en juxtaposant ses fastes aux noirceurs d'une réalité qu'elle ne parvient pas à faire oublier. La présence de Dandin sur scène éclate comme une dénonciation. C'est que Molière a toujours tenu à conserver ses distances vis-à-vis d'un genre qu'il ne cultive qu'à contre-cœur et dont il désapprouve les conventions. Et qu'il y parvient notamment en faisant, comme le dit J. Rousset (50), surgir de la fête une critique de la fête elle-même. Par là s'explique à notre sens, mieux que par le départ inattendu de Baron, la succession—en soi très ironique—de *Mélicerte* et de *La Pastorale comique* (51). Dans *Mélicerte*, tout en donnant d'abord l'impression qu'il allait jouer le jeu selon les règles établies—sa pastorale commence en effet de la façon la plus traditionnelle qui se puisse imaginer—, Molière avait en fait réussi à ranimer considérablement l'intérêt du genre, en ajoutant aux deux couples traditionnels des amants martyrs—Acante-Tyrène—et des belles nymphes sans merci—Daphné-Eroxène—Lycarsis, un père de comédie au cœur tendre, et une idylle Myrtil-Mélicerte qui semblait, par sa fraîcheur, avoir d'un coup recapturé les grâces et l'esprit de Théocrite ou de Virgile. Dans *La Pastorale comique* s'affirme au contraire une volonté parodique délibérée. On y retrouve, simplifiée (52), cette même chaîne des amours non partagées qui liait déjà l'un à l'autre les différents personnages de *Mélicerte* : Lycas et Filène aiment Iris, qui aime Coridon. Mais dans un univers dégradé, où Vénus apparaît, vraie Cathos de cour, en masque, en mouches et en rubans :

> Déesse des appas
> Ne nous refuse pas
> La grâce qu'implorent nos bouches;
> Nous t'en prions par tes rubans,
> Par tes boucles de diamants,
> Ton rouge, ta poudre, tes mouches,
> Ton masque, ta coiffe et tes gants.
>
> O toi! qui peux rendre agréables
> Les visages les plus mal faits,
> Répands, Vénus, de tes attraits
> Deux ou trois doses charitables
> Sur ce museau tondu tout frais!

Cette pressante requête ayant su toucher le cœur—que j'imagine massif—de la Déesse burlesque, les magiciens de service s'extasient alors devant l'ampleur de la métamorphose subie par le "museau":

> Ah! qu'il est beau!
> Le jouvenceau!
> Ah! qu'il est beau! ah! qu'il est beau!
> Ho, ho, ho, ho, ho, ho.
> Qu'il est joli,
> Gentil, poli!
> Qu'il est joli, qu'il est joli!
> Est-il des yeux qu'il ne ravisse?
> Il passe en beauté feu Narcisse
> Qui fut un blondin accompli.
>
> Qu'il est joli,
> Gentil, poli!
> Qu'il est joli! qu'il est joli!
> Hi, hi, hi, hi, hi, hi (53).

On y retrouve aussi le couple de bergers martyrs et transis d'amour. Mais là où, dans *Mélicerte*, Acante et Tyrène parlaient le même langage et auraient, pour dire leurs répliques, aisément pu se substituer l'un à l'autre:

> —Ah! charmante Daphné!
>   —Trop aimable Eroxène.
> —Pourquoi me chasses-tu?
>   —Pourquoi fuis-tu mes pas?

—Ne cesseras-tu point cette rigueur mortelle?
—Ne cesseras-tu point de m'être si cruelle?

—Si tu n'en prends pitié, je succombe à ma peine.
—Si tu ne me secours, ma mort est trop certaine.
(I, 1, v. 1-10)

dans la *Pastorale comique* un berger se fait l'écho prosaïque et bouffon de l'autre. Et, avec le parallélisme des répliques, la belle entente est rompue, qui unit traditionnellement ces deux personnages dans les souffrances de l'amour insatisfait. Filène est ici le seul à "chanter":

Paissez, chères brebis, les herbettes naissantes;
Ces prés et ces ruisseaux ont de quoi vous charmer;
Mais si vous désirez vivre toujours contentes,
Petites innocentes,
Gardez-vous bien d'aimer.

Lycas ne peut, pour sa part, que "parler" (54), et l'affrontement cacophonique de la parole et du chant—ils sont tous deux amoureux de la même nymphe—finit même par faire perdre à Filène tout souci de *decorum* et de beau langage:

Filène
Est-ce toi que j'entends, téméraire, est-ce toi
Qui nomme la beauté qui me tient sous sa loi?
Lycas répond
Oui, c'est moi, oui, c'est moi.
Filène
Oses-tu bien en aucune façon
Proférer ce beau nom?
Lycas
Hé! pourquoi non? Hé! pourquoi non?
Filène
Iris charme mon âme;
Et qui pour elle aura
Le moindre brin de flamme
Il s'en repentira.
Lycas
Je me moque de cela,
Je me moque de cela.
Filène
Je t'étranglerai, mangerai,
Si tu nommes jamais ma belle:
Ce que je dis, je le ferai,

> Je t'étranglerai, mangerai,
> Il suffit que j'en ai juré:
> Quand les dieux prendraient ta querelle,
> Je t'étranglerai, mangerai,
> Si tu nommes jamais ma belle.
> *Lycas*
> Bagatelle, bagatelle.

Plus tard, la tension entre les deux rivaux ayant encore monté, Filène est tout prêt à en découdre en champ ouvert ou clos, et à substituer au duel de la parole et du chant le choc de la trique et de l'épée:

> *Filène venant pour se battre chante*:
> Arrête, malheureux,
> Tourne, tourne, visage,
> Et voyons qui des deux
> Obtiendra l'avantage.
> *Lycas parle, et Filène reprend*:
> C'est par trop discourir,
> Allons, il faut mourir (55).

Et quand, enfin réconciliés au dénouement par le refus de leur belle, ils expriment tous deux bruyamment, mais chacun dans son style, leur amertume et leur douleur, la décision—attendue—qu'ils prennent de mourir le cède vite à la sagesse prosaïque de Sganarelle ou de Gros-René. *Serviteur, quelque niais*:

> *Filène*
> Tu veux donc nous faire mourir?
> Il te faut contenter.
> *Lycas*
>   Il te faut obéir.
> *Filène*
> Mourons, Lycas.
> *Lycas*
>   Mourons, Filène.
> *Filène*
> Avec ce fer finissons notre peine.
> *Lycas*
> Pousse!
> *Filène*
>   Ferme!
> *Lycas*
>   Courage!

> *Filène*
> Allons, va le premier.
> *Lycas*
> Non, je veux marcher le dernier.
> *Filène*
> Puisqu'un même malheur aujourd'hui nous assemble,
> Allons, partons ensemble (56).

Molière, on le voit, s'en donne à cœur joie. Et l'on se prend à regretter, devant une aussi joyeuse réussite, que le texte proprement dit de la Pastorale, notamment celui des répliques parlées de Lycas, ne nous soit pas parvenu. Il nous aurait certainement aidé, puisque Molière y charge allègrement ses procédés jusqu'à la caricature, à mieux apprécier la part de critique et d'ironie qui, de l'intérieur, fait subtilement jouer les mécanismes et démonte les splendeurs de *La Princesse d'Elide* ou des *Amants magnifiques*. Encore que Molière nous y ait laissé suffisamment de preuves de son scepticisme et de son détachement pour que nous puissions nous passer de secours. Car enfin, la présence de Moron dans *La Princesse d'Elide* est en soi tout aussi clairement déplacée que celle de Lycas dans *La Pastorale comique*, ou de Dandin dans le *Divertissement royal* de 1668. Molière y annonce d'ailleurs ses intentions d'entrée de jeu, dans un dialogue où s'opposent, non pas cette fois la parole et le chant, mais les *vers* des musiciens et des valets de chien à la *prose* de Lyciscas: les uns gaillards et dispos, et tout heureux apparemment de préparer la fête; l'autre endormi, regimbant et bougon, pestant contre ces "grands braillards" qui l'obligent par leurs cris à se lever trop bon matin:

> Qu'est-ce ceci, Lyciscas? Quoi? tu ronfles encore,
> Toi qui promettait tant de devancer l'Aurore?
> Allons, debout, vite debout:
> Pour la chasse ordonnée, il faut préparer tout.
> Debout, vite, debout, dépêchons, debout (57).

Et Lyciscas—il n'y a guère de Lyciscas à Lycas, que l'épaisseur sonore d'une syllabe—, qui proteste en vain ne pas dormir tout son soûl, doit malgré tout obéir aux injonctions qui lui sont faites, quitter le confort de la position allongée et reprendre durement contact avec les réalités de la profession. Les plaisirs des Grands ne sauraient attendre:

Musiciens : Debout.
Lyciscas : Encore!
Musiciens : Debout.
Lyciscas : Le diable vous emporte!
Musiciens : Debout.

Lyciscas, en se levant : Quoi toujours? A-t-on jamais vu une pareille furie de chanter? Par le sang bleu! j'enrage. Puisque me voilà éveillé, il faut que j'éveille les autres, et que je les tourmente comme on m'a fait. Allons, ho! Messieurs, debout, debout, vite, c'est trop dormir. Je vais faire un bruit de diable partout. Debout, debout, debout! Allons vite! ho! ho! ho! debout! debout! Pour la chasse ordonnée il faut préparer tout! Lyciscas, debout! Ho! ho! ho! ho! ho! (58).

Ainsi déclarée dans le "Premier Intermède," la résistance opposée à la fête officielle par celui qui en est le principal ordonnateur se poursuit tout au long de la comédie elle-même, essentiellement par l'intermédiaire du personnage de Moron. Moron qualifie "d'exercices pénibles" et de "sots passe-temps" les plaisirs de la Princesse. Pour protester contre le "travail horrible" qui lui est imposé, et restaurer des forces que le manque de sommeil a, semble-t-il, compromises, il possède un moyen et un remède—le sommeil—dont Lyciscas serait bien le dernier à contester l'efficacité :

> ... Succombant donc à ce travail horrible,
> (Car en chasseur fameux j'étais enharnaché,
> Et dès le point du jour je m'étais découché)
> Je me suis écarté de tous en galant homme,
> Et trouvant un lieu propre à dormir d'un bon somme,
> J'essayais ma posture, et m'ajustant bientôt,
> Prenais déjà mon ton pour ronfler comme il faut,
> Lorsqu'un murmure affreux m'a fait lever la vue.
> (I, 2, vv. 194-201)

Dans cet univers de convention héroïque et galante où les Princes de Pyle, de Messène et d'Ithaque cherchent à multiplier les exploits (59), et font assaut de gloire, de magnificence et de générosité, la couardise du valet détonne. Et ses déclarations d'amour, comparées à celles d'Aristomène ou de Théocle, constituent, il nous le dit d'ailleurs lui-même, un écho des plus bouffons :

> Bois, prés, fontaines, fleurs, qui voyez mon teint blême,
> Si vous ne le savez, je vous apprends que j'aime.
> > Philis est l'objet charmant
> > Qui tient mon cœur à l'attache;
> > Et je devins son amant
> > La voyant traire une vache.
> Ses doigts tout pleins de lait, et plus blancs mille fois,
> Pressaient les bouts du pis d'une grâce admirable.
> > Ouf! Cette idée est capable
> > De me réduire aux abois.
> Ah! Philis! Philis! Philis!
> Ah, hem, ah, ah, ah, hi, hi, hi, oh, oh, oh, oh.
> Voilà un écho qui est bouffon! hom, hom, hom, ha, ha, ha, ha.
> Uh, uh, uh. Voilà un écho qui est bouffon!
> > (*Second Intermède*, sc. 1)

Placé, en dépit de ses prétentions au "bel air" (II, 2), dans une situation en tous points comparable à celle de Lycas dans *La Pastorale comique*, Moron voit ses amours contrariées par Tircis, un rival redoutable qui possède sur lui l'avantage de *savoir chanter*. Philis se refuse en effet à écouter plus longtemps son "caquet" étourdissant. Et elle ne consentira à rester près de lui que dans la mesure où il lui promettra de "ne lui point *parler* du tout." "Lorsque tu *chanteras* aussi bien que lui," assure-t-elle à son tour à Moron, "je te promets de t'écouter." Et Moron, qui en est réduit au langage de Thaumaste ou de Triboulet, et dont les gesticulations mettent la belle en fuite, finit par reconnaître la nécessité d'avoir recours à un maître à chanter. C'est, comme Jourdain le sera, par le cœur, et pour séduire, qu'il est mené à découvrir et à assimiler les grandeurs de l'art musical, et ses enveloppantes beautés:

> Voilà ce que c'est. Si je savais chanter, j'en ferais bien mieux mes affaires. La plupart des femmes aujourd'hui se laissent prendre par les oreilles; elles sont cause que *tout le monde se mêle de musique*, et l'on ne réussit auprès d'elles que par les petites chansons et les petits vers qu'on leur fait entendre. *Il faut que j'apprenne à chanter pour faire comme les autres.*
> > (*Troisième Intermède*, sc. 1)

On se persuadera, je pense, aisément, qu'il n'est pas ici seulement question de la rivalité amoureuse de deux bergers, mais aussi d'une réflexion de Molière sur son art même, et particulièrement de la nécessité où celui-ci se trouve, pour plaire au siècle et le séduire, de s'accommoder à ses goûts. Puisqu'apparemment la grande majorité du public féminin n'aime plus que les spectacles mêlés de musique, la comédie se doit d'apprendre à chanter. Pour servir la passion de son maître Adraste, charmer la belle Isidore et l'arracher aux griffes de son jaloux, Hali comptera, dans *Le Sicilien ou l'Amour peintre*, sur ses talents de danseur et de musicien: "je me mêle un peu," dira-t-il, "de musique et de danse" (sc. 7). Le glissement, là encore, est net: la comédie, qui aimait dans le passé à souligner l'efficacité de sa méthode curative, ses pouvoirs de guérison et de correction, insiste maintenant plus volontiers sur ses dimensions artistiques. L'amour, de médecin, se fait peintre, danseur et musicien. Et de fait, la musique, la danse et la séduction irrésistible que ces arts exercent sur les âmes constituent l'un des grands thèmes de *La Princesse d'Elide*. Cynthie affirme à la Princesse (III, 1): "la grâce de votre danse et la douceur de votre voix ont eu des charmes aujourd'hui à toucher les plus insensibles." Et Euryale avoue à Moron que le divertissement offert par la belle Princesse l'a proprement *enchanté*: "Jamais," dit-il à son confident (III, 2), "jamais tant de charmes n'ont frappé tout ensemble mes yeux et mes oreilles":

> Elle est adorable en tout temps, il est vrai; mais ce moment l'a emporté sur tous les autres, et des grâces nouvelles ont redoublé l'éclat de ses beautés. Jamais son visage ne s'est paré de plus vives couleurs, ni ses yeux ne se sont armés de traits plus vifs et plus perçants. La douceur de sa voix a voulu se faire paraître dans un air tout charmant qu'elle a daigné chanter; et les sons merveilleux qu'elle formait passaient jusqu'au fond de mon âme, et tenaient tous mes sens dans un ravissement à ne pouvoir en revenir. Elle a fait éclater ensuite une disposition toute divine, et ses pieds amoureux, sur l'émail d'un tendre gazon, traçaient d'aimables caractères qui m'enlevaient hors de moi-même, et m'attachaient par des nœuds invincibles aux doux et justes mouvements dont tout son corps suivait les mouvements de l'harmonie. Enfin jamais âme n'a eu de plus puissantes émotions que la mienne....

Il est vrai qu'Euryale aime, et que l'amour est capable à lui seul de produire bien des enchantements: *C'est le cœur qui fait tout* (60). Ceci étant dit, il demeure malgré tout que l'expérience d'Euryale est *aussi*, et indiscutablement, de nature esthétique.

Partout d'ailleurs s'affirment dans la pièce les pouvoirs de séduction de la musique et du chant. Au quatrième intermède, Tircis berce le cœur de Philis de ses plaintes d'amant martyr. "Il y a longtemps," lui dit la belle, "que tes yeux me parlent; mais je suis plus aise d'ouïr ta voix." Et à Moron, qui les surprend tous deux, elle ironise: "Que ne chantes-tu comme lui? Je prendrais plaisir à t'écouter." Et à l'intermède suivant, c'est au tour de la Princesse, qui sent son cœur atteint d'un mal inconnu, d'aller chercher dans la "douceur" des chants et les "charmes" de la musique un réconfort à son désespoir, à ses inquiétudes et à son chagrin.

    Mais si profonde et si forte qu'elle soit, l'impression produite sur l'âme par le chant et par la musique a cependant ses limites. Le duo d'amour que chantent Clymène et Philis n'a pas, sur le cœur de la Princesse, l'effet escompté. Elle n'y trouve ni l'apaisement, ni la consolation dont elle a besoin. "Achevez seules si vous voulez," dit-elle aux chanteuses. "Je ne saurais demeurer en repos; et quelque douceur qu'aient vos chants, ils ne font que redoubler mon inquiétude" (61). Il ne s'agit pas pour Molière, on le voit, de nier le plaisir que procure la musique, et l'ascendant qu'elle exerce sur les cœurs. La Princesse en reconnaît la "douceur." Mais de suggérer que ce plaisir ne saurait pleinement contenter qu'un cœur volage, frivole et capricieux: comme, par exemple celui de Philis, qui rêve de voir un jour l'un de ses amants se tuer d'amour pour elle. Ou celui de Tircis, qui ne saurait, lui, mourir qu'en chanson. Et non un cœur vraiment et sincèrement épris. C'est pourquoi Moron, dont Euryale, rappelons-le, a vanté le bon sens (62), finit, même vaincu en amour, par l'emporter à nos yeux sur Tircis. Le fait même qu'il n'ait pas de voix, et que la nature, décidément "marâtre," ne lui ait pas donné de quoi chanter comme à un autre constitue par contraste, dans cet univers d'artifices et de conventions, une garantie d'authenticité. Il n'y a pas, après tout, dans la vie, que la musique. Et Moron, qui est sage, et qui voit clair, et qui sait que Philis n'en sera pas plus grasse de l'avoir fait mourir, ne se fait pas prier pour le lui dire. *Vivat Moron*, dont le discours substantiel nous console de toutes les chansons. *S'il ne sait pas chanter, il sait faire autre chose.*

Cette critique extrêmement lucide et mesurée du divertissement de cour, de son univers sans épaisseur ni signification, se retrouve, en quelque sorte amplifiée et systématisée, dans cet "exercice de dramaturgie" (63) que constituent *Les Amants magnifiques*. Divertissement exemplaire s'il en fut: commandé expressément par le Roi à Molière pour le Carnaval de 1670 (Bensserade, qui a, *nolens volens*, quitté la scène, s'occupe à transcrire les *Métamorphoses* d'Ovide en rondeaux); représenté cinq fois à Saint-Germain, à partir du 4 février 1670; mais jamais donné au public du Palais-Royal; et imprimé pour la première fois seulement en 1682. Proclamant par ailleurs bien haut la gloire et la grandeur du Monarque; d'abord sous les traits de Neptune:

> On trouve des écueils parfois dans mes Etats,
> On voit quelques vaisseaux y périr par l'orage;
> Mais contre ma puissance on n'en murmure pas,
> Et chez moi la vertu ne fait jamais naufrage.
> (*Premier Intermède*)

puis sous ceux d'Apollon:

> Je suis la source des clartés,
> Et les astres les plus vantés
> Dont le beau cercle m'environne,
> Ne sont brillants et respectés
> Que par l'éclat que je leur donne.
> (*Sixième Intermède*)

Opposant enfin deux langages: l'un, langage baroque du mensonge, de la frivolité et de l'illusion; l'autre, langage de l'authenticité. Et deux genres de spectacle: l'un, le *Régale*, offert à Eriphile par les Princes rivaux, magnifique, pompeux—et finalement machination mensongère, pure imposture destinée à exploiter la crédulité d'Aristione; l'autre, la *Pantomime*, qui, au merveilleux facile, préfère l'imitation et l'expression exacte des passions humaines.

Il est à cet égard très révélateur de remarquer les transformations très importantes que Molière a fait subir à un sujet qui lui avait, semble-t-il, été proposé par le Roi lui-même. Le moyen, comme le dit Clitidas, de "contester ce qui est moulé"?

L'Avant-propos de la comédie nous apprend en effet que pour "donner à sa cour un divertissement qui fût composé de tous ceux que le théâtre peut fournir," et permettre l'enchaînement de "tant de choses diverses," le Roi avait imaginé "deux princes rivaux, qui, dans le champêtre séjour de la vallée de Tempé, où l'on doit célébrer la fête des jeux Pythiens, régalent à l'envi une jeune princesse et sa mère de toutes les galanteries dont ils se peuvent aviser." Or il est clair que la comédie de Molière, tout en respectant ces données, a pris la liberté de leur en adjoindre d'autres. D'abord, avec Sostrate et Clitidas, en ce qui concerne la distribution des personnages. Ensuite avec l'apparition, au quatrième acte, de la Vénus trompeuse, et l'intervention de la Pantomime aux quatrième et cinquième intermèdes. Enrichissements qui bouleversent totalement la conception initiale, introduisent la critique directe de la fête au sein même de sa glorification et permettent, comme le dit si bien J. Rousset (64), "un dévoilement de l'envers de l'enchantement par le démontage des mécanismes." Car enfin le seul mérite de Sostrate éclipse finalement les titres, l'ostentation et la magnificence des deux princes rivaux ; la présence de Clitidas et de son franc-parler aboutit à une dénonciation en règle et de l'imposture d'Anaxarque—donc, par contre-coup, de celle des princes qui ont acheté ses services—, et des conventions non seulement de la rhétorique galante, mais aussi du genre de divertissement qui en autorise le déploiement (65) ; et la simplicité, la profondeur et l'efficacité du langage de la Pantomime ne font que mieux ressortir, par contraste, la vanité, l'artifice et les mensonges de la Vénus à machine et des Régales princiers qui, dans leur étalage de splendeurs et de fastes, participent de la même "tromperie."

Notre propos n'est pas ici de refaire, après J. Guicharnaud, l'analyse des *Amants magnifiques* ; mais bien plutôt de souligner, encore une fois, la dimension réflexive et critique de la création moliéresque. Circonstances ou pas circonstances, service du roi ou pas service du roi, Molière constamment domine son sujet, le maîtrise et le juge, le situe, comme le dit J. Guicharnaud (66), dans "une hiérarchie du sérieux et du frivole," démystifie, certes avec prudence, mais d'une façon fort nette, le genre de spectacle auquel il se voit contraint de contribuer. Pour ne rappeler ici que les indices les plus évidents, ce n'est certes pas par hasard qu'au sujet des "régales" offerts à sa fille, la bonne Aristione passe de l'enthousiasme hyperbolique à la satiété—voire même à une certaine indifférence: "Les mêmes paroles toujours se présentent à dire, il faut toujours s'écrier: 'Voilà qui est admirable, il ne se peut rien de plus beau, cela passe tout ce qu'on a jamais vu'" (67). Pas par hasard non plus que Sostrate et Eriphile nous soient tous deux présentés dans la solitude de la nature, loin des magnificences de la fête où tous les autres, extatiques, ont couru: "J'avoue," dit Sostrate, "que je n'ai pas naturellement grande curiosité pour ces sortes de choses" (68). Que la jeune et belle Eriphile reste totalement insensible non seulement aux beautés des "régales" que lui offrent ses prétendants titrés, mais aussi aux assiduités pourtant irréprochables dont la poursuit Timoclès. Timoclès n'est pas homme à prendre le roman par la queue: il connaît et met scrupuleusement en pratique "toutes les tendres manières dont un amant se peut servir." Mais qu'importe à la princesse qu'il fasse "chanter sa passion aux voix les plus touchantes," ou qu'il fasse "exprimer en vers aux plumes les plus délicates"? Qu'il aille même sans truchement—admirez sa sincérité!—jusqu'à se plaindre en personne de son "martyre," jusqu'à "pousser des soupirs languissants"—voire même, ô comble de la douleur, jusqu'à "répandre des larmes" (69)? A ce langage emprunté, mensonger et conventionnel Eriphile préfère, comme Molière, celui du cœur et de Sostrate. A ces valeurs frivoles et creuses, des valeurs solides. Et la réalité de la passion à sa seule apparence.

Somme toute, et ceci dès le début, Molière n'a jamais joué à fond, ni sans arrière-pensée, le jeu du Divertissement de cour. Il s'est refusé à devenir un nouveau Bensserade, ou un autre L'Angélie. Placé dans une situation de dépendance qui ne lui laisse aucune liberté de choix, il ne cède de lui-même que ce qu'il lui faut céder pour satisfaire aux apparences: semblable sur ce point à Philinte, dont il pratique la sagesse. C'est pourquoi sans doute il ne se préoccupe en général, ni de faire publier, ni de faire représenter au Palais-Royal les pièces, pastorales héroïques ou galantes, destinées au délassement de la cour et du

Roi. Pourquoi aussi il n'a pu terminer ni *Mélicerte*, ni *Psyché*, ni la versification de *La Princesse d'Elide*. La vérité est qu'un esprit impérieux et passionné comme celui de Molière ne se commande pas, que l'inspiration aisément se dérobe, et que le manque de temps n'explique pas tout. "Qui se donne à la cour se dérobe à son art": de *La Princesse d'Elide* aux *Amants magnifiques*, l'attitude de Molière constitue toujours, en quelque façon, une illustration de cette vérité pour lui première. Qu'il enferme l'univers dégradé et grinçant de *George Dandin* dans un cadre de pastorale, ou qu'il oppose le langage substantiel de Moron aux plaintes mélodieuses et vides de Tircis, Molière vise toujours au même but, exprime toujours les mêmes réticences, le même scepticisme d'artiste vis-à-vis d'un genre qui lui est imposé, et dont il n'accepte ni l'esprit, ni les conventions. Et l'exercice critique auquel il se livre aboutit toujours au même résultat négatif: chaque fois qu'il en a l'occasion, Molière fait voir l'envers du décor, en dénude les mécanismes, les "fils de fer" et les "ressorts," dénonce subtilement les pouvoirs mensongers de l'illusion; s'emploie en un mot à démystifier la fête, en soulignant ses artifices et sa frivolité.

En ce qui concerne la Comédie-ballet proprement dite, le bilan, nous l'avons vu, est loin d'être aussi négatif. C'est que l'artiste en Molière, quelle que soit par ailleurs son opinion au sujet des divertissements dont se délecte la cour, est infiniment sensible aux beautés de la musique et de la danse, et qu'il rêve très vite d'enrichir sa comédie de tous les prestiges du spectacle. Dans le sillage des *Fâcheux*, *Le Mariage forcé*, *L'Amour médecin* et *Le Sicilien* traduisent à notre sens une volonté positive de recherche et d'élargissement, l'élaboration progressive de nouveaux moyens d'expression et de séduction. Les faits d'ailleurs le disent. Indépendamment du service du Roi, des caprices et des goûts de la cour, Molière se dirige consciemment et peu à peu vers un type de comédie fort proche en esprit de ce qu'il est aujourd'hui convenu d'appeler le théâtre total. *Amphitryon*, qui n'est pas une commande royale, s'orne pourtant, comme l'atteste Robinet (70), de "décorations" et de "machines volantes." Avec les années, Molière accorde une part de plus en plus considérable de son budget à la mise en scène, au paiement des danseurs et des musiciens (71). Comme le dit G. Mongrédien (72), la musique prend graduellement possession de la scène et y rejoint la poésie. Le *Registre* de La Grange nous apprend qu'en mars 1671 la Troupe prend la résolution de refaire tout le théâtre, et de rendre en particulier la scène "propre pour les machines" (73). Elle décide par ailleurs "d'avoir dorénavant à toutes sortes de représentations, tant simples que machines, un concert de douze violons," et d'augmenter en conséquence ses frais ordinaires à douze danseurs, quatre petits danseurs et huit voix (74). Ces frais ne sont pas consentis en vain. En moins de deux ans, du 24 juillet 1671 à la mort de Molière, les représentations de *Psyché* au Palais-Royal vont rapporter à la troupe plus de 77,000 livres. Et les rêves délirants du Grand Mamamouchi trouvent enfin à la Ville un cadre digne de les accueillir, propre à en assurer le triomphe et l'épanouissement. Propre aussi à répercuter aux quatre coins du monde les échos d'un rire désormais gargantuesque et démocritéen.

Chapitre III

MOLIÈRE ET SA NOUVELLE OLYMPE: L'UNIVERS EN FOLIE DES COMÉDIES-BALLETS

> Lorsque pour rire on s'assemble,
> Les plus sages, ce me semble,
> Sont ceux qui sont les plus fous.
>
> Quid rides? mutato nomine de te fabula narratur.
> Horace, *Satires*

Pour qui s'emploie, comme nous le faisons, à saisir au niveau des textes et des faits, la dimension réflexive du théâtre de Molière, et l'évolution que ce théâtre, de par la volonté de son créateur, a subie, les travaux entrepris par la troupe au printemps 1671, en vue de rénover et d'aménager le Palais-Royal, sont d'une importance capitale. Ils constituent bien évidemment la preuve, matérielle et contrôlable, de l'intérêt grandissant que Molière porte "aux beautés et à la pompe du spectacle" (1), du désir, qui est alors le sien, d'enrichir sa comédie de tous les "ornements" de la musique et de la danse, d'en transformer l'apparence comme il en a transformé l'esprit.

Encore convient-il ici de n'avancer qu'avec prudence, le terrain étant en l'occurrence beaucoup moins solide et sûr qu'il ne le paraît. Car s'il est indéniable que Molière transforme son théâtre, qu'il engage des chanteurs, des danseurs et des musiciens, qu'il le dote d'une infrastructure propre à accueillir des machines et des décors somptueux, on ne peut en revanche que s'interroger, et que spéculer, sur les raisons profondes qui l'ont amené à accorder finalement, dans son art, un rôle de premier plan aux réalités sensorielles, aux moyens d'expression visuels et auditifs. Nos certitudes sont de constat, qui ne dépassent pas le niveau des conséquences, et qui s'évaporent dès qu'il s'agit pour nous d'atteindre à celui, plus substantiel et plus éloquent, des causes. Nous en sommes, pour expliquer, réduits aux conjectures, et tentés, comme Aristote ou Plutarque au chapitre "Des coches," de dire, sinon "véritablement" et "utilement," du moins "ingénieusement." De ce mouvement très perceptible du théâtre de Molière vers le spectacle pur, comment, à coup sûr, distinguer la "maistresse cause"? Volontiers positiviste, la critique s'en tient généralement aux évidences historiques et répertoriées. Elle invoque la sensibilité de Molière aux goûts dominants du siècle, la nécessité où il se trouve de faire front à la concurrence de plus en plus pressante de l'opéra et du spectacle à machines, le désir très légitime qu'il éprouve d'offrir à son public parisien un spectacle de qualité, aussi riche et aussi fastueux que celui dont se divertit la Cour (2). Elle a spontanément tendance à juger superflue toute démarche qui se propose de chercher ailleurs ce qui est déjà en quelque sorte inscrit dans les faits, dicté, imposé par les circonstances, les calculs et les servitudes du métier. Et l'explication par les causes extérieures lui paraît tellement satisfaisante dans sa simplicité qu'elle ne songe même pas à se demander si d'autres causes, celles-là d'ordre intérieur, existent, et si elles ont pu contribuer, de concert avec les premières, à l'élaboration de cette nouvelle forme de spectacle.

De fait, le *Registre* de La Grange semble d'abord, dans sa clarté, autoriser une telle attitude. Le fidèle second de Molière y rapporte en effet d'une façon très explicite que "le dit jour Mercredy 15 Auril, aprez une delliberation de la Compagnie de representer *Psyché* qui auoit esté faitte pour le Roy, l'hyuer dernier, et representée sur le grand Theastre du pallais des Tuileries, on commencea faire travailler tant aux machines, decorations, musique, ballait, et generallement tous les ornemens necessaires pour ce grand spectacle." Il précise en outre que "tous les dits frais et despances pour la preparation de *Psyché* en charpenterie, menuiserie, bois, serrurerie, peintures, toilles, cordages, contrepoids, machines, ustencilles, bas de soye pour les danseurs et musiciens, vin des repetitions, plaques de fer blanc, ouuriers, fils de fer & letton, et generallement toutes choses, se sont montées à la somme de quatre mil trois cent cinquante neuf livres, un sol" (3). La conclusion, donc, s'impose avec force: si Molière fait, au printemps 1671, refaire son théâtre, c'est en prévision de la création de *Psyché*, et, comme le dit Robinet (4), afin que cette "tragédie-ballet" y soit présentée "Avec tout le pompeux arroi / Qu'elle parut aux yeux du Roi."

Heureusement pour nous, les choses ne sont pas si simples, et un second regard jeté sur ce même *Registre* suggère la possibilité d'une explication sinon totalement différente, du moins nettement plus complexe. Car ce que La Grange nous dit en fait, c'est que deux décisions furent, au printemps 1671, successivement prises par la troupe, et que, de ces deux décisions, seule la seconde, dont nous venons de lire le libellé, concerne directement les répétitions, la mise en scène et la représentation projetée de *Psyché*. La première, qui fut prise le 15 mars, avant la fermeture de Pâques (17 mars-10 avril), a uniquement trait à la réfection générale et à la décoration du théâtre, à la construction d'un plafond et d'un troisième rang de loges (5). Et c'est à cette date, alors qu'il n'est pas encore question de savoir si on fera jouer *Psyché* ou non, que l'on décide explicitement, nous l'avons vu, de rendre la charpente propre à accueillir les machines et d'avoir désormais à toutes sortes de représentations un concert de douze violons.

Cette distinction étant faite—elle ne l'est pas toujours (6)—, il devient alors possible, toujours en s'appuyant sur le *Registre* de La Grange, et sans quitter encore le niveau des faits, de penser que le grand succès des comédies-ballets a constitué, dans l'élaboration de cette nouvelle politique du spectacle, un facteur sinon décisif, du moins de première importance. Si la troupe peut consentir à effectuer des dépenses considérables, c'est parce que l'expérience lui a enseigné que la mise en scène et les décors somptueux, la musique et les entrées de ballet attirent infailliblement les spectateurs, et que les risques financiers qu'elle court en rendant son théâtre définitivement propre à recevoir ce genre de spectacle sont en conséquence des plus limités. *Monsieur de Pourceaugnac* a en effet, du 15 novembre 1669 au 18 janvier 1670, connu au Palais-Royal le plus franc succès (7). Et au moment où, au printemps 1671, la troupe fait relâche et décide de faire procéder aux aménagements que l'on sait, *Le Bourgeois gentilhomme*, en alternance avec la *Tite et Bérénice* de Corneille, y poursuit une carrière exceptionnellement brillante: encore 1273 livres de recettes le 18 janvier 1671, 1415 livres le 6 février, 1248 le 8, 1160 le 10—c'est-à-dire plus de deux mois après la première représentation (8). Molière possède donc là, pour persuader sa troupe, un argument de poids. Et, en ce qui nous concerne, rien, sur le plan strictement historique, ne nous empêche de croire que les comédies-ballets sont pour quelque chose dans le désir qu'exprime la troupe des comédiens du Roi, au printemps 1671, de s'orienter résolument vers un théâtre total, plus spectaculaire et plus ouvert que par le passé à tous les moyens d'expression et de séduction.

Si secondaire qu'il paraisse—et qu'il soit—, ce point d'histoire vaut cependant la peine que nous venons de nous donner pour lui. Il nous permet notamment, pour ce qui a trait à la décision du mois de mars 1671 et aux aménagements qui l'on suivie, de proposer avec une plus grande sérénité d'esprit, et sans craindre davatange les objections, toujours redoutables, des historiens de la littérature, une explication d'ordre essentiellement *intérieur*, relevant cette fois non pas du domaine des circonstances repérables, mais de celui, malheureusement non-répertoriable, de la création artistique proprement dite, et de l'aventure spirituelle qui sous-tend, oriente et informe cette création: explication qui ne prétend nullement exclure les autres, et dont toute l'ambition ne va qu'à rappeler que si Molière fut un directeur de troupe avisé, soucieux de recettes et de succès, il fut aussi indéniablement un créateur inspiré, un grand poète et un profond théoricien de la comédie. Si cela n'est pas écrit, aurait peut-être dit Sosie, cela pourtant ne laisse pas d'être. A considérer comme nous ne cessons de le faire, et quelles que soient les circonstances, l'impressionnante cohérence interne de l'œuvre, son indiscutable dimension critique et réflexive, la tendance très nette qui est la sienne, et qu'elle manifeste à plusieurs reprises, de se prendre elle-même pour sujet, de se mettre perpétuellement en question, dénonçant la norme dans *Dom Juan*, se dénonçant elle-même dans *Le Misanthrope*, redéfinissant un nouveau mode de relation à autrui dans *L'Amour médecin*, en vérifiant l'efficacité dans *L'Avare*, réfléchissant, dans *Amphitryon* et dans *George Dandin*, au problème, crucial pour Molière depuis *Tartuffe*, de la vérité et de son apparence, prenant ironiquement ses distances vis-à-vis du Divertissement de cour, un genre qui lui est imposé et dont elle désapprouve les conventions, dans *La Princesse d'Elide*, dans *La Pastorale comique* et dans *Les Amants magnifiques*, il devient en quelque sorte tout naturel et parfaitement légitime, parfaitement plausible aussi, de suggérer, lorsque Molière prend la décision d'embellir son théâtre et d'en perfectionner les installations, d'engager des chanteurs, des danseurs et des musiciens, que les raisons du directeur de troupe ont peut-être finalement, dans la balance, pesé moins lourd que celles de l'artiste et du poète comique. Car si le premier, qui voit clair et loin, et qui se doit de tenir compte de la conjoncture, de composer et de louvoyer en fonctions des données du moment, songe avant tout à tirer le meilleur parti financier possible des extraordinaires magnificences de *Psyché*, le second, lui, à qui rien ni personne ne saurait faire abandonner son rêve intérieur, et dont toute l'existence est au fond portée, orientée et nourrie par les exigences impérieuses de la création, songe essentiellement—nous avons suffisamment vu qu'il ne prise guère le Divertissement de cour—à faciliter sur le plan matériel, autant que faire se peut, la représentation, l'épanouissement final et heureux de la comédie-ballet, cette forme dramatique dont il est l'inventeur et qui lui est alors d'autant plus chère qu'elle constitue très certainement à ses yeux le moyen d'expression théâtral le mieux approprié à sa nouvelle vision du monde, le plus apte à traduire, en termes de théâtre, l'idée désormais maîtresse de la joyeuse, universelle et folle comédie des hommes.

Car c'est en effet bien là, dans cette rencontre d'une sagesse comique et d'une forme théâtrale entre toutes susceptibles d'en exprimer merveilleusement l'esprit, que se situe selon nous l'événement capital des dernières années de la carrière du poète. Avant *Monsieur de Pourceaugnac* et *Le Bourgeois gentilhomme*, la nouvelle comédie—Olympe II—est une sorte d'âme sans corps, d'âme à la recherche d'un corps et qui, pour vivre, se voit réduite à des solutions d'emprunt: vers libres et cadre mythologique d'*Amphitryon*, prose et réalisme clinique de *L'Avare*, univers conventionnel de la Pastorale héroïque ou galante, monde farcesque, cruel et stylisé de *George Dandin*. Molière n'a certainement alors plus rien à apprendre ni à attendre de la vie. Candide revenu de ses illusions, quelque peu désabusé et usé par les luttes et par la maladie, il ne croit plus guère à la justice—"bien injuste"—des hommes. Encore moins croit-il, éclairé par l'exemple d'Alceste et par l'amitié du vieux La Mothe Le Vayer, non seulement à la possibilité, mais encore à la légitimité de cette "étrange entreprise" qui consiste à vouloir réformer le monde, à prétendre le purger de ses vices et de ses ridicules: "Il ne faut pas être si prompt à regarder la conduite des autres," dira encore à Géronte l'Argante des *Fourberies* (II, 1); "et ceux qui veulent gloser doivent bien regarder chez eux s'il n'y a rien qui cloche." Trop raisonnable au fond, et trop pratique d'esprit pour céder à la tentation du désert, s'il reste parmi les hommes, c'est pour jeter sur eux, et sur la comédie qu'ils jouent, un regard étonnamment lucide, ironique et distant. La différence entre la scène et la salle s'estompe. A quoi bon, dit à peu près Julie à son amant le Vicomte, à quoi bon le divertissement que vous comptez nous offrir? Polie, "achevée," "embellie" par son récent passage à la Cour—où elle fut à *Psyché*—, la Comtesse d'Escarbagnas est, "avec son perpétuel entêtement de qualité," un "aussi bon personnage qu'on en puisse mettre sur le théâtre" (9). Sur cette grande scène du monde, la farce est partout. Et l'homme est un incorrigible comédien, qui joue plus ou moins bien son rôle, et dont toute l'ambition possible consiste, pour ne pas être dupe et éviter le ridicule, à savoir qu'il joue. Réduit au demeurant par le profond savoir de Scapin à quelques passions élémentaires: peur, désir, cupidité, amour de soi. Pantin parfois malfaisant, mais heureusement toujours prévisible, et que la comédie, désormais experte en ruses, en détours et en accommodements, sait rendre parfaitement dérisoire et inoffensif.

C'est sans doute par cette lucidité souveraine du regard, par la clarté et la sérénité d'esprit qu'elle engendre, la maîtrise et la jubilation intérieure qu'elle procure—jubilation de prévoir et de savoir, d'être toujours en avance sur l'événement—, que s'explique selon nous le mieux cette tendance, de plus en plus perceptible chez le Molière des dernières années, à l'économie des moyens, à la mise en place des mêmes mécanismes, à la réutilisation, d'une pièce à l'autre, des mêmes dialogues, des mêmes procédés, et des mêmes situations. Si la cérémonie d'intronisation du grand Mamamouchi ressemble fort à celle du *scavantissimus Facultatis Doctor*, c'est que la folie d'Argan, fondamentalement identique à celle de Jourdain, mérite le même traitement. Si dans *Les Fourberies* Scapin refait à Argante une scène de *Tartuffe*, et si cette même scène se trouve encore reprise par Toinette et Argan (10), c'est que par delà les différences superficielles d'intrigue et de distribution, s'affirme la permanence de la nature humaine. Molière désormais va à l'essentiel: il débarrasse l'homme de tous ses masques et de tous ses oripeaux, nous le montre tel qu'il est et non tel qu'il se croit. Sa force, qui est alors un peu celle que l'on prête généralement à Socrate, lui vient de savoir exactement ce qu'il sait et ce qu'il ignore, et, dans une situation ou dans un problème donnés, de distinguer toujours précisément, infailliblement, ce qui importe de ce qui n'a pas d'importance. Son art n'est plus exploration, interrogation ou découverte, mais approfondissement de quelques certitudes. La vie n'est qu'une farce et perpétuelle comédie. L'homme est naturellement fou, et naturellement inguérissable. Ses prétentions au savoir et à la raison, illusoires et parfaitement chimériques, ne font qu'augmenter sa folie. Et comme nous sommes nous aussi embarqués dans cette galère et que nous n'avons pas choisi notre lot, le mieux qui nous reste à faire consiste, une fois surmonté le désir de se jeter à l'eau, à nous accommoder en riant de ce que nous ne pouvons éviter. La plus basse marche est, pour Molière comme pour Montaigne, la plus joyeuse et la plus ferme.

On comprend, à examiner par exemple *Monsieur de Pour-*

ceaugnac, la première des grandes comédies-ballets de Molière, que cette sagesse comique ait pu trouver dans la musique et dans la danse les moyens d'expression dont elle avait besoin. C'est qu'il y a dans ces arts une souplesse, une plasticité naturelle, une possibilité de mouvement, de stylisation et de *crescendo* éminemment propres à traduire, sur le plan des réalités immédiates et sensibles, l'idée de la dérision et de la folie des hommes. Eminemment propres aussi, dans leur légèreté et leur ivresse heureuse, à faire accepter au spectateur ce qui risquerait autrement de lui être inacceptable. Il s'en était fallu de bien peu pour que, dans *L'Avare*, la froide et menaçante présence d'Harpagon, "surrogate of Death," "Old Man Winter" (11), ne brisât la liberté, l'élan, l'épanouissement autrement irrésistible de la jeunesse, de la vie et du rire. C'est que la nature même de cette comédie, le poids de quotidien et de réalisme chiffré qui pèse lourdement sur elle, l'atmosphère prosaïque et bourgeoise dans laquelle baignent l'intrigue et les personnages, ne laissait guère au spectateur ainsi sollicité d'autre possibilité, pour répondre à la virulente monstruosité d'Harpagon, que celle de porter sur lui un jugement d'ordre essentiellement *moral*. Au contraire, et par le biais de ses dimensions spectaculaires—elle s'adresse d'abord aux sens—, la comédie-ballet lui offre cette échappatoire, en l'occurrence extrêmement précieuse, de la contemplation de la beauté, de l'harmonie et du ravissement sensuel, elle le place d'emblée dans une perspective où le mal perd non seulement une grande partie de son pouvoir et de sa laideur, mais encore de sa pertinence, où le jugement moral, n'étant plus directement sollicité, n'a plus proprement à intervenir, et où s'impose en revanche une réponse d'ordre cette fois essentiellement *esthétique*. Comment le spectateur, diverti de la réalité par la charge et l'ampleur de la caricature, le bonheur renouvelé de l'invention—il pleut dans ce pays d'abord des lavements, ensuite des femmes, et enfin des Suisses—, entraîné par le mouvement endiablé et bouffon des entrées de ballet, l'"exhilarante" douceur de leurs harmonies (12), pourrait-il songer à s'inquiéter de la cruauté et de l'immoralité pourtant patentes de cette cérémonie burlesque?

> Piglia-lo sù,
> Signor Monsu,
> Piglia-lo, piglia-lo, piglia-lo sù,
> Che non ti farà male,
> Piglia-lo sù questo servitiale;
> Piglia-lo sù,
> Signor Monsu,
> Piglia-lo, piglia-lo, piglia-lo sù.
> (I, 11)

Manibus et pedibus descendo in tuam sententiam: le langage lui-même se désagrège, il éclate, il se multiplie, comme emporté lui aussi par le fantastique, la fantaisie et la folie ambiantes :

Monsieur de Pourceaugnac
Je vous laisse entre les mains de Monsieur. Des médecins habillés de noir. Dans une chaise. Tâter le pouls. Comme ainsi soit. Il est fou. Deux gros joufflus. Grands chapeaux. *Bon di, bon di.* Six pantalons. Ta, ra, ta, ta. *Alegramente, Monsu Pourceaugnac.* Apothicaire. Lavement. Prenez, Monsieur, prenez, prenez. Il est bénin, bénin, bénin. C'est pour déterger, pour déterger, déterger. Piglia-lo sù, Signor Monsu, piglia-lo, piglia-lo sù.
(II, 4)

Il cesse d'être plus longtemps un instrument de communication pour devenir l'écho, la métaphore du désarroi grandissant de l'écolier, pardon, de l'écuyer limousin: désarroi né de la perception d'une réalité anormale, pour ainsi dire surréaliste, et qui, dans ses grossissements, ses distorsions et ses difformités, tient quelque peu du mauvais rêve. Et d'autant plus inquiétante que, tout déformé qu'il est, le réel y reste étrangement présent. Si l'imagination égarée de Pourceaugnac lui fait continuellement voir une douzaine de lavements qui le couchent en joue, celle du spectateur a besoin, pour ne pas être horrifiée, de se faire continuellement rappeler que tout ceci n'est qu'un jeu, une farce, une comédie:

L'Apothicaire
Au reste, il n'est pas de ces médecins qui marchandent les maladies: c'est un homme expéditif, expéditif, qui aime à dépêcher ses malades; et quand on a mourir, cela se fait avec lui le plus vite du monde.
Eraste
En effet, il n'est rien de tel que de sortir promptement d'affaire.

L'Apothicaire
Cela est vrai: à quoi bon tant barguigner et tant tourner autour du pot? Il faut savoir vitement le court ou le long d'une maladie.
Eraste
Vous avez raison.
L'Apothicaire
Voilà trois de mes enfants dont il m'a fait l'honneur de conduire la maladie, qui sont morts en moins de quatre jours et qui, entre les mains d'un autre, auraient langui plus de trois mois.
Eraste
Il est bon d'avoir des amis comme cela.
L'Apothicaire
Sans doute. Il ne me reste plus que deux enfants, dont il prend soin comme des siens; il les traite et gouverne à sa fantaisie, sans que je me mêle de rien; et le plus souvent, quand je reviens de la ville, je suis tout étonné que je les trouve saignés ou purgés par son ordre. (I, 5)

Le procédé est clair: nous sommes ici tout à la fois au cœur et au-delà du réel et du vraisemblable. Molière ne quitte et ne dépasse la nature que pour mieux la retrouver. Nous n'en sommes plus au temps des *Fâcheux* ou de *La Critique*. Molière songe désormais moins à l'imitation, à la reproduction fidèle de la réalité, qu'à son interprétation. L'art affirme de plus en plus ses droits, son indépendance et son autonomie. Débarrassé du fardeau de la *mimesis*, il prend soudain, dans sa stylisation et sa puissance métaphoriques, une dimension en quelque sorte métaphysique, il passe de la seconde à la première nature, il atteint des régions qui se situent en l'homme au-delà des sédiments du social et de la coutume: aux réalités fondamentales de l'être, de son corps et de son esprit.

Mais, dira-t-on, et *Les Femmes savantes*? La présence proprement insolite de cette comédie de la première manière—elle apparaît, dans l'œuvre de Molière, entre *La Comtesse d'Escarbagnas* et *Le Malade imaginaire*—semble interdire, dans la perspective précise qui est ici la nôtre d'une évolution radicale de la création, toute généralisation et toute conclusion réellement convaincantes. L'obstacle, en effet, est de taille. Et s'il ne peut être levé, il faut bien reconnaître que l'œuvre perd une bonne partie de la cohérence interne, en quelque sorte organique, dont nous sommes jusqu'ici parvenus, croyons-nous, à déceler l'existence. Molière n'avait pas composé de grande comédie en cinq actes et en vers depuis *Le Misanthrope*. Il s'était dirigé, d'un mouvement qui paraissait tout ensemble naturel, logique et nécessaire, vers une forme de spectacle total, où le grotesque, la farce, la fantaisie bouffonne et poétique de la peinture excluent tout "réalisme," où le texte lui-même perd quelque peu de sa primauté pour devenir un moyen d'expression parmi d'autres et où, sans rien perdre de leur fonction ornementale et décorative, le geste, la musique et la danse acquièrent une valeur métaphorique grandissante, se chargent de plus en plus de traduire, en l'inscrivant dans l'espace scénique, une vision de l'homme et du monde autrement difficilement traduisible. Il avait, dans *Dom Juan* et dans *Le Misanthrope*, radicalement et systématiquement remis en question les mécanismes et les certitudes axiomatiques sur lesquels la comédie morale s'était jusque-là appuyée. Pierre angulaire de l'édifice, la "convenance comique" s'était révélée illusoire. Le rire de la société avait cessé d'être juste. Et, par voie de conséquence, la fonction de juge et de censeur des mœurs que s'était, avec la complicité des "rieurs," arrogé le poète comique, avait perdu toute sa pertinence et sa légitimité. Molière, somme toute, avait tiré un trait: Olympe paraissait bel et bien morte. Morte et enterrée. Et voici soudain qu'elle renaît, encore plus Olympe, s'il se peut, que par le passé. Apprêtée et polie, avec son notaire, son intérieur bourgeois, son raisonneur honnête homme (Ariste), sa servante au grand cœur (Martine), son couple d'amants sympathique et menacé (Henriette et Clitandre), sa dupe (Philaminte) et son imposteur (Trissotin). Etrangement semblable, comme l'a noté R. Fernandez (13), à sa devancière *Tartuffe*, dont elle se contente de démarquer l'intrigue et la composition. Réutilisant à travers le problème féminin, à nouveau envisagé dans la double perspective du mariage et de l'éducation, des thèmes qui remontent à *L'Ecole des femmes* et aux *Précieuses ridicules*. Réglant enfin publiquement avec l'Abbé Cotin, auteur mordant de *La Critique Désintéressée sur les Satyres du temps*, auteur possible aussi de *La Satyre des Satyres* (14), des comptes qui remontent aux années 1664-1667. Bien évidemment décidée, au total, à s'en tenir aux formules éprouvées, et à ne pas sortir des sentiers battus. Quelle surprise, par exemple, est la nôtre, après avoir assisté aux exploits de Sbrigani, de Nérine ou de Scapin, d'entendre soudain Ariste renouer dans la meilleure tradition l'ancienne alliance du rire et de la justice! Personne n'avait depuis Cléante employé ce langage. Et Chrysale, dûment morigéné, décide enfin d'être homme "à la barbe des gens":

> Allez, c'est se moquer. Votre femme, entre nous,
> Est par vos lâchetés souveraine sur vous.
> Son pouvoir n'est fondé que sur votre faiblesse,
> C'est de vous qu'elle prend le titre de maîtresse;
> . . . .
> Quoi? vous ne pouvez pas, voyant comme on vous nomme,
> Vous résoudre une fois à vouloir être un homme?
> A faire condescendre une femme à vos vœux,
> Et prendre assez de cœur pour dire un: "Je le veux"?
> Vous laisserez sans honte immoler votre fille
> Aux folles visions qui tiennent la famille,
> Et de tout votre bien revêtir un nigaud,
> Pour six mots de latin qu'il leur fait sonner haut . . . ?
> *Allez, encor un coup, c'est une moquerie,*
> *Et votre lâcheté mérite qu'on en rie.*
> (II, 9, vv. 677-96)

Encore convient-il, en dépit d'incontestables ressemblances, de se garder ici de toute affirmation tranchée. *Les Femmes savantes* sont une comédie morale que l'esprit de la comédie morale a désertée. Certes, les mêmes mécanismes sont en place, et les mêmes personnages. Mais ces personnages semblent avoir subi l'érosion du temps. Ils ne vivent plus de la même vie. Ils ont indiscutablement perdu quelque chose de leur puissance comique, et de leur valeur d'exemple. Martine—et la différence est ici symbolique, elle illustre bien la dégradation subtile qui, de *Tartuffe* aux *Femmes savantes*, a pris place—, Martine n'est malheureusement pas Dorine. Toutes "coupables" qu'elles sont, Philaminte et Armande échappent dans une large mesure à la correction du ridicule. Et pour faire rire les spectateurs, Molière a dû introduire la visionnaire Bélise, faire commettre des solécismes à Martine et exploiter au maximum la précieuse "bonté d'âme" de Chrysale. Il manque du coup à cette comédie la cohérence, l'unité d'intention, la netteté du trait, la transparence et la détermination qui faisaient la force des *Précieuses ridicules*, de *L'Ecole des femmes* ou de *Tartuffe*. Pour tout dire, les belles certitudes d'antan ont disparu. La comédie des années 1659-1664 nous offrait l'image d'un monde plein et éminemment satisfaisant pour l'esprit. Le mal et le bien y étaient clairement et parfaitement distribués. Constamment guidé, le jugement du spectateur pouvait s'exercer sans hésitation ni faiblesse. Et le rire en jaillissait d'autant plus haut et clair. Cléante avait raison, Elmire était une honnête femme, Orgon avait tort, et Tartuffe, ce scélérat, ne paraissait un moment triompher que pour être mieux vaincu. Qu'aurait-il pu contre la Providence, contre la raison, la justice, et l'infaillible lucidité du Roi? Dans *Les Femmes savantes*, cette simplicité se dissout en nuances. Le rire se disperse en quelque sorte à la périphérie. Il n'intervient guère par exemple dans le grand débat de la pièce, celui de l'ange et de la bête, du corps et de l'esprit. Lorsque Chrysale est ridicule, ce n'est pas parce qu'il tient trop à sa *guenille* et à *son pot*, ou qu'il partage avec Arnolphe une conception réactionnaire et misogyne du rôle de la femme dans la société: mais c'est parce qu'il est incapable de tenir tête à la sienne, qu'il est faible, et qu'il affiche dans sa faiblesse des prétentions risibles à l'autorité. Il a, avouons-le, avec Philaminte, Armande et Bélise, toutes les raisons du monde de vouloir laisser la science aux docteurs de la ville et d'affirmer qu'"Il n'est pas bien honnête, et pour beaucoup de causes, / Qu'une femme étudie et sache tant de choses" (II, 7, vv. 571-72). Et les mécanismes comiques perdent du coup une bonne partie de leur efficacité et de leur signification, qui restent sans prise réelle sur des personnages dont le ridicule n'est plus, comme par le passé, indissolublement et nécessairement lié au vice.

C'est sans doute à cette dissociation très nette du vice et du ridicule qu'il faut attribuer les réticences, voire même le malaise et l'hostilité déclarée d'une bonne partie de la critique moliéresque envers cette comédie d'apparence pourtant si parfaite et si achevée (15). On voudrait souvent, dans *Les Femmes savantes*, pouvoir rire à meilleur escient. On aimerait bien aussi savoir avec un peu plus d'exactitude ce que Molière, en la composant, avait derrière la tête. Quelles furent précisément ses intentions? Que nous demande-t-il d'approuver? Que nous suggère-t-il de condamner? L'univers reconstitué de *Tartuffe* réveille en nous de vieux réflexes, des questions et des exigences révolues. Puisque Molière par exemple faisait, dans *L'Imposteur*, tout son possible pour nous guider, pour satisfaire notre jugement et notre curiosité, pourquoi laisse-t-il, au sujet de Philaminte, tant de questions sans réponse? Que pensait-il d'elle? Que lui reproche-t-il? Orgon était manifestement dans l'erreur, et nous savions pourquoi. Philaminte est, elle aussi, très certainement répréhensible: mais en quoi l'est-elle? Est-ce parce qu'elle prétend échapper aux servitudes inhérentes à sa condition, fuir la cuisine, le ménage et les travaux d'aiguille, et démontrer aux hommes trop imbus de leur prétendue supériorité que les femmes sont comme eux capables de penser? Qu'elle se pique de goût, d'esprit, et de beau langage, qu'elle aspire de toute son âme à la science et à ses "sublimes clartés"? Qu'elle est, comme Chrysale est un extrémiste du corps, une extrémiste de l'esprit? Ou plutôt parce qu'elle entend ne jamais être contredite, donner force de loi à ses moindres désirs et régner sur autrui en maîtresse absolue? La comédie morale s'accommode fort mal, on le sait, d'hésitations de cette nature. Elle a, pour fonctionner, besoin de clarté, d'évidences et de certitudes. Besoin, aussi, de vérités établies et communément reçues. Son domaine, en ce sens, est celui du dogme social et moral: non pas celui, fluctuant, de l'opinion.

Que la comédie des *Femmes savantes* pose, au fond, moins un problème général de mœurs qu'un problème particulier—nous sommes, avec cette comédie, non au niveau de la loi morale, mais à celui, tout casuistique, de son application—, que Molière semble y avoir été moins soucieux de défendre de grandes et nobles idées que de prouver au monde, et que de se prouver, qu'il était encore capable d'écrire une grande comédie régulière en cinq actes et en vers, qu'il laisse en définitive chaque spectateur libre de son choix, moins confronté à la question pourtant essentielle des relations de l'esprit-forme et du corps-matière—à laquelle Clitandre apporte la solution entre toutes raisonnable du juste milieu (16)—, qu'à celle de l'émancipation intellectuelle des femmes, de leur participation à la vie de l'esprit et au mouvement des idées (17), il n'y a guère là d'ailleurs de quoi nous étonner. C'est que Molière est alors beaucoup moins que par le passé soucieux d'instruire et de corriger son siècle, que sa pensée se teinte volontiers de scepticisme, et qu'à la rigueur, à la volonté de démontrer et de persuader, a chez lui succédé la souplesse. *L'Ecole des femmes* affirmait le droit à la vie, à l'amour et à la liberté. *Tartuffe* dénonçait, au nom de la raison, de la vérité et de la justice, les basses filouteries de l'hypocrisie religieuse. Dans leur urgence, ces grandes questions ne laissaient guère, au spectateur, de latitude. Elles exigeaient, en quelque sorte, une réaction unanime et passionnée. Elles dépassaient ce qu'on peut ici appeler le domaine, ondoyant et divers, des mœurs, pour atteindre à celui, impératif et catégorique, des valeurs et de la morale—de cette morale dont Pascal justement nous dit qu'elle se moque de la morale. L'auteur des *Femmes savantes*, que la vie a fait plier, qui a dû se battre cinq ans pour faire jouer les faux dévots sur son théâtre, qui a dressé dans *Dom Juan* un réquisitoire passionné contre la sagesse sociale, qui a dans *Le Misanthrope* voué au ridicule le rôle, qu'il s'était trop vite attribué, d'instituteur et de censeur des mœurs, n'a plus ces ambitions, ni cette audace. La vérité est désormais pour lui toute relative. Elle n'est plus un absolu.

En dépit de toutes ces nuances, d'ailleurs souvent, dans leur subtilité, très difficiles à saisir—mais pour nous très précieuses, dans la mesure même où elles nous permettent de vérifier une fois de plus la réalité du chemin parcouru—, il reste que la présence des *Femmes savantes*, à ce moment précis de la carrière de Molière, au beau milieu des grandes comédies-ballets, est des plus inattendues. Molière aurait-il fait aménager son théâtre en 1671 pour y faire représenter, à peine un an plus tard, la comédie la plus "régulière" qui se puisse imaginer? Il est maintenant à même d'accueillir des pièces à machines comme *Psyché*, des comédies mêlées de musique et de danse comme *Monsieur de Pourceaugnac* ou *Le Bourgeois gentilhomme*. Ses installations lui permettent désormais d'offrir à son public du Palais-Royal des spectacles presque comparables dans leur somptuosité à ceux dont se divertissent le Roi et sa Cour. Et voici qu'il revient soudain au passé et aux moyens d'expression classiques, qu'il renoue avec une tradition dont tout semble indiquer par ailleurs qu'elle ne le satisfait plus. Devant une évidence de cette importance, on est généralement enclin à penser —et à conclure—qu'en dépit de l'intérêt évident que Molière, sur la fin de sa carrière, manifeste pour une forme de spectacle total, la comédie classique, psychologique et morale, conserve à ses yeux une indiscutable prééminence, qu'elle reste pour lui le grand genre, que les comédies-ballets constituent en revanche le secteur secondaire de sa création, et qu'il est par conséquent impossible, à propos de son théâtre, de parler d'évolution.

Il existe heureusement, au niveau de l'histoire littéraire, toute une série de faits et de témoignages qui, en nous permettant de comprendre les raisons précises pour lesquelles Molière s'est vu en quelque sorte contraint de faire représenter *Les Femmes savantes*, nous autorise du même coup à croire plus que jamais à la réalité de la thèse évolutive. Donneau de Visé nous apprend d'abord que la conception de cette comédie remonte vraisemblablement à 1668 et au semi-échec de *L'Avare*. "Jamais dans une seule année l'on ne vit tant de belles pièces de théâtre," écrit-il dans *Le Mercure Galant* du 25 mai 1672, "et le fameux Molière ne nous a point trompés dans l'espérance qu'il nous avait donnée *il y a tantôt quatre ans* de faire représenter au Palais-Royal une pièce comique de sa façon qui fût tout à fait achevée" (18). Nous savons par ailleurs que cette comédie est terminée, ou sur le point de l'être, le 31 décembre 1670, puisque Molière obtient à cette date un privilège pour sa publication (19). Pièce donc bien évidemment composée et méditée à loisir, et qui représente certainement pour Molière, *sur le plan de la création formelle*, quelque chose d'important: comme la démonstration publique que sa maîtrise de plus en plus éblouissante dans le domaine de la fresque ne nuit en rien à ses talents de peintre classique. Mais en même temps pièce pour laquelle Molière ne manifeste pas une passion comparable à celle qu'avaient par exemple suscitée en lui *Tartuffe* ou *Le Misanthrope*, puisqu'il laisse s'écouler plus d'une année avant de la faire jouer, pour la première fois, le 11 mars 1672. L'intervalle est en soi suffisamment éloquent pour pouvoir se passer de glose. Signe, à tout le moins, d'un certain détachement du créateur par rapport à sa création.

La question qui se présente alors à l'esprit est la suivante: pourquoi la première des *Femmes savantes* a-t-elle lieu le 11 mars 1672? Molière a-t-il à cette date une raison précise—raison qu'il ne possédait pas auparavant—de faire jouer une pièce qui dort dans ses cartons depuis déjà près de quinze mois? A cette question, le presque trop impeccable enchaînement des dates et des faits apporte la plus satisfaisante des réponses. Si Molière fait jouer, le 11 mars 1672, sa comédie des *Femmes savantes*, c'est parce que Lulli est sur le point d'obtenir du Roi le privilège de l'Opéra—il l'obtient en fait le 13 mars 1672, soit deux jours exactement après la première des *Femmes savantes*!—, et que ce privilège, par lequel "très-expresses défenses" sont faites à quiconque "de faire chanter aucune pièce entière en musique, soit en vers français ou autres langues, sans la permission par écrit dudit sieur Lulli, à peine de 10.000 livres d'amende et de confiscation des théâtres, machines, décorations, habits et autres choses" (20), comporte primitivement une clause interdisant à tout autre théâtre qu'à celui de Lulli de posséder plus de *deux* chanteurs et de *deux* musiciens, c'est-à-dire rendant bel et bien impossible à Molière toute représentation de ses comédies-ballets. Et c'est pour assurer légalement sa position que Molière donne alors ses *Femmes savantes*, comédie qui possède sur les autres, et notamment sur *La Comtesse d'Escarbagnas* (21), l'indiscutable avantage de ne comporter ni musique ni entrées de ballet. Il peut ainsi contre-attaquer vigoureusement sans avoir à craindre de poursuites, obtenir du Roi la suppression de cette clause par trop abusive—une nouvelle ordonnance royale du 22 juillet portera la même année respectivement à *six* et à *douze* le nombre des chanteurs et celui des musiciens (22)—, et s'opposer par une requête du 28 mars, au nom de toute sa troupe, à l'enregistrement d'un privilège dont il nous rappelle lui-même qu'il donne à son bénéficiaire le droit "de faire seul des danses, ballets, concerts de luths, théorbes, violons et toutes sortes d'instruments de musique" (23). Et ce n'est que le 24 mai 1672, non sans avoir peut-être reçu quelques apaisements, qu'il se résoudra, après une triple reprise malheureuse de *Tartuffe*—respectivement 384, 400 et 276 livres, les 17, 20 et 22 mai (24) —, à renouer avec *Le Bourgeois gentilhomme* le cycle interrompu des représentations de ses comédies-ballets.

Il nous paraît donc en l'occurrence fort légitime d'invoquer ici à notre tour la pression des circonstances et de suggérer que, sans la menace que font à cette époque peser sur lui les manœuvres de Lulli, Molière aurait peut-être encore différé la représentation des *Femmes savantes*. C'est que—les recettes le prouvent avec suffisamment de clarté (25)—le moment est décidément et éminemment propice au grand spectacle et à la comédie-ballet. Et que, intensément présent, l'artiste comique qui vit en Molière est alors trop occupé à exploiter pleinement les possibilités de cette extraordinaire forme d'expression théâtrale pour songer à revenir au passé et à cultiver de son propre mouvement, sans que des raisons particulières ne l'y poussent, un type de comédie auquel il ne croit plus. Il en est des *Femmes savantes* comme de toute autre comédie du même genre à la même époque—comme par exemple, *mutatis mutandis*, *Les Fourberies de Scapin*, que Molière fait représenter au moment même où sa troupe commence les répétitions de *Psyché* (26): elles constituent selon nous dans l'œuvre de Molière une survivance du passé, en quelque sorte la partie morte de son art, celle dans laquelle il ne peut plus, au mieux, que *reproduire*, et non pas *inventer*. Et c'est désormais à la comédie-ballet que vont, chez Molière, les efforts, l'attention, et les méditations.

Ceci étant dit, nous sommes maintenant en mesure de mieux apprécier la merveilleuse et géniale réussite du *Bourgeois gentilhomme*. Réussite que la critique moliéresque, qui préfère généralement ce qu'elle appelle "la grande comédie" du type *Tartuffe* ou *Le Misanthrope*, et qui par conséquent a tendance à considérer la Comédie-ballet comme un genre nécessairement inférieur, n'a pas toujours su reconnaître et saluer comme elle le mérite. En ce qui concerne particulièrement *Le Bourgeois gentilhomme*, elle se contente dans l'ensemble, l'occasion l'y poussant, de mises au point historiques et de spéculations, reprises avec une conviction plus ou moins grande, sur les modèles possibles de Jourdain. Elle nous rappelle le séjour de Soliman Aga, envoyé du Sultan, à la Cour, la réception fastueuse, et quelque peu ridicule—une sorte de mascarade à la turque, où de Lionne avait revêtu la robe longe de rigueur et où, malgré tout leur éclat, les diamants du Roi-Soleil n'éblouissaient pas autant l'œil que le cheval harnaché du Grand Seigneur —, qui lui fut offerte lors de son arrivée le 1er novembre 1669, le rôle important de d'Arvieux et son succès auprès de Monsieur et de Mme de Montespan. Elle nous suggère que M. Jourdain pourrait bien être le chapelier Gandorin, ou mieux encore Colbert, fils d'un marchand drapier, assoiffé de noblesse et d'amours aristocratiques, et que Molière a peut-être tiré parti d'une mésaventure survenue à Tancrède, chirurgien de Monsieur, dans la maison que celui-ci possédait à Saint-Cloud, et dont Boileau avait été le témoin (27). Quant à l'œuvre elle-même et à sa valeur artistique, elle en parle seulement pour nous dire qu'"aucun souci de composition" n'a présidé à son élaboration, qu'elle est bâtie "à la diable," qu'elle repose "sur la plus mince et la plus inconsistante des intrigues," la plus invraisemblable aussi. Il ne faut pas, nous assure-t-elle, chercher "une progression dramatique bien régulière" dans une pièce qui, comme le prouve une comparaison du *Livret* et de la première édition, "s'accommode de deux découpages différents." Et tout ce qu'en l'occurrence on peut dire, c'est que *Le Bourgeois gentilhomme* est "un spectacle brillant, formé essentiellement d'entrées de ballet autonomes, que séparent des scènes de farce servant de prétexte aux danses et aux chants et non moins autonomes" (28). En somme, un divertissement semblable, dans sa légèreté et son absence de signification, à tous ceux que Molière prépare pour les plaisirs du Roi.

Ce jugement, à notre sens beaucoup trop négatif—Pourceaugnac dirait "bien injuste"—tient bien évidemment à un malentendu. Molière pourtant nous le disait déjà à propos de *L'Amour médecin*, et son avertissement reste, appliqué au *Bourgeois gentilhomme*, le plus pertinent qui soit: les comédies—*a fortiori* les comédies-ballets—ne sont faites que pour être jouées; beaucoup de choses y dépendent de l'action; il serait à souhaiter que ces sortes d'ouvrages pussent toujours se présenter avec les ornements qui les accompagnent chez le Roi; l'impression les appauvrit et les dénature d'une façon considérable; et je ne conseille de les lire qu'à ces personnes "qui ont des yeux pour découvrir dans la lecture tout le jeu du théâtre." En d'autres termes, contrairement aux "grandes comédies" du début qui sont, par l'importance même de leur texte, capables de survivre à leur représentation, *Le Bourgeois gentilhomme* est essentiellement et d'abord un spectacle que sa représentation épuise, qui n'accorde au texte qu'une importance secondaire, et qui, par conséquent, ne doit pas être jugé d'après des critères uniquement littéraires ou textuels. Que le texte lui-même semble dépourvu de structure ne prouve donc rien. Car celle-ci peut fort bien exister au niveau des réalités visuelles et/ou auditives.

Et de fait, dès que l'on s'applique à restituer au texte la richesse et l'épaisseur de ses "ornements," à tenir compte de la dimension spectaculaire qui est indiscutablement la sienne, l'impression qui alors domine n'est plus celle, décevante, d'une suite gratuite de sketches et de lazzi. Un système de signes cohérent et signifiant peu à peu s'y distingue, et un mouvement, un *crescendo*, une montée graduelle—et soigneusement graduée—vers l'apothéose burlesque. Grimarest d'ailleurs nous en avait prévenus, et l'analyse critique confirme pour cette fois ses dires: Molière a travaillé *Le Bourgeois gentilhomme* avec beaucoup de soin (29). A considérer le *Livret*, qui possède sur le texte cet incontestable avantage d'isoler pour nous l'ossature musicale et dansée de la comédie, on remarque par exemple, en ce qui concerne le premier acte—premier acte auquel correspondent les deux premiers actes du texte imprimé—, qu'après l'ouverture, qui, comme il se doit, "se fait par un grand assemblage d'instruments," *une* Musicienne—Mlle Hilaire—est priée de chanter l'air que vient de composer l'Elève du Maître de musique. Qu'à ce *solo* succède un *duo*, un dialogue pour lequel entrent sur scène "*un* Musicien et *deux* Violons." Que le duo se fait *trio* par l'intervention de l'élève du maître de musique. Qu'ensuite vient le tour du maître à danser, et de *quatre* danseurs. Et qu'enfin apparaît le maître tailleur, accompagné de *six* garçons tailleurs qui habillent Jourdain en cadence. Ce langage arithmétique, qui naturellement ne doit rien au hasard, définit déjà, dans sa simplicité, un esprit de lecture. Tout se passe en fait comme si Molière avait voulu ménager un envahissement progressif de la scène—de plus en plus d'instruments, de plus en plus de chanteurs, de plus en plus de danseurs—en vue du ballet sur lequel se clôt l'acte, et dans lequel se trouvent pour la première fois réellement mêlés la musique et la danse (30). Le texte, consulté à son tour, traduit une volonté semblable, qui nous fait assister, à partir d'un dialogue entre le maître de musique et le maître à danser, aux entrées successives du maître d'armes et du maître de philosophie, et à la bataille générale qui, à la scène 3 de l'acte II, met fin à ce très perceptible mouvement: à cette seule différence près cependant que Molière, sans doute parce qu'il ne possède pas les moyens financiers du Roi, a dû se contenter pour le Palais-Royal de *quatre* garçons tailleurs au lieu de *six* (31). Mais l'essentiel demeure malgré tout acquis et confirmé si, élargissant la perspective, on envisage la comédie dans sa totalité: ce que, d'intermède en intermède, de l'habillement cadencé de Jourdain au Ballet des Nations, en passant par la cérémonie turque, Molière a voulu rendre sensible, c'est l'idée d'un mouvement progressif, et irrésistible, vers un sommet où se trouve enfin réalisée, dans sa perfection ultime, la fusion du texte, de la musique et de la danse.

Il suffit en fait de porter quelque peu son attention sur l'ossature musicale de la comédie pour s'apercevoir que celle-ci est faite essentiellement de trois moments, ou mieux de trois *mouvements*, tant s'impose ici l'emploi d'une terminologie habituellement réservée à des réalités d'un autre ordre. Tant il est vrai aussi que Molière a composé cette comédie en fonction des intermèdes musicaux qui la ponctuent, et non l'inverse. Le premier mouvement, qui englobe les deux premiers actes de l'édition, se termine par l'habillement de Jourdain "à la cadence de toute la symphonie." Le second mouvement, qui comprend les actes III et IV, et qui est, comme le premier, orné d'un intermède musical—les deux chansons à boire de la scène 2 de l'acte IV constituent, sur le plan structural, une reprise des deux airs de pastorale de la scène 2 de l'acte I—, s'achève—en beauté—sur la cérémonie d'intronisation du grand Mamamouchi. Le troisième enfin, qui se compose de l'acte V, trouve son couronnement—couronnement qui est aussi celui de la comédie tout entière—dans le Ballet des Nations. Et tout cela, nous dit le texte de la sixième entrée du Ballet, "tout cela finit par le mélange des trois nations, et les applaudissements en danse et en musique de toute l'assistance, qui chante les deux vers qui suivent: "Quels spectacles charmants, quels plaisirs goûtons-nous! / Les Dieux mêmes, les Dieux n'en ont point de plus doux" (32).

Cette structure proprement musicale se double de ce que l'on pourrait appeler une structure *visuelle* et *gestuelle*, qui a pour fin essentielle, par le biais de la répétition, de contraindre en quelque sorte le spectateur à se constituer ses propres points de repère, à prendre conscience du mouvement général qui entraîne la comédie et lui donne toute sa signification. Dans cette perspective, les costumes successivement portés par Jourdain acquièrent une importance de premier plan. Ce dernier apparaît en effet d'abord revêtu d'une robe de chambre à l'indienne (I, 2), qu'il fait admirer aux maître de musique et au maître à danser:

Monsieur Jourdain
Je me suis fait faire cette indienne-ci.
Maître à danser
Elle est fort belle.
Monsieur Jourdain
Mon tailleur m'a dit que les gens de qualité étaient comme cela le matin.
Maître de musique
Cela vous sied à merveille.

Cette robe de chambre très à la mode (33) recouvre "un petit déshabillé" dont Jourdain se sert pour faire ses exercices matinaux; déshabillé qu'il nous montre d'abord, à la scène 2 de l'acte I, en entrouvant les pans de sa robe, ensuite à la scène 2 de l'acte II, quand il tire l'épée avec son maître d'armes, et qui comprend—ces précisions ne nous sont certainement pas données en vain—"un haut-de-chausses étroit de velours rouge, et une camisole de velours vert":

Monsieur Jourdain
Voici encore un petit déshabillé pour faire le matin mes exercices.
Maître de musique
Il est galant.
Monsieur Jourdain
Laquais!
Premier Laquais
Monsieur.

Monsieur Jourdain
L'autre laquais.
Second Laquais
Monsieur.
Monsieur Jourdain
Tenez ma robe. Me trouvez-vous bien comme cela?
Maître à danser
Fort bien. On ne peut pas mieux (34).

A ce déshabillé d'athlète en chambre, encore, somme toute, supportable—mis à part, naturellement, le choix peu heureux du *rouge* et du *vert*, qui doit donner à Jourdain l'air d'un volatile exotique—, succède, à la fin de l'acte II, l'habit de cour aux fleurs "en enbas," habit qui consacre définitivement Jourdain dans sa nouvelle noblesse, et fait de lui non seulement la "personne de qualité" qu'il a toujours rêvé d'être, mais encore "Mon gentilhomme," "Monseigneur," "Votre Grandeur," et presque "Votre Altesse." A partir de ce moment-là, Jourdain positivement marche sur la tête—les fleurs de son habit sont en enbas. Et il offre un spectacle d'une telle puissance comique que Nicole est sur le point d'en "crever" de rire (III, 2) et que Mme Jourdain s'écrie, sans doute frappée de stupeur: "Ah, ah! voici une nouvelle histoire. Qu'est-ce que c'est donc, mon mari, que cet équipage-là? Vous moquez-vous du monde, de vous être fait enharnacher de la sorte? Et avez-vous envie qu'on se raille partout de vous?" (III, 3). Mais, si grande qu'elle soit, sa surprise n'égale certes pas celle qu'elle exprime au début de l'acte V en découvrant son époux revêtu du costume et du turban de Mamamouchi—métamorphose ultime qui installe définitivement Jourdain au centre de son univers imaginaire, à mille lieues du monde bourgeois dont nous l'avons vu progressivement sortir:

Ah! mon Dieu! miséricorde! Qu'est-ce que c'est donc que cela? Quelle figure! Est-ce un momon que vous allez porter et est-il temps d'aller en masque? Parlez donc, qu'est-ce que c'est que ceci? Qui vous a fagoté comme cela?

On voit en quoi cette structure visuelle redouble—et renforce —la structure musicale. L'habit, qui est en quelque sorte l'image, la métaphore de ce mouvement dont nous avons parlé plus haut, apparaît en effet aux deux charnières essentielles de la pièce: au centre même et de la cérémonie de la fin de l'acte II, et de celle de la fin de l'acte IV. La vue se joint ainsi à l'ouïe pour marquer les temps forts de la comédie, et souligner sa profonde unité organique.

Outre l'habit, un autre signe, celui-ci de nature *gestuelle*, joue au niveau structural un rôle de premier plan: tant il est vrai que le langage n'est dans cette comédie qu'un moyen d'expression parmi d'autres, et certainement pas le plus important de tous. Je veux ici parler de la révérence. Jourdain s'en fait d'abord enseigner la science par son maître à danser:

> *Monsieur Jourdain*
> A propos. Apprenez-moi comme il faut faire une révérence pour saluer une marquise: j'en aurai besoin tantôt.
> *Maître à danser*
> Une révérence pour saluer une marquise?
> *Monsieur Jourdain*
> Oui, une marquise qui s'appelle Dorimène.
> *Maître à danser*
> Donnez-moi la main.
> *Monsieur Jourdain*
> Non, vous n'avez qu'à faire, je le retiendrai bien.
> *Maître à danser*
> Si vous voulez la saluer avec beaucoup de respect, il faut faire d'abord une révérence en arrière, puis marcher vers elle avec trois révérences en avant, et à la dernière vous baisser jusqu'à ses genoux.
> *Monsieur Jourdain*
> Faites un peu. Bon.
>
> (II, 1)

Puis il met en pratique ce qu'il a appris pour accueillir dignement, et en personne de qualité, la dame de ses pensées. M. Jourdain sait le monde, et il tient à en respecter les usages:

> *Monsieur Jourdain, après avoir fait deux révérences, se trouvant trop près de Dorimène*:
> Un peu plus loin, Madame.
> *Dorimène*
> Comment?
> *Monsieur Jourdain*
> Un pas, s'il vous plaît.
> *Dorimène*
> Quoi donc?

Monsieur Jourdain
Reculez un peu, pour la troisième.
Dorante
Madame, Monsieur Jourdain sait son monde.

(III, 16)

Enfin, épanoui dans sa magnificence, la tête coiffée du gigantesque turban de cérémonie—garni, nous dit l'édition de 1682 (35) "de bougies allumées, à quatre ou cinq rangs"—, Jourdain, dont la métamorphose n'est pas seulement vestimentaire, et à qui sa nouvelle gloire a donné de l'assurance, fait à Dorimène, venue le féliciter, trois "révérences à la turque." A la maladresse a soudain succédé la grâce. Jourdain n'est vraiment chez lui, n'est vraiment lui, qu'en Turquie. Son compliment, d'abord balbutiant et pratiquement incompréhensible—

Madame, ce m'est une gloire bien grande de me voir assez fortuné pour être si heureux que d'avoir le bonheur que vous ayez la bonté de m'accorder la grâce de me faire l'honneur de m'honorer de la faveur de votre présence; et si j'avais aussi le mérite pour mériter un mérite comme le vôtre, et que le Ciel ... envieux de mon bien ... m'eût accordé ... l'avantage de me voir digne ... des ... (III, 16)

—devient tout d'un coup, ô miracle, d'une élégance proprement mamamouchéenne. Comment l'esprit naît aux bourgeois:

Madame, je vous souhaite toute l'année votre rosier fleuri; et je vous suis infiniment obligé de prendre part aux honneurs qui m'arrivent, et j'ai beaucoup de joie de vous voir revenue ici pour vous faire les très humbles excuses de l'extravagance de ma femme. (V, 3)

Sa nouvelle dignité a transformé Jourdain au point de lui apprendre à parler. L'élève est devenu un maître à son tour. Il est désormais, et plus que jamais, "en humeur de dire de jolies choses" (36). N'a-t-il pas commencé par assimiler l'orthographe et ses rudiments phonétiques? N'a-t-il pas ensuite disserté sur les différences entre les vers et la prose, composé d'un seul jet un billet doux pour sa Marquise, appris enfin à s'exprimer en turc, à dire *Cacaracamouchen*—"Ma chère âme"— et *Mamamouchi*, "c'est-à-dire, en notre langue, Paladin"? (37). Si les gens de qualité savent tout c'est, quoi qu'on en dise, qu'ils se sont donnés la peine d'apprendre quelque chose. *Strouf, strif, strof, straf*. "*Jordina*, c'est-à-dire Jourdain." Il est donc tout naturel qu'ils commandent le monde, aient la prétention de réduire leur femme au silence et de marier leur fille à Son Altesse le fils du Grand Turc.

Car c'est bien en définitive à une interprétation largement positive du personnage de Jourdain que semble nous amener la structure et le mouvement concertés de la comédie. Alors que Molière faisait auparavant toujours triompher le monde réel de Cléante ou de Philinte du monde imaginaire d'Alceste, d'Arnolphe, de Sganarelle ou d'Orgon, c'est ici exactement l'inverse qui se produit: le monde imaginaire, artistique et poétique de Jourdain triomphe du monde prosaïque et bourgeois de son épouse. Même coalisée, la raison ne peut plus rien contre la folie. Celle-ci résiste à tous les éclats de rire, à toutes les remontrances et à tous les sermons, contraint finalement ceux qui la dénoncent avec véhémence à jouer son jeu et à entrer à leur tour dans son univers. "Vous êtes fou, mon mari, avec toutes vos fantaisies," lui dit Mme Jourdain, "et cela vous est venu depuis que vous vous mêlez de hanter la noblesse." Lorsque je hante la noblesse, lui répond M. Jourdain, "lorsque je hante la noblesse, je fais paraître mon jugement, et cela est plus beau que de hanter votre bourgeoisie" (III, 3). Plus Jourdain s'éloigne de ses origines, plus il échappe à l'empire du réel—d'abord bourgeois, puis gentilhomme, enfin Mamamouchi—, plus il s'enfonce dans cet univers imaginaire qu'avec une maîtrise et un bonheur d'invention grandissants il est en train de bâtir sous nos yeux, et plus la poésie, plus le chant, la musique et la danse fleurissent, s'épanouissent sur la scène et s'y installent. Le grand rêve d'élégance, de luxe et d'harmonie que Jourdain porte en lui finit par modeler le monde qui l'entoure. L'intérieur bourgeois, touché lui aussi par la grâce, subit peu à peu une métamorphose comparable à celle de son propriétaire. Mme Jourdain ne s'y reconnaît plus. "Je ne sais plus," dit-elle, "ce que c'est que notre maison: on dirait qu'il est céans carême-prenant tous les jours; et dès le matin, de peur d'y manquer, on y entend des vacarmes de violons et de chanteurs, dont tout le voisinage se trouve incommodé" (III, 3). Traditionnelle à toute demeure bourgeoise, la grande salle devient successivement école, gymnase, salle de concert, de bal ou de festin. "C'est donc pour cette belle affaire-ci, Monsieur mon mari, que vous avez eu tant d'empressement à m'envoyer dîner chez ma sœur? Je viens de voir un théâtre là-bas, et je vois ici un banquet à faire noces," s'emporte Mme Jourdain. "Voilà comme vous dépensez votre bien, et c'est ainsi que vous festinez les dames en mon absence, et que vous leur donnez la musique et la comédie, tandis que vous m'envoyez promener?" (IV, 2). Et de fait, la seule présence de Jourdain, sa naïveté et son aveuglement complices, suscitent irrésistiblement le rire, engendrent, pour ainsi dire spontanément, l'amour, le plaisir et la joie. Littéralement, la fête naît sous ses pas, et la comédie, dont il est non seulement la dupe et le prétexte, mais aussi bien l'âme, l'acteur et le metteur en scène inspiré. Devenue palais des mille et une nuits puis théâtre, élargie aux dimensions de l'univers, la maison de Jourdain est finalement emportée, comme le reste, dans les folles arabesques du Ballet des Nations. Le rêve a disposé de la réalité.

Il nous semble donc difficile d'accepter l'idée encore récemment exprimée, notamment par J. Brody et O. de Mourgues (38), que Jourdain est "un artiste manqué" dont le ridicule provient d'"une insuffisance esthétique," un homme "qui ne peut pas danser," une sorte de "dormeur éveillé" *incongruously thrown, for a joke, into a paradise of splendour and refinement*. En effet, de telles affirmations ne tiennent pas à notre sens suffisamment compte et de l'évolution, très perceptible, du personnage, et du rôle éminemment actif que Molière lui a attribué. Jourdain est mouvement, et source de mouvement. Il est celui qui danse, et qui entraîne dans la ronde ceux qui habituellement se refusent à danser. La tension essentielle de la pièce n'est pas celle de la grâce et de la maladresse, mais celle du réel et de l'imaginaire. Jourdain, certes, est comique. Et comique parce qu'il est maladroit. Maladroit quand il chante la cruauté de Jeanneton; maladroit quand il danse le menuet; maladroit quand il tire l'épée contre Nicole ou contre son maître d'armes; maladroit quand, revêtu de son habit à fleurs, il fait à Dorimène des révérences et des compliments à n'en plus finir. Mais sa maladresse même possède, dans cet étrange univers, une dimension toute positive. Nous lui devons notre rire, et notre plaisir. Nous lui devons les airs de pastorale et les chansons à boire, la leçon d'escrime et la leçon d'orthographe, la danse des garçons tailleurs et la cérémonie turque; et même le Ballet des Nations. Nous lui devons la fête. Qu'importe alors que Jourdain soit "un fou," un homme "dont les lumières sont petites," un bon bourgeois "ignorant" et "assez ridicule" dont les "visions de noblesse et de galanterie" et les façons de faire "donnent à rire à tout le monde"? Car c'est justement ce même monde qui voudrait, dans son vœu de sérieux, de respectabilité et d'immobilisme, interrompre la fête et mettre un terme à nos plaisirs. Ce monde sans poésie ni imagination, qui se complaît dans l'ignorance et la médiocrité, qui confond *baladin* et *Paladin*, qui reste insensible aux beautés de la musique et de la danse et qui condamne, au nom de la raison—de sa raison—celui qui ose naïvement rêver et modeler le monde à l'image de son rêve. "Lorsque pour rire on s'assemble," nous dit Molière à la fin de *Monsieur de Pourceaugnac*, "Les plus sages, ce me semble, / Sont ceux qui sont les plus fous."

Car c'est bien sous les traits d'un fâcheux, d'un "faiseur de remontrances," d'un "donneur d'avis dont on n'a cure" (39), qu'apparaît le monde dans la comédie du *Bourgeois gentilhomme*. Madame Jourdain est peut-être sage. Elle a certainement raison de défendre "ses droits," et de vouloir chasser de chez elle un noble qui la ruine et une marquise qu'elle croit être sa rivale. Mais elle n'est, comme le dit M. Gutwirth, pas à sa place (40). Elle joue le rôle, comique et peu glorieux, de ce M. Harpin qui, dans *La Comtesse d'Escarbagnas*, monte sur la scène pour interrompre la représentation de la comédie. Ou celui, dont nous avons déjà parlé à l'occasion d'Alceste, de ce "Monsieur du bel air" qui se refuse à rire avec les autres et qui, front plissé et regard sévère, s'engonce dans une attitude à la Caton. Elle est le pôle négatif de la pièce, l'élément perturbateur qui cherche à briser l'élan heureux de la comédie et qu'il convient, par conséquent, d'éliminer ou d'assimiler: de rendre, dirait Jourdain dans son langage, à la raison. Semblable donc en tous points à ces trois "Importuns," ce "vieux *bourgeois* babillard," cette "vieille *bourgeoise* babillarde" et ce "mignon" de fils qui ne pipe mot, dont la présence malencontreuse, chagrine et renfrognée, retarde pour un moment l'épanouissement et le triomphe de l'harmonie dans le Ballet des Nations. Importuns parce que hostiles, et désaccordés. Bourgeois égarés dans un monde de fantaisie et qui, pour se plaindre, reprennent les termes mêmes de Mme Jourdain:

> *Vieux bourgeois babillard*
> Allons, ma mie,
> Suivez mes pas,
> Je vous en prie,
> Et ne me quittez pas:
> On fait de nous trop peu de cas,
> Et je suis las
> De ce tracas:
> Tout ce fatras,
> Cet embarras
> Me pèse par trop sur les bras.
> S'il me prend jamais envie
> De retourner de ma vie
> A ballet ni comédie,
> Je veux bien qu'on m'estropie. . . .
>
> *Vieille bourgeoise babillarde*
> Allons, mon mignon, mon fils,
> Regagnons notre logis,
> Et sortons de ce taudis,
> Où l'on ne peut être assis:
> Ils seront bien ébaubis
> Quand ils nous verront partis,
> Trop de confusion règne dans cette salle,
> Et j'aimerais mieux être au milieu de la Halle.
> Si jamais je reviens à semblable régale,
> Je veux bien recevoir des soufflets plus de six (41).

On voit du coup l'étroite relation qui, sur le plan thématique, existe entre le ballet final et la comédie proprement dite. Les "Bourgeois babillards" sont fauteurs de trouble. Leur mécontentement et leurs protestations plongent la salle—le théâtre dans le théâtre—dans le "désordre," engendrent le "bruit," la "confusion," l'"embarras," le "chaos." *On y sèche. L'on n'y tient pas*. Un Gascon enrage, un autre perd la tramontane, un troisième meurt. Un Suisse a la gorge sèche—"Ah que ly faire saif dans sty sal de cians!"—, un autre "faudrait estre hors de dedans" (42). Et ce n'est qu'après leur départ, à la troisième entrée, que, le calme enfin revenu, la fête proprement dite peut commencer, les réjouissances, les sérénades, les chansons et les danses—les menuets, dont Jourdain est si friand—succédant à "l'étrange" confusion du début.

Nous pourrions d'ailleurs fort bien nous passer de cette preuve —preuve à notre sens décisive—que nous apporte le Ballet des Nations. Car le texte même de la comédie, toute structure visuelle ou gestuelle mise à part, suggère un type de lecture identique. Jourdain a beau être fou, ridicule et ignorant, le monde très souvent semble l'être plus que lui. Il suffit, pour s'en rendre compte, de le regarder évoluer pendant les deux premiers actes, et de le comparer aux différents "Maîtres" qu'il a chargés de sa métamorphose et de son éducation. La *simplicitas* originelle et miraculeusement transparente du bourgeois y fait constamment la leçon au "savoir" des spécialistes et des pédants. Et Molière renoue du coup avec une grande tradition humaniste: la critique de la *sapientia mundana*, du *cuyder*, de la fausse et vaine sagesse des hommes, et l'éloge, parallèle, de l'âne et de l'*inscience*. Il rejoint, dans son scepticisme et sa sagesse comique, H.C. Agrippa, Erasme, Marguerite de Navarre et Montaigne. La critique que fait Jourdain de la sérénade pastorale et galante composée par l'élève du maître de musique—"Cette chanson me semble un peu lugubre, elle endort"—, ce qu'il dit des conventions du genre—"Pourquoi toujours des bergers? On ne voit que cela partout"—, ne serait certes pas, nous l'avons vu, désavoué par Molière lui-même. Et le fait que ses préférences aillent à une chanson de Perrin ne change rien, en l'occurrence, à l'essentiel: à savoir que jamais la tradition, le naturel et la vraisemblance, qu'invoque le maître de musique, ne sauront lui faire accepter la présence des bergers plutôt que celle des "princes" ou des "bourgeois" (43). Le commentaire qu'il fait de la science des armes, une science qui permet à quiconque, "sans avoir du cœur," de "tuer son homme et de n'être point tué," est aussi des plus pertinents (44). Et que dire de la conduite du maître de musique et du maître à danser, qui veulent en venir aux mains avec le maître d'armes après avoir affirmé que la danse met à l'abri des faux pas, que la musique adoucit les mœurs, et que ces deux arts constituent "le moyen de s'accorder ensemble, et de voir dans le monde la paix universelle"? Ou encore de celle du maître de philosophie, qui prêche avec Sénèque la maîtrise des passions, la modération et la patience, la nécessité de la raison, pour s'abandonner aussitôt après à la plus basse colère et aux injures? Dans sa naïveté et sa franchise, l'aveu de Jourdain vaut mieux, qu'il n'y a pas pour lui "morale qui tienne," qu'il est "bilieux comme tous les diables"—Molière l'était—, et qu'il veut pouvoir se mettre en colère "tout son soûl" quand il lui en prend envie (45):

Ce maudit tailleur me fait bien attendre pour un jour où j'ai tant d'affaires. J'enrage. Que la fièvre quartaine puisse serrer bien fort le bourreau de tailleur! Au diable le tailleur! La peste étouffe le tailleur! Si je le tenais maintenant, ce tailleur détestable, ce chien de tailleur-là, ce traître de tailleur, je . . . (II, 4) (46)

Colère qui d'ailleurs ne l'empêche pas—le bonhomme a de la lucidité!—de faire remarquer que ses bas de soie sont trop petits, que ses souliers le blessent et que "Monsieur le tailleur" s'est levé un habit dans le même tissu que le sien.

Il n'est certes pas indifférent, dans cette perspective, que Molière ait emprunté l'essentiel de son immortelle leçon d'orthographe au *Discours physique de la parole*, publié en 1668 par le très respectable philosophe cartésien Gérard de Cordemoy, lecteur du Dauphin et membre de l'Académie française (47). C'est que Molière est décidément fâché avec le savoir officiel de son temps, et que son anti-intellectualisme, d'abord discret et en quelque sorte dépersonnalisé par la tradition comique au travers de laquelle il s'exprime, acquiert avec les annés, les deuils, les épreuves et la maladie, de plus en plus de mordant et de virulence. Le Docteur de *La Jalousie du Barbouillé*, l'avocat du *Médecin volant*, Pancrace et Marphurius, les philosophes aristotélicien et pyrrhonien du *Mariage forcé*, sortaient en droite ligne des facéties de Tabarin ou du *Tiers Livre* de Rabelais. Au contraire Filerin, Bahys, Tomès, des Fonandrès et Macroton, ces dangereuses crapules de *L'Amour médecin*, Vadius et Trissotin, ces insupportables pédants des *Femmes savantes*, Thomas Diafoirus, cet âne glorieux, suffisant et titré du *Malade imaginaire*, sans oublier Philaminte, Armande et Bélise, ni M. Purgon, ni M. Fleurant, ni M. Bonnefoy, notaire, qui n'ignore rien des "détours de conscience," des "expédients pour passer doucement par-dessus la loi, et rendre juste ce qui n'est pas permis," tous ces personnages imbus de science et fiers de leur savoir, sortent directement de la Sorbonne et de l'actualité. C'est, pour Molière comme pour Boileau, le temps de l'*Arrêt burlesque* (48). Et l'on comprend alors ce qui rapproche, malgré toutes les différences que nous avons notées plus haut, *Les Femmes savantes* des autres comédies qui marquent la fin de la carrière de Molière: à travers la scène de l'orgasme précieux (III, 2) (49), ou celle de l'affrontement—sanglant—entre Clitandre et Trissotin (IV, 3), c'est, au nom de "l'esprit du monde," à une condamnation sans appel du "savoir obscur de la pédanterie" que ce dernier nous convie. Songeons à l'Ecolier limousin, à Jobelin Bridé ou à Janotus de Bragmardo. Molière pense comme Rabelais. Il ne saurait accepter "la science et l'esprit qui gâtent les personnes." Et il ne fait aucun doute que, dans son esprit, Gérard de Cordemoy, qui disserte si savamment sur la façon de former les voyelles ou sur les différences entre les échos et les perroquets (50), ne siège, comme Rasius, Baldus, Vadius ou Trissotin, au Panthéon de la sottise humaine.

Dans son innocence et son innocuité, la folie de Jourdain vaut donc infiniment mieux que celle de ceux qui se croient sages. Contrairement à ce que prétend Mme Jourdain (51), le monde n'a pas raison. Car le monde ment, le monde dissimule, il exploite sans scrupule la crédulité et la vanité de Jourdain. Jamais sans doute le réquisitoire passionné de J.J. Rousseau n'aura été aussi justifié qu'ici. O. de Mourgues a dernièrement encore fait remarquer avec beaucoup de pertinence qu'en ce qui concerne, dans *Le Bourgeois gentilhomme*, les implications du comique, Molière a adopté une attitude de "délicieuse irresponsabilité" (52). Dorante est le vicieux, Dorante est le coupable, et ce n'est pas de lui qu'on rit. La comédie démontre ici, d'ailleurs non sans ironie, son indifférence vis-à-vis des questions morales et son refus de juger les hommes. Elle se place, nous l'avons vu, délibérément sur un terrain où les questions de cet ordre, ayant perdu leur pertinence, ne se posent même plus.

Nous sommes donc, avec *Le Bourgeois gentilhomme*, à même de prendre conscience des changements que Molière a en quelques années fait subir à sa comédie. A un univers essentiellement didactique et moral a succédé un univers esthétique. La comédie s'est ajouté de nouveaux moyens d'expression qui ont radicalement transformé son esprit. Il ne s'agit plus pour elle de corriger qui que ce soit de ses défauts. Dorante n'est pas puni de son indélicatesse—à moins que l'on ne considère son mariage avec Dorimène comme une punition. Jourdain, tout ridicule qu'il est, garde sa folie. Et non seulement la garde-t-il, mais encore trouve-t-il, dans son entêtement, le moyen de la faire partager aux autres. De bon ou de mauvais gré, Covielle, Cléonte, Dorante, Dorimène, Lucile et Mme Jourdain entrent successivement dans la danse, sont amenés à participer, à jouer un rôle dans la comédie en cours. Et avec le Ballet des Nations—symboliquement nommé—, la folie de Jourdain s'épanouit aux dimensions de l'univers entier. En s'ajustant à ses visions, la comédie fait de Jourdain, euphorique et comblé, le roi de la Fête. Elle assure en ce sens le triomphe de sa folie. La dialectique du sage et du fou—du *sage-fou*—, qui trouvait chez Erasme une résolution chrétienne, se résout chez Molière par le biais de la poésie comique et de la magie du théâtre. Chez l'un comme chez l'autre la folie triomphe finalement de la sagesse, et se révèle la seule sagesse possible:

> Vaya, vaya de fiestas!
> Vaya de vayle!
> Alegria, alegria, alegria!
> Que esto de dolor es fantasia (53).

De même que l'on ne peut plus parler de morale et de didactisme, on ne peut plus dans *Le Bourgeois gentilhomme* exactement parler de réalisme ou d'*imitatio*. *Le Bourgeois gentilhomme* est par excellence la comédie qui refuse le réel: la comédie qui, au réel, préfère l'extravagance et les chimères. Si l'on en croit Grimarest, la Cour jugea ce spectacle "outré" et "hors du vraisemblable." Cet homme-là, aurait-elle dit, "donne dans la farce italienne" (54). Et l'on a depuis maintes fois à son sujet prononcé les mots de "bouffon," de "grotesque," de "fantastique" et de "fantaisie" (55). Chaque fois à juste titre. Car la farce, en effet, y reprend tous ses droits, et l'exagération, le grossissement des traits et du jeu, la démesure qui généralement l'accompagnent. Mais cette nouvelle technique d'expression—que nous avons déjà rencontrée dans *Monsieur de Pourceaugnac*—ne dépasse le réel que pour mieux nous le révéler. Ce qui explique sans doute—toujours d'après Grimarest (56)—que chaque bourgeois qui assistait à la représentation de cette comédie "croyait y trouver son voisin peint au naturel." Dans sa surréalité—son surréalisme?—la peinture éclaire et dénude le sujet, elle nous le livre complètement désarmé. La totale transparence de Jourdain tient proprement du miracle. Elle fait de lui, en dépit de son ridicule, un être de grâce, l'antithèse incarnée de Tartuffe. Il ne lui viendrait même pas à l'esprit d'essayer de nous cacher ce qu'il pense, ou de nous tromper sur les motifs réels de ses actions. Il semble ignorer jusqu'à l'existence de l'hypocrisie. C'est sans doute qu'il s'accepte tel qu'il est, qu'il ne se trouve pas différent des autres, qu'il ne voit point de mal en ce qu'il fait, qu'il juge, ma foi, fort légitime de vouloir singer et hanter la noblesse, de vouloir apprendre toutes ces belles choses qui font de vous une personne de qualité. Jourdain fait la roue. Il veut que le monde l'admire, et il le dit. Il veut que le monde sache qu'il a des laquais en livrée: il appelle donc ses laquais. Il se trémousse sous les flatteries et sous les compliments. "Je vous prie tous deux," dit-il au maître de musique et au maître à danser, "de ne vous point en aller, qu'on ne m'ait apporté mon habit, *afin que vous me puissiez voir*" (I, 2). "Suivez-moi," commande-t-il plus tard à ses laquais (III, 1), "que j'aille un peu montrer mon habit par la ville; et surtout ayez soin tous deux de marcher immédiatement sur mes pas, *afin qu'on voie bien que vous êtes à moi.*" Les gens de qualité portent une indienne le matin: M. Jourdain s'est donc fait faire une indienne. Ils apprennent la musique: M. Jourdain apprendra donc la musique. Ils ont un concert chez eux tous les mercredis soirs: M. Jourdain aura donc son concert. Ils portent leurs fleurs en enbas: M. Jourdain, donc, les portera comme eux. A chaque réplique, Jourdain nous procure, dans sa raideur et son automatisme, le plaisir d'avoir deviné juste. S'il est vrai que Molière a peint en

Agnès l'humanité d'avant la Chute, il a peint en Jourdain l'homme d'avant la société.

Dans sa candeur, la folie de Jourdain atteint un tel degré de pureté, une telle démesure, entraînée qu'elle est dans le tourbillon montant de la musique et de la danse, qu'elle finit par prendre à nos yeux valeur d'exemple et de symbole. Elle est, tout masque levé, notre folie, l'expression même de notre condition d'homme, éminemment risible, dérisoire et imparfaite. L'absence de dissimulation de Jourdain est leçon: elle nous révèle à nous-mêmes tels que nous sommes—ou plutôt, tels que nous serions si nous possédions comme lui l'innocence nécessaire—la sagesse nécessaire—pour nous accepter tels que nous sommes. Elle nous aide à nous comprendre, à prendre conscience de notre être, et de notre lot. Du coup, notre rire se dépouille de toute cruauté et de toute prétention, de toute dimension critique. Il se fait, autour de Jourdain—de tous les humains, l'humain le plus humain—, rire de sympathie, de communion et de reconnaissance. Rire de fête, qui unit les hommes au lieu de les exclure, et qui les console au lieu de les corriger. Et c'est alors, alors seulement, comme le dit M. Jourdain, que tout le monde est enfin raisonnable: quand, s'étant métamorphosé en théâtre, s'éprouvant et s'acceptant comme tel, il trouve dans la conscience et la contemplation de sa folie—*Stultitia gaudium stulto*—le plaisir, l'évasion, la joie, et non plus la misère.

CONCLUSION

> Lorsque le médecin fait rire le malade, c'est le meilleur signe du monde.

> Deo visum esse, ut per stultitiam servire mundum, quandoquidem per sapientiam restitui non poterat.
>
> Erasme, *Stultitiae Laus*

A considérer *Le Malade imaginaire* dans une perspective aussi globale que possible, celle de l'œuvre entière, de sa cohérence interne, de son déroulement parfaitement maîtrisé, de son dynamisme et de sa croissance pour ainsi dire organiques, l'impression s'impose très vite que Molière a composé sa dernière comédie en sachant qu'elle serait la dernière, qu'il allait bientôt mourir et que ses jours étaient comptés. Non seulement parce que la maladie, imaginaire ou non, en fournit le sujet, et que, même en apparence surmontée, l'angoisse de la mort y est bien évidemment partout présente. Mais aussi, et surtout, parce que cette comédie constitue une véritable somme de sa pensée et de son art, en quelque sorte son testament comique. Le naturel et digne couronnement d'une carrière, entre toutes admirable, de poète et de théoricien de la comédie.

Mais avant de conclure notre étude par l'analyse de cette comédie-somme, il convient ici, puisque pour nous aussi bien que pour Molière l'heure du bilan est venue, de rappeler brièvement les conclusions essentielles auxquelles nous sommes parvenu.

La perspective que nous avons choisie nous a été en grande partie suggérée par ce qu'il est convenu d'appeler l'état présent des travaux sur Molière. Il nous a semblé que la critique moliéresque dans son ensemble, sous l'impulsion, disons, de R. Bray et de G. Michaut, avait su découvrir, rassembler et interpréter d'une façon extrêmement satisfaisante l'essentiel des documents et des faits historiques relatifs à l'homme privé, à l'homme public et à l'homme de théâtre—à l'homme de théâtre envisagé dans ses dimensions—ses manifestations—*extérieures* de comédien, de courtisan et de directeur de troupe. Mais que, ce faisant, et en quelque sorte limitée par l'approche historique et positiviste qui est la sienne, par son souci des faits matériels, contrôlables et répertoriés, elle avait fini soit par nier purement et simplement, soit par négliger et perdre quelque peu de vue l'existence en Molière du créateur, du penseur et du théoricien de la comédie, offrant à notre méditation l'image d'une œuvre modelée par les circonstances, étroitement dépendante des dures nécessités du métier, par conséquent tout à la fois monolithique et morcelée, dépourvue de tout dynamisme interne et de toute signification. Notre propos a donc été, tout simplement, de chercher à rendre à Molière ce qui lui appartient, de rappeler le rôle à notre sens primordial joué par le penseur et le théoricien dans l'édification de l'œuvre, d'examiner cette dernière dans son déroulement temporel et dans sa dimension réflexive, de reconstruire, à partir de l'évolution très perceptible des formes et des fins, la vision globale de l'homme et du monde qui la sous-tend.

Notre méthode s'est voulue également éloignée de ces deux extrêmes que sont l'*historisme* et la *théâtralité* pure. Le texte de Molière, dans sa spécificité même, nous a paru devoir exiger un type d'analyse aussi totalisant que possible, capable de combiner et de fondre en un tout l'information historique dont nous disposons et le respect de la création en tant que telle, dans sa vie, ses structures et sa logique propres. Puisque l'œuvre de Molière est essentiellement spectacle, et que les comédies sont davantage faites pour être jouées que pour être lues, nous avons attaché la plus grande importance aux témoignages contemporains, seuls capables de nous restituer quelque chose de la dimension gestuelle, visuelle et auditive qu'elle possédait à l'origine. Conscients du fait que tous nos efforts, à nous qui nous proposons d'abord de comprendre Molière et de le servir, doivent, n'en déplaise à R. Barthes (1), aller dans le sens d'une reconstitution archéologique. Molière, après tout, mettait en scène, dirigeait et jouait lui-même les comédies qu'il avait écrites. Tout ce que nous pouvons savoir sur ses mises en scène, sur sa direction et sur son jeu d'acteur, la façon dont il faisait interpréter Tartuffe, dont il interprétait lui-même Arnolphe, Sganarelle ou Alceste, et en général sur tous les aspects matériels de la représentation lui appartient, appartient à son œuvre au même titre que le texte proprement dit. Il faut donc attacher à ces renseignements qui nous sont légués par le passé, et qui bien souvent constituent une sorte de glose, directe ou indirecte, du texte lui-même, l'importance qu'ils méritent.

Contrairement à une idée encore aujourd'hui assez communément répandue, il s'est avéré que la comédie de Molière était soutenue, structurée, par "une conception bien arrêtée de la condition humaine et des valeurs morales," et qu'il était possible de voir en elle bien davantage qu'une "critique judicieuse et moyenne de tous les excès humains, se dégageant d'une peinture exceptionnellement vivante de ces excès" (2). Comme le démontrent et, des *Précieuse ridicules* à *Tartuffe*, les comédies de la première manière, et la *Lettre sur la comédie de L'Imposteur*, qui bien que datant de l'été 1667, appartient par son esprit comme par son sujet à cette période de sa création, Molière a commencé par partager avec la majorité de ses contemporains une vision providentielle et délibérément optimiste de la nature humaine. Fruit, dans son éclectisme, de quelques-uns des principaux courants d'idées du siècle—Aristotélisme, néo-Platonisme, Humanisme dévot et cicéronien—, cette vision, qu'il faut bien qualifier de philosophique, puisqu'elle suppose un système de valeurs et de pensée extrêmement cohérent (3), fait de l'homme, par la grâce de ce que l'auteur de la *Lettre* de 1667 appelle "la Providence de la nature," un être de raison, tendant de soi *naturellement* au Bien, à la Vérité et à la Justice, et éprouvant pour le vice, l'ignorance et l'erreur une aversion tout aussi *naturelle*. Nous sommes ici, on l'aura remarqué, aux antipodes de l'Augustinisme janséniste, du profond pessimisme de Pascal ou de La Rochefoucauld. De ce "premier fondement" découle toute une série de propositions fondamentales. Dans ce système, seule la raison, et ses satellites, la vertu, le bien, la justice, sont perçus comme participant du domaine de la substance, de l'essence ou de l'être. Le vice au contraire s'y définit comme un accident, une aberration passagère, une corruption susceptible de remède. Comme une absence d'être, et qui ne tire au fond son existence que de lui. Il est tout simplement "ce qui *manque* extrêmement de raison." Et ce qui en ce monde rend son existence et son pouvoir encore plus précaires, c'est qu'il possède, tout comme son opposé la vertu, une "forme extérieure," un "dehors reconnaissable," une "marque sensible" qui permet de le reconnaître, donc de le fuir, à coup sûr. Le monde est ainsi ordonné d'une façon très rassurante et très satisfaisante pour l'esprit. Il tient, dans sa transparence et son univocité, quelque peu de ce langage mythique des origines, où le mot et la chose étaient nécessairement et indissolublement liés. La *convenance*, qui est ce que la *Lettre* appelle "la raison essentielle," est unie à la *bienséance*, qui est la "raison apparente," d'une façon aussi étroite que chez les Platoniciens la bonté l'est à la beauté. Et, parallèlement, la *disconvenance*, qui est "la déraison essentielle," est unie au *ridicule*, qui est "la déraison apparente," comme le mal l'est à la laideur.

Cette identification de la *raison* et de la *convenance*—du *quod decet* des Anciens—est en soi très révélatrice du XVIIe siècle, et notamment d'une mentalité qui attache une extrême importance à tout ce qui en l'homme relève de la société, de la culture et de la civilisation. Elle fait du monde, de la société dans son ensemble, la source de la valeur et de la norme. Le monde, qui était au XVIe siècle considéré comme le lieu même de la folie, est maintenant perçu, par excellence, comme le lieu de la raison. Il est la raison comme il est la nature, et tout ce qui ne lui est pas conforme est folie. La raison prend ainsi une coloration nettement esthétique. Elle se définit moins en termes d'être qu'en termes de relation à autrui. Elle est d'abord ce qui convient, et ce qui plaît. Elle se ramène, au fond, à un art de paraître et de vivre, à un ensemble de préceptes mondains, à un code qui prend alors le nom d'honnêteté. L'homme du monde est donc, de par la nécessaire relation du paraître et de l'être, nécessairement honnête homme et homme de bien.

On comprend alors que la comédie de la première manière ait pu afficher comme elle l'a fait de grandes prétentions morales. C'est que, *imitatio vitae, speculum consuetudinis*, véritable miroir et image du monde, elle peut comme lui se poser en source et en dépositaire de la norme, s'arroger la fonction de juge et de censeur des mœurs. C'est que, s'appuyant, pour fonctionner, nécessairement sur lui, elle acquiert du coup une auréole de vertu, de justice et de respectabilité. Elle fait rire les honnêtes gens en exposant sur le théâtre les ridicules et les vices du siècle. Elle est, avec la complicité proclamée des rieurs et de la multitude, la gardienne de la moralité et de l'ordre publics. A ceux qui ont commis l'insigne folie de ne pas vivre et de ne pas penser comme les autres, qui refusent d'écouter en eux la voix pourtant présente de la nature et de la raison, et qu'il s'agit, par conséquent, de remettre dans le droit chemin, elle administre la correction souvent cruelle mais toujours méritée de ses risées. Là est son *devoir*, devoir que la querelle suscitée par *L'Ecole des femmes* lui donne l'occasion de clairement définir, et que la crise décisive de *Tartuffe* lui fait rappeler sans cesse avec une passion et une amertume de plus en plus grandes: d'amener les hommes, au moyen de cette arme puissante et légitime que constitue le ridicule, à se corriger de leurs défauts. De prévenir dans les sages le triomphe du vice. De guérir et de rendre à la sagesse ceux qui s'en sont écartés. D'enseigner, comme déjà le recommandait au IVe siècle le grammairien Donat, précepteur de saint Jérôme, *quid sit in vita utile, quid contra evitandum*.

Et que l'on se garde bien de croire, lorsque Molière affirme que le théâtre est l'école de l'homme, et que cette école travaille à rectifier et à adoucir les passions des hommes, qu'il s'agit pour lui de propos sans réelle signification et imposés par les seules circonstances. Toutes ses comédies posent jusqu'à *Tartuffe*, et *Tartuffe* y compris, des problèmes d'ordre essentiellement moral et didactique. Les personnages s'y évaluent en termes d'innocence et de culpabilité. Les raisonneurs, qu'ils s'appellent

Ariste ou Lisette, Dorante, Cléante ou Uranie, y proclament tous la même confiance au pouvoir guérisseur de la comédie. Ils représentent sur la scène la sagesse et les valeurs du siècle, ils en incarnent l'idéal exigeant de raison, de mesure et de modération. Leur fonction est aussi bien idéologique, puisqu'ils fournissent un point d'appui au jugement déjà formé du spectateur et que c'est bien évidemment à partir d'eux que s'organise la perspective comique, qu'esthétique, puisque leur présence ne fait que mieux ressortir, par contraste—*opposita, juxta se posita, magis elucescunt*—, la folie, l'égoïsme et l'aveuglement du personnage ridicule qui leur est opposé. Point de mire de tous les regards, cible des rires, placé tout à la fois au centre et hors du groupe social dont il refuse les valeurs et les usages, ce dernier n'existe en fait que pour susciter contre lui l'unanimité, être dûment morigéné, expulsé ou châtié et permettre finalement le triomphe de la norme. Dans un monde régi par une Providence bienveillante et toute-puissante, et où les hommes sont naturellement sensibles à la voix de la vérité, de la justice et de la raison, le mal est, d'avance, et de soi, voué à l'anéantissement et à la déroute. Et si, confrontée aux redoutables ambiguïtés de l'être et du paraître, au jeu du masque et de l'hypocrisie, la comédie faiblit, c'est seulement pour voir la Providence prendre sa relève et rendre le monde un instant menacé à sa lumière et à son ordre.

En affirmant ainsi l'efficacité morale de la comédie, Molière d'ailleurs n'invente rien. Il ne fait que reprendre, pour l'amplifier, une croyance alors fort répandue parmi les poètes et les théoriciens de la comédie. Qu'il s'agisse de J.C. Scaliger, de La Mesnardière, de Heinsius ou de Vossius, de Rapin, de Boileau, de d'Aubignac ou de Chappuzeau, tous, dans le sillage de Térence et d'Horace, proclament que la comédie doit avoir pour fin de corriger les hommes, d'établir sur la scène et dans les cœurs le trône de la justice. Et c'est dans cette perspective, et en fonction de l'existence même de ce courant de pensée, que les avertissements et les réquisitoires répétés de l'Eglise contre le Théâtre prennent leur sens le plus plein. Si Bossuet et Bourdaloue, Nicole et Conti dénoncent inlassablement dans le théâtre une école de mauvaises mœurs et de perdition, c'est justement parce que le siècle, dans sa grande majorité, a tendance à y voir tout le contraire. Et leur éloquence et leurs efforts conjugués n'auront pas gain de cause. En 1684, les *Nouvelles de la République des Lettres* constateront encore qu'à Paris "quantité de personnes disent fort sérieusement que Molière a plus corrigé de défauts à la Cour et à la Ville, lui seul, que tous les prédicateurs ensemble" (4). En 1692, *Le Mercure galant* écrira que "la comédie n'a aujourd'huy pour but que de punir le vice, récompenser la vertu, et corriger les défauts d'autrui." Et un peu plus tard dans le siècle, Le Noble affirmera, au dix-septième "Entretien" de son *Ecole du monde* que "le théâtre est devenu une école de vertu," et que Molière, "l'inimitable Elomire," reste "le sage correcteur de nos folies" (5).

Pas plus qu'il ne fait œuvre d'inventeur en professant que le devoir de la comédie est de corriger les hommes en les divertissant, Molière n'innove réellement en offrant à son public ces grandes comédies classiques que sont *L'Ecole des maris*, *L'Ecole des femmes* ou le *Tartuffe*. Il ne fait que mettre en pratique, d'une façon évidemment géniale—là est sa nouveauté—une série de recettes et de définitions existant chez les historiens et les théoriciens du genre. Il imite l'art de Térence et de la *nova comoedia*, son réalisme, son élégance et son urbanité. Et sa comédie en cinq actes et en vers ne se distingue, pour la forme, en rien d'essentiel, de celle de ses devanciers Thomas ou Pierre Corneille, d'Ouville, Scarron ou Desmarets de Saint-Sorlin. Il se veut simplement le continuateur d'une tradition déjà riche. Et, face aux critiques, son plus grand souci—le fait est patent dans *La Critique de L'Ecole des femmes*—est de crier son orthodoxie, de persuader ses détracteurs qu'il peint vraiment les hommes tels qu'ils sont, et que ses comédies ne pèchent contre aucune des règles de l'art.

Molière, somme toute, est à ses débuts, en parfait accord avec les goûts et les aspirations du siècle. Aucune tension majeure n'existe alors entre la sagesse sociale et la sagesse comique, entre le système philosophique et les leçons de l'expérience. Dans aucun domaine, la vision providentielle que Molière possède de l'homme et du monde ne se trouve formellement contredite par les faits. Il se marie, il prend conscience de son génie de poète et de comédien, il conquiert Paris avec *Les Précieuses ridicules*, la Cour et le Roi avec *Les Fâcheux*. Sa réputation, que les calomnies ne parviennent pas à ternir, est celle d'un honnête homme et d'un homme d'esprit. Les rieurs sont pour lui, et il le sait. Grisantes rumeurs de la gloire.

Tout est évidemment remis en question au mois de mai 1664 avec l'interdiction inattendue de *Tartuffe*. Succède alors à l'époque de la complicité et de l'harmonie celle de la crise. Molière soudain ne pense plus et ne voit plus comme son siècle. Il ne parle plus le même langage que lui. La décision royale et les polémiques que sa comédie suscite, les résistances passionnées et organisées auxquelles il se heurte le contraignent à une remise en question systématique de son art et de ses croyances. Accusé, au nom des "intérêts du Ciel," d'être un libertin et un démon à visage d'homme, Molière répond en faisant, dans *Dom Juan*, le procès de ceux qui l'accusent, et en foudroyant Tartuffe sur le théâtre. Sa comédie est, par l'entremise d'un Dom Juan dissimulé, insaisissable et parfait comédien, tout à la fois provocateur, ironique et distant, double démystification: d'abord, et d'une façon très précise, démystification de l'idée exagérément horrible et monstrueuse que son siècle se fait du libertin; ensuite, et d'une façon plus générale, démystification du siècle, de la norme en tant que telle, de ses valeurs, de ses attitudes et de ses codes, de ses jugements et de ses préjugés. Défi audacieux d'une conscience au monde—c'est, le plus souvent, à travers les yeux du libertin que le spectateur regarde, critique et s'efforce de juger—, qui consomme la rupture entre la sagesse sociale et la sagesse comique, et compromet définitivement non seulement le bon fonctionnement mais encore l'existence même de la comédie morale. Privée du soutien du monde et de sa foi en lui, Olympe n'a plus de raison d'être.

Après s'être dans *Dom Juan* attaqué à la sagesse sociale, c'est dans *Le Misanthrope* à la sagesse comique et au rire lui-même, au rire et à ses prétentions justicières et morales, que Molière intente un procès. Bien évidemment d'abord parce que la norme, en l'occurrence la société qui gravite autour de Célimène et de son salon, y est, de la même façon que dans *Dom Juan*, suspecte; parce qu'Acaste et Clitandre, Philinte et Célimène, valent moins, ou ne valent pas mieux, que celui dont ils se moquent, et que du coup leur rire perd toute légitimité, se fait brimade sociale, non plus acte de justice mais acte d'agression. Moyen frivole, dérisoire et commode d'éluder les accusations d'Alceste, d'escamoter la réalité des vices et de la corruption qu'il découvre. Mais aussi, et surtout, parce que l'accusateur lui-même y est mis en accusation au même titre que la société dont il dénonce le pourrissement, et qu'il n'y a plus, par conséquent, de point de vue privilégié possible. *Le Misanthrope* est en ce sens revanche du fait sur le droit, prise de conscience par Molière de la folie inhérente à tout idéalisme réformateur, prise de conscience, donc, de sa propre folie. Car lui aussi s'est, comme Alceste et avant lui, mêlé, au nom de je ne sais quelle supériorité morale illusoire, de vouloir corriger le monde. Lui aussi s'est d'autorité investi de la fonction de juge et de créateur de la morale. Lui aussi s'est cru intimement et sérieusement sage, raisonnable, vertueux, et plus que quiconque digne d'être distingué. Et ce qu'il nous dit dans *Le Misanthrope*, c'est qu'il s'est trompé, que le monde existe, qu'il ne changera pas, que nous avons seulement le devoir d'y vivre et non celui de lui demander de changer, qu'il lui appartient donc, à lui, Molière, de s'accommoder de cette réalité en soi décevante, de redéfinir son attitude, ses valeurs et sa relation à autrui. De redéfinir aussi, et de reconstruire, puisque la comédie morale est désormais impossible, un nouveau type de comédie.

Et c'est de fait à une redéfinition et à une reconstruction de cet ordre que Molière, après *Le Misanthrope*, s'emploie. Toutes les comédies de la période 1666-1669 constituent autant de comédies sur la comédie, de réflexions logiques et cohérentes sur les moyens et sur les fins du théâtre comique, d'interrogations patiemment et délibérément menées sur les grands problèmes humains et théoriques auxquels Molière se trouve confronté depuis l'interdiction de *Tartuffe* : problème de l'apparence du vice et de la vertu—de la vraie et de la fausse vertu; problème de la vérité et de sa communication, de son caractère relatif ou absolu; problème de l'attitude à adopter face à un monde que la Providence de la nature a bel et bien déserté, et à un homme qui s'est révélé sourd à la voix de la raison et que sa nature ne destine plus nécessairement comme par le passé à la justice, à la vérité et à la vertu. Les certitudes d'autrefois s'effritent peu à peu, pour faire place à un scepticisme ironique, hédoniste et lucide, à une nouvelle sagesse qui, dans cette grande et universelle comédie qui se joue sur la terre entre les hommes, souligne surtout la nécessité du rire et de l'accommodement. Somme toute, et à considérer le grand débat théologique et moral autour duquel gravite l'essentiel des spéculations du siècle, Molière passe d'un pôle à l'autre. Lui qui a commencé par partager avec la grande majorité de ses contemporains une vision, disons, moliniste, de l'homme et du monde voit plutôt maintenant les choses avec les yeux de Pascal ou de La Rochefoucauld. Et si son pessimisme diffère en quelque façon du leur, c'est moins au niveau du constat qu'à celui des conséquences qu'il convient d'en tirer. L'homme certes n'est pas pour Molière nécessairement méchant et corrompu. Mais quand il l'est, comme par exemple l'est Harpagon, aucune remontrance au monde n'est capable de le corriger. Et la comédie qui, il n'y a pas longtemps encore, s'enorgueillissait de ses ambitions morales, attaquait, jugeait et condamnait les vices du siècle en plein théâtre, se voit maintenant, pour survivre, contrainte de s'accommoder souplement, complaisamment, hypocritement à eux. Plus rien ne distingue alors vraiment son jeu de celui du monde, sinon la fin, entre toutes légitime—la défense de la joie, de l'amour et de la jeunesse—qu'elle se propose. Ses moyens se font volontiers louches, pour ne pas dire illicites. Elle abandonne, avec Sbrigani, Nérine et Scapin, tout souci de respectabilité. Son indifférence à l'égard des questions spécifiquement morales, déjà très perceptible dans *L'Amour médecin*, dans *George Dandin* et dans *L'Avare*, trouve dans *Le Bourgeois gentilhomme* son illustration à la fois la plus éclatante et naïve. Sa perspective est maintenant plus esthétique qu'éthique. Ce qu'elle veut, c'est que nous ne songions qu'à nous réjouir. Ce qu'elle répète, non peut-être sans amertume, c'est que la grande affaire est le plaisir.

Parallèlement à cette nouvelle sagesse comique, centrée sur l'idée de comédie et de folie universelles, Molière élabore progressivement une nouvelle forme de comédie justement destinée à en traduire et à en exprimer l'esprit. Et c'est peut-être à ce niveau que se perçoit le mieux chez lui le rôle dominateur et organisateur du génie, la dimension extrêmement consciente et volontaire de sa création, et la part réellement secondaire qu'y jouent le hasard, les circonstances ou les nécessités du métier. Certes le Roi, qui aime la danse, commande à Molière des ballets et des divertissements, et Molière, que cela lui plaise ou non, se voit bien évidemment contraint d'en écrire. Mais il ne le fait jamais sans protester par la bouche de Moron ou par celle de Sosie, d'une voix certes enjouée, mais résonnant haut et clair, ni sans se donner le plaisir de critiquer de l'intérieur le langage, les conventions et l'esprit d'un genre qu'il n'a pas choisi, qui de toute évidence lui paraît terriblement artificiel et qu'il ne cultive qu'à regret. A lire *La Princesse d'Elide, Mélicerte, La Pastorale comique* ou *Les Amants magnifiques*, on se persuade aisément, contrairement à ce qu'on a pu croire, que Molière ne partage pas du tout "le goût de ses contemporains en matière de tendresse et de galanterie" (6), qu'il ne se fait pas prier pour le leur faire savoir et qu'il ne cède aux circonstances extérieures, à la pression de l'événement, que ce qu'il faut et ce qu'il veut bien leur céder. Si donc il finit par exploiter, cette fois-ci sans arrière-pensée, la forme de la comédie-ballet—forme dont il est, avec *Les Fâcheux*, l'inventeur, mais qu'il ne met réellement à contribution qu'à partir de *Monsieur de Pourceaugnac*—, c'est parce que celle-ci lui paraît, de par sa plasticité et ses extraordinaires dimensions spectaculaires, éminemment apte à traduire pour les sens, en la projetant et en l'inscrivant dans l'espace théâtral, l'idée démocritéenne qu'il se fait désormais du monde et de la comédie des hommes.

C'est dans cette perspective d'une création consciente et parfaitement maîtrisée que *Le Bourgeois gentilhomme*, cet incontestable chef-d'œuvre de la comédie de la seconde manière, trouve peut-être tout à la fois sa signification la plus riche et la plus inattendue. Car enfin, puisque la comédie de Molière manifeste une tendance très nette à s'ajouter une dimension réflexive, à se prendre elle-même pour sujet, à exprimer directement, en même temps qu'elle se déroule, les pensées qu'elle suscite chez son créateur, à constituer pour lui l'instrument privilégié de la découverte du monde et de soi; puisqu'enfin ce dernier y parle autant de son art que d'autre chose, la tentation est grande, et tout compte fait légitime, d'interpréter *Le Bourgeois gentilhomme* comme une sorte de méditation, de parabole, d'illustration théâtrale et allégorique de la métamorphose profonde que Molière, abandonnant la comédie morale pour la comédie-ballet, fait subir à sa création. Et de fait l'essentiel de cette métamorphose s'y retrouve, et de ce mouvement irrésistible qui conduit la comédie moliéresque d'un univers réaliste, prosaïque et moral à un univers esthétique, surréaliste et poétique. Jourdain est un bourgeois que, depuis qu'il s'est mêlé de hanter la noblesse, sa condition et son milieu social ne satisfont plus. Un homme qui, à la réalité décevante où se complaît son épouse—le bon sens, la raison, le qu'en dira-t-on, la propreté des carreaux de la grand salle—préfère les chimères et les envolées de son imagination. Qui, comme Moron, rêve d'apprendre à chanter et à danser—"la musique et la danse . . . la musique et la danse, c'est là tout ce qu'il faut"—, de s'ajouter de nouvelles connaissances et de nouveaux moyens de séduction. Qui acquiert ces connaissances et ces séductions essentiellement par le biais de l'*imitation*. Qui fait constamment, dans sa démarche, preuve d'un sens critique toujours en éveil, contestant par exemple les bergers et le style—qu'il juge "lugubre"—de la pastorale galante, trouvant Dorimène encore plus belle que les chansons à boire, et découvrant finalement son royaume en Turquie, dans la cérémonie burlesque et solennelle de l'intronisation du grand Mamamouchi. Qui enfin métamorphose le monde qui l'entoure, transforme sa maison bourgeoise en théâtre, fait naître la fête et la joie sous ses pas et contraint, par la magie de son entêtement, le monde entier—les Nations—à pénétrer dans son univers et à jouer le jeu de sa folie. Heureux, totalement et réellement soi, à partir du moment où il est parvenu à modeler la réalité à l'image de ses rêves et de sa fantaisie. Artiste, et créateur.

De plus en plus la comédie se replie sur elle-même, se fait dialogue de Molière avec soi. On ne s'étonnera donc pas de découvrir dans *Le Malade imaginaire*, par delà le niveau superficiel et apparent de l'intrigue et de la peinture des personnages, et par le biais d'une comparaison avec la médecine, une sorte de mise au point, de réflexion et de méditation centrée tout entière sur le problème fondamental de l'utilité de l'art comique, sur son pouvoir et sa dimension thérapeutiques (7). C'est que la création proprement dite, *l'invention* des personnages et des situations, n'est plus ce qui intéresse réellement Molière. Il ne fait en ce domaine rien d'autre que se répéter, que réutiliser des matériaux qui ont déjà fait leurs preuves. Sans doute plus soucieux de maîtriser et de raisonner ses possessions, de les approfondir et de les enrichir, que de les étendre. *Le Malade imaginaire* ressemble étrangement, et d'une façon presque gênante, à *Tartuffe*, aux *Femmes savantes* et au *Bourgeois gentilhomme*. Argan est une réincarnation d'Orgon et de Chrysale: obsédé par le salut de son corps comme le premier l'était par celui de son âme; attentif, comme le second, au bien-être de sa guenille. Son Tartuffe est Béline—Béline doublée de son sinistre et cynique M. de Bonnefoy. Dans son dévouement, sa lucidité, son bon sens et son esprit railleur, Toinette fait revivre Dorine— au point, d'ailleurs, de lui emprunter directement son langage. Béralde reprend de même le rôle de Cléante et d'Ariste—peut-être plus encore le rôle de Cléante que celui d'Ariste, puisqu'il exprime en l'occurrence sur la médecine des credos qui sont davantage ceux de son créateur que ceux de son siècle. Le couple Cléante-Angélique ne diffère du couple Valère-Mariane de *Tartuffe* qu'en ce qui concerne l'éloquente fermeté dont Angélique fait preuve face à son père et à ses prétentions tyranniques. Et enfin, la cérémonie burlesque d'intronisation du candidat Docteur est en tous points identique à celle qui, dans *Le Bourgeois gentilhomme*, débarrasse à jamais Jourdain de sa roture originelle. Bien évidemment, Molière ne prête plus une attention très grande à cet aspect de sa création. Y ayant amplement fait ses preuves, il n'a plus grand chose à en attendre, sinon peut-être le plaisir souverain que procure à tout créateur, à tout artiste, l'aisance et la sûreté du geste. Son esprit est ailleurs, non dans la mise en place des mécanismes et le déroulement de l'action, non dans l'acte créateur en tant que tel, mais dans la signification même de cet acte, dans les implications, les résonances et les conséquences qui sont les siennes sur le plan personnel et humain.

Dans cette perspective, et comme l'a excellemment démontré Ph. Berk, *Le Malade imaginaire* constitue une somme et une apologie du rire et de l'art comique, seuls capables de véritablement guérir l'homme et d'apaiser ses angoisses. Le testament théâtral de Molière est aussi, est ainsi, son plus bel acte de foi, l'éloge de son art le plus précieux et le plus émouvant qu'il ait jamais composé. Opposée à la médecine, la comédie y apparaît comme le nouveau *locus amoenus* du monde, le lieu même du bonheur, de la joie et de la liberté. Comme le lieu, et aussi l'instrument. Que l'amour d'Angélique et de Cléante ait pris naissance à la comédie n'est certainement pas pour Molière un hasard, un détail dépourvu de signification. C'est qu'à cet instant de sa vie, la comédie est pour lui, sans doute plus que jamais, un remède et un refuge, le symbole même de la vie et de son triomphe sur la mort. C'est bien en effet dans la comédie, avec la complicité de Toinette et de Béralde, que l'amour des deux jeunes gens va puiser l'invention et la force nécessaires pour résister à l'égoïsme et à l'aveuglement destructeurs d'Argan. C'est par son intermédiaire, sous le prétexte d'un "petit opéra impromptu," d'un dialogue amoureux entre Tircis et Philis, que cet amour va pouvoir, comme le dit Cléante, "se faire entendre" pour la première fois (II, 5). C'est à elle que Béralde aura constamment recours pour divertir Argan, dissiper son chagrin, et le guérir, autant que faire se peut, de son double entêtement pour Béline et pour la médecine. A elle encore, et à ses "imaginations burlesques," que Toinette fera dans le même but appel, assumant avec un égal bonheur soit le rôle, simple, de comédien (III, 10), soit celui, double, de comédien et de metteur en scène (III, 12 et 13). Et comme le fera plaisamment remarquer Béralde, le ballet more du second intermède, la cérémonie sorbonnique du troisième, voire même les comédies de Molière, valent bien une prise de casse ou une ordonnance de Monsieur Purgon.

Car, en vérité, le seul et indiscutable avantage que la comédie possède sur la médecine est celui de l'efficacité. Dans tous les autres domaines en effet, la médecine peut, sans forfanterie d'aucune sorte, se comparer à la comédie. Elle est, comme le dit Hippocrate au sixième livre de ses *Epidémies*, une "farce à trois personnages," la maladie, le malade et le médecin (8), un art tout verbal, une rhétorique qui, donnant "des mots pour des raisons, et des promesses pour des effets," n'apporte qu'un soulagement tout illusoire. Elle a, naturellement, elle aussi ses spectacles (les disputes *pro et contra*, les soutenances de thèse, et les dissections de cadavres) et son public (les Grands, qui ont la prétention d'être guéris, et les petits, qui sont "commodes" et ne font pas tant de façons). Mais, en dépit de ses prétentions et de son galimatias pompeux, elle ne guérit rien ni personne, et elle est, pour cette raison, "une des plus grandes folies qui soit parmi les hommes" (III, 3). Au contraire, la comédie guérit. Elle est capable, en de certaines choses, d'aider à la nature. Elle permet par exemple à Argan d'ouvrir enfin les yeux sur les véritables sentiments que les membres de sa famille éprouvent à son égard. Elle le débarrasse de son aveuglement et de ses préventions: voilà, dit-il lui-même après avoir entendu la belle oraison funèbre de Béline, "voilà un avis au lecteur qui me rendra sage à l'avenir, et qui m'empêchera de faire bien des choses." Et, après avoir été le témoin de la douleur sincère de sa fille: "Va," s'écrie-t-il, "tu es mon vrai sang, ma véritable fille; et je suis ravi d'avoir vu ton bon naturel" (III, 14). Jamais la médecine n'aura produit sur lui un effet aussi décisif et aussi radical.

Encore Molière qui a, nous l'avons vu, suffisamment de raisons pour ne plus croire autant que par le passé à l'efficacité morale de la comédie, tient-il, en toute honnêteté, à en définir nettement les limites. Argan délivré de Béline, c'est Orgon guéri de Tartuffe; mais ce n'est malheureusement pas Orgon guéri de lui-même. Si la conséquence de la maladie est supprimée, la racine de la maladie, sa cause profonde et première demeure, elle, intacte. L'entêtement d'Argan pour la médecine résiste à tous les traitements. Il n'existe réellement aucun moyen de le guérir à jamais de la "maladie des médecins," et il est de toute évidence décidé à rester toute sa vie "enseveli dans leurs remèdes" (III, 4). *Interdum docta plus valet arte malum* (9). Les raisonnements de Béralde n'ont pas sur lui le moindre effet—ce qui n'a d'ailleurs rien d'étonnant, l'homme étant dans les comédies de la seconde manière totalement et *naturellement* sourd à la voix de la raison. "J'aurais souhaité de pouvoir vous tirer de l'erreur où vous êtes, et pour vous divertir, vous mener voir sur ce chapitre quelqu'une des comédies de Molière," lui dit Béralde, qui prend son échec avec philosophie (il y a longtemps que Molière ne cherche plus à imposer sa vérité à qui que ce soit) (10). Mais Argan reste muré dans son erreur, prisonnier de son fauteuil, de sa chambre de malade et de sa garde-robe. Ce n'est pas lui qui quitte la médecine mais, avec un Purgon offensé, la médecine qui le quitte. Et Béralde a beau le morigéner, lui faire calmement la leçon—

Ma foi! mon frère, vous êtes fou, et je ne voudrais pas, pour beaucoup de choses, qu'on vous vît faire ce que vous faites. Tâtez-vous un peu, je vous prie, revenez à vous-même, et ne donnez point tant à votre imagination.

—lui suggérer doucement que l'occasion est bonne pour lui de se libérer enfin de ses hantises et de ses chimères—

Voici une aventure, si vous voulez, à vous défaire des médecins, ou, si vous êtes né à ne pouvoir vous en passer, il est aisé d'en avoir un autre, avec lequel, mon frère, vous puissiez courir un peu moins de risque. (III, 6)

—il ne parviendra pas par sa patience et par son habileté, pas plus que Toinette par les conseils burlesques qu'elle lui donne de se couper un bras et de se crever un œil, à le débarrasser de sa folie.

Puisque décidément il n'y a remède, et qu'Argan ne veut point se rendre à la comédie, il ne reste plus à la comédie qu'à se rendre à Argan, c'est-à-dire à *s'accommoder à ses fantaisies*. Argan ne peut point se passer d'un médecin? Il ne consentira au mariage de sa fille avec Cléante qu'à condition que ce dernier devienne un autre Thomas Diafoirus? Qu'à cela ne tienne. Sans plus songer à le raisonner, à le corriger ou à le rendre plus sage, la comédie entre, d'une façon charitable et toute fraternelle, dans son jeu: ce n'est pas le jouer, dit à peu près Béralde, c'est lui faire plaisir. Elle fait d'Argan lui-même un médecin, elle l'installe solennellement et définitivement dans sa folie. Et ce n'est qu'à partir du moment où le monde d'Argan et le monde de la comédie se rejoignent et se fondent en un tout harmonieux que le bonheur et la joie deviennent réellement possibles. Non seulement pour les amants qui, n'ayant plus à combattre l'obstination d'un père, ne voient plus désormais d'obstacle à leurs désirs. Non seulement pour la petite société qui gravite autour d'Argan, et qui fait de la folie de ce dernier un prétexte à jeu et à divertissement—"Tout ceci n'est qu'entre nous," dit Béralde, en l'occurrence parfait *ludimagister*. "Nous y pouvons aussi prendre chacun un personnage, et nous donner ainsi la comédie les uns aux autres. Le carnaval autorise cela. Allons vite préparer toutes choses" (III, 14). Mais aussi, et surtout, pour Argan, à qui la comédie permet, d'ailleurs sans qu'il le sache, mais non sans que nous, spectateurs et complices, le sachions, d'accepter et d'assumer sa condition d'homme, de surmonter sa peur et son angoisse. Et ce qu'au fond Molière cherche ici à nous dire, c'est qu'il n'y a pour l'homme de paix et de bonheur possibles que dans la mesure où, ayant clairement pris conscience du monde et de soi, de sa nature et de ses limites, il accepte d'être ce qu'il est, de jouer dignement son personnage, et dûment, jusqu'à ce que, comme le dit Erasme, le chorège le renvoie définitivement de la scène. Et que, s'il n'est pas de lui-même capable d'atteindre à ce niveau souhaitable de conscience et de sagesse joyeuse, le rire, la comédie, sont là pour l'aider à se guérir de son aveuglement et à se libérer.

On voit du coup à quel point, pour tout ce qui a trait à son utilité et à son efficacité, la comédie de la seconde manière diffère de la comédie des débuts. Différence radicale de manière et d'esprit. Car lorsqu'Uranie affirmait dans *La Critique de L'Ecole des femmes* que les pièces de Molière sont à son avis plus capables de "guérir" les gens que de les "rendre malades" (11), elle donnait aux termes de guérison et de maladie un sens essentiellement *moral*, elle posait le problème en termes de *valeur*, de bien et de mal, de vice et de vertu. La comédie était, dans son esprit, un "miroir public," une "satire," une "censure générale," une "leçon" (12). Elle avait pour tâche de veiller à la moralité publique, de distribuer le blâme et la récompense, de prévenir la folie chez le sage et de corriger le fou. Cette tâche, ce "devoir," elle l'accomplissait d'une manière très directe, sans détours ni fleurs de rhétorique, en attaquant de front, et soutenue par les rieurs, les vices et les ridicules du siècle. Au contraire, nous l'avons vu, la comédie de la seconde manière se veut persuasive et complaisante, elle cherche avant tout des "biais," elle se fait experte en flatteries et en accommodements, elle sacrifie à la fin, elle très morale et très légitime qu'elle vise, la moralité de ses moyens. Elle n'attaque plus, elle plie. C'est qu'elle sait que l'homme n'est point bon naturellement, qu'il est méchant quand il veut l'être, et incorrigible quand il est méchant. C'est qu'elle tient en conséquence à ne pas perdre son temps, qu'elle préfère garder ses forces pour une tâche au fond plus essentielle et plus urgente: celle d'aider les hommes à vivre. Là où la comédie morale parlait de vice et de vertu, plaçait l'homme dans une perspective sociale, elle le regarde, elle, dans la faiblesse et dans la nudité de sa nature, et elle parle de tristesse et de joie, de bonheur et d'angoisse. Elle ne pose plus le problème en termes de valeur, mais en termes d'*existence*. Elle était autrefois une maîtresse d'école dont les risées châtiaient. Elle est maintenant une sœur de charité, dont le rire se veut plus que tout bienveillant et consolateur.

Ce changement radical de manière et d'esprit est d'autant plus perceptible que Molière l'a pour ainsi dire inscrit dans le déroulement même de sa dernière comédie. Comédie-somme, *Le Malade imaginaire* englobe en effet, pour les juger tour à tour, tester et comparer leur efficacité, aussi bien les mécanismes et les moyens d'action de la comédie morale que ceux de la comédie de la seconde manière. Par là prennent soudain tout leur sens les parallélismes évidents que nous avons soulignés plus haut entre *Le Malade imaginaire* et, d'une part *Tartuffe* ou *Les Femmes savantes*, c'est-à-dire la *vetus comoedia* de Molière, de l'autre *Le Bourgeois gentilhomme*, c'est-à-dire sa *nova comoedia*. La seule efficacité réelle que Molière reconnaisse maintenant à la comédie morale, qui est en l'occurrence incarnée par Toinette, c'est qu'elle permet à Argan, comme à Orgon dans celui de Tartuffe, de voir clair dans le jeu de Béline, d'ouvrir enfin les yeux sur l'hypocrisie et le caractère profondément intéressé de ses sentiments. Ce qui au fond est bien peu, tant il est vrai— Esope l'a dit, c'est matière de proverbe—que nous sommes par nature beaucoup plus enclins à voir et à juger les défauts des autres que les nôtres propres. Et si la comédie parvient, au moyen d'un stratagème comparable en esprit à celui qu'imagine Elmire pour démasquer Tartuffe, à débarrasser Argan de son entêtement pour Béline, elle échoue en revanche totalement en ce qui concerne son entêtement pour la médecine et les médecins. Argan reste sourd à tous les raisonnements et à toutes les "imaginations," même les plus "burlesques." Il ne reste plus alors à la comédie de la seconde manière, incarnée par Béralde, qu'à prendre le relais, en tendant à l'incorrigible fou une main charitable et en offrant au monde désarmé qui l'entoure une évasion et un secours dont il a lui aussi le plus grand besoin.

Là donc où *Le Bourgeois gentilhomme* pouvait—devait—s'interpréter comme une sorte de parabole, de traduction théâtrale et métaphorique de l'évolution subie par la comédie de Molière sur le plan, *esthétique*, des moyens d'expression, *Le Malade imaginaire* se présente à nous comme une somme de la pensée de Molière, comme la projection scénique de l'évolution de sa sagesse, de son attitude vis-à-vis du monde et de ses moyens d'action. L'œuvre se révèle ainsi plus réflexive, plus cohérente, plus lucide et plus maîtrisée que jamais. Et Molière, en rejoignant dans sa dernière comédie la grande et ancienne tradition du rire médical (13), nous apprend, après Hippocrate, L. Joubert et Rabelais, que le rire est non seulement le propre de l'homme, mais encore son salut, sa plus belle sagesse et sa dignité.

Bryn Mawr, le 21 mars 1977

NOTES

AVANT-PROPOS

1. Pour ces ouvrages, on est prié de se reporter en fin de volume, à la Bibliographie, sous la rubrique "Ouvrages de référence."
2. M. Jurgens et E. Maxfield-Miller, *Cent Ans de recherches sur Molière, sa famille et sur les comédiens de sa troupe* (Paris: Imprimerie Nationale, 1963), p. 399.
3. R. Bray, *Molière homme de théâtre* (Paris: Mercure de France, 1954), p. 216.
4. *Ibid.*, p. 214. Voir aussi p. 211: "... nombre de comédies furent écrites par Molière non par un propos délibéré d'écrivain voulant réaliser une œuvre dont il portait en lui les destinées ou qui paraissait devoir lui gagner une gloire désirée, mais sous l'empire des nécessités tenant au service de la troupe ou à celui du public... La production du poète fut donc orientée par ce besoin primordial: plaire aux spectateurs, chercher l'applaudissement."
5. Grimarest, *La Vie de M. de Molière*, édition critique de G. Mongrédien (Paris: M. Brient, 1955), p. 118.
6. *Ibid.*, pp. 109-14.
7. R. Picard, "Etat présent des études moliéresques," *L'Information Littéraire*, 10e année, No. 2 (1958), 53-56.
8. L'expression est de R. Garapon, "Sur les dernières comédies de Molière," *L'Information Littéraire*, 10e année, No. 1 (1958), 1-7.
9. *Molière. Oeuvres complètes*, édition critique de G. Couton (Paris: Gallimard, Bibliothèque de la Pléiade, 1971), "Avant-Propos," I, xi-xii.
10. *Ibid.*, "Introduction," pp. xxix-xxxv.
11. R. Bray, op. cité, pp. 19 et 303-19: "S'il a introduit dans ses comédies des sketches de danse, c'est qu'il avait sous la main, dans la personne de la Du Parc, une danseuse faite pour attirer le public; s'il a truffé *Pourceaugnac* et *Le Bourgeois* de bouffonneries musicales, c'est parce que Lully était disposé à monter sur les tréteaux..."
12. Ch. Mauron, *Des métaphores obsédantes au mythe personnel. Introduction à la psychocritique* (Paris: Corti, 1963), pp. 289 et 296.

13. Pour la *Lettre sur la comédie de l'Imposteur* et la *Préface* de 1682, voir l'édition Couton, Tome I, respectivement pp. 1169 et 996. Pour *La Vie de M. de Molière*, voir l'édition Mongrédien, p. 35: "Sans ce génie supérieur le Théâtre comique seroit peut-être encore dans cet affreux cahos, d'où il l'a tiré par la force de son imagination; aidée d'une profonde lecture, et de ses réflexions, qu'il a toujours heureusement mises en œuvre." Et p. 101: "Molière n'était pas seulement bon Acteur et excellent Auteur, il avoit toujours soin de cultiver la Philosophie."

14. H.G. Hall, "The Literary Context of Molière's *Le Misanthrope*," *Studi Francesi*, No. 40 (1970), 20-38.

15. Couton, I, 1169.

16. *Ibid.*, II, 1265-79.

17. *Ibid.*, I, 1032.

18. Boileau, *Oeuvres* (1716), I, 26. Rapporté par G. Mongrédien, *Recueil des textes et des documents du XVIIe siècle relatifs à Molière*, 2 vols. (Paris: Editions du C.N.R.S., 1965), I, 219.

19. Couton, II, 1195.

20. J.D. Hubert, *Molière and the Comedy of Intellect* (Berkeley-Los Angeles: University of California Press, 1962), p. 7.

21. E. Faguet, *En lisant Molière* (Paris: Hachette, 1914), p. 132.

22. W.G. Moore, *Molière. A New Criticism* (Oxford: The Clarendon Press, 1949), pp. 103 et 126.

23. Bray, pp. 22-37.

24. Couton, I, 1173.

25. Voir par exemple Francis L. Lawrence, "The *Raisonneur* in Molière," *L'Esprit Créateur*, 6 (1966), 156-66; R. Fargher, "Molière and His Reasoners," dans *Studies in French Literature Presented to H.W. Lawton*, éd. J.C. Ireson et al. (Manchester: Manchester University Press, 1968), pp. 105-20; A. Eustis, *Molière as Ironic Contemplator* (La Haye-Paris: Mouton, 1973), p. 181 et ss.; R.W. Herzel, "The Function of the *Raisonneur* in Molière's Comedy," *Modern Language Notes*, 90 (1975), 564-75.

26. Bray, p. 251.

27. J. Guicharnaud, *Molière, une aventure théâtrale, Tartuffe—Dom Juan—Le Misanthrope* (Paris: Gallimard, 1963).

28. R. Garapon, art. cité *supra*, pp. 1 et 3.

29. R. Garapon, "Sur l'occupation de la scène dans les comédies de Molière," dans *Molière: Stage and Study. Essays in Honor of W.G. Moore*, éd. W.D. Howarth et M. Thomas (Oxford: The Clarendon Press, 1973), pp. 15-16.

30. Bray, pp. 309 et 319.

31. L. Gossman, *Men and Masks. A Study of Molière* (Baltimore: The Johns Hopkins University Press, 1963), p. vii de la Préface.

32. Couton, respectivement I, 1021, et I, 1001.

33. On trouvera tous ces textes soit dans l'édition Couton citée *supra*, I, 1011-1142—et plus précisément pp. 1038 et 1043 (*Zélinde*: "Tout ce qui est sur le papier est mort, mais le jeu l'anime et fait que l'on ne le reconnaît plus"); pp. 1053-54 (*Le Portrait du Peintre*: "Ma foi, j'en ai fait deux lectures, / Mais je n'y puis trouver ces plaisantes postures"); p. 1080 (*Le Panégyrique de L'Ecole des femmes*); p. 1111 (*Lettre sur les affaires du théâtre*: "Les postures contribuent à la réussite de ces sortes de pièces, et elles doivent ordinairement tout leur succès aux grimaces d'un acteur"); p. 1123 (*Impromptu de l'Hôtel de Condé*); p. 1141 (*La Guerre comique*).

Soit dans celle de G. Mongrédien, *La Querelle de L'Ecole des femmes*, 2 vols. (Paris: Didier, 1971).
    34. Couton, II, 1200.
    35. *Ibid.*, I, 302, 1229 et 1233.
    36. *Ibid.*, respectivement I, 263 et II, 95.
    37. *Ibid.*, I, 1119.
    38. R. Robert, "Des commentaires de première main sur les chefs-d'œuvre les plus discutés de Molière," *Revue des Sciences Humaines*, 81 (1956), 19-53. Et "Comment lire les grandes comédies de Molière," *L'Information Littéraire*, 10e année, No. 2 (mars-avril 1958), 82: ". . . le moliériste trouvera avantage à s'appuyer au départ sur de solides enquêtes historiques qui viseront à élucider le contenu réel des comédies et les intentions exactes de leur auteur."
    39. R. Picard, *La Carrière de Jean Racine* (Paris: Gallimard, 1956), p. 11.
    40. *Comédies de Plaute traduites en Français* . . . par Mademoiselle Le Fevre, Tome I (Paris, 1683), f° ð v°.

PREMIÈRE PARTIE

CHAPITRE I

    1. Voir par exemple A. Adam, *L'Age classique I: 1624-1660* (Paris: Arthaud, 1968), p. 22: "Après la Fronde, une société nouvelle naissait, et un esprit nouveau." Ou W.G. Moore, *The Classical Drama of France* (Londres, Oxford, New York: Oxford University Press, 1971), p. 78: "It [la Fronde] left behind a new spirit. Gone were the heroics of the 1640s. The tone is more moderate, worldly-wise, cynical, realist . . . The rise of a new comedy, one might say, was helped by a cynical spirit."
    2. A. Stegmann, "L'Ambiguïté du concept héroïque dans la littérature morale en France sous Louis XIII," article publié dans *Héroïsme et création littéraire sous les règnes d'Henri IV et de Louis XIII* (Paris: Editions Klincksieck, 1974), pp. 29-51 et 326.
    3. *Molière*, éd. Couton, I, 311 (v. 204), 314 (vv. 263-64), 321 (389-90 et 95-96). Voir aussi p. 316, les vers 297 à 301: "Ah! quand mille serments de ta bouche infidèle / Ne m'auraient point promis une flamme éternelle, / Le seul mépris d'un choix si bas et si honteux / Devait bien soutenir l'intérêt de mes feux, / Ingrate . . ." Le pastiche est parfait.
    4. Abbé d'Aubignac, *Macarise ou la Reine des Isles Fortunées. Histoire allegorique contenant la Philosophie morale des Stoïques sous le voile de plusieurs*

aventures en forme de roman (Paris, 1664), Epitre "Au Roy" et Eloge de Guéret, f°ē iiii r°. Voir aussi au f°ē ii r°: "Ainsi l'utilité est icy jointe au plaisir; et il arrivera insensiblement que les personnes qui n'auront point d'autre fin que de se divertir, trouveront en se divertissant un profit qu'elles ne cherchoient pas . . ."

5. R. Bray, op. cité, "Le directeur et les auteurs," pp. 111-54.

6. On trouvera tous ces témoignages rassemblés au tome I du *Recueil* de G. Mongrédien, pp. 112-13, 126-32, 144-55 et 169.

7. Bodeau de Somaise, *Les Véritables précieuses, Comédie* (Paris: Ribou, 1660)–cité par Mongrédien, *Recueil*, I, 118. Et *Nouvelles Nouvelles. Divisées en trois parties. Par Monsieur de . . .* [Donneau de Visé] (Paris: Pierre Bienfait, 1663), pp. 192 et 210 du tome III.

8. Donneau de Visé, op. cité, III, 191.

9. *Molière*, éd. Couton, I, 1016-17, 1042, 1129, et II, 1203. Ou G. Mongrédien, *La Querelle de L'Ecole des Femmes*, op. cité, pp. 63, 376, 424.

10. Mongrédien, *La Querelle*, p. 377.

11. *Elomire Hypocondre ou les Médecins vengés*, in *Molière*, éd. Couton, II, 1271.

12. *L'Impromptu de l'Hôtel de Condé, ibid.*, I, 1118. Ou Mongrédien, *Querelle*, p. 336.

13. *Molière*, éd. Couton, I, 1019-20. Dans l'édition P. Bienfait, citée *supra*: pp. 223-29.

14. *Ibid.*, respectivement I, 1022; et 237.

15. R. Fernandez, *Vie de Molière* (Paris: Gallimard, 1929), p. 116: "Le roi est tout pour Molière," ajoute Fernandez: "son maître, son refuge, son point d'appui, son atout."

16. Grimarest, *La Vie de M. de Molière*, éd. Mongrédien, p. 125.

17. *Opera omnia Desiderii Erasmi Roterodami I-3: Colloquia*, éd. L.E. Halkin, F. Bierlaire et R. Hoven (Amsterdam: North Holland Publishing Company, 1972), pp. 561-62.

18. Préface de *Britannicus*.

19. *La Vie de M. de Molière*, éd. citée, pp. 91-92 et 112-14.

20. *Oeuvres de Molière*, éd. Voltaire (Paris, 1734), XXIII, 122. Voir aussi *Le Temple du goût*, éd. E. Carcassonne (Genève: Droz, 1953), p. 169: "Si j'avais été le maître de mon temps . . . et si je n'avois écrit que pour les connoisseurs, j'aurois moins donné dans le bas comique."

21. Sur cette question de l'accueil réservé au *Misanthrope*, voir A. Adam, *Histoire de la littérature française au XVIIe siècle* (Paris: Editions Domat, 1962), III, 355-56. Ou R. Robert, "Des commentaires de première main sur les chefs-d'œuvre les plus discutés de Molière," *Revue des Sciences Humaines*, No. 81 (1956), 33: "Que l'intérêt de nouveauté du chef-d'œuvre incomparable ait été épuisé en deux séances, voilà qui en dit long sur l'incompréhension du public."

22. Grimarest, *Vie*, éd. citée, p. 103. La réponse de Molière à Chapelle est aussi rapportée par R. Fernandez, dans son livre cité *supra*, pp. 137-38.

23. *Térence. Tome I: Andrienne–Eunuque*, éd. J. Marouzeau (Paris: "Les Belles Lettres," 1947), p. 223–"Prologus." J'ai aussi consulté l'édition suivante: *Pvblii Terentii Carthaginiensis Afri, Comoediae Sex*, Post editiones emendatae. . . . (Lugd. Batavorum: Apud F. Hackium, 1644), p. 132.

24. *Adagia, id est: Proverbiorum, paroemiarium et parabolum omnium. quae apud Graecos, Latinos, Hebraeos, Arabas, etc., in usu fuerunt. Collectio absolutissima*

in locos communes digesta . . . (Typis Wechelianis, Sumptibus C. Schleichii et P. de Zetter, M.DC. XXIX). Outre les *Adages* d'Erasme, cette très précieuse compilation inclut ceux de H. Estienne, Polydore Virgile, A. Turnèbe, A. Muret, etc. Sur ce thème de la nécessité de l'accommodement aux mœurs du temps, consulter les adages "Servire scenae," "Aut bibat, aut abeat," "Spartam nactus es, hanc orna," "Omnium horarum homo," et "Simile gaudet simili," pp. 637-42.

25. Abbé d'Aubignac, *La Pratique du Théâtre*, éd. P. Martino (Paris: "Les Belles Lettres," 1927), p. 34—"Des spectateurs et comment le Poëte les doit considérer."

26. *Molière*, éd. Couton, I, 301.

27. *Ibid.*, I, 1018-22. Dans l'édition P. Bienfait, citée *supra*, pp. 212, 221, 223-25 et 234.

28. Grimarest, *Vie*, p. 50. Ou Mongrédien, *Recueil*, p. 144.

29. S. Chappuzeau, *Le Théâtre françois Divisé en trois Livres* . . . (Lyon: M. Mayer, M.DC. LXXIV), p. 195.

30. *Comedie de Plaute, traduite en François, avec des Remarques et un Examen, selon les regles du Theatre*, par Mlle Le Fevre, Tome I (Paris, M.DC.LXXXIII), f° iVr°.

31. Thomas More, *Utopia*, éd. E. Surtz et J.H. Hexter (New Haven: Yale University Press, 1965), p. 98: ". . . sed est alia philosophia civilior, quae suam novit scenam, eique sese accommodans, in ea fabula quae in manibus est, suas partes concinne et cum decoro tutatur. Hac utendum est tibi. Alioquin dum agitur quaepiam Plauti comoedia, nugantibus inter se vernulis, si tu in proscenium prodeas habitu philosophico, et recenseas ex Octavia locum in quo Seneca disputat cum Nerone, nonne praestiterit egisse mutam personam, quam aliena recitando talem fecisse tragicomoediam? . . . Quaecunque fabula in manu est, eam age quam potes optime, neque ideo totam perturbes, quod tibi in mentem venit alterius, quae sit lepidor." C'est là toute la sagesse des raisonneurs de Molière. Celle qui fera cruellement défaut à Alceste.

32. *Dom Garcie de Navarre*, acte IV, scène 6, v. 1193. Dans l'édition Couton, I, 383.

33. *Molière*, éd. Couton, I, 631: "Gardez-vous d'être en Muse bâtie: / Un air de Muse est choquant en ces lieux; / On y veut des objets à réjouir les yeux . . ."

34. L'expression est de R. Bray, op. cité, p. 168.

35. R. Fernandez, op. cité, p. 29.

36. Sur ce thème, on consultera avec profit J.J. Demorest, "Une Notion théâtrale de l'existence," *L'Esprit Créateur*, 11, No. 2 (1971), 77-91; et M. Fumaroli, "Microcosme comique et macrocosme solaire: Molière, Louis XIV, et *L'Impromptu de Versailles*," *Revue des Sciences Humaines*, No. 145 (1972), pp. 95-114.

37. *Molière*, I, 1020. Dans l'édition P. Bienfait, p. 230.

38. *Pvblii Terentii . . . Comoediae Sex*, édition citée *supra*. "Dedicatio" de F. Hackius à Hadrianus Pauw, f° * 2 r°.

39. Sénèque, *Lettres à Lucilius* (Paris: "Les Belles Lettres," 1957), tome III, 80, 7: "saepius hoc exemplo mihi utendum est, nec enim ullo efficacius exprimitur hic humanae vitae mimus . . ."; *La Vie d'Epictete et L'Enchiridion ou L'Abbregé de sa Philosophie. Avec le Tableau de Cébés. Traduis du Grec en François* (Paris: G. de Luyne, M.DC.LV), pp. 102-03: "Souvenez vous que vous devez joüer icy le rôlle qu'il plaist au maistre de la Comedie de vous donner. Si votre rôle est court, ioüez-le court; et s'il est long, ioüez-le long. S'il vous donne à faire celuy d'un pauvre, acquitez-vous-en le mieux et le plus naïvement que vous pourrez. Enfin s'il vous donne celuy d'un

Prince, ou d'un boiteux, ou d'un artisan, c'est à vous à le faire tel qu'il vous sera donné, et à un autre à le choisir"; ΜΩΡΙΑΣ ΕΓΚΩΜΙΟΝ. *Stultitiae Laus Des. Erasmi Rot. Declamatio*, éd. I.B. Kan (La Haye: M. Nijhoff, 1898), pp. 48-49: "Porro mortalium vita omnis quid aliud est, quam fabula quaepiam, in qua alii aliis obtecti personis procedunt, aguntque suas quisque partes, donec choragus educat e proscenio?" Montaigne, *Essais*, III, 10 ("De mesnager sa volonté").

40. *Chevalier de Méré, Oeuvres*, éd. Ch. H. Boudhors (Paris, 1930), I, 42 (*Les Conversations*), et III, 158 (*Le Commerce du monde*).

41. *Maximes*, éd. J. Truchet (Paris: Garnier, 1967), maxime 206.

42. *Molière*, éd. citée, p. 1046. Dans l'édition Mongrédien de la *Querelle*, p. 72.

43. *Ibid.*, Couton, p. 1038 (*Zélinde*): "les satires sont à la mode"; p. 1058 (*Le Portrait du Peintre*): "La satire est en règne et le point de Venise, / Et le reste on le nomme une pure sottise"; *Nouvelles Nouvelles*, éd. P. Bienfait, III, 144: "L'impossibilité qu'il y a d'empêcher que l'on ne fasse de satyres, parce qu'elles sont plus en vogue que jamais, et ceux qui réüssissent en ce genre d'écrire, beaucoup plus estimez qu'ils ne devroient estre . . ." Voir aussi S. Chappuzeau, *Le Cercle des Femmes. Entretien Comique Tiré des Dialogues d'Erasme* (Lyon, 1656), f° à 2 r°: "La satyre que par des noms plus doux je puis âpeller la belle raillerie et la censure agreable du vice, à aujourd'hui plus de vogue que jamais, chacun se pique de trouver le mot pour rire."

44. *Nouvelles Nouvelles*, éd. Bienfait, III, 169.

45. *Ibid.*, III, 239. Et *Zélinde*, éd. Couton, I, 1032, sc. 6.

46. *Molière*, éd. Couton, I, 301-02.

47. *Ibid., Nouvelles Nouvelles*, I, 1019-21; II, 137 pour la *Lettre écrite sur la comédie du Misanthrope*. Voir aussi le *Panégyrique* de Robinet, I, 1080.

48. Térence, *Eunuchus*, acte II, sc. 2, éd. citée *supra*, p. 239.

49. On trouvera tous les renseignements sur ce point dans le *Recueil* de Mongrédien, I, 211-12. Les douze représentations s'échelonnent du 17 février au 11 mars 1664. A cette date, la recette est tombée à 265 livres.

50. Donneau de Visé, *Zélinde*, dans *Molière*, éd. Couton, I, 1027, 1029-31, 1043-44. L'expression "Il n'est pas vray-semblable" revient sans cesse dans la bouche des personnages.

51. Donneau de Visé, *La Vengeance des Marquis*, *ibid.*, I, 1096; et *Zélinde*, sc. 10, p. 1048.

52. L'Abbé Batteux le dira encore au XVIIIe siècle, dans son ouvrage intitulé *Les Quatre Poëtiques d'Aristote, d'Horace, de Vida, de Despréaux* (Paris, 1771), I, 220: ". . . le vice ridicule, étant en contraste avec la vertu, avec les mœurs communes, avec la marche ordinaire du bon sens, peut divertir par le bizarre et le grotesque, instruire par l'exemple, corriger par la honte qu'on y attache. De tous les poëtes comiques, il n'en est point qui ait mieux saisi cette idée que Molière, ni qui l'ait mieux remplie. Dans toutes ses pièces, il a eu soin d'attacher un vice et un ridicule dominant à un principal personnage, qui est le centre de l'action . . . *Pour marquer fortement ce vice, il l'exagère, le charge, comme les peintres en grotesque, qui font un grand nez encore plus grand.*" C'est nous qui soulignons.

53. *Zélinde*, éd. Couton, I, 1048, sc. 10.

54. La formule est de Cicéron. Elle est citée par Donat dans son *Fragmentum de Comoedia et Tragoedia*, au f° ***4 r° de l'édition F. Hackius—citée *supra*—des *Comédies* de Térence. Voir aussi un ouvrage du XVIe siècle, *Eruditorum aliquot virorum de Comoedia et comicis versibus commentationes* . . . (Basilae, M.D.LXVIII), f° AA2 ("Comoediae definitio").

55. Cité par D. Heinsius, dans son très précieux *Ad Horatii de Plauto et Terentio Iudicium*, au f° **2 r° de l'édition F. Hackius: "Omnis autem imitatio, ut postea dicemus pluribus, natura placet et delectat. Hoc enim proprium est hominis, ut recte Aristoteles, qui & μιμητικώτατος πῶν ζώων, merito ab eo dicitur. Ioci vero, si petantur yndique, molesti ac frigidi, aut theatrales fiunt, si à vita sint alieni. qui ut plebi forte, ita doctis placere ac sapientibus non possunt. Constantis enim viri ac sapientis animus, laxari vult, non solvi."

56. Horace, *Art Poétique*, vv. 317-18: "Respicere exemplar vitae morumque jubebo / *doctum imitatorem* et vivas hinc ducere voces." Donat, *Fragmentum*, éd. Hackius, f° ****4 r°: "Comoedia vero, quia poëma sub imitatione vitae atque morum similitudine compositum est, in gestu et pronuntiatione consistit . . . Aitque Livius Andronicus, Comoediam esse quotidianae vitae speculum." Abbé d'Aubignac, *Pratique du Théâtre*, éd. citée, p. 46: "[La nouvelle comédie est] peinture et imitation des actions de la vie commune." Formule reprise dans sa *Dissertation sur la Condemnation des Theatres*, nouvelle édition (Paris: J. Le Febvre, 1694), p. 124: "peinture naïve et plaisante de la vie commune." Le Père Rapin, *Reflexions sur la Poetique de ce temps* . . ., 2eme édition (Paris: C. Barbin, 1675), pp. 14 et 137: "La Comédie est une image de la vie commune." S. Chappuzeau, *Le Theatre françois*, éd. citée, III, 13: "La comédie est une représentation naïve et enjouée d'une avanture agreable entre des personnes communes." Mlle Le Fevre, *Comedie de Plaute*, traduction citée *supra*, f° aiiii v° et e r°: "un tableau de la vie commune . . . une imitation des actions de la vie commune." *Etc.*

57. *Reflexions sur la Poetique* . . ., éd. citée, p. 137 et ss.

58. *De Plauto et Terentii Iudicium*, éd. citée, f° **2 r°.

59. J'emprunte ces expressions respectivement à l'épître "Au lecteur" que Sacy a placé en tête de sa traduction—expurgée—des *Comédies de Térence* (Paris, M.DC.XXXXVII), f° A vi v°; et à celle de Mlle Le Fevre, devenue alors Mme Dacier: *Les Comedies de Terence Traduites en François, Avec des Remarques* (Paris, M.DC. LXXXVIII), I, f° a vii r°.

60. J.C. Scaliger est apparemment le seul à ne pas partager ce sentiment. Voyez les *Poetices libri septem*, 5eme édition (1617), p. 707: "Quantum propter animi voluptatem tribuerent Plauto prisci, tantum aetas nostras ob lingue cultum Terentio. Ille igitur illorum secunda fortuna commendatus: hic nostra miseria magnus factus est. Nam equidem Plautum ut Comicum, Terentium ut loquutorem admirabor." Pour le *sermo moratus*—ou *oratio morata*—, voir par exemple *La Poétique* de Jules de la Mesnardiere (Paris: A. de Sommaville, 1639), p. 123 et ss. Il y définit l'*oratio morata* comme un discours "expressif" et "agissant" des "mœurs secrettes." Ou les *Poeticarum Institutionum Libri Tres* de G.J. Vossius (Amsterdam: apud L. Elzevirium, 1647), II, 142: après y avoir défini les différences entre l'ancienne et la nouvelle comédie, il ajoute: "A quibusdam etiam, tam Romanis, quam Graecis, comoedia dividitur in simplicem, et implicatam; item in moratam, et ridiculam. Simplex caret agnitione, et peripetiâ; quae habet implicata. *In moratâ, mores dominantur*; in ridiculâ, ioci, et sales." On trouvera cependant les renseignements les plus complets dans le *De Plauto et Terentio Iudicium* de Heinsius, éd. citée, f° **6 v°: "Phormio Terentianus plane est admirandus: ut et Gnatho. Plautini quia risum quaerunt, veritatem & sermone & sententiis amittunt. Tres virtutes enim sermo, quem non sine cause ἠθικόν dixerunt Graeci, nos Moratum dicimus, AEquitatem, nempe, Veritatem & Simplicitatem, postulat: quae τό ενδιάθετον, hoc est, id quod unicuique est insitum, ob oculos proponit. cum ridiculum, ut violentum, quia à natura alienum, quod recte

de eo Aristoteles pronunciat, corruptum sit, et à corruptis causis, quo jam dixi, moveatur. *Moratum quia simile est naturae, leniter delectat*: quod aetatum singularum, hominum ac nationum, totiusque vitae, simulachrum quoddam ac imaginem, in scena repraesentat. plane ut pictura quae à vero abit, & vel cubitalem nasum, vel distortum os facete repraesentat, risum movet: similis delectat. Atque hoc est quod omnes tribuunt Menandro, quem Terentius expressit."

61. D. Heinsius, *ibid.*, f° **1 v° : "Nec movere risum sane constituit Comoediam, sed plebis aucupium est & abusus. Nam Ridiculum, ut recte Aristoteles, *vitium est ac foeditas, doloris expers; quae partem in homine aliquam corrumpit absque morbo. sicut foeda & detorta facies, si nullo cum dolore id fiat, risum movet*."

62. Robinet, *Le Panégyrique de L'Ecole des femmes*, éd. Couton, I, 1073 et 1076. Plus loin (p. 1082), Crysolite oppose la satire générale de Molière, "une glace exposée, où chacun reconnaît lui seul ce qu'il est," à celle de "l'ancienne comédie," qui s'attaquait nommément aux personnes.

63. Sur ce thème, voir le bel essai d'O. Nadal sur Molière dans son *A mesure haute* (Paris: Mercure de France, 1964), notamment pp. 104 et 108.

64. D. Heinsius, op. cité, f° **5 r°.

65. C'est ce que font par exemple D. Heinsius, op. cité, et Mlle Le Fevre dans la "Dédicace" de sa traduction de Plaute, citée *supra*: "Il ne faut pas douter que Plaute ne vist bien ce qu'il y avoit de bas et de foiblesse dans ses comédies, mais il avoit pour le peuple de Rome la mesme complaisance qu'Aristophanes avait euë pour celuy d'Athenes . . ." (f° ĩ V r°). Le siècle ne fait en ceci que suivre Horace et son "durum iudicium": "At vestri proavi Plautinos et numeros et / laudavere sales, nimium patienter utrumque, / ne dicam stulte, mirati, si modo ego et vos / scimus inurbanum lepido seponere dicto / legitimumque sonum digitis callemus et aure." (*De Arte Poetica*, vv. 270-75).

66. D. Heinsius, op. cité, f° **6 v°. Cf. *supra*, note 60.

67. *Ibid.*, f° **7 v°.

68. Voir sur ce point, R. Picard, *La Carrière de Jean Racine*, p. 7.

69. *Lettre sur les Affaires du théâtre*, éd. Couton, I, 1110.

70. Horace, *Epitres*, II, 1, vv. 168-70. Cité par M. de Marolles, *M. Acci Plauti, Comoediae In quatuor Tomos digestae* . . . (Paris: P. L'Amy, M.DC.LVIII), II, 244.

71. Ed. citée *supra*, II, 120.

72. Voir la thèse de R. Bray, *La Formation de la doctrine classique en France* (Paris: Nizet, 1951), notamment pp. 65-84. "L'art classique est donc un art utilitaire. Le poète classique vise à l'instruction morale."

73. Vossius, op. cité, II, 112. L'idée est déjà chez Donat, *Fragmentum*.

74. Père Rapin, *Reflexions sur la Poëtique*, pp. 13-14 et 136-37. Abbé d'Aubignac, *Pratique du théâtre*, pp. 7-9. La formule latine est de Donat.

75. Cf. Vossius, op. cité, I, V ("De moribus"), p. 52: "Nam si *pictor*, cum pulcra offertur facies, malit eam repraesentare, quàm turpem: sane et poëta potius bonos exprimet mores, quam malos. Praesertim cùm *poëtae sint morum doctores* . . ."

76. Horace, *De Arte Poetica*, vv. 343-44.

77. *Poetices libri septem*, p. 832.

78. J. de la Mesnardière, *La Poétique*, f° K.

79. *Ibid.*, p. 176.

80. Cotin, *La Critique Des-interessee sur les satyres du temps* (Paris, s.d.), p. 29: "En cette ridicule comparaison que le moderne satyrique fait de ses vers avec la justice du Roy . . ."

NOTES

81. Le Père Le Moyne, cité par R. Bray, dans sa thèse, p. 69.
82. Rapin, *Reflexions*, p. 10. Voir aussi d'Aubignac, *Pratique*, pp. 8-11: "Le théâtre est l'école du peuple . . . les Spectacles sont tres-importants au gouvernement des Estats."
83. S. Chappuzeau, *Le Theatre françois*, I, 10.

CHAPITRE II

1. *Vie de Molière*, p. 168: "La comédie repose sur la convenance comique, qui est un accord, une identité entre l'erreur et le vice, entre la vérité et la bonne conscience . . . Cet accord se fait . . . dans l'opinion d'une moyenne de spectateurs assemblés. Cette raison publique et moyenne fait partie de la conception comique elle-même, puisqu'elle forme une des deux visions dont l'auteur a besoin pour déclencher le rire. Le poète comique de théâtre n'est pas le maître de son idéal, son idéal lui est fourni par la société qu'il n'éclaire que pour s'appuyer sur elle avec plus de fermeté."
2. P. Bénichou, *Morales du grand siècle* (Paris: Gallimard, 1948), cité par R. Bray dans son *Molière homme de théâtre*, pp. 35-36. W.G. Moore, "Raison et structure dans les comédies de Molière," *Revue d'Histoire Littéraire de la France*, 72 (1972), 800-05.
3. R. Bray, op. cité. F. Gaiffe, *Le Rire et la scène française* (Paris, 1931), cité par J. Morel dans son article "Molière ou la dramaturgie de l'honnêteté," *L'Information Littéraire*, No. 5 (1963), 185-91.
4. Voir le *Recueil* de Mongrédien, I, 290-92. Ou R. Robert, dans son article déjà cité ("Des commentaires de première main . . ."), p. 27.
5. Il commence à l'être aujourd'hui. Voyez par exemple P.O. Kristeller, "Le Mythe de l'athéisme de la Renaissance et la tradition française de la libre pensée," *Bibliothèque d'Humanisme et Renaissance*, 37 (1975), 337-48.
6. Consulter à cet égard le Père F. Garasse, *Le Rabelais réformé par les ministres* (Paris, 1619), et *La Doctrine curieuse des beaux esprits de ce temps* (Paris, 1624). Le pire visage de la Contre-Réforme.
7. Garasse, *La Doctrine curieuse*, p. 1016: "La peste et la gangrene de la devotion, il est impossible d'en lire une page sans danger d'offenser Dieu mortellement . . . Un tresmaudit et pernicieux escrivain, qui succe peu à peu l'esprit de pieté, qui desrobbe insensiblement l'homme de soy mesme, qui aneantit le sentiment de religion . . . , qui a fait plus de degast en France par ses bouffonneries que Calvin par ses nouveautez."
8. *Reflexions sur la Poëtique*, p. 150.
9. *Lettre du Sieur D. ou B. A l'Autheur du Jonas et du David – Réponse de l'Autheur du Jonas et du David* (Paris: Angot, M.DC.LXVIII), p. 12: "Ce libertin de Rabelais, de qui vous avez appris beaucoup de choses . . ." L'auteur en question est Coras.

10. A s'en tenir au catalogue de la Bibliothèque Nationale, il n'existe aucune traduction française de l'*Enchiridion* entre 1529 (Louis de Berquin) et 1711 (Du Bosc de Montandré). La même remarque peut par exemple être faite au sujet du *De Matrimonio christiano*, traduit seulement en 1714.

11. *Desiderii Erasmi Roterodami Colloquia Familiaria* . . . Editio secunda (Parisiis: Apud Claudium Thiboust, M.DC.LVI), épître "Lectori Benevolo," f° a iiii v°.

12. Respectivement en 1656, 1661, 1674 et 1691, l'édition de 1656 ayant été apparemment—voyez *supra*—précédée d'une autre.

13. *Colloques d'Erasme* (Leyden, 1653); *Les Entretiens familiers* (Paris: L. Billaine, 1662); *ibid*. (Genève, 1669). S. Chappuzeau a en outre publié en 1656 à Lyon son *Cercle des femmes. Entretien comique Tiré des Dialogues d'Erasme*. Cette adaptation pourrait bien avoir influencé Molière. Le dénouement des *Précieuses* rappelle en effet beaucoup celui du *Cercle des femmes*.

14. *La Louange de la Sotise. Declamation d'Erasme de Rot*. Mise en François (La Haye, 1642). L'auteur de la traduction, un certain P., ignore l'existence de celle qui a été publiée en 1520, à Paris, par Galliot du Pré. Il affirme en effet que l'*Eloge* n'a pas encore "veu l'air de la France." *La Louange de la Folie traduite d'un traité D'Erasme intitulé OEncomium Moriae*. Par Monsieur Petit (Paris: J. Cottin, M.DC.LXX).

15. Traduction citée, "Préface": "Remercions sa mémoire du soin qu'il a eu de nous donner des leçons profitables, plutôt que de l'accabler d'imprécations, comme l'on voit faire tous les jours à un nombre infiny de gens . . . J'aurois assez de matière pour un livre entier, si je pretendois justifier Erasme auprès de tant de monde qui se plaint de luy sans raison."

16. G. Defaux, "Sagesse et folie d'Erasme à Molière," *Modern Language Notes*, 91 (1976), 655. Qu'il me soit permis de remercier ici la Johns Hopkins University Press. Je reprends en effet dans les pages qui suivent, avec son accord, et sous une forme différente, certains des développements et des conclusions de cet article.

17. Dans son *Histoire de la folie à l'âge classique* (Paris: Gallimard, 1972).

18. C'est l'un des grands thèmes de la poésie évangélique de C. Marot et de Marguerite de Navarre. Voyez par exemple les *Marguerites de la Marguerite des Princesses* (Lyon: Jean de Tournes, 1547)—reproduites en 1970 par les soins de S.R. Publishers, Johnson Reprint Corporation, Mouton and Co., dans la collection "Classiques de la Renaissance en France"—, son *Miroir de l'âme pécheresse*, ou son *Oraison de l'âme fidèle*: "O douce mort, gratieuse douleur, / Puissante clef, delivrant de malheur / Ceux qui par mort estoient mortifiez"—"O mort, qui fut tant crainte par la Loy, / Que belle et douce en Jesus ie te voy!"—"O mort, où est icy vostre victoire, / Vostre aiguillon, dont tant est de memoire?" (cf. St. Paul, *I Corinth*., XV, 55). Ou encore son *Dialogue en forme de vision nocturne*, éd. P. Jourda, *Revue du Seizième Siècle*, 13 (1926), 13: "La mort est fin d'une prison obscure." *Etc*.

19. M. Foucault, op. cité, p. 18.

20. *Desiderii Erasmi Roterodami Opera omnia* (Leyden: J. Leclerc, 1703)— ΜΩΡΙΑΣ ΕΓΚΩΜΙΟΝ. *Stultitiae Laus*, 439 B: "Verum est duplex insaniae genus: alterum quod ab Inferis dirae ultrices submittunt, quoties immissis anguibis, vel ardorem belli, vel inexplebilem auri sitim, vel dedecorosum ac nefarium amorem, vel parricidium, incestum sacrilegium, aut aliam id genus pestem aliquam in pectora mortalium invehunt, sive cum nocentem et conscium animum, Furiis ac terriculorum facibus agunt . . ."

21. La formule est de M. Foucault, op. cité.

22. *De la declamation des louenges de follie* (Paris: Galliot du Pré, 1520), f° XXV r° et XXXVII r° . Voir aussi le *Dialogus de vanitate scientiarum, et ruina christianae relligionis per quendam relligiosum Patrem Ordinis Cisterciensis Monachum recenter editus* (s.l.n.d.–1533?), f° Dv v°: "nec aliud omnino est vita humana, quam moriae lusus quidam."

23. Erasme, *Stultitiae Laus*, op. cité, 454 C.

24. *Ibid.*, 455 A.

25. Erasme, éd. Galliot du Pré, f° XXVI v°.

26. *Stultifera Navis. Narragonice Profectionis nunquam satis laudata*: per Sebastianum Brant: vernaculo vulgarique sermone et rhythmo / pro cunctorum mortalium fatuitatis semitas effugere cupientium directione / speculo / commodoque et salute: proque inertis ignavaeque Stultitiae perpetua infamia / execratione / et confutatione / nuper fabricata . . . (1498), f° VIII. "Les parades de fous," écrit R. Klein ("Un Aspect de l'herméneutique à l'âge de l'Humanisme classique: le thème du fou et l'ironie humaniste," in *Umanesimo e ermeneutica* [Padoue: 1963], p. 17), "deviennent aisément catalogues de vices."

27. *Ibid.*, f° VIII-IX.

28. *La grand nef des / folz du monde en laquelle chascun homme sage / prenant plaisir de lire les passages des hy- / stoyres dicelle morallement et briefvement exposees / trouvera et congnoistra plusieurs ma- / nieres de folz / et aussi pourra discerner entre / bien et mal / et separer vice et peche: davec ver- / tu a eulx contraire quest ung œuvre excellente pour mener lhomme en voye de salut* (Lyon: François Juste, 1530), f° a iii r° . On lit à la fin: "Icy finist la nef des folz de ce monde a la correction et a linstruction des bons."

29. *Stultitiae Laus*, dans la traduction de 1520: f° XLIX v°. *Stultifera Navis*, dans la traduction de 1530: f° XCVI v° . Voir aussi f° CXXXV v° : "Nam nostrae numerus sectae est immensus . . . / Nostra cohors equidem totum complectitur orbem / Pauci sunt quos nos foedera nostra premunt."

30. *Stultiferae naves sensus animosque trahentes Mortis in exitium* (Lyon: E. G. de Marnef, M.CCCC.XCVIII), f° a iii r°. Le texte poursuit: "hinc nos miseri mortales aegreditunibus: morti: laboribus: anxietatibus: fami: siti: aestui: algori: omnibus denique et animae et corporis pestibus obnoxii sumus. hinc errores . . . hinc nullus sine crimine vivit." Cet ouvrage a été traduit par Jean Droyn: *Le Translateur / La Grant Nef des folles selon les cinq cens de na- / ture composee selon levangile de mon- / seigneur sainct Mathieu* . . . (Paris: A. de Marnef, s.d.).

31. Edition F. Juste citée, f° XX v° et XLIV v°. R. Klein, dans son article cité *supra*, rappelle ces vers de la traduction française (*La nef des folz du monde*, Paris: G. de Marnef, 1497) de P. Rivière: "Je suis des grans folz navigans / Sur la mer du monde profonde."

32. *Stultifera Navis*, éd. citée, f° VIII.

33. Voir à ce sujet S. Dresden, "Sagesse et folie d'après Erasme," *Colloquia Erasmiana Turonensia* (Paris-Toronto: 1972), I, 285-99; P. Mesnard, "Erasme et la conception dialectique de la folie," *L'Umanesimo e la Follia* (Rome: Edizioni Abete, 1971), pp. 43-61; W. Kaiser, *Praisers of Folly: Erasmus, Rabelais, Shakespeare* (Cambridge: Harvard University Press, 1963); L.G. Christian, "The Metamorphoses of Erasmus' 'Folly,' " *Journal of the History of Ideas*, 32 , No. 2, pp. 289-94.

34. *Paraphrasis in Epist. Pauli ad Cor. I Cap. III*, au tome VII de l'édition citée des *Erasmi Opera omnia*, 868 F-869 A: "Imo qui sibi videtur esse sapiens, juxta mundanam aestimationem, sapienter stultescat, ut vere fiat sapiens. Desinat esse stultae

sapientiae turgidus professor, et idoneus erit, qui sit sapientissimae stultitiae discipulus. Etenim ut opes huius mundi non reddunt vere divitem, ut honores mundi non efficiunt vere clarum, ut voluptates mundi non faciunt vere felicem, ita sapientia mundi huius non reddit vere sapientem apud Deum." J'emprunte la traduction française de ce passage à l'édition M.A. Screech du *Tiers Livre* de Rabelais (Genève-Paris: Droz, 1964), p. 257. A retenir aussi cette formule empruntée à la lettre d'Erasme *Pio Lectori*, placée en tête du même tome, et datée de Bâle, le 14 janvier 1522 (ancien style): "Et quos mundus habet pro doctissimis, Christo sunt idiotae" (f° **2 v°).

35. On connaît la formule de Bon Joan dans le *Gargantua*, chap. XXXIII: "*Agios ho Theos*. Sy tu es de Dieu, sy parle! Sy tu es de l'Aultre, sy t'en va!" Formule symbolique.

36. *L'Honneste Homme ou, l'Art de Plaire à la Cour*. Par le sieur Faret (Paris: Chez M. Bobin et N. Le Gras, MDC.LVIII), pp. 148-51: "presser et différer à propos, se ployer et s'accommoder aux occasions. S'il veut et si la générosité n'y est point offensée, il sçaura feindre, il sçaura déguiser . . . faire ployer ses propres inclinations sous celles de la personne à laquelle on veut se rendre agréable . . . Cette souplesse est l'un des souverains préceptes de notre art."—Chevalier de Méré, *Les Discours: Des Agrémens. De l'esprit. De la conversation*, éd. Ch.H. Boudhors (Paris, 1930), p. 106.

37. Saint François de Sales, *Introduction à la vie dévote* (Paris: Le Seuil, 1962), "Préface." A lire cet ouvrage, placé sous le signe d'un accommodement possible entre le ciel et la terre, on mesure l'évolution accomplie en un siècle. "En follie celuy se fonde / Qui veult dieu servir et le monde," lit-on dans la traduction P. Rivière de la *Sultifera Navis*. Et dans celle de 1530, f° XVIII r°: "Vous ne pouvez servir a dieu et a la richesse du monde . . . Celluy est fol qui veult servir au grant et souverain tonnant cest a dieu. Et quiert pareillement servir au monde prophane et villain." On ne sauroit, avec un seul chien, courir deux lièvres à la fois," nous dit la traduction latine de Locher (Io. de Olpe, 1497), f° XXIX r° : "*De obsequio duorum dominorum*: Ille duos lepores venator captat in uno / Tempore: per sylvas quos canis unus agit. / Qui cupit ardenter dominis servire duobus: / Hic plusquam poterit: saepe agitare volet.—Stultus et is: summo qui vult magnoque tonanti: Et mundo pariter quaerit servire prophano."

38. Pascal, *Cinquième Provinciale*. Voir aussi le *Cinquième écrit des Curés de Paris*: ". . . ils voudraient [les jésuites] que l'inclination du monde s'accordât avec la sévérité de l'Evangile qu'ils ne corrompent que pour s'accommoder à la nature corrompue."

39. *Molière*, éd. Couton, I, 1178. Outre l'article déjà cité de R. Robert, on consultera avec profit les études suivantes de W.G. Moore: "Molière's Theory of Comedy," *L'Esprit Créateur*, 6, No. 3 (1966), 137-43; et "Raison et structure dans les comédies de Molière," cité *supra*, note 2.

40. Formules empruntées à *La Formation de la doctrine classique en France*, pp. 114-29, et à la *Macarise* de l'abbé d'Aubignac.

41. Abbé d'Aubignac, *Macarise ou la Reine des Isles Fortunées*, p. 82: "Le Sage ne peut jamais faire de fautes, ses moindres actions estant tousjours réglées par la parfaite raison . . . Le Sage est semblable à Dieu." Voir aussi A. Adam, *Les Premières Ssatires de Boileau (I-IX), Edition critique et commentaire* (Lille, 1941; Genève: Slatkine Reprints, 1970), p. 67.

42. A. Adam, *Histoire de la littérature française au XVIIe siècle. Tome III: L'Apogée du siècle—Boileau, Molière* (Paris: Editions Domat, 1961), p. 123.—Jules

Brody, *Boileau and Longinus* (Genève: Droz, 1958), p. 87.

43. *Molière*, éd. Couton, I, 1170.

44. Formules empruntées à Pascal, *Pensées*, fragment sur l'esprit de géométrie et l'esprit de finesse.

45. *Molière*, Couton, I, 1174.

46. *L'Art de Plaire dans la Conversation par feu M. de Vaumoriere*, 4ème édition (Paris, MDCCI), p. 171. La première édition de cet ouvrage date de 1688. Voir aussi la définition de Furetière, citée par J. Fabre, "Bienséance et sentiment chez Mme de La Fayette," *Cahiers de l'Association Internationale des Etudes Françaises*, No. 11 (1959), p. 36: "Ce qui convient à une chose, qui lui donne de la grâce et de l'agrément; ou, si l'on veut: action qui cadre aux temps, aux lieux et aux personnes; égard que l'on a pour ces sortes de circonstances."

47. Chevalier de Méré, *Oeuvres posthumes*, éd. Boudhors, pp. 71-72: "Je ne comprend rien sous le ciel au dessus de l'honnêteté; c'est la quintessence de toutes les vertus . . . Cette science est proprement celle de l'homme, parce qu'elle consiste à vivre et à se communiquer d'une manière humaine et raisonnable."

48. Vaumoriere, op. cité, p. 272.

49. Faret, op. cité, p. 149. Méré, éd. Boudhors, I, 75 et 98.

50. Voir à ce sujet le Père Rapin, *La Comparaison de Demosthene et de Ciceron*, 2ème éd. (Paris, 1676), pp. 83-85. Et Cicéron, *De l'Orateur. Livre premier*, éd. E. Courbaud (Paris: Les Belles Lettres, 1922), XXIX-132, p. 49: ". . . sed etiam ipsi illi Roscio, quem saepe audio dicere caput esse artis decere, quod tamen unum id esse quod tradi arte non possit.—Roscius, auquel j'entends souvent dire que ce point capital de l'art, la convenance, est le seul précisément que l'art ne peut enseigner."

51. Père Rapin, *Reflexions sur la Poëtique*, pp. 34 et 70. Ce principe de la vraisemblance remonte, bien sûr, à Horace et à son *Art poétique*, v. 119 et ss.: "Aut famam sequere aut sibi convenientia finge / scriptor," etc. Il faut, dit l'abbé d'Aubignac dans sa *Pratique du théâtre* (p. 71), "suivre l'opinion commune, ou feindre des choses qui lui soient conformes."

52. Vossius, cité par Bray, *La Formation de la doctrine classique*, p. 194.

53. R. Bray, *ibid*., p. 227.

54. Jean Starobinski, "La Rochefoucauld et les morales substitutives," *La Nouvelle Revue Française*, 14, Nos. 163 et 164 (1966), 218. Voir aussi J.P. Dens, "Morale et société chez La Rochefoucauld," *L'Information Littéraire*, 27, No. 2 (1975), 55-57.

55. *Le Courtisan / de Messire Balta- / zar de Castillon / Nouvellement re- / veu et corrige* (Lyon: François Juste, M.D.XXXVIII), f° XLV r°-XLVI v°.

56. Cicéron, *Les Devoirs. Livre I*, éd. M. Testard (Paris: Les Belles Lettres, 1965), XXVII-93, pp. 152-53.

57. *Ibid*., V-15: "Formam quidem ipsam, Marce fili, et tamquam faciem honesti vides 'quae si oculis cerneretur, mirabiles amores, ut ait Plato, excitaret sapientiae.' "

58. F. Rabelais, *Pantagruel*, éd. V.L. Saulnier (Genève: Droz, 1965), p. 102: "Bien vray est-il, ce que dit Platon, le prince des philosophes, que, si l'ymage de science et sapience estoit corporelle et spectable ès yeux des humains, elle exciteroit tout le monde en admiration de soy."

59. Voir à ce sujet l'introduction de M. Testard à son édition des *Devoirs*, pp. 55-57: "L'honestum cicéronien, la beauté morale apparaît donc comme un rapport idéal . . . un rapport théorique de convenance."

60. Cicéron, *Les Devoirs*, I, XXVIII-98: "Ut enim pulchritudo corporis apta compositione membrorum movet oculos et delectat hoc ipso quos inter se omnes partes cum quodam lepore consentiunt, sic hoc decorum quod elucet in vita, movet approbationem eorum quibuscum vivitur, ordine et constantia et moderatione dictorum omnium et factorum."

61. *Molière*, Couton, I, 1174.

62. *Ibid.*, pp. 1173-74.

63. Cicéron, *Les Devoirs*, I, XXXI-113, p. 163. Cicéron poursuit: "Suum quisque igitur noscat ingenium acremque se et bonorum et vitiorum suorum iudicem praebeat, ne scaenici plus quam nos videantur habere prudentiae. Illi enim non optimas, sed sibi accommodatissimas fabulas eligunt."

64. *Molière*, Couton, I, 1158.

65. *Ibid.*, pp. 1149-53, 1162-63, 1165, 1169.

66. Molière, Couton, I, 886.

67. J. Morel, "Médiocrité et perfection dans la France du XVIIe siècle," *Revue d'Histoire Littéraire de la France*, 69 (1969), 449.

68. *Aristotelis Ethicorum, sive de moribus, ad Nicomachum Libri decem. Adiecta ad contextum Graecum interpretatione Latina Dionysii Lambini* ... (Hanoviae: Typis Wechelianis, M.DC.XI), Lib. II, pp. 78-79. Ou encore, p. 78: "Est ergo virtus mediocritas quaedam, cum medium veluti signum quoddam sibi propositum petat ac destinet." Pour une excellente traduction française, consulter *L'Ethique à Nicomaque. Introduction, Traduction et Commentaire* par R.A. Gautier, et J.Y. Jolif, 2ème édition (Louvain-Paris: 1970), I, 2, 1107 a 2, p. 45. Voir aussi 1106 b 27: "C'est donc une sorte de moyenne que la vertu, ou tout au moins elle essaie d'atteindre un juste milieu."

69. *Aristotelis Ethicorum*, pp. 78 et 89. Dans la traduction Gautier-Jolif, p. 45: "L'erreur est multiple (en effet, —pour faire appel à la façon dont les Pythagoriciens s'imaginaient les choses, —le Mauvais se range dans la colonne de l'Illimité et le Bon dans la colonne du Limité); il n'y a par contre qu'un seul chemin qui mène à la réussite. Aussi l'erreur est-elle facile et la réussite ardue: il est facile de manquer la cible, mais il est ardu de l'atteindre: *'On n'est bon que d'une façon, mais il y en a mille d'être méchant.'*" Et p. 53: ". . . c'est une rude tâche que d'être vertueux. Car c'est toujours un vrai labeur que de trouver le milieu: le milieu d'un cercle, par exemple, il n'appartient pas à n'importe qui de le déterminer, mais seulement à celui qui a la science."

70. *Les Oeuvres de Senecque / Translateez de latin en francoys par maistre laurens de premier / fait* (Paris: A. Vérard, s.d.), f° d iii v°.

71. *Ibid.*, f° lv v°. Cette affirmation n'apparaît pas chez Sénèque, à cet endroit du moins.

72. *Ibid.*, f° XII r°.

73. *Sophologium Sapientie magistri Jacobi Magni* (Paris: J. Petit, 1515), Lib. III, cap. 4, f° XXV.

74. *Le Courtisan*, édition citée, *Quart Livre*, f° XXXI r° -v°: "Vertu consiste au point de médiocrité."

75. M. Magendie, *La Politesse mondaine et les théories de l'honnêteté, en France, au XVIIe siècle, de 1600 à 1660*, 2 tomes (Paris: Alcan, 1925), p. 790.

76. Chevalier de Méré, éd. Boudhors, II, 33, et M. Magendie, op. cité, p. 757.

77. M. De Vaumoriere, *L'Art de Plaire*, éd. citée, f° a iij v°.

78. *Reflexions sur le ridicule et sur les moyens de l'éviter, où sont representez*

les differens Caracteres et les Mœurs des Personnes de ce siècle, Par M. l'Abbé Bellegarde, seconde édition augmentée (Paris: M.DC.LXXXVII).

79. *Ibid.*, pp. 375 et 451.

80. B. Pascal, *Pensées*, dans l'édition J. Chevalier des *Oeuvres complètes* (Paris: Bibliothèque de la Pléiade, 1954), pp. 1169-70.

81. *Ibid.*, p. 1169.

82. *Oeuvres de François de La Mothe Le Vayer* . . . , Tome premier, 3ème édition (Paris: 1662), p. 474. Ce qui pour La Mothe Le Vayer atteste la grandeur du Pyrrhonisme et de son *Epoche*, c'est qu'il tient le milieu entre les "Dogmatiques"–qui disent posséder la vérité–et les "Académiques"–qui nient qu'on puisse jamais l'atteindre.

83. *La Fortune des gens de qualité et des gentilhommes particuliers, enseignant l'art de vivre à la Cour, suivant les maximes de la politique et de la morale* (Paris: E. Loyson, 1661): cité par Magendie, p. 724.

84. F. de La Mothe Le Vayer, I, 560 ("De la vertu des Païens"): "Selon Aristote, la vertu est une habitude qui agit avec jugement, et qui consiste dans une médiocrité raisonnable." Les vertus des Païens, dit l'auteur, ne sont pas que des vices. Dans son opuscule intitulé "De l'instruction de Mgr le Dauphin," il exhorte continuellement le futur souverain à la recherche du juste milieu. Le Roi juste, dit-il, se reconnaît à ce qu'il sait "tenir une voie moyenne entre les extremitez vicieuses de l'indulgence trop grande et de la trop grande sévérité" (I, 20). Les Rois sont-ils au-dessus des lois? "On peut s'en tenir à une opinion moyenne entre les deux que nous venons d'exposer" (I, 26). Faut-il négliger les Lettres, ou ne cultiver qu'elles? "Je crois quant à moy, qu'il y a une opinion moyenne entre les deux." Cette démarche est, chez lui, constante. Voyez le t. II de ses *Oeuvres*, p. 93: "Toutes les vertus sont placées entre des extremitez vicieuses."–p. 150: La vie est-elle un bien ou un mal? "Il y a une voie moyenne entre ces deux sentiments."–p. 234: "Ce n'est pas moins faillir de trop étudier, que trop peu."–p. 242: style diffus, ou concis? "Taschez de vous conduire entre ces deux extremitez vicieuses." Et ainsi de tout.

CHAPITRE III

1. Dans son article déjà cité, "Molière ou la dramaturgie de l'honnêteté," *L'Information Littéraire*, No. 5 (1963), pp. 189-91. Pour pouvoir apprécier le comique des personnages de Molière et de leur univers, nous dit J. Morel, il est nécessaire de renoncer à tout autre point de vue que le sien. Il faut assister à la comédie "avec les yeux de Dorante ou d'Uranie, ceux de la raison, de la politesse et de cette sorte de naturel qu'inspire l'honnêteté."

2. Voyez par exemple le chapitre que leur consacre A. Eustis, aux pp. 181-215 de son livre cité *supra*. Il fait d'Ariste et de Chrysalde des personnages comiques,

affirmant par exemple—ce que dément formellement le texte de la comédie—que les idées d'Ariste sur le mariage "will inevitably turn him into a cuckold," et que "his belief . . . that one must run with the crowd ("s'accommoder au plus grand nombre") is not traditionally that of the sage"—ce que démentent formellement les textes traditionnels. Et dire comme lui (p. 188) que Philinte est un personnage "who out of prudence follows the crowd just as much as Ariste in *L'Ecole des maris* and whose 'phlegm' betrays a disinclination to react" revient à ne pas tenir compte de l'opinion du temps—qui dit exactement le contraire. Quant à affirmer que Cléante is "a comic figure," et que ses arguments sont parfois "those of an opinionated fool" (p. 190), c'est tout simplement oublier que Cléante parle pour son créateur, et que celui-ci le définit expressément comme "le véritable honnête homme" de la pièce.

  3. La Mothe Le Vayer, op. cité, II, 973. Voir aussi p. 93: "Toutes les vertus sont placées entre deux extremitez vicieuses."

  4. *Ibid.*, II, 46-53, "Des habits et de leurs modes différentes."

  5. *Ibid.*, II, 410.

  6. *Ibid.*, II, 1160, "Prose chagrine." Dans ce monde où tout va de travers, la seule attitude possible est de "rire avec un mépris Abderitain de toutes les extravagances de l'esprit humain: *humanius est deridere vitam, quam deplorare.*"

  7. Cicéron, *De Officiis*, éd. citée, XXXVI-130, p. 173: "Adhibenda praeterea munditia est, non odiosa neque exquisita nimis, tantum quae fugiat agrestem et inhumanam neglegentiam. Eadem ratio est habenda vestitus . . ."

  8. *Le Courtisan*, éd. citée, f° XC v°-CIV v°. La grande loi, pour Castiglione, est aussi de "s'accommoder à la coustume du plus grand nombre," et notamment aux "qualitez des personnes avec lesquelles on doibt converser."

  9. *Les Conseils d'Ariste à Celimene sur les moyens de conserver sa réputation* (Paris: N. Pepingué, M.DC.LXVI), p. 160.

  10. *Reflexions sur le Ridicule*, éd. citée, pp. 109, 411 et 430-31. Cf. aussi p. 462: "On a trouvé le secret de plaire, quand on sait entrer dans le génie des gens que l'on pratique. On aime naturellement à voir ses inclinations et ses gousts approuvez des autres; et l'on ne peut s'empescher d'avoir quelque complaisance pour ceux qui se conforment à nos manieres."

  11. *L'Art de plaire dans la Conversation*, éd. citée, pp. 37-39. "Pour les Quolibets, les Turlupinades, et les Equivoques, vous voulez bien que nous les abandonnions au Peuple."

  12. Bellegarde, op. cité, p. 446.

  13. F. Rabelais, *Le Tiers Livre*, éd. critique commentée par M.A. Screech (Genève-Paris: Droz-Minard, 1964), Chap. VII, pp. 65-66. Voir aussi, sur le syncrétisme de Rabelais, l'excellente étude de M.A. Screech, *The Rabelaisian Marriage. Aspects of Rabelais's Religion, Ethics & Comic Philosophy* (London: Edward Arnold [Publishers] Ltd., 1958).

  14. *Le Tiers Livre*, éd. citée, Chap. II, p. 29.

  15. *Ibid.*, Chap. IX, p. 75, et X, p. 81.

  16. *Ibid.*, Chap. X, p. 80.

  17. *Ibid.*, Chap. XXVIII, pp. 197-201.

  18. Montaigne, *Essais*, I, XIV: "Que le goust des biens et des maux dépend en bonne partie de l'opinion que nous en avons."

  19. *Ethique à Nicomaque*, Livre IV, Chap. VIII, 1127 b 19: "L'enjouement." Dans l'édition citée Gautier-Jolif: p. 116 et ss. ". . . il y a des plaisanteries à faire sur le compte d'autrui et la manière de les faire, des plaisanteries aussi à accepter quand

on en est l'objet et la manière de les accepter . . . Il est clair que, dans ce domaine aussi, il y a excès et défaut par rapport au juste milieu. Ceux qui dépassent la mesure dans leurs efforts pour faire rire passent pour des bouffons et des gens mal élevés . . . Ceux qui, au contraire, ne disent eux-mêmes rien qui puisse faire rire et qui se fâchent contre ceux qui le font, passent pour des rustres et des renfrognés . . . Ceux enfin qui gardent dans leurs plaisanteries la note juste, on les appelle 'enjoués' . . ." Dans la traduction, citée *supra*, de D. Lambin, pp. 182-85: ". . . ii quidem, qui risu movendo ultra modum procedunt, scurrae videntur esse . . . Qui autem nec ipsi quicquam ridiculè ac falsè dicere queunt, et iis, qui dicunt, infensi sunt, agrestes et insulsi homines habendi sunt. At qui concinnè et lepidè salib. & iocis vtuntur, εὐτράπελοι, faceti et urbani nominantur."—Vaumorière, op. cité, Chap. XII: "Avec quelle précaution il est permis de railler." Ce passage de *L'Ethique à Nicomaque* est commenté par D. Heinsius dans son *De Plauto et Terentio Iudicium*, éd. citée, f° ** v°.

20. S. Chappuzeau, *Le Theatre françois*, éd. citée, pp. 9-10: "Le vicieux ne peut souffrir qu'on le joüe, et qu'on le fasse passer pour sot; il aime mieux se corriger de sa sottise, et en quittant le ridicule du vice, il en quitte ce qu'il a de malin"—et pp. 45-50. Voir aussi l'Epître dédicatoire, f° e 3 r°: "A voir la Comedie, à frequenter les Comediens, on n'y trouvera rien au fond que de fort honeste, et ces enjoûments, ces petites libertez que l'on reproche au Theâtre ne sont que d'innocentes amorces pour attirer les hommes par de feintes intrigues à la solide vertu . . . La Comedie, qui est une peinture vivante de toutes les passions, est aussi une école severe pour les tenir en bride." Même attitude chez l'Abbé d'Aubignac, dans un passage manuscrit ajouté en 1667 au Chapitre 6 du Livre IV de sa *Pratique du Théâtre*, éd. Martino, pp. 330-31. Voyez à ce sujet H.P. Salomon, *Tartuffe devant l'opinion française* (Paris: P.U.F., 1962), pp. 49-50: "Je ne dis pas seulement qu'une pièce entière qui serait contre la mauvaise dévotion serait mal reçue, mais je prétens qu'un seul vers, une seule parole qui meslera quelque pensée de religion dans la Comédie, blessera l'imagination des spectateurs, leur fera froncer le sourcil et leur donnera quelque dégoût. Nous en avons veu l'expérience en deux poèmes que l'on a depuis peu représentés, et nous le sçavons encore par la lecture d'un autre, fait avec beaucoup d'art et d'esprit contre la mauvaise dévotion." La même conviction sera exprimée en 1674 par Boileau dans son *Art poétique*: "De la foi d'un chrétien les mystères terribles / D'ornements égayés ne sont pas susceptibles" (III, vv. 199-200).

21. *Molière*, éd. Couton, I, 828.

22. *Ibid.*, p. 1177.

23. Sur cette question, on consultera avec profit J. Cairncross, *New Light on Molière: Tartuffe: Elomire Hypocondre* (Genève: Droz, 1956).

24. *Molière*, éd. citée, I, 884, 1152, 1165.

25. P. Valéry, *Oeuvres*, éd. J. Hytier, Bibliothèque de la Pléiade (Paris: Gallimard, 1960), II, 567.

26. *Nouvelles Nouvelles*, éd. citée, III, 248.

27. W.G. Moore, *Molière, A New Criticism* (Garden City: Doubleday, 1962), p. 72. "These characters have a better reason for their presence, an aesthetic reason. They ensure symmetry and roundness of comic presentation. Excess is the more distinguishable if its opposite is exhibited at the same time." L'idée existe déjà chez l'Abbé Batteux, *Les Quatre Poëtiques*, éd. citée, pp. 221-22: ". . . Le vice comme vice est odieux. C'est une difformité déplaisante, dont on ne rit point . . . Il ne reste donc que le vice ridicule, qui étant en contraste avec la vertu, avec les mœurs communes, avec la marche ordinaire du bon sens, peut divertir par le bizarre et le grotes-

que, instruire par l'exemple, corriger par la honte qu'on y attache. De tous les poëtes comiques, il n'en est point qui ait mieux saisi cette idée que Molière, ni qui l'ait mieux remplie. Dans toutes ses pieces, il a eu soin d'attacher un vice et un ridicule dominant à un principal personnage qui est le centre de l'action . . . Pour marquer fortement ce vice il l'exagere, le charge, comme les Peintres en grotesque . . . Il fait mieux: il le met en contraste avec la vertu opposée, avec le juste, l'honnête, le décent, qu'il attache aux personnages sensés, aux Philintes, aux Cléantes, aux Clitandres." *Nihil sub sole novum.*

28. *Molière*, éd. citée, p. 1174.

29. *Ibid.*, p. 1174. "Or," poursuit le texte, "si la disconvenance est l'essence du ridicule, il est aisé de voir pourquoi la galanterie de Panulphe paraît ridicule, et l'hypocrisie en général aussi; car ce n'est qu'à cause que les actions secrètes des bigots ne conviennent pas à l'idée que leur dévote grimace et l'austérité de leurs discours a fait former d'eux au public."

30. *Ibid.*, p. 1174.

31. Aristote, *La Poétique*, 1449 a. "La comédie est l'imitation d'hommes de qualité morale inférieure, non en toute espèce de vice mais dans le domaine du risible, lequel est une partie du laid. Car le risible est un défaut et une laideur sans douleur ni dommage; ainsi, par exemple, le masque comique est laid et difforme sans expression de douleur." La traduction est celle de J. Hardy (Paris: Les Belles Lettres, 1932).

32. Voyez *supra*, Chap. I, note 61. *De Plauto et Terentio Iudicium*, f° ** v°. "Vnde ipsum quoque risum, omnes fere antiquissimi philosophi indignum sapiente judicarent."

33. Cicéron, *De l'Orateur*, traduction de E. Courbaud (Paris: Les Belles Lettres, 1927), Livre II, LVIII-236.

34. *Ibid.*, LVIII-237: "Quatenus autem sint ridicula tractanda oratori, perquam diligenter videndum est. . . . Nam nec insignis improbitas et scelere iuncta nec rursus miseria insignis agitata ridetur: facinerosos enim maiore quadam vi quam ridiculi volnerari volunt; miseros illudi nolunt, nisi se forte iactant."

35. *Ibid.*, LVIII-238. "Haec igitur adhibenda est primum in iocando moderatio."

36. *Le Courtisan*, éd. citée, f° CVII v°-CVIII v°.

37. *Gerardi Ioannis Vossii Poeticarum Institutionum Libri Tres*, éd. citée, Livre II, chap. 24, p. 121.

38. *Le Courtisan*, f° CVIII r°. On aura remarqué l'influence: "Locus autem et regio quasi ridiculi . . .," dit Cicéron. Et Castiglione: "Le lieu doncques et quasi la fontaine . . ."

39. *De Plauto et Terentio Iudicium*, f° ** 6 v° : Les personnages de Plaute, "quia risum quaerunt, veritatem & sermone & sentitiis amittunt. Tres virtutes enim sermo, quem non sine causa $\mathring{\eta}\theta\iota\kappa\acute{o}\nu$ dixerunt Graeci, nos Moratum dicimus, AEquitatem, nempe, Veritatem et Simplicitatem, postulat: quae $\tau\grave{o}\ \epsilon\nu\delta\iota\alpha\theta\epsilon\tau o\nu$, hoc est, id quod uniquique est insitum, ob oculos proponit. cum ridiculum, ut violentum, *quia a natura alienum* [je souligne], quod recte de eo Aristoteles pronunciat, corruptum sit, & a corruptis causis, quod iam dixi, moveatur."

40. *Ibid.*, f° ** 6 v°.

41. *Ibid.*, f° ** 7 r° : "*Absurdum* enim saepe causa est risus, aut *inusitatum*. Contra autem sermo, qui & usitatus & moratus, quique leniter decorum servat, sicut eo ipso sit venustus & delectat." Voyez aussi au f° ** v° : "Ita quae vel in verbis

autorum vel sensibus, vel in sermone hominum & factis, aut *detorta* sunt aut *depravata*, animos plebeios vehementer movent, & hoc ipso risum ut plurimum excutiunt. Ideoque *inusitata* dicta et obscoena, optimorum cavillationes, singulorum contumelias, sententias perversas, ideoque inexpectatas, aliaque id genus (qualis imitatio dictorum vel factorum, & inprimis improborum) risum maxime in Comoedia, quam Veterem dicebant, expressisse constat." Et au f° ** 2 r° : "Caeterum, ut modo dicebamus, *quicquid maxime ab agendi consuetudine aut dicendi alienum est, risum maxime movere solet.*"

42. *Ibid.*, f° ** v°.
43. *Ibid.*, f° ** v°.
44. *Ibid*.: "Quare & compositus ad risum sermo, ab oratione recta, quam πολιτικήν magistri vocant, quam longissime abeat necesse est. cujus propriae virtutes, ἡ σαφήνεια, ἡ ἐπιείκεια, ἡ ἀφέλεια, ἡ ἀλήθεια, *perspicuitas, aequitas, simplicitas, veritas,* ponuntur. Qua in parte supra admirationem omnium Menander apud Graecos, Terentius Romanis fuerit necesse est. qui ut viris sapientibus ac eruditis voluptatem potius afferent, quam quacunque ratione risum extorquerent, duplici jucunditate utilitatem (imitatione vitae scilicet humanae, & inimitabili lepore) condierunt."
45. *Ibid.*, f° ** 2 r°.
46. *Molière*, éd. Couton, I, 1157.
47. *De Plauto et Terentio Iudicium*, f° ** 3 v°.
48. *Le Courtisan*, éd. citée, f° CVIII v°.
49. Heinsius, *ibid.*, f° ** 3 v°. Dans le *Curculio* de Plaute: Acte IV, sc. 1.
50. *Molière*, éd. Couton, I, 266: "Je veux me venger de cette impertinence," dit La Grange à son ami Du Croisy. "Et si vous m'en croyez, nous leur jouerons tous deux une pièce qui leur fera voir leur sottise, et pourra leur apprendre à connaître un peu mieux leur monde." Et p. 286: "Ah! mon père, c'est une pièce sanglante qu'ils nous ont faite.–Oui, c'est une pièce sanglante, mais qui est un effet de votre impertinence, infâmes." On le voit, la vengeance et l'instruction vont de pair.
51. *Ibid.*, p. 1178.
52. W.G. Moore, *The Classical Drama of France*, éd. citée, p. 75. Voir aussi, du même auteur, "Molière's Theory of Comedy," *L'Esprit Créateur*, 6, No. 3 (1966), 137-44.
53. Dans sa *Poëtique* (Paris: Antoine de Sommaville, 1639), p. 109: "Ce qui n'est pas raisonnable est ridicule."
54. *Molière*, éd. citée, I, 1177.
55. *Ibid.*, pp. 1174, et 1178: ". . . la providence de la nature a voulu que tout ce qui est méchant eût quelque degré de ridicule, pour redresser nos voies par cette apparence de défaut de raison, et pour piquer notre orgueil naturel par le mépris qu'excite nécessairement le défaut, quand il est apparent comme il est par le ridicule."
56. *Ibid.*, p. 1178. C'est là, sans doute, dans "ce premier fondement de tout cela," que se situe l'erreur de Molière. Son raisonnement est juste, mais il s'appuie sur de fausses prémisses. Molière, au début, c'est Candide.
57. *Ibid.*, p. 1179.
58. *Ibid.*, pp. 1176 et 1177.
59. R. Fernandez, *Vie de Molière*, p. 139.
60. *Ibid.*, p. 1178.
61. S. Chappuzeau, *Le Theatre françois*, p. 196: "Comme habile Medecin, il deguisoit le remede, et en ostoit l'amertume, et par une adresse particulière et inimi-

table il a porté la Comedie à un point de perfection qui l'a rendüe à la fois divertissante et utile."—*Préface* de l'Edition de 1682 in *Molière*, I, 996.

62. Conti, *Traité de la Comédie et des Spectacles selon la tradition de l'Eglise, Tirée des Conciles et des Saints Peres* (Paris: L. Billaine, M.DC.LXVI), p. 21: "La comédie est un divertissement défendu à ceux qui font profession de la religion chrétienne." Pp. 56-57, citation de Saint Cyprien dans l'Epître à Donat: "Les Farceurs avec leurs gestes honteux ne corrompent-ils pas les mœurs, ne portent-ils pas à la débauche, n'entretiennent-ils pas les vices? . . . Ils émeuvent les sens, ils flattent les passions, ils abbatent la plus forte vertu." Et ceci: ". . . le but de la Comédie est d'émouvoir les passions, comme ceux qui ont escrit de la Poëtique en demeurent d'accord: et au contraire, tout le but de la Religion Chrestienne est de les calmer."

63. *Molière*, éd. citée, p. 1177.

64. *Ibid.*, p. 1152: "[Orgon] paraît de cette sorte d'abord dans le plus haut degré de son entêtement: ce qui est nécessaire afin que le changement qui se fera dans lui quand il sera désabusé (qui est proprement le sujet de la pièce) paraisse d'autant plus merveilleux au spectateur."

65. *Ibid.*, pp. 1179-80.

66. On serait presque tenté de dire: au nom de l'homme de la nature, si l'expression n'avait pour nous, avec J.J. Rousseau, un sens très précis, différent de celui que lui donne Molière. Sur le concept de nature au XVIIe siècle, on consultera avec profit l'étude qu'Erich Auerbach a publiée dans sa *Mimesis: The Representation of Reality in Western Literature* (Garden City: Doubleday Anchor Books, 1957), sous le titre "The Faux Dévot," notamment p. 342 et ss: "The concept of the natural was not contrasted with that of civilization; it was not associated with ideas of primitive culture, pure folkdom, or free and open countrysides; instead it was identified with a well-developed and well-educated type of human being, decorous in conduct and able to adjust with ease to the most exacting situations of social living; just as today we sometimes praise the naturalness of a person of great culture. To call something natural was almost tantamount to calling it reasonable and seemly."

67. *Molière*, éd. citée, I, 1127.

68. *Ibid.*, p. 1078.

69. Platon, *Philèbe*, traduction de A. Diès (Paris: Les Belles Lettres, 1941), pp. 47-50.

70. Nous rejoignons ici les conclusions de N. Frye, *Anatomy of Criticism. Four Essays* (Princeton: Princeton University Press, 1957), pp. 45-46: "Ironic comedy brings us to the figure of the scapegoat ritual and the nightmare dream, the human symbol that concentrates our hates and fears . . . playing at human sacrifice seems to be an important theme of ironic comedy."

71. R. Fernandez, op. cité, p. 111. Et aussi p. 123, cette expression, au sujet d'Arnolphe: "Rien de plus comique, mais rien de plus implacable."

72. Cf. *supra*, note 50. Et cette expression de Molière dans la *Préface* à son *Ecole des femmes*: "S'il faut que cela soit, je le dis encore, ce sera seulement pour venger le public du chagrin délicat de certaines gens; car pour moi, je m'en tiens assez vengé par la réussite de ma comédie."

73. Molière, *ibid.*, p. 1166: ". . . sur quoi la Suivante encore *malicieusement*, comme il convient à ce personnage, mais pourtant fort *moralement*, dit au mari qu'il est puni selon ses mérites . . ."

74. Sur ce thème, consulter l'ouvrage de R. Girard, *La Violence et le Sacré* (Paris: Grasset, 1972).

75. Vossius, op. cité, Livre III, cap. 9, p. 34. "Est vero satyrici reprehendere mores non tam generatim, quam singulatim; non tam praeteritos, quam sui temporis. In quo itidem convenit cum veteri comoedia."

76. Molière est si proche de Rabelais que ce qui vaut pour l'auteur de *Pantagruel* vaut aussi pour lui, et notamment l'ouvrage de M. Bakhtine, *L'Oeuvre de François Rabelais et la culture populaire au Moyen Age et sous la Renaissance* (Paris: Gallimard, 1970). On pourra consulter, sur l'univers comique du *Tiers Livre*, G. Defaux, "De *Pantagruel* au *Tiers Livre*: Panurge et le Pouvoir," *Etudes Rabelaisiennes*, 13 (1976), 163-80.

77. *Le Baron de la Crasse*. Comédie Representée sur le Theatre Royal de l'Hostel de Bourgogne (Paris: G. de Luyne, M.DC.LXII). Sur l'auteur, voir A. Ross Curtis, *Crispin Ier. La vie et l'œuvre de R. Poisson, comédien-poète du XVIIe siècle* (Toronto-Paris: University of Toronto Press-Klincksieck, 1972).

78. *Les Oeuvres de M. Scarron* (Paris, 1786), Tome sixième, p. 454 (IV, 5): "Faisons-le dépouiller, et jeter ses habits."

SECONDE PARTIE

CHAPITRE I

1. Abbé d'Aubignac, *Macarise ou la Reine des Isles Fortunées*, éd. citée, p. 30. S. Chappuzeau, *Le Theatre françois, Divisé en trois Livres*, éd. citée, p. 9. Chevalier de Méré, *Les Conversations*, éd. citée, I, 52.

2. *Critique de L'Ecole des femmes*, in *Molière*, éd. Couton, I, 666.

3. Sur ce thème, on consultera avec profit l'étude de J. Paris, *Rabelais au futur* (Paris: Le Seuil, 1965), pp. 111-31. Et, naturellement, celle de Michel Foucault, *Les Mots et les choses* (Paris: Gallimard, 1966).

4. E. Faguet, cité par A. Simon, *Molière par lui-même* (Paris: Le Seuil, 1957), p. 108. Gendarme de Bévotte, *La Légende de Don Juan. Son évolution dans la littérature des origines au Romantisme* (Paris: Hachette, 1906). H.C. Lancaster, *A History of French Dramatic Literature in the Seventeenth Century. Part III: The Period of Molière, 1652-1672* (Baltimore: Johns Hopkins University Press, 1936), p. 641: "Had he had more time at his disposal, he would probably have unified his play . . . He left certain scenes in a somewhat crude state and failed to unify his action."

5. *Cent ans de recherches sur Molière*, éd. citée, p. 399.

6. M. Sauvage, "Une Enigme d'histoire littéraire: l'Elvire de *Dom Juan*," *Les Lettres Nouvelles*, No. 11 (1954), pp. 103-12.

7. Voir sur ce point l'analyse de R. Bray dans son *Molière homme de théâtre*, pp. 138-39: "La part souffrit terriblement de l'interdiction inattendue de *Tartuffe*: elle descendit à 3.000 livres, quand l'année précédente elle dépassait 4.500; elle n'avait été plus basse qu'en 1660-1661, l'année de la fermeture du Petit-Bourbon." Et le *Recueil* de G. Mongrédien, I, 214-34.

8. Cité par G. Mongrédien, *Recueil*, I, 220-21. Et par G. Couton, *Molière*, I, 1143-44.

9. Grimarest, *La Vie de M. de Molière*, éd. Mongrédien, p. 116.

10. *Molière*, I, 890-91.

11. *Dom Juan*, Acte I, sc. 1. Je cite le texte de l'édition Couton, II, 33.

12. Voir sur ce thème l'excellent article de W.O. Goode, "Dom Juan and Heaven's Spokesmen," *French Review*, 45, No. 4, Special Issue (1972), 3-12.

13. Voir à ce sujet les article déjà cités de R. Robert, "Des commentaires de première main...," pp. 22-27, et de W.G. Moore, "Molière's Theory of Comedy." J'ajouterai à la démonstration déjà plus que convaincante de R. Robert un argument supplémentaire. A regarder de près la *Lettre* de 1667 et la *Lettre sur les Observations*, on remarque qu'elles paraissent toutes deux avoir été composées en deux temps, comme si l'auteur rédigeait une première version, allait ensuite la soumettre à Molière, et ajoutait alors, sur les conseils de ce dernier, un nouveau développement. Comparer à cet égard les textes aux pp. 1173 du t. I et 1225 du t. II de l'édition Couton. On y lit (*Lettre sur l'Imposteur*): "C'est ce que je vous ferai voir plus clair que le jour, quand vous voudrez; car comme il faut pour cela traiter à fond du ridicule, qui est une des plus sublimes matières de la véritable morale, et que cela ne se peut sans quelque longueur et sans examiner des questions un peu trop spéculatives pour cette lettre, je ne pense pas devoir l'entreprendre ici. Mais il me semble que je vous vois plaindre de ma circonspection à votre accoutumée, et trouver mauvais que je ne vous dise pas absolument tout ce que je pense; il faut donc vous contenter tout à fait; et voici ce que vous m'avez demandé." Et, en ce qui concerne la *Lettre sur les Observations*: "Je ne sais pas, Monsieur, si je m'en tiendrai là, et si après avoir mis la main à la plume, je pourrai m'empêcher de combattre quelques endroits, dont je crois ne vous avoir pas assez parlé dans ma lettre. Vous prendrez, si vous voulez, ceci pour une seconde ou pour une continuation de la première; cela m'embarrasse peu et ne m'empêche point de poursuivre." Le parallélisme est flagrant. Et s'il ne prouve rien quant à la véritable identité de l'auteur, à tout le moins semble-t-il indiquer que ces *Lettres* sortent de la même plume.

14. Le texte est dans le *Recueil* de Mongrédien, I, 219.

15. *Ibid.*, p. 224, en date du 20 septembre 1664: allusion aux "trois premiers actes du *Tartuffe*"; et p. 229, en date du 29 novembre de la même année: allusion à une représentation, chez la princesse Palatine, de la comédie de *Tartuffe*, "parfaite, entière et achevée en cinq actes." On consultera, sur cette question des remaniements de *Tartuffe*, l'étude de J. Cairncross citée *supra*, *New Light on Molière*.

16. Voir par exemple M. Berveiller, *L'Eternel Dom Juan* (Paris: Hachette, 1961), p. 51: "... il lui fallait d'urgence improviser une production assurée de faire recette... En quelques semaines, dans la fièvre, il bâcla cette pièce unique..."

17. *Le Festin de Pierre avant Molière—Dorimon—De Villiers—Scénario des Italiens—Cicognini*, éd. G. Gendarme de Bévotte (Paris: Ed. Cornély et Cie, 1907), p. 155: "Vous me direz, sans doute, que connoissant comme je fais le peu d'ordre

qu'il y a dans ce Sujet, son irregularité . . ." (Epître à Corneille).

18. R. Pintard, "Temps et lieux dans le *Dom Juan* de Molière," *Studi in onore di Italo Siciliano* (Florence: Leo S. Olschki, 1966).

19. Villiers, *Le Festin de Pierre ou le Fils criminel*, I, 4, vv. 186-90. Dans l'édition, citée *supra*, de Gendarme de Bévotte, p. 170.

20. *Lettre sur les Observations*, in *Molière*, éd. Couton, II, 1221. Ce "il" est d'ailleurs ambigu. Il pourrait tout aussi bien viser l'auteur des *Observations*.

21. *Ibid.*, p. 1222: "Il était difficile de faire paraître un athée sur le théâtre et de faire connaître qu'il l'était, sans le faire parler. Cependant, comme il ne pouvait rien dire qui ne fût blâmé, l'auteur du *Festin de Pierre*, par un trait de prudence admirable, a trouvé le moyen de le faire connaître pour ce qu'il est, sans le faire parler."

22. *Ibid.*, p. 1222: ". . . il suffit pour mériter le foudre qu'il fasse voir par un signe de tête qu'il est athée."

23. J'emprunte ces vers à la pièce de Dorimond, acte IV, sc. 4, vv. 1186-87. Dans l'éd. Gendarme de Bévotte, p. 91.

24. Erasme, *Convivium religiosum*, in *Opera omnia Desiderii Erasmi Roterodami*, ordinis primi tomus tertius (*Colloquia*), éd. L.E. Halkin, F. Bierlaire, R. Hoven (Amsterdam: North-Holland Publishing Company, 1962), pp. 257, 787-814.

25. *La grãd nef des / folz du monde en laquelle chascun hõme sage / prenant plaisir de lire les passages des hy- / stoyres dicelle morallement et briefvement ex- / posees / trouvera et congnoistra plusieurs ma- / nieres de folz / et aussi pourra discerner entre / bien et mal / et separer vice et peche: davec ver- / tu a eulx cõtraire quest ung œuvre excellẽte / pour mener lhomme en voye de salut* (Lyon: F. Juste, 1530), f° LXVI.

26. Pour Dom Juan, la médecine est "une des grandes erreurs qui soient parmi les hommes." Pour Béralde, "une des plus grandes folies qui soient parmi les hommes." Voyez Montaigne, *Essais*, II, 37. Et J. Cairncross, *Molière bourgeois et libertin* (Paris: Nizet, 1963), p. 24.

27. Voir le sonnet de Molière dans le *Recueil* de Mongrédien, I, 225. Une lettre de Guy Patin du 26 septembre 1664 annonce la mort de l'abbé Le Vayer.

28. Cf. par exemple, dans la *Préface*: "Si l'emploi de la comédie est de corriger les vices des hommes, je ne vois pas par quelle raison il y en aura de privilégiés." Et dans *Dom Juan*: "Tous les autres vices des hommes sont exposés à la censure, et chacun a la liberté de les attaquer hautement; mais l'hypocrisie est un vice privilégié."

29. J. Rousset, *L'Intérieur et l'extérieur* (Paris: Corti, 1968). Voir aussi *Diogène*, No. 14 (1956), pp. 3-21.

30. J. Guicharnaud, *Molière: une aventure théâtrale*, p. 260: "Le monde est spectacle pour Dom Juan. Par là il rejoint l'auteur dramatique qui voit par vocation le monde comme comédie." Ou p. 254: "Devant son silence, devant ses haussements d'épaule, tout ce qui n'est pas passion élémentaire chez autrui est transformé en geste de théâtre, en mascarade." Voir aussi J. Brody, "*Dom Juan* and *Le Misanthrope*, or the Esthetics of Individualism in Molière," *PMLA*, 84 (1969), 565: Dom Juan y est présenté comme "the amused spectator."

31. "The Humanity of Molière's Dom Juan," *PMLA*, 68 (1953), 509-34. Pour J. Doolittle, "Dom Juan exemplifies a concept of human excellence."

32. Formule hésuchiste du libertin Cremonini, citée par R. Pintard, *Le Libertinage érudit dans la première moitié du XVIIe siècle* (Paris: Boivin, 1943), p. 109.

33. Voir à ce sujet le témoignage rapporté par Mongrédien dans son *Recueil*, I, 231: "Car, qu'un homme s'imagine être Alexandre, et autres caractères de pareille

nature, cela ne peut arriver que la cervelle ne soit tout à fait altérée." Mais Dom Juan, lui, joue: il n'est pas dupe.

34. La formule est de J. Guicharnaud, op. cité, p. 246.

35. Je ne suis pas de ceux qui pensent avec R. Fernandez (op. cité, p. 107) que Dom Juan échappe, comme Tartuffe, "aux moyens de correction dont dispose la comédie." Je crois au contraire comme J. Guicharnaud (op. cité, p. 329) que Molière affirme, avec l'acte II—où le grand seigneur est proprement déshabillé sous les yeux des paysans—la possibilité d'un Dom Juan entièrement comique. Et comme H.G. Hall, "A Comic Dom Juan," *Yale French Studies*, No. 23 (1959), p. 79, que "in refusing to accept the evidence of the miracle wrought in the Statue, Dom Juan is comic in exactly the same way as Orgon when he refuses to consider the evidence gathered against Tartuffe."

36. *La Vie de Molière*, p. 198.

37. *Molière homme de théâtre*, p. 251. Il me paraît difficile de ramener *Dom Juan* aux mécanismes élémentaires de la farce, et de faire de Sganarelle le "sujet ridicule," tandis que le libertin serait "l'agent moteur de l'action." La distribution des rôles est plus complexe, et varie d'une scène à l'autre.

38. On pense au beau sonnet passionné de Louise Labé: "Et si jamais ma povre ame amoureuse / Ne doit avoir de bien en vérité, / Faites au moins qu'elle en ait en mensonge."

39. Cité par R. Horville, *Dom Juan de Molière: une dramaturgie de rupture* (Paris: Larousse, 1972), pp. 98-99.

40. L'expression est de R. Horville. Voyez *supra*.

41. Sur les relations possibles entre la comédie de Molière et la satire de Boileau, voir A. Adam, *Les Premières Satires de Boileau (I-IX)*, éd. critique et commentaire (Lille: Giard, 1941).

42. Sources relevées par G. Couton dans son édition, II, 1315.

43. Acte V, sc. 3. Sous une forme, notons-le, parodique.

44. La vérification des titres de noblesse est décidée le 22 août 1664. Toutes les dates, on le voit, nous ramènent à l'été 1664.

45. J. Guicharnaud, op. cité, p. 312. Voir aussi l'excellent article de D.C. Potts, "*Dom Juan* and 'Non-Aristotelian Drama,'" in *Molière: Stage and Study. Essays in Honour of W.G. Moore* (Oxford: The Clarendon Press, 1973), pp. 61-72.

46. Voyez chez Dorimond la seconde scène de l'acte IV ("J'ay proffité, Briguelle, en la peur du nauffrage," dit le libertin, p. 84 de l'édition citée). Et, chez Villiers, cette déclaration (IV, 2, p. 225): "Le péril que je viens de courir sur les flots, / Me donne dans le cœur un repentir extrême..." Saintes résolutions, que fait s'évanouir la première femme qui passe.

47. *Molière*, II, 1229.

48. *Cent Ans de recherches...*, p. 399.

49. J. Guicharnaud, op. cité, p. 207, 221 et 301. "Peut-être le crime profond de Dom Juan c'est, par sa présence même dans le monde, de nous réduire à être des Sganarelles."

50. *Molière homme de théâtre*, p. 251.

51. W.G. Moore, *Molière: A New Criticism*; et "*Dom Juan* Reconsidered," *Modern Language Review*, 52 (1957), 510-17. F.L. Lawrence, "The Ironic Commentator in Molière's *Dom Juan*," *Studi Francesi*, 12 (1968), pp. 201-07. "Sganarelle," écrit ce dernier, "may be the buffoon, but it is he with his morality and mockery who makes it clear that Dom Juan is the wicked fool of the piece." Ce qui est aller

peut-être un peu trop loin. Nous préférons, avec W.G. Moore, voir en *Dom Juan* "the case of a man who despises humanity, who sets himself apart and above the rest and is thus bound, being human, to fail"; ou encore, "a statement, a classical statement, about the limits of humanity." Ce qui ne signifie pas que le valet ait toujours raison.

52. Il est clair, dans cette perspective, que Molière ne pouvait pas considérer le Pauvre comme un personnage totalement positif. Il n'est alors, lui aussi, que trop poursuivi par des hommes qui se recommandent du Ciel, et prétendent parler en Son nom. Voyez par exemple l'auteur des *Observations*, qui reprend la tactique de Roullé: "Molière devrait rentrer en lui-même et considérer qu'il est très dangereux de se jouer à Dieu, que l'impiété ne demeure jamais impunie, et que si elle échappe quelquefois aux feux de la terre, elle ne peut éviter ceux du Ciel . . ." (*Molière*, II, 1206). Et plus loin (p. 1208): ". . . et quand il est question de punir l'athéisme, le Ciel ramasse tous les fléaux de sa colère pour en rendre le châtiment plus exemplaire." La réalité rejoint ici la fiction: Rochemont parle comme Tartuffe ou comme Sganarelle.

CHAPITRE 2

1. *Observations sur une comédie de Molière intitulée Le Festin de Pierre*, in *Molière*, éd. Couton, II, 1204. Je reprends dans le présent chapitre l'essentiel d'un article publié en juillet-août 1974 dans la *Revue d'Histoire Littéraire de la France*, 74, No. 4, 579-99, sous le titre "Alceste et les rieurs."

2. *Ibid*., II, 1222.

3. *Observations, ibid.*, p. 1204. Rochemont—son témoignage est précieux—traduit ici l'embarras du spectateur devant une comédie avant tout conçue pour défier les idées reçues et les préjugés. Voyez sur ce point l'excellente analyse de S. Relyea, *Signs, Systems, and Meanings. A Contemporary Semiotic Reading of Four Molière Plays* (Middletown, Ct.: Wesleyan University Press, 1976), p. 68: "At the outset Dom Juan appears to be Tartuffe's precise opposite, but there ends any possibility of invoking or suggesting a state of being or definition in conjunction with his name."

4. D'après Grimarest, cité dans le *Recueil* de Mongrédien, I, 263, Molière lui-même aurait dit: "sûrement, je ne ferai pas mieux."

5. G. Mongrédien, *Recueil*, p. 265. "Le lendemain de la première représentation du *Misanthrope*, qui fut très malheureuse . . ."

6. On trouvera dans l'article cité de R. Robert et dans A. Adam, *Histoire de la littérature française au XVIIe siècle*, III, 355-56, toutes les précisions nécessaires sur le demi-échec du *Misanthrope*.

7. G. Mongrédien, *Recueil*, pp. 263-64.

8. Lettre en vers du 12 juin 1666, G. Mongrédien, *ibid.*, p. 266.

9. *Molière*, II, 28. Couton rejoint les conclusions de Rochemont: "*Dom Juan*

laisse une impression ambigüe; ce n'est pas une pièce facile, ni transparente ... *Dom Juan* ne laisse pas le spectateur avec la sensation du confort intellectuel."

10. G. Mongrédien, *ibid*., pp. 275-77. Ou G. Couton, éd. citée, II, 137-39.

11. "A Reconsideration of Alceste," *French Studies*, 13 (1959), pp. 314-31.

12. *Ibid*., pp. 327-28: "Alceste is both comic and serious, but not both simultaneously or consistently throughout the play. The play falls into two parts ... Molière appears to have begun by intending Alceste to be a comic figure, but, in the heat of composition, his original conception developed and broke through the bonds of comedy ..." Cette hypothèse ingénieuse a été reprise et précisée par J. Cairncross dans son *Molière bourgeois et libertin* (Paris: Nizet, 1963), pp. 65-97.

13. R. Jasinski, *Molière et Le Misanthrope* (Paris: Colin, 1951), p. 300.

14. *Histoire de la littérature française au XVIIe siècle*, III, 343 et 354-55.

15. *Molière: une aventure théâtrale* (Paris: Gallimard, 1963), p. 519.

16. L'expression est de Donneau de Visé, *Lettre écrite sur la comédie du Misanthrope*, in *Molière*, II, 132: "Il n'a point voulu faire une comédie pleine d'incidents, mais une pièce seulement où il pût parler contre les mœurs du siècle ... Le Misanthrope seul n'aurait pu parler contre tous les hommes; mais en trouvant le moyen de le faire aider d'une médisante, c'est avoir trouvé, en même temps, celui de mettre, dans une seule pièce, la dernière main au portrait du siècle ... Dans cette comédie, l'on voit tout ce qu'on peut dire contre les mœurs du siècle."

17. R. Jasinski, op. cité, p. 293.

18. D'Aubignac condamne en effet formellement les indications de rôle. Voyez par exemple sa *Pratique du théâtre*, éd. citée, p. 53. Dans le Poëme dramatique, à l'inverse du poëme épique, "il faut que le Poëte s'explique par la bouche des acteurs: il n'y peut employer d'autres moyens ... Toutes les choses que le Poëte met sur son Theatre et toutes les Actions qui s'y doivent faire, n'attendent point son secours pour estre connuës, elles doivent estre expliquées par ceux qu'il y fait agir." Et pp. 55-56: "Je sçay bien aussi que pour secourir l'intelligence des Lecteurs, plusieurs de nos Poëtes ont mis dans l'impression de leurs Ouvrages des Nottes qui apprennent ce que les vers ne disent point. Par exemple: ... Icy les Acteurs se doivent asseoir en tel ordre ... Icy le Prince sort en colère ... Mais en ces Nottes, c'est le Poëte qui parle, et nous avons dit qu'il ne le peut faire." Même condamnation des "Nottes" dans ses *Deux Dissertations concernant le Poeme dramatique en forme de Remarques: Sur deux Tragedies de M. Corneille, intitulées Sophonisbe et Sertorius* (Paris, 1663), p. 80: "Nous voyons aussi dans le cinquième Acte deux actions dont les vers ne parlent point, et sur lesquelles M. Corneille a dit, *icy il brusle des lettres sans les lire*. Et encore: *icy Pompée parle à l'oreille de Celsus*. Je ne croyais pas que M. Corneille fut un des Acteurs de sa Piece, et il ne me souvient point que sur le Theatre il soit venu en advertir les Spectateurs."

19. *Essais sur la signification du comique* (Paris: P.U.F., 1969), pp. 4-6.

20. *Le Courtisan* (Lyon: F. Juste, M.D.XXVIII). Chaque participant ponctue son intervention d'un rire ou d'un sourire. Le rire est comme le ciment du groupe, sa respiration naturelle. Voyez par exemple aux f° XVII et XVIII: "*Lon rit* de ce jeu, et n'y avoit aulcun qui se peust tenir de parler ... Du propos *se print a soubzrire* madame la Duchesse ... le seigneur Octavian Fregose *a son tour soubzriant* commencea en ceste maniere ..."

21. *Le Favory*, Tragi-Comedie par Mademoiselle Des Iardins (Paris: L. Billaine, M.DC.LXV). La Célimène de Molière doit certainement beaucoup à l'Elvire de Mlle Desjardins. Et Lindamire a des accents qui annoncent ceux d'Alceste: "Quel courroux

vous transporte?—La Douleur de trouver nostre siecle infecté, / Par tant de perfidie, et tant de lascheté, / De voir si peu d'amis dans le temps où nous sommes, / Et de voir l'interest le Dieu de tous les hommes." Molière fait jouer *Le Favory* à la réouverture de Pâques 1665, pour remplacer *Dom Juan* retiré de l'affiche.

22. J. Guicharnaud, op. cité, p. 400.
23. R. Jasinski, op. cité, pp. 294-301.
24. Voir sur ce point J. Guicharnaud, op. cité, pp. 354, 359, 362, 364 ("Alceste, tout entier esprit de sérieux"), 387, 410, etc.
25. Ce parallèle entre Alceste et Pourceaugnac surprendra peut-être. En fait, comme Alceste, Pourceaugnac est "malheureusement attaqué, affecté, possédé, travaillé de cette sorte de folie que nous nommons fort bien mélancolie hypocondriaque, espèce de folie fâcheuse . . . Qu'ainsi ne soit, pour diagnostique incontestable de ce que je dis, vous n'avez qu'à considérer ce grand sérieux que vous voyez; cette tristesse accompagnée de crainte et de défiance . . ." (Acte I, sc. 8).
26. *Théâtre classique français*, éd. A. Simon (Paris: Club Français du Livre, 1959), VIII, 159.
27. A. Adam, op. cité, p. 346.
28. *Reflexions sur le Ridicule*, éd. citée, p. 462. Voir aussi pp. 430-31: "La grande regle est de se faire au goust des gens avec qui l'on est obligé de vivre."
29. *Ibid.*, p. 10.
30. "Nous sommes dans un siecle malin," affirme Bellegarde (op. cité, p. 136), "où chacun cherche à se moquer de son prochain, et à le tourner en ridicule."
31. *Ibid.*, f° A r°. Voir aussi f° A v°: "Les bonnes qualitez contribuënt quelquefois à rendre un homme ridicule, quand il n'en fait pas un bon usage."
32. *Ibid.*, p. 5.
33. *Ibid.*, p. 198.
34. *Ibid.*, p. 198. Le chagrin "fait des reproches tres-aigues pour les moindres bagatelles . . . Il est né pour se tourmenter soi-même, et pour tourmenter les autres."
35. *Ibid.*, pp. 400-01.
36. *L'Art de plaire dans la conversation*, éd. citée, p. 271.
37. *Ibid.*, p. 27. Et Vaumorière poursuit: "Il y a bien des années que l'on offre des services, sans être engagé à les rendre. On ne prend plus ces termes à la rigueur, on les prononce ordinairement sans songer à ce qu'ils signifient . . . La plus exacte probité nous permet de nous en servir."
38. *Vie de Molière*, p. 181.
39. Alceste dit lui-même (III, 5, v. 1094) qu'il fuit la Cour pour ne pas avoir le chagrin "de *jouer* de fort sots personnages."
40. Anecdote rapportée par Martial, *Epigrammes*, tome I, traduction de H.J. Izaac (Paris: Les Belles Lettres, 1969): "Non intret Cato theatrum meum, aut si intraverit, spectet."—"Nosses iocosae dulce cum sacrum Florae / festosque lusus et licentiam volgi, / cur in theatrum, Cato severe, venisti? / cur ideo tantum veneras, ut exires?" ("Tu connaissais les rites chers à la folâtre Flore, leurs gais badinages, et le peu de retenue de la foule: dès lors, sévère Caton, pourquoi es-tu entré au théâtre? Ne serais-tu donc entré que pour sortir?"). Et reprise par Erasme dans son adage, "Aut bibat, aut abeat," éd. citée *supra*, p. 637: "Quo quidem adagio monemur, ut aut tempori locoque nos accommodamus, aut ab hominem consuetudine nos subducamus. *Quemadmodum Cato fecisse legitur, qui cum non posset sumere vultum floralium licentiae convenientem, discessit à theatro.*" Comme le dit Bellegarde (op. cité,

p. 201), "il faut s'accoutumer aux sottises des autres, ou se bannir du commerce du monde."

41. Bellegarde s'est souvenu de ce passage de *La Critique*. Voyez, dans ses *Reflexions sur le ridicule*, pp. 408-09, le portrait de Berillus: "C'est votre folie, Berillus, que de ne vouloir jamais être du sentiment de tout le monde; vous sortez avec un air chagrin de la comédie où tout le monde s'est réjoüi; on vous a vu jetter des regards insultants sur le Parterre, et regarder en pitié ceux qui se livroient à la joïe. Croÿez-vous qu'on n'ose rire sans vous en demander la permission?"

42. ΜΩΡΙΑΣ ΕΓΚΩΜΙΟΝ. *Stultitiae Laus Des. Erasmi Roterodami Declamatio*, éd. I.B. Kan (La Haye: M. Nijhoff, 1898), p. 48. Pour la traduction française, on consultera l'édition de P. Nolhac (Paris: Garnier-Flammarion, 1964), pp. 36-37: "Des acteurs sont en scène et jouent leur rôle; quelqu'un essaie d'arracher leur masque pour montrer aux spectateurs leur visage naturel; ne va-t-il pas troubler toute la pièce, et ce furieux ne mérite-t-il pas d'être chassé du théâtre?" Voir sur ce thème, dans *La Comtesse d'Escarbagnas*, le personnage de M. Harpin, qui monte sur la scène pour interrompre la représentation du divertissement et dire à chacun ses vérités. Il ne sied point de se jeter ainsi au travers d'une comédie, et de troubler un acteur qui parle.

43. *Ibid.*, pp. 48-49.

44. *Ibid.*, pp. 49-50. Traduction de P. de Nolhac, éd. citée, p. 37: "Comme il est d'une suprême sottise d'exprimer une vérité intempestive, il est de la dernière maladresse d'être sage à contretemps. Et il agit certes à contretemps celui qui ne sait pas s'accommoder des choses telles qu'elles sont, qui n'obéit pas aux usages, qui oublie cette loi des banquets: 'Bois ou va-t-en!' et qui demande que la comédie ne soit pas une comédie. Tu montreras du vrai bon sens, toi qui n'est qu'un homme, en ne cherchant pas à en savoir plus que les hommes, en te pliant de bon gré à l'avis de la multitude ou en te trompant complaisamment avec elle."

45. Voir à ce sujet Tom Laurenson, "The Wearing o' the Green," in *Molière: Stage and Study. Essays in Honour of W.G. Moore*, pp. 163-69. Le vert est la couleur des fous. "Le vert, cette couleur jolie, / Est un blason de la folie," lit-on dans une épigramme de Sarazin au Prince de Conti.

46. *Adagia, id est: Proverborium, paroemiarium et parabolum omnium*, p. 35. Sur ce thème de la nécessité de l'accommodement au temps, on consultera encore les adages "Servire scenae" (p. 637), "Aut bibat, aut abeat" (p. 637), "Spartam nactus es, hanc orna" (p. 638), "Omnium horarum homo" (p. 639), "Simile gaudet simili" (p. 642). On voit tout ce qui se cache de sagesse humaniste derrière les déclarations d'Ariste. Molière a fait ses humanités.

47. On retrouve ici une des caractéristiques essentielles d'Arnolphe. Voyez sur ce point les excellentes analyses de B. Magné, "*L'Ecole des femmes*, ou la conquête de la parole," *Revue des Sciences Humaines*, 37, No. 145 (1972), 125-40.

48. Respectivement, I, 1, vv. 33 et 102; IV, 3, v. 1286.

49. Voir IV, 4, v. 1440; V, 2, v. 1645.

50. Respectivement, I, 1, v. 87; II, 4, vv. 565-66 et 741-42.

51. A. Gide, *La Porte étroite*. L'idée même du rire et de la joie paraît à Jérôme "blessante" et "outrageuse." Alceste lui-même prononce le mot "péché" (v. 520). Le rapprochement me paraît fondé, malgré les dénégations de R. Jasinski (op. cité, p. 132), pour qui le rigorisme d'Alceste n'est pas de nature religieuse. Voir dans *Molière: Stage and Study*, pp. 254-72, l'article de R. Fargher, "Pascal, Molière, and After."

52. D'après R. Jasinski, op. cité, p. 125.

53. J. Guicharnaud, op. cité, p. 362.
54. A. Adam, op. cité, p. 348.
55. Notamment par A. Adam, J. Cairncross et R. Jasinski.
56. Dans la *Préface* de 1682, *Molière*, I, 999, La Grange affirme que Molière a véritablement joué "tout le monde, puisqu'il s'y est joué le premier en plusieurs endroits sur des affaires de sa famille et qui regardaient ce qui se passait dans son domestique."
57. Alceste est encore ici l'incarnation de Molière, qui espère parvenir, par son amour, à "purger" l'âme de Célimène des "vices du temps" (I, 1, vv. 233-34).
58. Cf. une affirmation de J. Guicharnaud, op. cité, p. 509: "Cette pièce est un aveu. Si le dramaturge use de son art pour atteindre, non une illusion supérieure mais la réalité nue que la comédie a, en principe, pour fonction de dévoiler, il aboutit à la négation même de cet art."
59. H. Bergson, *Le Rire*, pp. 150-51. Le rire ne s'inspire pas toujours d'un sentiment de bienveillance ou d'équité," nous dit Bergson. Il peut "ne pas être absolument juste." Il a pour fonction "d'intimider en humiliant."
60. On peut ici renvoyer à Chamfort, *Eloge de Molière* (1769): "Molière enseigne ... que dans un système d'union fondé sur l'intelligence mutuelle, une vertu parfaite est déplacée parmi les hommes et se tourmente elle-même sans les corriger .... Mais en même temps, l'auteur montre, par la supériorité constante d'Alceste sur tous les autres personnages, que la vertu, malgré les ridicules où son austérité l'expose, éclipse tout ce qui l'environne." Ce point de vue, qui est encore de R. Fernandez (op. cité, pp. 181-84), nous semble faire la part un peu trop belle à Alceste.
61. *Essais*, II, 16.
62. *Molière*, éd. Couton, II, 1220.
63. Voir sur ce point l'excellente analyse de L. Gossman, *Men and Masks. A Study of Molière* (Baltimore: The Johns Hopkins University Press, 1963), notamment pp. 72-73: "It is not that society is put out by Alceste's non-conformism, or that it laughs at him because he is different. It laughs at him because he is the same but pretends to be different. Great comedian that it is, the world recognizes the comedian in Alceste, and it laughs because it sees in him a comedian who acts as if he were not one, and who is completely trapped by his role."
64. *Reflexions sur le Ridicule*, p. 333.
65. *Ibid.*, p. 30. "Il n'y a point de rôle plus difficile, ou qui demande des égards plus délicats, que celui de Censeur. Quelque bonne mine qu'on fasse, on n'aime guères ceux qui critiquent notre conduite, ou nos ouvrages. On s'expose à de grands chagrins, en s'erigeant en pedagogue, et l'on est souvent mal paië des avis qu'on donne aux autres. Pourquoi s'ingerer à redresser des gens, sans sçavoir s'ils le trouvent bon?" Ou p. 206: "C'est une grande présomption de se croire capable de prescrire aux autres des regles pour se conduire."
66. *Ibid.*, p. 226.
67. La Mothe Le Vayer, *Oeuvres*, éd. citée, II, 386.
68. *Ibid.*, pp. 1109-10.
69. *Ibid.*, p. 386.
70. *Ibid.*, p. 386. A citer aussi, p. 348, cette affirmation à propos de Demetrius: "C'est celuy dont Sénèque dit ces belles paroles, qu'à son avis la nature l'avait produit pour faire voir à son siècle, qu'un grand Genie se pouvoit bien empescher d'estre perverti par la multitude, mais qu'aussi il estoit incapable de la redresser, tant elle est toujours incorrigible." Cf. Sénèque, *De Beneficiis* (Les Belles Lettres, 1972),

II, 85: "Paulo ante Demetrium rettuli, quem mihi videtur rerum natura nostris tulisse temporibus, ut ostenderet nec illum a nobis corrumpi nec nos ab illo corrigi posse." C'est aussi la conclusion de S. Brant dans sa *Nef des folz du monde* (F. Juste, 1530), f° XXXII r° : "Chascun pour nous regardons les cheutes et ruines frequentes des folz et apres les grans ris qui sen font. Car tousjours sont mocquez les folz et iouez en tout temps. Pourtant que rien ne scayvent et ne veulent rien sçavoir . . . le fol erre tousjours et ne veut curer et considerer la ruine et la mauvaise voye par laquelle plusieurs folz sont premierement cheus . . . Car aucune correction ne retire les folz obstinez de leur vice."

TROSIÈME PARTIE

CHAPITRE 1

    1. J. Guicharnaud, *Molière: une aventure théâtrale*, p. 506. Voir aussi p. 509: "Cette pièce est un aveu. Si le dramaturge use de son art pour atteindre, non une illusion supérieure, mais la réalité nue que la comédie a, en principe, pour fonction de dévoiler, il aboutit à la négation même de cet art."
    2. *Ibid.*, p. 533: "La comédie, après avoir dégonflé le sérieux des prétentions découvre . . . la résistance absolue des êtres, c'est-à-dire un sérieux vrai contre lequel elle ne peut rien." Cette conclusion nous paraît par trop négative et nous préférons pour notre part penser avec L. Gossman (*French Review*, 38 [1965], 569-73) que, dans la carrière de Molière, et même aux pires moments de crise, "the comic perspective was never completely overthrown."
    3. R. Jasinski, *Molière et Le Misanthrope*, p. 202: "Philinte . . . incarne la sagesse parfaite selon Molière." Peut-être pas la sagesse parfaite: mais du moins la seule finalement praticable.
    4. M. Gutwirth, *Molière ou l'invention comique. La métamorphose des thèmes* (Paris: Minard, 1966), p. 10. Voir aussi ses "Réflexions sur le comique," *Revue d'Esthétique*, 17 (1964), 7-39. Personne n'a su à mon sens mieux que M. Gutwirth résumer d'une formule l'essentiel de la sagesse comique.
    5. *Le Misanthrope*, V, 1, vv. 1555-58; et I, 1, vv. 159-60.
    6. La Mothe Le Vayer, *Oeuvres*, II, 846.
    7. Affirmation citée par René Pintard, *Le Libertinage érudit dans la première moitié du XVIIe siècle* (Paris: Boivin et Cie, 1943), I, 506.
    8. La Mothe Le Vayer, *ibid.*, p. 846.

9. *Ibid.*, "De la vaine presomption" (Lettre C), p. 839.
10. *Ibid.*, *Prose chagrine*, p. 1160.
11. *Ibid.*, I, *De la vertu des Païens*, 622: "On peut voir dans Hippocrate, l'un des plus sérieux esprits de toute l'Antiquité, le jugement qu'il fit du rire de Démocrite, et comme il trouva que les Abderitains, à la prière de qui il estoit venu veoir ce grand rieur, avoient plus besoin d'Ellebore, que celuy qu'ils croioient estre tombé en frenesie." Le vieux sceptique a peut-être trouvé ce renseignement (fantaisiste) chez L. Joubert, dont le *Traité du Ris / contenant son / essance* [*sic*]*, ses causes, et / mervelheus effais* (Paris: N. Chesneau, 1579) contient une section intitulée "La cause morale du Ris de l'excellent et tres-nommé Démocrite, expliquée et témoignée par le divin Hippocras, en ses Epitres." On y lit, p. 355: "Démocrite n'est pas fou, ains plus sage que tous. Il nous ha randu plus sages, et par nous tous les hommes du monde"; p. 364: "Je ne Ris que de l'homme, plein de folie et vuide de toutes accions droites . . ."
12. *Molière*, I, 1180.
13. A. Adam, *Les Premières satires de Boileau (I-IX)*, édition critique et commentaire (Genève: Slatkine Reprints, 1970).
14. F. Lachèvre, *Bibliographie des Recueils de Poésies* (Paris, 1903-1905), III, 290.
15. *Oeuvres de Chapelle et de Bachaumont* (La Haye, 1755).
16. Un exemple parmi d'autres. Il faut, dit La Mothe Le Vayer, "s'accommoder *tout doucement* à ce qu'on ne peut éviter." Et Philinte: "Je prends *tout doucement* les hommes comme ils sont." Cf. aussi *supra*, la note 8. On sait par ailleurs les relations très étroites qui existent entre Molière et Boileau, notamment en 1664.
17. *Les Fâcheux*, II, 1, vv. 345-46.
18. Ce texte est dans G. Mongrédien, *Recueil*, I, 230-31. Selon Brossette, Boileau conçut l'idée de sa Satire IV "dans une conversation qu'il eut avec l'Abbé Le Vayer et Molière, dans laquelle on prouva par divers exemples que tous les hommes sont fous, et que chacun croit néanmoins être sage tout seul."
19. *Satire IV*, v. 40.
20. "Molière ou la dramaturgie de l'honnêteté," *L'Information Littéraire*, No. 5 (1963), p. 188. A retenir aussi cette autre formule (*ibid.*): "Molière refuse le droit de juger à qui se retire du commerce des hommes."
21. La formule est de La Mothe Le Vayer, *Oeuvres*, II, 410 ("De la prudence").
22. Anecdote rapportée par Grimarest, *La Vie de M. de Molière*, éd. Mongrédien, p. 84, et dont l'authenticité n'est pas douteuse. Voyez le témoignage de Louis Racine, rapporté dans le *Recueil* de Mongrédien, I, 298: "Ce fameux souper, quoique peu croyable, est très véritable . . . Boileau a raconté plus d'une fois cette folie de sa jeunesse."
23. *Le Bourgeois gentilhomme*, V, scène dernière: "Il y a une heure, Madame, que nous vous faisons signe. Ne voyez-vous pas bien que tout ceci n'est fait que pour nous ajuster aux visions de votre mari, que nous l'abusons sous ce déguisement, et que c'est Cléonte lui-même qui est le fils du Grand Turc?"—*Le Malade imaginaire*, III, scène dernière: "Mais, ma nièce, ce n'est pas tant le jouer, que s'accommoder à ses fantaisies. Tout ceci n'est qu'entre nous . . ."
24. *Essais*, II, 16.
25. Erasme, *Stultitiae Laus*, éd. citée, Caput XLV, p. 89: "L'esprit de l'homme est ainsi fait qu'on le prend beaucoup mieux par le mensonge que par la vérité."
26. *Ibid.*, Caput LXII, p. 158. "Principio illud omnibus vel notissimo proverbio persuasum est, *Ubi res abest, ibi simulationem esse optimam*. Eoque recte statim

traditur hic versus pueris: *Stultitiam simulare loco, sapientia summa est.* Vos jam ipsi conjicite, quam ingens sit bonum Stultitia, cujus etiam fallax umbra et imitatio sola tantum laudis meretur a doctis. Sed multo candidius pinguis ille ac nitidus Epicuri de grege porcus *miscere stultitiam consiliis* jubet, tametsi *brevem*, non admodum scite addidit. Item alibi, *Dulce est desipere in loco*, Rursum alio in loco, *mavult delirus inersque videri, quam sapere, et ringi* . . ."

    27. F. Rabelais, *Le Quart Livre*, éd. R. Marichal (Genève: Droz, 1947), p. 292, ll. 193-98.

    28. *Catonis / Disticha moralia cum scholiis auctis Erasmi Roterod.* . . . (Antwerp, M.D.XXVIII), f° B B v°. Voir aussi *Le Ca / thon en francois* (Lyon: C. Nourry, 1504), f° k i v° : "Le XXIII cõmàdemẽt est que tu dois estre et faire le fol ou dissimuler folye en temps et en lieu quant la chose le requiert car cest souveraine prudẽce de scavoir dissimuler [*sic* pour simuler] follie." Voir aussi, au f° f r°, cet autre distique: "Constans et lenis ut res expostulat esto / Temporibus mores sapiens sine crimine mutat": ". . . car le sage peult et scet muer en temps et en lieu."

    29. *La / Rhetorique / ou / L'Art de parler /* par le R.P. Bernard Lamy (Paris: F. Didot, 1741), p. XII.

    30. *Ibid.*, p. 371 et 398 (*Livre Cinquième: Art de persuader*).

    31. *Ibid.*, p. 398. Voir aussi p. 406: "Il est avantageux à un orateur, que ses auditeurs soient persuadés qu'il entre dans leur sentiment: ce qui n'est pas impossible, quoiqu'il travaille à en faire changer à ses auditeurs."–p. 407: "Il est difficile de gagner ceux que l'on veut corriger."–p. 411: "Les hommes aiment qu'on ne leur dise que ce qui les flatte, et leur plaît. *Loquere nobis placentia.*"

    32. *Dom Garcie de Navarre*, II, 1: vv. 430-35: "Ces maximes un temps leur peuvent succéder; Mais il est des revers qu'on doit appréhender; Et dans l'esprit des grands, qu'on tâche de surprendre, Un rayon de lumière à la fin peut descendre, Qui sur tous ces flatteurs venge équitablement / Ce qu'a fait à leur gloire un long aveuglement."

    33. *Amphitryon*, I, 4, vv. 681-82. Voir aussi les vers 675-76: "Et je prendrai pour ma devise: / 'Moins d'honneur, et plus de repos.' "

    34. *L'Avare*, III, 2. Comme Philinte, Valère s'entend nommer "Monsieur le rieur." Et par un maître Jacques qui, lui, ne rit pas: "Savez-vous bien, Monsieur le rieur, que je ne ris pas, moi?"

    35. *Les Motz dorez / de Cathon en frã / coys et en latin / Avecques bons et tres- / utiles Enseignemens / Proverbes / Adages / auctoritez / et ditz mo- / raulx des Saiges* . . . (Paris: Jehan Longis, 1530), f° K iiii r°. On retrouve dans cette édition les deux distiques cités *supra*, sous la forme de quatrains: "Gratieulx constant et begnin / Soys ainsi que requiert la chose / Le saige mue ses meurs en fin / Comme leage et temps le dispose."–"Pour plaire fault dissimuler / Faisant du fol selon le temps / Grant prudence est de simuler / Pour parvenir où tu pretends." A méditer aussi ce proverbe (f° E i v°): "Celuy porte maulvaise teste / Qui se efforce troubler la feste." Et cet autre, pour Tartuffe (f° K viii v°): "Rouge visaige et grasse panse / N'est pas signe de penitence."

    36. *Le Misanthrope*, I, 1, vv. 173-78.

    37. *Molière*, éd. citée, II, 1321. G. Couton y rapporte le témoignage de Guy Patin.

    38. *L'Amour médecin*, II, 1. Cf. *Tartuffe*, II, 2, vv. 484, 541-42, 544, 551. Et V, 5, v. 1821: "Taisez-vous: c'est le mot qu'il vous faut toujours dire."

    39. Voir aussi les précautions prises par Elmire à la scène 4 de l'acte IV, v.

1369 et ss.: "Au moins, je vais toucher une étrange matière: Ne vous scandalisez en aucune manière. Quoi que je puisse dire, il doit m'être permis, Et c'est pour vous convaincre, ainsi que j'ai promis."

40. Dicton emprunté aux *Motz dorez de Cathon*, éd. citée, f° E ii r°.

41. "La Gloire du Val-de-Grâce," in *Molière*, II, 1192-93.

42. *L'Amour médecin*, "Prologue."

43. On pense évidemment aux *Provinciales* de Pascal, et notamment à la septième *Lettre*, consacrée à cette "grande méthode de diriger l'intention": "Ce n'est pas qu'autant qu'il est en notre pouvoir nous ne détournions les hommes des choses défendues; mais, quand nous ne pouvons pas empêcher l'action, nous purifions au moins l'intention; et ainsi nous corrigeons le vice du moyen par la pureté de la fin."

44. Voir sur ce point G. Attinger, *L'Esprit de la Commedia dell'Arte dans le théâtre français* (Paris-Neufchâtel, 1950), p. 159. Nous avons personnellement tendance à croire à l'influence de Lulli et de son génie.

45. *Monsieur de Pourceaugnac*, I, 1: "Le seul nom de Monsieur de Pourceaugnac m'a mis dans une colère effroyable. J'enrage de Monsieur de Pourceaugnac, j'y brûlerai mes livres, ou je romprai ce mariage, et vous ne serez point Madame de Pourceaugnac. Poùrceaugnac! cela se peut-il souffrir? Non Pourceaugnac est une chose que je ne saurais supporter..."

46. *Ibid.*, I, 3: "Monsieur a-t-il quelque chose de ridicule en soi?—Oui.—Est-il autrement que les autres?" Son costume, nous rappelle Couton (éd. citée, II, 1397), était constitué d'un "haut-de-chausses de damas *rouge*, garni de dentelle, un justaucorps de velours *bleu*, garni d'*or* faux, un ceinturon à franges, des jarretières *vertes*, un chapeau *gris* garni d'une plume *verte*, l'écharpe de taffetas *vert*, une jupe de taffetas *vert* garni de dentelle et un manteau de taffetas *aurore*." Quelle sûreté dans le goût. Quelle harmonie!

47. Voir l'excellente analyse de L. Gossman, *Men and Masks. A Study of Molière*, p. 32: "*Amphitryon*, no less than the other great comedies of Molière, is about the real human world. Although the problems it deals with are acted out in a world of fantasy, there is no loss of relevance to the world we live in." *L'Imposture* est le grand thème de la pièce. Et la Nuit, dans le "Prologue" parle comme Filerin, ou comme Tartuffe (vv. 144-47): "Laissons ces contrariétés, / Et demeurons ce que nous sommes: / N'apprêtons pas à rire aux hommes / En nous disant nos vérités."

48. Ces textes ont été rassemblés d'une façon très commode par J. Brody dans son article cité *supra*, "Esthétique et société chez Molière," pp. 317-20.

49. Voir G. Mongrédien, *Recueil*, I, 291-92. A noter ce passage, pour la réaction de Molière: "Molière, qui ne s'attendait pas à ce discours, demeura entièrement déconcerté, de sorte qu'il lui fut impossible de répondre à M. le premier Président. Il essaya pourtant de prouver à ce magistrat que sa comédie était très innocente, et qu'il l'avait traitée avec toutes les précautions que demandait la délicatesse de la matière du sujet; mais quelques efforts que pût faire Molière, il ne fit que bégayer et ne put point calmer le trouble où l'avait jeté M. le premier Président.... Molière se retira, peu satisfait de lui-même, sans se plaindre pourtant de M. de Lamoignon, car il se rendit justice." Cf. la déclaration de Célimène, III, 4, vv. 954-55.

50. Les analyses de J. Brody et de J. Starobinski sont ici extrêmement pertinentes. Voir *supra*, Ière P., Ch. II, note 54. Et cette affirmation du Chevalier de Méré, *Des Agrémens*, éd. citée, II, 29: "Enfin qui me demanderoit une marque infaillible pour connoistre le bien et le mal, je n'en pourrois donner ny chercher une plus forte ny moins trompeuse, que la decence et l'indecence; car ce qui sied bien est bon, et

ce qui sied mal est mauvais." Ce qui alors compte, comme le dit J. Brody, c'est plus d'être *esthétiquement* que *moralement* dans son droit.

51. "Esthétique et société chez Molière," p. 317. Il nous semble impossible d'accorder à J. Brody (p. 321) que "la pièce de *George Dandin* met en présence deux attitudes possibles devant la vie : la rectitude morale dépourvue de dextérité, et la turpitude qui trouvera en la dextérité une arme infaillible." Encore moins que "la situation est identique à celle d'Alceste." Car, s'il est "lésé," Dandin n'a réellement rien d'un "honnête homme." Et il est bien évidemment aussi *moralement* qu'esthétiquement dans son tort.

52. *Ibid.*, p. 320.
53. *Ibid.*, p. 320.
54. Voir à ce sujet l'article de G.S. Burgess, "Molière and the Pursuit of Criteria," *Symposium*, 23 (1969), 5-15.
55. *Amphitryon*, II, 1, vv. 785-86.
56. *Ibid.*, III, 1, vv. 1470-71.
57. Voir la "Notice" de G. Couton à *Amphitryon*, in *Molière*, II, 350-57.
58. Voyez la *Relation des Plaisirs de l'Ile enchantée*, in *Molière*, I, 828 : "Le soir, Sa Majesté fit jouer une comédie nommée *Tartuffe*, que le sieur de Molière avait faite contre les hypocrites ; mais quoiqu'elle eût été trouvée fort divertissante, *le Roi connut tant de conformité entre ceux qu'une véritable dévotion met dans le chemin du Ciel et ceux qu'une vaine ostentation des bonnes œuvres n'empêche pas d'en commettre de mauvaises*, que son extrême délicatesse pour les choses de la religion ne put souffrir *cette ressemblance du vice avec la vertu, qui pouvaient être prises l'une pour l'autre* . . ." Voir aussi le texte de Bourdaloue, cité par Salomon, p. 93 de son livre sur *Tartuffe devant l'opinion française* : "Comme la fausse dévotion tient en beaucoup de choses de la vraie ; comme la fausse et la vraie ont je ne sais combien d'actions qui leur sont communes ; comme les dehors de l'une et de l'autre sont presque tout semblables, il est non seulement aisé, mais d'une suite presque nécessaire, que la même raillerie qui attaque l'une intéresse l'autre."
59. Rochemont, *Observations sur le Festin de Pierre*, in *Molière*, II, 1203. Voir la réponse faite par l'auteur de la *Lettre sur les Observations*, *ibid.*, pp. 1228-29 : "on connaît l'hypocrite par ses méchantes actions, lorsqu'il prend le nom et l'extérieur d'un dévot." Pour qu'un homme "qui a non seulement le nom d'hypocrite, mais encore qui en fait les actions," soit pris, dit l'auteur, pour un véritable dévot, "il faudrait que l'ordre de toutes choses fût renversé." Et plus loin : "Je sais bien que si les vrais et faux dévots paraissaient ensemble, que s'ils avaient un même habit et un même collet, et qu'ils ne parlassent point, on aurait raison de dire qu'ils se ressemblent ; c'est là justement où ils ont une même apparence, mais l'on ne juge pas des hommes par leur habit, ni même par leurs discours ; il faut voir leurs actions, et ces deux personnes auront à peine commencé d'agir que l'on dira d'abord : 'Voilà un véritable dévot, voilà un hypocrite.' Il est impossible de s'y tromper . . ." On voit, à lire ce texte, ce qui a pu attirer Molière vers le sujet d'*Amphitryon*. La divergence entre Molière et son siècle est, en somme, une divergence de lecture, d'interprétation des signes. Pour le siècle, un même signe peut renvoyer à deux réalités opposées. Pour Molière, tout signe ne renvoie nécessairement qu'à une seule réalité. L'opposition, on le voit, est d'importance. Elle justifie, à elle seule, la perspective choisie par S. Relyea dans son étude citée *supra*.
60. *Lettre sur l'Imposteur*, in *Molière*, I, 1158. Voir sur ce point notre analyse, Chapitres II et III de la présente étude. A signaler que La Mothe Le Vayer ne partage

pas l'opinion de Molière. Voyez au t. II de ses *Oeuvres*, p. 87: "Il y a parfois une si grande ressemblance entre la vertu et le vice, lorsque le dernier se déguise sous l'habit et le masque de l'autre, qu'il est très difficile de les distinguer nonobstant leurs contrarietez essentielles. C'est ce qui fit dire à Socrate que le plus haut point de la sagesse humaine consistait à scavoir discerner le bien du mal dans la science des mœurs, et à ne s'y méprendre jamais; *hoc summam esse sapientiam, bona malaque distinguere.*" Cf. Platon, *Protagoras*, 351 B-4-358 D-5.

    61. B. Pascal, *Pensées*, fragment sur l'amour-propre: "Il y a différents degrés dans cette aversion pour la vérité; mais on peut dire qu'elle est dans tous en quelque degré, parce qu'elle est inséparable de l'amour-propre. C'est cette mauvaise délicatesse qui obligent ceux qui sont dans la nécessité de reprendre les autres, de choisir tant de détours et de tempéraments pour éviter de les choquer ... On nous traite comme nous voulons être traités: nous haïssons la vérité, on nous la cache; nous voulons être flattés, on nous flatte; nous aimons à être trompés, on nous trompe.... Il [l'homme] ne veut pas qu'on lui dise la vérité, il évite de la dire aux autres; et toutes ces dispositions, si éloignées de la justice et de la raison, *ont une racine naturelle dans son cœur.*"

    62. A cet égard, on peut vraiment dire que l'exception des *Fourberies de Scapin* confirme la règle, puisque Molière, à Térence, y allie Tabarin, et que la farce triomphe de l'*urbanitas*. Si Molière utilise Térence, c'est pour rendre cette fois hommage au burlesque et aux extravagances de Cyrano de Bergerac.

CHAPITRE II

    1. Voir à ce sujet l'excellente analyse de R. Bray dans son *Molière homme de théâtre*, pp. 139-43. La saison 1665-1666 est proprement désastreuse: la part y tombe à 2200 livres. *L'Amour médecin* connaît un succès médiocre. La saison suivante est marquée par le demi-échec du *Misanthrope. Amphitryon, George Dandin* et *L'Avare* sont en 1668 très fraîchement accueillis. Il existe indiscutablement à cette époque une crise dans les relations de Molière et de son siècle. Ce n'est guère qu'en 1669 que le dialogue reprend, et que le contact se rétablit, grâce au succès de *Tartuffe*.

    2. *Monsieur de Pourceaugnac*, III, sc. 8. In *Molière*, II, 637.

    3. *Molière*, II, 276 (sc. 15).

    4. Voyez à ce sujet le *Registre* de La Grange à la date du 14 août 1665. Ou le *Recueil* de Mongrédien, I, 242.

    5. Sur le Divertissement de Cour, consulter surtout M. McGowan, *L'Art du Ballet de Cour 1581-1643* (Paris: Editons du C.N.R.S., 1964); M.F. Christout, *Le Ballet de cour de Louis XIV 1643-1672* (Paris: Picard, 1967); et le recueil de P. Lacroix, *Ballets et Mascarades de cour*, 2 vols. (Genève, 1868). Parmi les théoriciens, citons l'Abbé d'Aubignac (*Pratique du théâtre*, 1657), l'Abbé de Pure (*Idées des*

Spectacles anciens et nouveaux, 1668), C.F. Menestrier (*Des Ballets anciens et modernes selon les règles du théâtre*, 1682). Quant aux poètes, voir Ch. Silin, *Benserade and His Ballets de Cour* (Baltimore: Johns Hopkins University Press, 1940). Et *Les Oeuvres de Monsieur de Bensserade*, éd. Louis Tallemant (Paris: Ch. de Sercy, 1697).

6. Consulter pour ces détails le très précieux *Recueil de Ballets* de la Bibliothèque Nationale, sous la cote Yf. 1015-38.

7. La Fontaine a donné une relation de cette fête dans sa *Lettre à M. de Maucroix*, in *Oeuvres diverses*, éd. P. Clarac, Bibliothèque de la Pléiade, p. 522 et ss.

8. Préface aux *Fâcheux*, in *Molière*, I, 484.

9. Les décors sont de Le Brun, la scénographie de Torelli. La courante du premier acte, de Lulli. Voir la précieuse mise au point de G. Mongrédien, "Molière et Lulli," *XVIIe Siècle*, année 73 (1973), pp. 3-15.

10. Détails dans P. Mélèse, *Répertoire analytique des documents contemporains d'information et de critique concernant le théâtre à Paris sous Louis XIV 1659-1715* (Paris: Droz, 1934).

11. On trouvera le texte de ce Ballet dans le *Recueil* cité *supra*.

12. *Des Ballets anciens et modernes* (Paris: R. Guignard, M.DC.LXXXII), p. 78.

13. Voir le *Recueil de Ballets*. Mlle des Oeillets jouait Pallas, Mlle de Montfleury, Vénus. Lulli apparaît en *Goujat*: "Ce Goujat signalé / De quelque talent se pique, / Tout son fait est réglé / Comme un papier de musique."

14. *Molière*, I, 754.

15. *Ibid.*, p. 826.

16. Le Ballet des Muses fut donné du 2 décembre 1666 au 19 février 1667. Il n'y avait pas eu de divertissement à la cour en janvier-février 1666, à cause du décès d'Anne d'Autriche, le 20 janvier 1666.

17. Voir la relation officielle, *Ballet des Muses Dansé par Sa Majesté à son Chasteau de S. Germain en Laye le 2. decembre 1666* (Paris: R. Ballard, M.DC.LXVI). On y lit, à la troisième entrée: "Talie, à qui la comédie est consacrée, a pour son partage une pièce comique représentée par les Comediens du Roy, et composée par celuy de tous nos poëtes, qui dans ce genre d'écrire peut le plus justement se comparer aux anciens."

18. Voir le *Recueil* cité. L'argument de ce ballet est tiré du Cinquième Livre des *Fastes* d'Ovide.

19. Remarquons en passant que ce ballet illustre parfaitement les théories de N. Frye sur la signification de la comédie, telles qu'il les présente dans son livre *Anatomy of Criticism*.

20. *Recueil* cité *supra*. Dans son édition des *Oeuvres* de Bensserade, Louis Tallemant raconte cette anecdote relative aux *Amants magnifiques* et à la jalousie de Bensserade pour Molière: "Celui-cy avoit fait une piece (*Les Amants magnifiques*), dans laquelle on chantoit ces vers: 'Et tracés sur les herbettes / l'image de nos chansons.' Sur quoi Bensserade dit tout haut qu'il falloit dire: 'Et . . . / L'image de vos chaussons.' Molière avoit fait seul ce Ballet; et même les vers pour les Personnages; et Bensserade de chagrin avoit fait la plaisanterie que je viens de citer. Molière pour s'en venger d'une manière nouvelle, fit des vers pour le Roy, representant Neptune et le Soleil, d'un stille fort ressemblant à celui de Bensserade, un peu outré à la vérité pour les jeux de mots, et ces vers furent vûs de toute la Cour, et la réjouïrent." Dans son *Ballet de Cassandre* (II, 6), Bensserade écrivait déjà: "Les sages près de nous ne sont que des niais / Avecque les plus grands nous vivons pesle mesle / Et le métier n'est pas si mauvais / N'estoit que par malheur trop de monde s'en mesle." Il s'agit de deux

foux, incarnés par Robichon et par un certain . . . *Molière*, celui-là danseur.

21. Voir le *Recueil* cité.
22. Montaigne, *Essais*, III, 6, "Des coches."
23. Cité par M. Pellisson, *Les Comédies-Ballets de Molière* (Paris: Hachette, 1914), p. 47.
24. Ménestrier, op. cité, p. 1. Les Ballets, dit l'auteur, sont "des comédies muettes," des spectacles "où l'esprit, l'oreille et les yeux trouvent de quoy se divertir agreablement . . ."
25. Avertissement à *L'Amour médecin*, in *Molière*, II, 95.
26. Ménestrier, *ibid.*, p. 263.
27. Cité par P. Mélèse, *Le Théâtre et le Public à Paris sous Louis XIV 1659-1715* (Paris: Droz, 1934). Il s'agit de Charles-Christian Chabord, Comte de Saint-Maurice, chargé par le duc de Savoie de l'informer des divertissements de la cour de Louis XIV.
28. Ménestrier, op. cité, p. 291.
29. J. Morel, *La Renaissance III 1570-1624* (Paris: Arthaud, 1973), p. 27.
30. *Recueil*, cité *supra*, *Ballet des Noces de Pelee et de Thetis*, p. 6.
31. *Ibid.*, *Ballet des Plaisirs*, p. 24.
32. *Ibid.*, *Ballet Royal d'Alcidiane . . . Dansé par Sa Majesté le 14 février 1658.*
33. Cité par J. Morel, *La Renaissance*, p. 27.
34. Voir par exemple, dans le *Recueil des Ballets*, la Relation de cette fête du 5 décembre 1671: "Le Roy qui ne veut que des choses extraordinaires dans tout ce qu'il entreprend, s'est proposé de donner un Divertissement à Madame à son arrivée à la Cour, qui fust composé de tout ce que le Theatre peut avoir de plus beau; Et pour répondre à cette idée, SA MAJESTÉ a choisi tous les plus beaux Endroits des Divertissements qui se sont representez devant Elle depuis plusieurs années; *et ordonné à Molière de faire une comédie qui enchâssast tous ces beaux morceaux de Musique et de Dance . . .*"
35. *Les Amants magnifiques*, Troisième Intermède, sc. V, in *Molière*, II, 672.
36. Voir G. Mongrédien, *Recueil*, I, 314. "Le feu d'artifice était ce que j'y trouvai de plus beau, n'ayant jamais vu une telle quantité de fusées remplir l'air en même temps. La comédie de Molière dont le sujet était le cocuage d'un paysan qui avait épousé une demoiselle, était fait fort à la hâte et peu de chose, mais la salle et le théâtre fort beaux . . ."
37. Consulter sur ce point W.G. Moore, "Le Goût de la Cour," in *Les Divertissements de Cour au XVIIe siècle, CAIEF*, No. 9 (1957), pp. 172-82. "J'ai le sentiment," écrit Moore, "qu'à l'époque classique le goût de la Cour, et probablement celui de la Ville aussi, était on ne peut plus loin du goût classique, régulier, raisonnable." Et plus loin: "Le goût de la Cour, ce n'est donc pas le goût classique, ni le goût d'un d'Aubignac, ni l'amour de la raison, ni le désir de voir les vices corrigés. C'était le goût du changement, du décor et du luxe."
38. La Fontaine, *Epistre à M. de Niert* (1677), citée par P. Mélèse, *Le Théâtre et le Public à Paris sous Louis XIV*.
39. *Le Sicilien*, in *Molière*, II, 325 (sc. I).
40. Cité par Christout, *Le Ballet de Cour de Louis XIV*, p. 97, n. 139.
41. Voir M. Pellisson, op. cité, p. 35. Ou P. Mélèse, *Le Théâtre et le Public à Paris sous Louis XIV*, pp. 127-28. Et les commentaires de G. Mongrédien dans son article cité *supra*, p. 5. Il y rapporte l'affirmation d'A. Adam: "Depuis deux cents ans, l'ensemble de la critique n'a guère attaché d'importance à cet aspect de son œuvre.

On n'a voulu y voir qu'une concession faite aux caprices du roi et à la mode. Les contemporains sont unanimes à dire au contraire que Molière joua dans ce domaine un rôle d'initiateur, qu'il attachait un grand prix à cette tentative, qu'il rêvait de réaliser enfin cette fusion des arts qu'Athènes et Rome avaient jadis pratiquée. Soyons assurés que nous n'avons de notre écrivain qu'une idée incomplète si nous ne mettons pas dans une forte lumière tout ce côté de son œuvre, si nous ne voyons pas qu'il portait en lui un rêve de beauté où le chant, l'orchestre et la danse venaient heureusement s'associer à la parole. Le Molière de la tradition est un bourgeois tout occupé d'observer la vie sociale. Le Molière véritable fut un poète et un artiste."

42. Avertissement aux *Fâcheux*, in *Molière*, I, 484.

43. Dans sa "Notice" au *Sicilien*, in *Molière*, II, 319, G. Couton écrit: "On ne connaît pas de source au *Sicilien*. Molière l'a-t-il imaginé d'un bout à l'autre? En tout cas lui appartient bien une gaieté poétique qui annonce *Amphitryon*." Lui appartient bien davantage en fait, puisque cette comédie-ballet n'est rien d'autre qu'une mise en prose et en musique de *L'Ecole des maris*.

44. *Le Bourgeois gentilhomme*, in *Molière*, II, 717-18 (Acte I, sc. 2).

45. *La Comtesse d'Escarbagnas*, sc. 7, in *Molière*, II, 968.

46. Voyez à cet égard la profession de foi faite par Molière dans son poème *La Gloire du Val-de-Grâce*, vv. 341-62, citée *supra* dans mon Avant-Propos, p. 21, n. 19.

47. Voir par exemple le *Livret* (*Molière*, II, 453, 456-57), qui oppose le *chant* au *récit*. Et aussi ce que dit Félibien dans sa *Relation de la Feste de Versailles du dix-huitième juillet mil six cens soixante huit* (Paris: Pierre le Petit, M.DC.LXVIII), p. 16: "Bien que la piece qu'on representa doive estre consideree comme un Impromptus [*sic*] et un de ces ouvrages où la nécessité de satisfaire sur le champ aux volontez du Roy ne donne pas toujours le loisir d'y apporter la dernière main, et d'en former les derniers traits; neanmoins il est certain qu'elle est composee de parties si diversifiees et si agreables qu'on peut dire qu'il n'en a guere paru sur le Theatre de plus capable de satisfaire tout ensemble l'oreille et les yeux du spectateur . . . Quoiqu'il semble que ce soit deux comédies que l'on joué en mesme temps, *dont l'une soit en prose et l'autre en vers* / elles sont pourtant si bien unies à un mesme sujet qu'elles ne font qu'une mesme piece et ne representent qu'une seule action."

48. *Molière*, II, 456 (fin de l'*Ouverture*).

49. *Ibid.*, p. 458.

50. J. Rousset, *L'Intérieur et l'extérieur* (Paris: Corti, 1968), pp. 179-80.

51. Voir sur ce point l'explication proposée par G. Couton dans son éd. citée, II, 1352-53: "Nous avons dit plus haut que *La Pastorale comique* prenait place dans le troisième intermède du *Ballet des Muses* à partir du 5 janvier 1667 seulement (voir p. 264). Il se peut que le désir de varier suffise à légitimer la substitution de *La Pastorale comique* à *Mélicerte*. Une autre hypothèse n'est pas invraisemblable. Grimarest s'est fait l'écho de l'hostilité entre le jeune Baron et Armande Béjart: elle le gifla, il quitta la Troupe . . . Serait-ce parce que son Myrtil lui faisait faux-bond que Molière composa *La Pastorale comique* où sa présence n'était pas nécessaire?" On voit la permanence des convictions: Couton explique encore ici la création moliéresque par les circonstances. On voit aussi en quoi une telle explication au fond n'explique rien d'essentiel: à savoir que Molière, parmi toutes les possibilités qui s'offraient à lui pour remplacer *Mélicerte*, ait justement choisi de composer une *parodie de pastorale*. Ce qui, une fois de plus, nous ramène au rôle déterminant du génie. A la primauté de l'intérieur sur l'extérieur.

52. Simplification qui tend à valider l'hypothèse de G. Couton, mais qui ne

doit pas nous faire oublier l'essentiel. Que les circonstances poussent Molière à composer des comédies, rien de plus évident. Mais qu'il écrive telle comédie plutôt que telle autre, rien de plus important.

53. *La Pastorale comique*, scène première, in *Molière*, II, 270-71.
54. *Ibid.*, p. 271: Filène *chante*, Lycas *répond*; et p. 272: Filène *chante*, et Lycas *parle*. L'opposition nous paraît essentielle à la compréhension des intentions profondes de Molière. Voyez *infra*.
55. *Ibid.*, p. 272.
56. *Ibid.*, p. 275.
57. *La Princesse d'Elide*, Premier Intermède, in *Molière*, I, 772.
58. *Ibid.*, p. 774. Un peu avant, Lyciscas-Molière à dit: "Mais voyez un peu quel diable d'enthousiasme il leur prend, de me venir chanter aux oreilles comme cela."
59. Voyez par exemple, à la scène 2 de l'acte I (vv. 218-21), la conversation entre Moron et Arbate. L'ironie en est révélatrice: "A.—Fuir devant un sanglier, ayant de quoi l'abattre! Ce trait, Moron, n'est pas généreux . . . M.—J'y consens: Il n'est pas généreux, mais il est de bon sens. A.—Mais par quelques exploits si l'on ne s'éternise . . ."
60. Superbe hémistiche emprunté à *Mélicerte*, II, 3, v. 391: *Molière*, II, 307.
61. *La Princesse d'Elide*, Cinquième Intermède, p. 813.
62. *Ibid.*, I, 1, vv. 149-52, p. 780.
63. Nous empruntons cette formule à l'excellente étude de J. Guicharnaud, "Les Trois Niveaux critiques des *Amants magnifiques*," in *Molière Stage and Study: Essays in Honour of W.G. Moore* (Oxford: Clarendon Press, 1973), p. 38.
64. J. Rousset, op. cité, p. 180.
65. Voyez sur ce point J. Guicharnaud, article cité *supra*, pp. 31-35.
66. *Ibid.*, p. 24.
67. *Les Amants magnifiques*, III, 1, p. 675.
68. *Ibid.*, I, 1, p. 650.
69. *Ibid.*, I, 2, p. 655.
70. G. Mongrédien, *Recueil*, I, 304.
71. M. Pellisson, op. cité, p. 76.
72. Dans son étude citée *supra*, p. 8.
73. Voir à ce sujet le *Recueil* de Mongrédien, I, 388. Et M. Pellisson, op. cité, p. 32.
74. G. Mongrédien, "Molière et Lulli," p. 8.

CHAPITRE III

1. *Psyché*, "Le libraire au lecteur," in *Molière*, II, 821: "M. de Molière a dressé le plan de la pièce, et réglé la disposition, où il s'est plus attaché aux beautés et à la pompe du spectacle qu'à l'exacte régularité."

2. C'est l'attitude adoptée par exemple par G. Mongrédien dans sa mise au point par ailleurs très précieuse: "Molière et Lulli," *XVIIe Siècle*, No. 98-99 (1973), pp. 3-15.
3. B.E. Young, G.P. Young, *Le Registre de La Grange—1659-1685. Reproduit en fac-similé* (Paris: Librairie Droz, 1947), I, 125-26.
4. Mongrédien, *Recueil*, I, 393.
5. La Grange, *Registre*, pp. 124-25.
6. Mongrédien l'ignore dans son article cité *supra*. Couton (*Molière*, II, 796) est beaucoup plus précis.
7. La Grange, *Registre*, pp. 109-11. Mongrédien, *Recueil*, I, 351-54. Couton, *Molière*, II, 587-88.
8. Mongrédien, *Recueil*, I, 386-87.
9. *La Comtesse d'Escarbagnas*, I, 1, in *Molière*, II, 955.
10. Cf. *Tartuffe*, II, 2, *Les Fourberies de Scapin*, I, 4, et *Le Malade imaginaire*, I, 5.
11. Formules empruntées au bel article de M. Gutwirth, "The Unity of Molière's *L'Avare*," *PMLA*, 76 (1961), 359-66.
12. *Monsieur de Pourceaugnac*, I, 8, in *Molière*, II, 611. "Allons, procédons à la curation, et par la douceur exhilarante de l'harmonie, adoucissons, lénifions et accoisons l'aigreur de ses esprits, que je vois prêts à s'enflammer."
13. R. Fernandez, *Vie de Molière*, p. 225.
14. Dans *La Critique Des-interessee sur les Satyres du temps* (Paris, s.d.), Cotin lance une sévère attaque contre le théâtre et les comédiens, "qui se mettent peu en peine d'honneur et de gloire." Je laisse, écrit-il, ces Messieurs libres de me jouer à la farce: "que peut-on répondre à des gens qui sont declarez infames par les loix, mesmes des Payens? Que peut-on dire contre ceux à qui l'on ne peut rien dire de pire que leur nom . . ." Mais il vise directement l'Hôtel de Bourgogne, et son attaque n'atteint qu'indirectement Molière. Au contraire, celui-ci est nommément pris à partie par l'auteur de *La Satyre des Satyres*, éd. D. Jouaust (Paris, 1883): "Il descend [i.e. Boileau] de la nuë, et le foudre à la main, / Tonne sur Charpentier, tonne sur Chapelain; / Puis donnant à ses vers une digne matière, / Comme un de ses héros il encense Molière . . . / Sachant l'art de placer chaque chose en son lieu, / Je ne puis d'un farceur me faire un demi-dieu. / . . . / A ses vers empruntés la Béjar applaudit. / Il règne sur Parnasse, et Molière l'a dit." Et malgré les affirmations de A. Adam, qui attribue cet ouvrage à Boursault, la tentation reste grande de penser à Cotin.
15. Voyez par exemple la réaction de G. Couton, *Molière*, II, 975: "Pièce longuement méditée donc, écrite à loisir; pièce qui entendait être 'achevée.' Cela n'est pas indifférent pour la juger, expliquer ce qu'elle peut avoir d'apprêté, et même—que l'on nous pardonne cette réserve—d'un peu froid." Ou celle d'A. Adam, dans son *Histoire de la littérature française au XVIIe siècle*, III, 392: "Chose unique dans toute sa carrière, Molière a mis quatre ans entre le début de l'entreprise et la représentation, il a attendu deux ans après avoir pris le privilège. Il croit certainement qu'il a réalisé l'un de ses chefs-d'œuvre, que *Les Femmes savantes* lui assureront beaucoup mieux l'immortalité que les pièces rapides auxquelles souvent la nécessité l'a contraint. Il se trompe. *Les Femmes savantes* sont, avec *Dom Garcie*, sa plus mauvaise pièce, et celui qui aime Molière ne l'y reconnaît plus qu'avec peine."
16. *Les Femmes savantes*, IV, 2, vv. 1213-18: "Pour moi, par un malheur, je m'aperçois, Madame, / Que j'ai, ne vous déplaise, un corps tout comme une âme: / Je sens qu'il y tient trop, pour le laisser à part; / De ces détachements je ne connais

point l'art: / Le Ciel m'a dénié cette philosophie, / Et mon âme et mon corps marchent de compagnie."

17. La position de Molière n'est peut-être pas en cette occurrence si résolument *féministe* qu'on le dit. Non que Molière soit mysogine: il a prouvé avec Agnès qu'il ne l'était pas. Mais si l'esprit, dans ses prétentions et dans sa rage de ratiociner, n'engendre que chimères inutiles ou dangereuses, est-il réellement souhaitable que les femmes viennent ajouter leur folie à celle, déjà suffisamment délirante, des hommes?

18. Mongrédien, *Recueil*, II, 408.

19. Mongrédien, *ibid*., I, 382.

20. Voir l'article de Mongrédien cité *supra*, p. 11.

21. C'est en effet *La Comtesse d'Escarbagnas*, qui a été jouée a Chambord le 6 octobre 1669, plutôt que *Les Femmes savantes*, que l'on s'attendrait à voir paraître à cette date au Palais-Royal.

22. Mongrédien, art. cité, pp. 11-12. Une nouvelle ordonnance, datée du 30 avril 1673, ramènera le nombre des chanteurs à deux, et celui des musiciens à six.

23. *Ibid*., p. 11.

24. Mongrédien, *Recueil*, II, 416-17.

25. Par exemple, *Les Fourberies* connaissent une piètre carrière: 545 livres 10 sols pour la première le 24 mai 1671. La plus haute recette, le 14 juin 1671, ne sera que de 737 15 sols (Mongrédien, *Recueil*, I, 392).

26. Le *Registre* de La Grange, éd. citée, p. 123, est à cet égard des plus éloquents. Le fidèle second de Molière a noté, en marge, à la date du 7 juin 1671: "Les répétitions de *Psyché* ont commencé."

27. C'est, par exemple, le cas d'A. Adam, op. cité, pp. 379-82; et de G. Couton, *Molière*, II, 695-702.

28. Citations empruntées respectivement à R. Bray, op. cité, p. 254: "C'est le type de la scène de farce qui impose ainsi à l'esprit du poète son unité structurale, jusqu'à rompre la construction de l'ensemble."–à A. Adam, op. cité, p. 383: "*Le Bourgeois gentilhomme* n'est ni une étude sociale, ni une étude de caractère. La pièce est bâtie à la diable. Les deux premiers actes ne sont rien qu'une série de lazzi. L'action ne commence qu'au troisième acte. Elle reste extrêmement sommaire, d'une invraisemblance parfaite et sereine . . . Ces défauts seraient graves si *Le Bourgeois gentilhomme* était une grande comédie. Ils n'ont aucune importance dans une comédie-ballet, et celle-ci, prise telle qu'elle est, avec les libertés du genre, dans son vrai ton et son exact éclairage, est une des œuvres les plus heureuses de Molière . . ."–à G. Couton, op. cité, II, 701-02: "En vérité, des sketches se succèdent: le Bourgeois et la mode, le Bourgeois et la science, le Bourgeois et l'amour . . ."

29. *La Vie de M. de Molière*, éd. citée, p. 114.

30. Voir *Molière*, II, 703-04. Dans le texte même de la comédie, le maître de musique fait remarquer à M. Jourdain, qui vient de contempler quelques pas de danse ("un petit essai des plus beaux mouvements et des plus belles attitudes dont une danse puisse être variée"): "Lorsque la danse sera mêlée avec la musique, cela fera plus d'effet encore, et vous verrez quelque chose de galant dans le petit ballet que nous avons ajusté pour vous" (II, 1, p. 720).

31. *Molière*, II, 733. "Quatre garçons tailleurs entrent, dont deux lui arrachent le haut-de-chausses de ses exercices, et deux autres la camisole . . ."

32. *Ibid*., p. 787.

33. Voir à ce sujet dans Couton, *ibid*., II, 1421, la note 3 de la p. 714: "*In-*

dienne: robe de chambre à la manière des indiens, qui est venue à la mode . . ." (Furetière).

34. *Molière*, p. 715 (acte II, sc. 1).
35. *Ibid.*, p. 1434: "Le Mufti revient, avec son turban de cérémonie, qui est d'une grosseur démesurée, garni de bougies allumées, à quatre ou cinq rangs . . ."
36. *Ibid.*, p. 765 (acte IV, sc. 2).
37. *Ibid.*, p. 772 (acte V, sc. 1).
38. J. Brody, "Esthétique et société chez Molière," art. cité, p. 318: "Jourdain est avant tout un artiste manqué, dont le comique provient non pas d'une faute mais d'un défaut, d'une insuffisance esthétique plutôt que d'une tare morale."—O. de Mourgues, "*Le Bourgeois gentilhomme* as A Criticism of Civilization," in *Molière Stage and Study: Essays in Honour of W.G. Moore*, éd. W.D. Howarth et Merlin Thomas (Oxford: Clarendon Press, 1973), p. 176.
39. M. Gutwirth, *Molière, ou l'invention comique*, op. cité, p. 158: "Le tout n'est pas d'être sage en effet: encore faut-il être à sa place. Or le mouvement de la comédie est donné par la folie, et la sagesse, qui cherche à en freiner l'excès, se trouve tout naturellement acculée à jouer les fâcheux, les faiseurs de remontrances, les donneurs d'avis dont on n'a cure." Affirmation qui nous paraît parfaitement traduire la tension essentielle du *Bourgeois gentilhomme*.
40. *Ibid.*, p. 158. Voir *supra*.
41. *Molière*, II, 782-83.
42. *Ibid.*, p. 782.
43. *Ibid.*, pp. 717-18 (acte I, sc. 2).
44. *Ibid.*, pp. 723 (acte II, sc. 2).
45. *Ibid.*, p. 727 (acte II, sc. 4).
46. *Ibid.*, p. 731. Et lorsque le maudit tailleur arrive, Jourdain lui dit: "Ah vous voilà! *je m'allais mettre en colère contre vous.*"
47. Voir à ce sujet les renseignements contenus dans l'article de C.A. Mayer, "Le Personnage du pédant chez Molière," *Studi Francesi*, 57 (1975), 415-18. Ou l'édition Despois-Mesnard des *Oeuvres de Molière*, VIII, 87-88.
48. Publié en 1671. Voyez A. Adam, *Histoire*, III, 118-20.
49. Voir sur cette scène les deux études suivantes: J. Rey-Debove, "L'Orgie langagière: le sonnet à la princesse Uranie," *Poétique*, No. 12 (1972), pp. 572-83. Et J.H. Périvier, "Equivoques moliéresques: le sonnet de Trissotin," *Revue des Sciences Humaines*, No. 152 (1973), pp. 543-54.
50. C.A. Mayer, art. cité, p. 417.
51. *Molière*, II, 736. "Tout ce monde-là est un monde qui a raison, et qui est plus sage que vous" (III, 3). Rien n'est en fait moins sûr. C'est que, dans *Le Bourgeois gentilhomme*, la sagesse comique n'a plus rien à voir avec la sagesse sociale.
52. O. de Mourgues, art. cité, p. 170. "One might be tempted to think," écrit l'auteur, "that here the critical judgement derived from the comic does no more than pay lip-service to the conventional purpose of comedy: that is, to correct the vices and follies of men by making them ridiculous . . . Moreover, the slender and improbable plot, culminating in the *Mamamouchi* ceremony, suggests a frivolous approach to human action and, on the part of the dramatist, an attitude of delightful irresponsibility, as far as the implications of the comic are concerned." Voir aussi p. 183: "Comic criticism in the play is not concerned with a moral issue." Et p. 184: "The clash between the allurements of refined society and down-to-earth bourgeois reactions is to be enjoyed without a moral to the story." J. Brody, dans son étude

citée *supra*, parvient aux mêmes conclusions, quand il constate (p. 317) que Molière a, dans cette comédie, "escamoté le problème moral," "égaré la question morale parmi des éclats de rire."
 53. *Molière*, II, 784.
 54. *Vie de M. de Molière*, pp. 112-14.
 55. Voyez notamment Ch. Mauron, *Des métaphores obsédantes au mythe personnel. Introduction à la psychocritique* (un "fond d'hallucination bouffonne," un rire "polymorphe, polyglotte et fantastique"); Ch. Baudelaire, *De l'essence du rire*, qui trouve dans *Le Malade imaginaire* et *Le Bourgeois gentilhomme* "la prodigieuse bonne humeur poétique nécessaire au vrai grotesque." R. Rolland, *Histoire de l'Opéra en France* (cité par M. Pellisson, pp. 271-72): "Dans *Le Malade* et *Le Bourgeois*, la comédie, si franchement réaliste d'abord, se grise de sa santé et finit dans le rire colossal de Pantagruel. Loin d'y sentir une déchéance de la grande comédie, j'y vois son fort épanouissement, une épopée de la belle humeur et de la bouffonnerie."
 56. *Vie de M. de Molière, ibid.* Cité par G. Couton, p. 702.

CONCLUSION

 1. R. Barthes, "Le Silence de Dom Juan," *Les Lettres Nouvelles*, No. 12 (1954), p. 267.
 2. Ces formules sont de P. Bénichou, *Morales du Grand Siècle* (Paris: Gallimard, 1948), p. 156.
 3. Il est clair que nous ne pouvons pour cette raison faire nôtres certaines des thèses défendues par P. Bénichou—et reprises ensuite par R. Bray—au sujet de la philosophie, ou plutôt de l'absence de philosophie, de Molière. Il nous semble par exemple plus que discutable de dire avec Bénichou (op. cité, p. 157) qu' "il est vrai qu'on perd son temps à vouloir faire de Molière un homme à système, plus exactement à chercher une volonté consciente à travers son œuvre." Cette étude tend à prouver exactement le contraire.
 4. D'après P. Mélèse, *Répertoire analytique des documents contemporains d'information et de critique concernant le théâtre à Paris sous Louis XIV, 1659-1715* (Paris: Droz, 1934), p. 31.
 5. *Ibid.*, p. 31 et p. 55.
 6. P. Bénichou, op. cité, p. 161.
 7. On consultera sur ce thème avec profit l'ingénieux article de Ph. Berk, "The Therapy of Art in *Le Malade imaginaire*," *French Review*, 45, No. 4, Special Issue (1972), pp. 39-48.
 8. Voyez sur ce point F. Rabelais, *Le Quart Livre*, éd. R. Marichal (Genève: Droz, 1947), pp. 4-5 ("A tresillustre Prince et Reverendissime Mon Seigneur Odet, Cardinal de Chastillon"): "Quelque fois je leur expose par long discours comment

Hippocrates en plusieurs lieux, mesmement on sixiesme livre des *Epidemies*, descrivant l'institution du medicin son disciple, Soranus Ephesien, Oribasius, Cl. Galen, Hali Abbas, autres autheurs consequens pareillement, l'ont composé en gestes, maintien, reguard, touchement, contenence, grace, honesteté, netteté de face, vestemens, barbe, cheveulx, mains, bouche, voire jusques à particularizer les ongles, comme s'il deust jouer le rolle de quelque Amoureux ou Poursuyvant en quelque insigne comoedie, ou descendre en champ clos pour combatre quelque puissant ennemy. De faict, la practique de Medicine bien proprement est par Hippocrates comparée à un combat et farce jouée à trois personnages: le malade, le medicin, la maladie." Le médecin que je suis, nous dit encore Rabelais, doit soigner son apparence "non pour me guorgasier et pomper, mais pour le gré du malade lequel je visite, auquel seul je veulx entierement complaire, en rien ne l'offenser ne fascher." Transposée dans le domaine de la comédie, cette tactique est exactement celle de Béralde envers Argan.

9. Nous empruntons cette érudition à l'Avocat du *Médecin volant* (sc. 8), lequel la tient d'Ovide, *Pontiques*, livre I, chant 3, v. 18.

10. *Le Malade imaginaire*, III, 3, p. 1155 de l'éd. Couton: "Moi, mon frère," poursuit Béralde, "je ne prends point à tâche de combattre la médecine; et chacun, à ses périls et fortune, peut croire tout ce qu'il lui plaît."

11. *Molière*, éd. Couton, I, 647 (sc. 3).

12. *Ibid.*, p. 658 (sc. 6).

13. Sur la tradition du rire médical, on consultera avec profit l'excellente mise au point de R. Antonioli, *Rabelais et la médecine*, "Etudes Rabelaisiennes," XII (Genève: Droz, 1976), notamment son chapitre XI, p. 324 et ss. Antonioli y rapporte par exemple, p. 332, que pour guérir le "mélancolique," le médecin Fontanon propose pour régime "faisans, chapons, volailles, poissons, vin blanc léger, équitation, marche, bateau, promenades champêtres" et, "par dessus tout, *joyeuses conversations entre amis et petits concerts disposant l'esprit à la gaîté.*" C'est que la médecine accorde au rire une valeur thérapeutique. L. Joubert, dans son *Traité du Ris / contenant son / essance [sic], ses causes, et / mervelheus effais* (Paris: N. Chesneau, 1579), affirme, d'après Quintilien (p. 7), que "le rire dissipe la haine et mitige le courroux, remet l'esprit travailhé de soucy . . . On ha vù," poursuit-il, "*des malades guerir par ce seul remede.*" Le chapitre XIII de son troisième livre a pour titre: "Quel bien apporte le Ris, et si quelque malade peut guerir a force de rire." Non seulement nous y dit Joubert "le rire est et estre joyeux ampeche de devenir vieux," mais "l'on peut maesmes par le Ris eviter le dangier imminent de la mort." La "dignité et excellance du Ris est fort grande, puisqu'il remforce tellement l'esprit, qu'*il peut soudain changer l'état d'un malade, et de mortel le rendre guerissable.*" L'époque de Molière n'ignore naturellement rien de cette tradition. Dans son *Ballet de l'Amour malade* (1657), Bensserade met en scène "deux médecins," qui "ordonnent pour remède à l'Amour malade le divertissement d'un ballet facétieux, divisé en dix entrées, comme en autant de prises . . . Le ballet achevé, l'Amour confesse aussitôt le soulagement qu'il en a reçu" (d'après M. Pellisson, op. cité, pp. 39-40). Dans son *Elomire Hypocondre*, Le Boulanger de Chalussay fait administrer à Elomire, malade de mélancolie, un remède à base de vin de Beaune assaisonné de musique et de symphonie. Et il ajoute: "Mon deuxième remède est une comédie / Propre comme ce vin à votre maladie." Molière connaît lui aussi cette tradition. D'abord, parce qu'il a certainement lu Rabelais, Joubert et Hippocrate. Ensuite parce que celle-ci se retrouve dans la culture populaire et carnavalesque, qui n'a pas, elle non plus, de secret pour Molière. Dans *L'Amour médecin*, Clitandre affirme: "Moi, je guéris par des

paroles, par des sons, par des lettres, par des talismans et par des anneaux constellés."
Dans *Monsieur de Pourceaugnac*, les médecins proposent pour remède à la "mélancolie hypocondriaque" du Limousin 1) des saignées; 2) des purges; 3) "Mais avant toute chose," ajoute le spécialiste, "je trouve qu'il est bon de le réjouir par agréables conversations, chants et instruments de musique, à quoi il n'y a pas d'inconvénient de joindre des danseurs, afin que leurs mouvements, disposition et agilité puissent exciter et réveiller la paresse de ses esprits engourdis . . . ." C'est replacé dans cette tradition que *Le Malade imaginaire* prend tout son sens, notamment le second Prologue: "Votre plus haut savoir n'est que pure chimère, / Vains et peu sages médecins; / Vous ne pouvez guérir par vos grands mots latins / La douleur qui me désespère: / Votre plus haut savoir n'est que pure chimère." Au contraire, bien sûr, de celui de la comédie, qui non seulement soulage les maux des amants, mais qui encore permet à l'homme de surmonter la peur de la mort. Et la conclusion que R. Antonioli apporte à son étude sur Rabelais (op. cité, p. 364) pourrait aussi bien s'appliquer à Molière: "Comme le vin, comme la danse, le rire qui appartient au temps joyeux de la fête, ou qui tend à élever par le jeu la réalité de la vie pour la transposer en fête, ouvre immédiatement les portes d'une autre vie, collective, communicative et libérée, dans laquelle l'homme échappe aux pesanteurs de la matière comme aux contraintes de la réalité."

BIBLIOGRAPHIE

Je ne cite ici, parmi les ouvrages et les articles que j'ai consultés, que ceux qui m'ont été utiles. Je tiens à remercier encore l'*American Philosophical Society*, le *National Endowment for the Humanities* et l'*American Council of Learned Societies* qui, par leur généreuse aide financière, m'ont permis de profiter au mieux des richesses de la Bibliothèque Nationale, de l'Arsenal et des autres bibliothèques de Paris.

Ouvrages de référence

Cioranescu, A. *Bibliographie de la littérature française du XVIIe siècle*. 3 vols. Paris: C.N.R.S., 1965-1966.
Chevalley, S. *Molière en son temps*. Genève: Minkoff, 1973.
Grente, Cardinal G., éd. *Dictionnaire des lettres françaises. Le Dix-Septième Siècle*. Paris: Fayard, 1954.
Guibert, A.J. *Bibliographie des œuvres de Molière imprimées au XVIIe siècle*. 2 vols. Paris: C.N.R.S., 1962. Supplément 1965.
Jurgens, M., et E. Maxfield-Miller. *Cent ans de recherches sur Molière, sa famille et sur les comédiens de sa troupe*. Paris: Imprimerie Nationale, 1963. Supplément: *Revue d'Histoire du Théâtre*, No. 4 (1972), 330-40.
Lancaster, H.C. *The Period of Molière, 1659-1672*. 3e Partie, Vols. I-II de *A History of French Dramatic Literature in the Seventeenth Century*. Baltimore: Johns Hopkins University Press, 1936.
Livet, Ch. *Lexique de la langue de Molière comparée à celle des écrivains de son temps*. 3 vols. Paris: Imprimerie Nationale, 1895.
Mélèse, P. *Répertoire analytique des documents d'information et de critique concernant le théâtre à Paris sous Louis XIV, 1659-1715*. Paris: Droz, 1934.

Mongrédien, G. *Dictionnaire biographique des comédiens français du XVIIe siècle, suivi d'un inventaire des troupes (1590-1710), d'après des documents inédits.* Paris: C.N.R.S., 1961.

———. *Recueil des textes et des documents du XVIIe siècle relatifs à Molière.* 2ème éd. 2 vols. Paris: C.N.R.S., 1973. Supplément: J. Vanuxem et G. Mongrédien, in *XVIIe Siècle*, No. 98-99 (1973), 123-42.

Saintonge, P., et R.W. Christ. *Fifty Years of Molière Studies: A Bibliography, 1892-1941.* Baltimore-Paris: Les Belles Lettres, 1942. Supplément: *MLN*, 59 (1944), 282-85.

Saintonge, P. *Thirty Years of Molière Studies: A Bibliography, 1942-1971.* In *Molière and the Commonwealth of Letters: Patrimony and Posterity.* Ed. R. Johnson, Jr., E.S. Neumann et G.T. Trail. Jackson: University Press of Mississipi, 1975.

Sources directes

Aristote. *La Poétique.* Ed. et trad. J. Hardy. Paris: Les Belles Lettres, 1932.

Aristotelis De Poetica Liber Daniel Heinsius recensuit. Lugduni Batavorum, 1610.

———. *L'Ethique à Nicomaque.* Trad. R.A. Gautier et J.Y. Jolif. 2ème éd. 2 vols. Louvain-Paris: Publications Universitaires de Louvain, 1970.

Aristotelis Ethicorum, sive de moribus, ad Nicomachum Libri decem. Adiecta ad contextum Graecum interpretatione Dionysii Lambini. Hanoviae: Typis Wechelianis, M.DC.XI.

Abbé d'Aubignac. *Les Conseils d'Ariste à Celimene sur les moyens de conserver sa réputation.* Paris: N. Pepingué, M.DC.LXVI.

———. *Deux Dissertations concernant le Poeme dramatique en forme de remarques: sur deux tragedies de Monsieur Corneille intitulées Sophonisbe et Sertorius.* Paris, 1663.

———. *Dissertation sur la condamnation des Theatres.* Nouv. éd. Paris: J. Le Febvre, 1694.

———. *Macarise ou la Reine des Isles Fortunées. Histoire allegorique contenant la philosophie morale des Stoïques sous le voile de plusieurs aventures en forme de roman.* Paris, 1664.

———. *La Pratique du Théâtre.* Ed. P. Martino. Paris: Les Belles Lettres, 1927.

Josse Bade Ascensius. *Stultiferae Naves sensus animosque trahentes in exitum.* Lyon: E.G. de Marnef, M.CCCC.XCVIII.

Abbé Batteux. *Les Quatre Poëtiques d'Aristote, d'Horace, de Vida, de Despréaux.* Paris, 1771.

Baudelaire, Ch. "De l'essence du rire." In *Oeuvres complètes*. Ed. Y.G. Le Dantec et C. Pichois. "Bibliothèque de la Pléiade." Paris: Gallimard, 1961, pp. 975-93.
Oeuvres de Monsieur de Bensserade. Ed. Louis Tallemant. Paris: Ch. de Sercy, 1697.
Beys. *L'Ospital des Fous*. Paris: Toussainct Quinet, 1639.
Boileau. *Oeuvres complètes*. Ed. E. Boudhors. Paris: Les Belles Lettres, 1939-1952.
―――. *Les Premières Satires de Boileau. I-IX*. Ed. A. Adam. 1942: réimp. Genève: Slatkine Reprints, 1970.
Abbé Bellegarde. *Reflexions sur le ridicule et sur les moyens de l'éviter, où sont representez les differens Caracteres et les Mœurs des Personnes de ce siècle*. 2ème éd. Paris, M.DC.LXXXVII.
Le Boulanger de Chalussay. *Elomire Hypocondre ou Les Medecins Vengez, Comedie*. Paris: Ch. de Sercy, M.DC.LXX.
Brant, S. *Stultifera Navis. Narragonice Profectionis nunquam satis laudata: . . . vernaculo vulgarique sermone et rhythmo / pro cunctorum mortalium fatuitatis semitas effugere cupientium directione / speculo / commodoque et salute: proque inertis ignavaeque Stultitiae perpetua infamia / execratione / et confutatione / nuper fabricata*. s.l.: Io. de Olpe, 1498.
―――. *La grand nef des / folz du monde en laquelle chascun homme sage / prenant plaisir de lire les passages des hy- / stoyres dicelle morallement et briefvement exposees / trouvera et congnoistra plusieurs ma- / nieres de folz / et aussi pourra discerner entre / bien et mal / et separer vice et peche: davec ver- / tu a eulx contraire quest une œuvre excellente pour mener lhomme en voye de salut*. Lyon: F. Juste, 1530.
Callières, F. de. *Des Bons mots*. Paris, 1692.
Castiglione, B. *Le Courtisan / de Messire Balta- / zar de Castillon / Nouvellement re- / veu et corrige*. Lyon: F. Juste, M.D.XXXVIII.
Catonis / Disticha moralia cum scholiis auctis Erasmi Roterod. Antverpiae, M.D.XXVIII.
Le Cathon en francoys. Lyon: Cl. Nourry, 1504.
Les Motz dorez / de Cathon en frã / coys et en latin / Avecques bons et tres- / utiles Enseignemens / Proverbes / Adages / auctoritez / et ditz mo- / raulx des Saiges. Paris: J. Longis, 1531.
Oeuvres de Chapelle et de Bachaumont. La Haye, 1755.
Chappuzeau, S. *Le Cercle des Femmes. Entretien comique tiré des Dialogues d'Erasme*. Lyon: M. Duhan, 1656.
―――. *Les Entretiens familiers*. Paris: L. Billaine, 1662.
―――. *Le Theatre françois. Divisé en trois Livres*. Lyon: M. Mayer, M.DC.LXXIV.

Cicéron. *De Officiis*. Ed. M. Testard. Paris: Les Belles Lettres, 1965.
———. *De Oratore*. Ed. E. Courbaud. Paris: Les Belles Lettres, 1922.
Conti. *Traité de la comédie et des spectacles selon la tradition de l'Eglise, Tirée des Conciles et des Saints Peres*. Paris: L. Billaine, M.DC.LXVI.
Lettre du Sieur D. ou B. A l'Autheur du Jonas et du David.—Reponse de l'Autheur du Jonas et du David. Paris: Angot, M.DC.LXVIII.
Abbé Cotin. *Oeuvres galantes en prose et en vers*. Paris: Est. Loyson, M.DC.LXIII.
———. *La Menagerie et quelques Autres pieces curieuses*. La Haye: P. du Bois, 1666.
La Satyre des satyres et la Critique Des-interessee sur les Satyres du temps. Ed. D. Jouaust. Paris, 1883.
Mademoiselle Des Jardins [Mme de Villedieu]. *Récit en proze et en vers de la Farce des Précieuses*. Paris: Cl. Barbin, 1660.
———. *Le Favory, tragi-comédie*. Paris: L. Billaine, 1665.
Dialogus de vanitate scientiarum, et ruina christianae relligionis per quendam relligiosum Patrem ordinis Cisterciensis Monachum recenter editus. s.l., n.d. [1533?].
Donati fragmentum De Comoedia et Tragoedia. Voir à Térence.
Donneau de Visé. *Nouvelles Nouvelles. Divisées en trois parties par Monsieur de* ... Paris: P. Bienfait, 1663.
———. *Défense de Sertorius*. Paris, 1663.
———. *Défense de la Sophonisbe*. Paris, 1663.
———. *Zelinde ou la véritable critique de l'école des femmes*. Paris: Gu. de Luyne, 1663.
Dorimond. *L'Escole des Cocus*. Paris, 1661.
[Droyn, J.] *Le Translateur / La Grand Nef des folles selon les cinq cens [sic] de na- / ture composee selon levangile de mon- / seigneur Sainct Mathieu*. Paris: A. de Marnef, s.d.
Erasme. *Adagia, id est: Proverbiorum, paroemiarum et parabolarum omnium, quae apud Graecos, Latinos, Hebraeos, Arabas, etc., in usu fuerunt. Collectio absolutissima in locos communes digesta*. Typis Wechelianis, Sumptibus Clementis Schleichii et Petri de Zetter, M.DC.XXIX.
———. *Opera omnia Desiderii Erasmi Roterodami I-3: Colloquia*. Ed. L.E. Halkin, F. Bierlaire et R. Houen. Amsterdam. North Holland Publishing Co., 1972.
———. ΜΩΡΙΑΣ ΕΓΚΩΜΙΟΝ. *Stultitiae Laus Des. Erasmi Rot. Declamatio*. Ed. I.B. Kan. La Haye: M. Nijhoff, 1898.
———. *De la declamation des louenges de Follie / stille fa- / cessieux et profitable pour congnoistre les erreurs et abuz du monde*. Paris: Galliot du Pré, M.D.XX.

―――. *La Louange de la Sotise. Declamation d'Erasme de Rot. Mise en François*. La Haye, 1642.

―――. *La Louange de la Folie traduite d'un traité d'Erasme intitulé Oencomium Moriae*. Par M. Petit. Paris: J. Cottin, M.DC.LXX.

La Vie d'Epictete et l'Enchiridion ou l'Abbrégé de sa Philosophie. Avec le Tableau de Cébés. Traduit du Grec en François. Par Gilles Boileau. Paris: Gu. de Luyne, M.DC.LV.

Eruditorum aliquot virorum de Comoedia et comicis versibus commentationes. Basilae, M.D.LXVIII.

Faret, N. *L'Honneste homme ou, l'Art de Plaire à la Cour*. Paris: M. Bobin et N. Le Gras, M.DC.LVIII. Ed. M. Magendie. Paris: Presses Universitaires de France, 1925.

Félibien. *Relation de la Feste de Versailles du dix-huitième juillet mil six cens soixante huit*. Paris: P. le Petit, M.DC.LXVIII.

La Fontaine, J. de. *Oeuvres diverses*. Ed. P. Clarac. "Bibliothèque de la Pléiade." Paris: Gallimard, [1942].

La Framboisière, N.A. de. *Les Oeuvres*. Paris, M.DC.XIII.

―――. *Scholae Medicae*. Paris, 1631.

Garasse, le père F. *Le Rabelais réformé par les ministres*. Paris, 1619.

―――. *La Doctrine curieuse des beaux esprits de ce temps*. Paris, 1624.

Gendarme de Bévotte, G., éd. *Le Festin de Pierre avant Molière. Dorimon. De Villiers. Scénario des Italiens. Cicognini*. Paris: Cornély et Cie., 1907.

Grimarest. *La Vie de M. de Molière*. Ed. G. Mongrédien. Paris: M. Brient, 1955.

Heinsius, D. *Ad Horatii de Plauto et Terentio Iudicium*. Voir à Térence.

Danielis Heinsii Socrates, sive, De moribus et vita Socratis oratio. Lugduni Batavorum, M.DC.XII.

Le Socrate, traduit du latin de D. Heinsius. Par Berault. Paris, M.DC.XLII.

Horace. *De arte Poetica. Art poétique*. Ed. et trad. L. Herrmann. *Latomus, Revue d'Etudes Latines*. Bruxelles, 1951.

Joubert, L. *Traité du Ris / contenant son / essance [sic], ses causes, et / mervelheus effais*. Paris: N. Chesneau, 1579.

Lacroix, P., ed. *Ballets et mascarades de cour*. 2 vols. Genève, 1868.

Lamy, B. *La Rhétorique / ou / l'art de parler*. Paris: F. Didot, 1741.

Madius, V. *In Aristotelum Librum de Poetica communes explicationes*. Venetiis, 1550.

Magnus, J. [J. Legrand]. *Sophologium Sapientie*. Paris: J. Petit, 1515.

Marolles, M. de. Voir à Plaute.

Martial. *Epigrammes*. Ed. H.J. Isaac. Paris: Les Belles Lettres, 1969.

Ménestrier, C.F. *Des représentations en musique anciennes et modernes*. Paris, 1681.

———. *Des Ballets anciens et modernes selon les regles du théâtre.* Paris: R. Guignard, M.DC.LXXXII.
Chevalier de Méré. *Oeuvres.* Ed. Ch. H. Boudhors. Paris: Les Belles Lettres, 1930.
La Mesnardière, J. de. *La Poetique.* Paris: A. de Sommaville, 1639.
La Mothe Le Vayer, F. de. *Oeuvres.* 2 vols. Paris, 1662.
Montaigne. *Essais.* Ed. P. Villey et V.L. Saulnier. Paris: Presses Universitaires de France, 1965.
More, Th. *Utopia.* Ed. E. Surtz et J.H. Hexter. New Haven: Yale University Press, 1965.
Pascal. *Oeuvres complètes.* Ed. J. Chevalier. "Bibliothèque de la Pléiade." Paris: Gallimard, 1954.
Pellisson. *Oeuvres diverses.* 3 vols. Paris, 1735.
Perse. *Satires.* Ed. Cartault. Paris: Les Belles Lettres, 1929.
Platon. *Philèbe.* Ed. A. Diès. Paris: Les Belles Lettres, 1941.
[Plaute]. *M. Acci Plauti, Comoediae In quatuor Tomos digestae. Ex recognitione Francisci Guieti Andini, opera et studio Michaelis de Marolles, Abbatis de Villeloin.* Paris: P. Lamy, M.DC.LVIII.
Comedie de Plaute Amphitruo, traduite en François avec des Remarques et un examen, selon les Regles du Theatre. Par Mlle Le Fevre. Vol. I. Paris, M.DC.LXXXIII.
Comedies de Plaute, traduites en François. Par Mademoiselle Le Fevre. Vol. I. Paris, M.DC.LXXXIII.
Poisson, R. *Le Baron de la Crasse. Comedie représentée sur le Theatre Royal de l'Hostel de Bourgogne.* Paris: Gu. de Luyne, M.DC.LXII.
Quinault, Ph. *La Mère coquette, ou les Amants Brouillés.* Ed. E. Gros. Paris: Champion, 1926.
Quintilien. *De l'Institution de l'Orateur.* Trad. M.M. de Pure. Paris, M.DC. LXXIII.
M. Fabii Quintiliani Institutionum oratorium Libri XII. Declamatio eiusdem liber. Lyon: S. Gryphe, M.D.XL.
Rabelais. *Oeuvres complètes.* Ed. Jacques Boulenger. "Bibliothèque de la Pléiade." Paris: Gallimard, 1965.
Racine. *Oeuvres complètes.* Ed. R. Picard. "Bibliothèque de la Pléiade." Paris: Gallimard, 1954.
Le père Rapin. *Reflexions sur la Poetique de ce temps.* 2ème éd. Paris: Cl. Barbin, M.DC.LXXV.
———. *La Comparaison de Demosthene et de Cicéron.* 2ème éd. Paris, 1676.
Recueil de Ballets. B.N. Yf. 1015-1031.
La Rochefoucauld, F. de. *Maximes.* Ed. J. Truchet. Paris: Garnier, 1967.
Rotrou. *Les Sosies.* Paris: A. de Sommaville, M.DC.XXXVIII.

Rousseau, J.J. *Lettre à d'Alembert sur les spectacles*. In *Oeuvres complètes*. Paris: Furnet et Cie., M.DCCC.XLVI, pp. 115-77.
Saint François de Sales. *Introduction à la vie dévote*. Paris: Le Seuil, 1962.
Scaliger, J.C. *Poetices Libri septem*. 5ème éd. Paris: in Bibliopolo Commeliano, M.DC.XVII.
Scarron. *Les Oeuvres*. 2 vols. Paris: Gu. de Luyne, M.DC.LXIII.
Sénèque. *Lettres à Lucilius*. Vol. III. Paris: Les Belles Lettres, 1957.
Les Oeuvres de Seneque / Translateez de latin en francoys par maistre laurens de premier / fait. Paris: A. Vérard, s.d.
Seneque des mots / dorez: des quatre vertus cardinalles / Compose par messire Claude de / Seissel. Paris: J. Sainct Denys, s.d.
Tabarin. *Oeuvres complètes, avec les Rencontres, Fantaisies et coq-à-l'âne facétieux du Baron de Gratelard*. 2 vols. Paris, M.DCCC.LVIII.
Comedies de Terence, traduites en François, avec le latin a coste: et rendues tres-honnestes en y changeant fort peu de chose. Paris, M.DC.XXXXVII.
Les Comedies de Terence. Traduites en François. Par Mme Dacier. *Avec des Remarques*. Paris, M.DC.LXXXVIII.
Publii Terentii Carthaginiensis Afri Comoedia Sex, post optimas editiones emendatae. Lugduni Batavorum: Apud F. Hackium, 1644. Voir à Donat et à Heinsius.
Monsieur de Vaumorière. *L'Art de plaire dans la conversation*. Paris, M.DCC.I.
Vossius, G. *Poeticarum Institutionum Libri Tres*. Amsterdam: Apud Elzevirium, M.DC.XXXXVII.
Young, B.E., et G.P. Young. *Le Registre de La Grange, 1659-1685*. Reproduit en fac-similé. 2 vols. Paris: Droz, 1947.

Ouvrages historiques et critiques

Adam, A. *Histoire de la littérature française au XVIIe siècle*. Vol. III. Paris: Domat, 1962.
———. *L'Age classique I: 1624-1660*. Paris: Arthaud, 1968.
Antonioli, R. *Rabelais et la médecine*. "Etudes Rabelaisiennes," XII. Genève: Droz, 1976.
Attinger, G. *L'Esprit de la Commedia dell'Arte dans le théâtre français*. Paris-Neufchâtel: Librairie Théâtrale, 1950.
Auerbach, E. *Mimesis. The Representation of Reality in Western Literature*. Trans. W. Trask. Garden City, N.J.: Doubleday Anchor Books, 1957.

Bakhtine, M. *L'Oeuvre de François Rabelais et la culture populaire au Moyen Age et sous la Renaissance*. Trad. A. Robel. Paris: Gallimard, 1970.
Bénichou, P. *Morales du Grand Siècle*. Paris: Gallimard, 1948.
――――. *L'Ecrivain et ses travaux*. Paris: J. Corti, 1967.
Bergson, H. *Le Rire. Essai sur la signification du comique*. Paris: Presses Universitaires de France, 1969.
Bray, R. *La Formation de la doctrine classique en France*. Paris: Nizet, 1951.
Brody, J. *Boileau and Longinus*. Genève: Droz, 1958.
Charon, J. *Moi, un comédien*. Paris: A. Michel, 1975.
Christian, L.G. "The Metamorphoses of Erasmus' 'Folly.' " *Journal of the History of Ideas*, 23, No. 2 (1971), 289-94.
Christout, M.F. *Le Ballet de cour de Louis XIV, 1643-1672*. Paris: Picard, 1967.
Collas, G. *Un Poète protecteur des Lettres au XVIIe siècle: Jean Chapelain (1595-1674)*. Paris: Perrin, 1911.
Curtis, A. Ross. *Crispin Ier. La Vie et l'œuvre de R. Poisson, comédien poète du XVIIe siècle*. Toronto-Paris: University of Toronto Press, 1972.
Dens, J.P. "Morale et Société chez La Rochefoucauld." *L'Information Littéraire*, 17, No. 2 (1975), 55-57.
Les Divertissements de Cour au XVIIe siècle. In *CAIEF*, No. 9 (1957).
Dresden, S. "Sagesse et folie d'après Erasme." In *Colloquia Erasmiana Turonensia*. Paris-Toronto, 1972, I, 285-99.
Duvignaud, J. *Le Théâtre, et après*. Paris: Castermann, 1971.
Foucault, M. *Les Mots et les choses*. Paris: Gallimard, 1966.
――――. *Histoire de la folie à l'âge classique*. Paris: Gallimard, 1972.
Frye, N. *Anatomy of Criticism. Four Essays*. Princeton: Princeton University Press, 1957.
Gendarme de Bévotte, G. *La Légende de Don Juan. Son évolution dans la littérature des origines au Romantisme*. Paris: Hachette, 1906.
Girard, R. *La Violence et le sacré*. Paris: Grasset, 1972.
Gros, E. *Philippe Quinault*. Paris: Champion, 1926.
Guichemerre, R. *La Comédie avant Molière, 1640-1660*. Paris: A. Colin, 1972.
Gutwirth, M. "Réflexions sur le comique." *Revue d'Esthétique*, 17, No. 1-2 (1964), 7-39.
Kaiser, W. *Praisers of Folly: Erasmus, Rabelais, Shakespeare*. Cambridge: Harvard University Press, 1963.
Klein, R. "Un Aspect de l'herméneutique à l'âge de l'Humanisme classi-

que: le thème du fou et l'ironie humaniste." In *Umanesimo e ermeneutica*. Padoue: CEDAM, 1963, pp. 11-25.

Kristeller, P.O. "Le Mythe de l'athéisme de la Renaissance et la tradition française de la libre-pensée." *BHR*, 37 (1975), 337-48.

Lauter, P. *Theories of Comedy*. Garden City, N.Y.: Anchor Books, 1964.

Magendie, M. *La Politesse mondaine et les théories de l'honnêteté, en France, au XVIIe siècle, de 1600 à 1660*. 2 vols. Paris: Alcan, 1925.

Magne, E. *Bibliographie générale des oeuvres de N. Boileau-Despréaux et de G. et J. Boileau*. 2 vols. Paris: Giraud-Badin, 1929.

Mauron, Ch. *Des métaphores obsédantes au mythe personnel. Introduction à la psychocritique*. Paris: J. Corti, 1963.

McGowan, M. *L'Art du Ballet de cour, 1581-1643*. Paris: C.N.R.S., 1964.

Mélèse, P. *Le Théâtre et le public à Paris sous Louis XIV, 1659-1715*. Paris: Droz, 1934.

Mesnard, P. "Erasme et la conception dialectique de la folie." In *L'Umanesimo e la Follia*. Rome: Edizioni Abete, 1971, pp. 43-61.

Morel, J. *La Renaissance III: 1570-1624*. Paris: Arthaud, 1973.

Moore, W.G. *The Classical Drama of France*. Londres-Oxford-New York: Oxford University Press, 1971.

Lough, J. *Paris Theatre Audiences in the XVIIth and XVIIIth Century*. Londres: Oxford University Press, 1957.

Picard, R. *La Carrière de J. Racine*. Paris: Gallimard, 1956.

Pintard, R. *Le Libertinage érudit dans la première moitié du XVIIe siècle*. Paris: Boivin, 1943.

Rousset, J. *L'Intérieur et l'extérieur*. Paris: J. Corti, 1968.

Isherwood, R.M. *Music in the Service of the King. France in the Seventeenth Century*. Ithaca, N.Y.-Londres: Cornell University Press, 1973.

Silin, Ch. *Benserade and His Ballets de Cour*. Baltimore: Johns Hopkins University Press, 1940.

Starobinski, J. "La Rochefoucauld et les morales substitutives." *La Nouvelle Revue Française*, 14, No. 163 et 164 (1966), 16-34 et 211-29.

Stegmann, A. "L'Ambiguïté du concept héroïque dans la littérature morale en France sous Louis XIII." In *Héroïsme et création littéraire sous les règnes d'Henri IV et de Louis XIII*. Paris: Klincksieck, 1974, pp. 29-51.

Voltz, P. *La Comédie*. Paris: A. Colin, 1964.

Voltaire. *Le Temple du goût*. Ed. E. Carcassonne. Genève: Droz, 1953.

Molière

Molière. *Oeuvres complètes*. Ed. G. Couton. 2 vols. "Bibliothèque de la Pléiade." Paris: Gallimard, 1971.

Mongrédien, G. *La Querelle de L'Ecole des femmes*. 2 vols. Paris: Didier, 1971.

Barthes, R. "Le Silence de Dom Juan." *Les Lettres Nouvelles*, No. 12 (1954), 264-67.

Berk, Ph. "The Therapy of Art in *Le Malade imaginaire*." *French Review*, 45, No. 4, Special Issue (1972), 39-48.

Berveiller, M. *L'Eternel Dom Juan*. Paris: Hachette, 1961.

Bray, R. *Molière homme de théâtre*. Paris: Mercure de France, 1954.

Brody, J. "Esthétique et Société chez Molière." In *Dramaturgie et Société. Rapports entre l'œuvre théâtrale, son interprétation et son public au XVIIe et XVIIIe siècle. Nancy, 14-21 avril 1967*. Ed. J. Jacquot. 2 vols. Paris: C.N.R.S., 1968, pp. 307-26.

———. "*Dom Juan* and *Le Misanthrope*, or the Esthetics of Indivualism in Molière." *PMLA*, 84 (1969), 559-76.

Burgess, G.S. "Molière and the Pursuit of Criteria." *Symposium*, 23, No. 1 (1969), 5-15.

Cairncross, J. *New Light on Molière. Tartuffe: Elomire Hypocondre*. Genève: Droz, 1956.

———. *Molière bourgeois et libertin*. Paris: Nizet, 1963.

———. "Impie en médecine." *CAIEF*, No. 16 (1965), 269-84.

Collinet, J.P. *Lectures de Molière*. Paris: Colin, 1974.

Danilo, R. *Essai sur le comique de Molière*. Berne: A. Francke, 1950.

Defaux, G. "Alceste et les rieurs." *Revue d'Histoire Littéraire de la France*, 74, No. 4 (1974), 579-99.

———. "Sagesse et folie d'Erasme à Molière." *MLN*, 91 (1976), 655-71.

Demorest, J.J. "Une Notion théâtrale de l'existence." *L'Esprit Créateur*, 11, No. 2 (1971), 77-91.

Descotes, M. *Les Grands Rôles du théâtre de Molière*. Paris: Presses Universitaires de France, 1960.

Doolittle, J. "The Humanity of Molière's Dom Juan." *PMLA*, 68 (1953), 509-34.

Eustis, A. *Molière as Ironic Contemplator*. La Haye-Paris: Mouton, 1973.

Faguet, E. *En lisant Molière*. Paris: Hachette, 1914.

Fargher, R. "Molière and His Reasoners." In *Studies in French Literature Presented to H.W. Lawton*. Ed. J.C. Ireson, I.D. McFarlane et G. Rees. Manchester: Manchester University Press, 1968, pp. 105-20.

Fernandez, R. *Vie de Molière*. Paris: Gallimard, 1929.
Fumaroli, M. "Microcosme comique et macrocosme solaire: Molière, Louis XIV et *L'Impromptu de Versailles*." *Revue des Sciences Humaines*, No. 145 (1972), 95-114.
Garapon, R. "Sur les dernières comédies de Molière." *L'Information Littéraire*, 10, No. 1 (1958), 1-7.
―――. "Sur l'occupation de la scène dans les comédies de Molière." In *Molière Stage and Study: Essays in Honour of W.G. Moore*. Ed. W.D. Howarth et M. Thomas. Oxford: The Clarendon Press, 1973, pp. 13-20.
Goode, W.O. "Dom Juan and Heaven's Spokesmen." *French Review*, 45, No. 4, Special Issue (1972), 3-12.
Gossman, L. *Men and Masks. A Study of Molière*. Baltimore: Johns Hopkins Press, 1963.
Guicharnaud, J. "Molière in the Light of Modern Criticism." *American Society of the French Legion of Honor Magazine*, 29 (1958), 161-75.
―――. *Molière. Une aventure théâtrale. Tartuffe, Dom Juan, Le Misanthrope*. Paris: Gallimard, 1963.
―――. "Les Trois Niveaux critiques des *Amants magnifiques*." In *Molière Stage and Study: Essays in Honour of W.G. Moore*. Ed. W.D. Howarth et M. Thomas. Oxford: The Clarendon Press, 1973, pp. 21-42.
Gutwirth, M. *Molière ou l'invention comique. La métamorphose des thèmes et la création des types*. Paris: Minard, 1966.
―――. "The Unity of Molière's *L'Avare*." *PMLA*, 76 (1961), 359-66.
―――. "Arnolphe et Horace." *L'Esprit Créateur*, 6 (1966), 188-96.
―――. "Dandin ou les égarements de la Pastorale." *Romance Notes*, 15 (1974), 1-13.
―――. "*Tartuffe* and the Mysteries." *PMLA*, 92 (1977), 33-40.
Hall, H.G. "A Comic Dom Juan." *Yale French Studies*, No. 23 (1959), 77-84.
―――. "The Literary Context of Molière's *Le Misanthrope*." *Studi Francesi*, No. 40 (1970), 20-38.
Herzel, R.W. "The Function of the Raisonneur in Molière's Comedies." *MLN*, 90, No. 4 (1975), 564-75.
―――. "Molière's Actors and the Question of Types." *Theatre Survey*, 16, No. 1 (1975), 1-24.
Horville, R. *Dom Juan de Molière: Une dramaturgie de rupture*. Paris: Larousse, 1972.
Hubert, J.D. *Molière and the Comedy of Intellect*. Berkeley-Los Angeles: University of California Press, 1962.
Jasinski, R. *Molière et Le Misanthrope*. Paris: A Colin, 1951.
―――. *Molière*. Paris: Hatier, 1969.

Lanson, G. "Molière et la farce." *Revue de Paris*, (Mai 1901), pp. 129-53.
Lawrence, F.R. *Molière: The Comedy of Unreason*. New Orleans: Tulane University Press, 1968.
———. "The *Raisonneur* in Molière." *L'Esprit Créateur*, 6 (1966), 156-66.
———. "The Ironic Commentator in Molière's *Dom Juan*." *Studi Francesi*, 12 (1968), 201-07.
Lawrenson, T. "The Wearing o' the Green." In *Molière Stage and Study: Essays in Honour of W.G. Moore*. Ed. W.D. Howarth et M. Thomas. Oxford: The Clarendon Press, 1973, pp. 163-69.
Lindsay, F.W. "Alceste and the Sonnet." *French Review*, 28 (1955), 395-402.
Magné, B. "*L'Ecole des femmes* ou la conquête de la parole." *Revue des Sciences Humaines*, 37, No. 145 (1972), 125-40.
Mauron, Ch. *Psychocritique du genre comique*. Paris: J. Corti, 1964.
Michaut, G. *Les Débuts de Molière*. Paris: Hachette, 1968 [1925].
———. *La Jeunesse de Molière*. Paris: Hachette, 1968.
———. *Les Luttes de Molière*. Paris: Hachette, 1968.
Mongrédien, G. "Molière et Lulli." *XVIIe Siècle*, No. 98-99 (1973), 3-15.
Moore, W.G. *Molière: A New Criticism*. Oxford: The Clarendon Press, 1949.
———. "*Dom Juan* Reconsidered." *Modern Language Review*, 52 (1957), 510-17.
———. "The French Notion of the Comic." *Yale French Studies*, No. 24 (1959), 47-53.
———. "Molière's Theory of Comedy." *L'Esprit Créateur*, 6 (1966), 137-43.
———. "Raison et structure dans les comédies de Molière." *Revue d'Histoire Littéraire de la France*, 72 (1972), 800-05.
———. "Le Goût de la Cour." *CAIEF*, No. 9 (1957), 172-82.
Morel, J. "Molière ou la dramaturgie de l'honnêteté." *L'Information Littéraire*, No. 5 (1963), 185-91.
———. "Médiocrité et perfection dans la France du XVIIe siècle." *Revue d'Histoire Littéraire de la France*, 69 (1969), 441-50.
Mourgues, O. de. "*Le Bourgeois gentilhomme* as a Criticism of Civilization." In *Molière Stage and Study: Essays in Honour of W.G. Moore*. Ed. W.D. Howarth et M. Thomas. Oxford: The Clarendon Press, 1973, pp. 170-84.
Nadal, O. *A Mesure haute*. Paris: Mercure de France, 1964.
Nurse, P.H. "Essai de définition du comique moliéresque." *Revue des Sciences Humaines*, No. 113 (1965), 9-24.
Pellisson, M. *Les Comédies-ballets de Molière*. Paris: Hachette, 1914.
Périvier, J.H. "Equivoques moliéresques: le sonnet de Trissotin." *Revue*

des Sciences Humaines, No. 152 (1973), 543-54.

Picard, R. "Etat présent des études moliéresques." *L'Information Littéraire*, 10, No. 2 (1958), 53-56.

Pintard, R. "Temps et lieux dans le *Dom Juan* de Molière." In *Studi in onore di Italo Siciliano*. Florence: Leo S. Olschki, 1966, pp. 997-1006.

Plantié, J. "Molière et François de Sales." *Revue d'Histoire Littéraire de la France*, 72 (1972), 902-27.

Potts, D.C. "*Dom Juan* and 'Non-Aristotelian Drama.' " In *Molière Stage and Study: Essays in Honour of W.G. Moore*. Ed. W.D. Howarth et M. Thomas. Oxford: The Clarendon Press, 1973, pp. 61-72.

Rey-Debove, J. "L'Orgie langagière: le sonnet à la Princesse Uranie." *Poétique*, 12 (1972), 572-83.

Robert, R. "Des commentaires de première main sur les chefs-d'œuvre les plus discutés de Molière." *Revue des Sciences Humaines*, No. 81 (1956), 19-53.

———. "Comment lire les grandes comédies de Molière." *L'Information Littéraire*, 10, No. 2 (1958), 82-84.

Salomon, H.P. *Tartuffe devant l'opinion française*. Paris: Presses Universitaires de France, 1962.

Sauvage, M. "Une Enigme d'histoire littéraire: l'Elvire de *Dom Juan*." *Les Lettres Nouvelles*, No. 11 (1954), 103-12.

———. *Le Cas Dom Juan*. Paris: Le Seuil, 1953.

Simon, A. *Molière par lui-même*. Paris: Le Seuil, 1957.

Wheatley, K.E. *Molière and Terence: A Study in Molière's Realism*. Austin: University of Texas Press, 1931.

Yarrow, P.J. "A Reconsideration of Alceste." *French Studies*, 13 (1959), 314-31.

INDEX COMOEDIAE RERUM

Accommodement, 53, 54, 70, 84, 86, 172, 189, 192, *195-97*, 198, 199, 200-02, 206, 216, 241, 291, 298, 300, 333 n. 23

Bienséances, 84, 85, 86, *87-89*, 110, 286

Comédie première manière, 30, 55, 122-23, 156, 180, 202, 206, 218, 260-61, 263, 287, 289, 300
Comédie seconde manière, 30, 190, 197, 201, 203, 208, 216-17, 280, 292, 299-300
Comoedia Nova, 64-66, 112-13, 289
Comoedia Vetus, 65, 112
Comédie-Ballet, 16, 20, 29, 31, 216, 218, 226, 228, *229-31*, 246, 250, 252, 255, 263, 265, 293
Convenance, 84, 85, *87-89*, 110, 286, *315 n. 50*
Convenance comique, 72, 98, *121-22*, 258, *311 n. 1*

Decorum (πρέπον), 85, *88-89*, 90, 100
Didactisme, dimension morale, 30, 61, 66, 67, 70, 112, 115-17, *118-20*, 123-25, 180, 183-84, 209, 287, *295-98*, 310 n. 72
Divertissement de Cour, 17, 20, 203, *217-22*, 224-25, 228, *233-34*, 243, *245-46*, 252, 292-93, 337 n. 5

Folie, 77, 79, 80, 104, 175, *194-95*, 214, 215, 252, *254-55*, 273, 280-82, 292

Honestum, *88-89*
Honnêteté (honnête homme), 66, 85, 86, 87, 95, 98, 102, 190, 287, 315 n. 47

Imitation, 63, 64, 112, 257, 280, 294

Lettre sur la Comédie de l'Imposteur, 18, 25, 36, 53, 73, 81, 87, 88, 90, 91, 92, 107, 109, 112, 114-15, 117-19, 126-27, 145, 146, 150, 192, 213, 285-86

Médiocrité, 23, *93-96*, 104, 317 n. 84

Norme, 79-80, 82, 86, 89, 109, 111, 121, 123, 131, 145-46, 154, 156, 157, 164, 180, 195, 200, 214, 252, 286, 290

Pastorale, 20, *231-32*, 236-38

Raison, 73, *81-86*, 104, 109, 112, 114-15, 188, 193, 214, 273, 286
Raisonneurs, 24, 92, *98-105*, 108-09, 196, 288, 317 n. 2, 319 n. 27
Réalisme, *58-61*, 63, 65-67, 70, 117, 164, 257, 280-81
Règles de l'art, 65, 289
Ridicule, 30, 84, 95, 97, *109-14*, 116, 118, *125*, 127, 150, 172, 260, 286, 309 n. 60, 310 n. 61, 320 n. 31
Rire, 64, 65, 114, 123, 167, 169, 179, *180-81*, 211, 215, 320 n. 41, 328 n. 20

Sermo moratus (*oratio morata*), 64, 65, 112, *309 n. 60*, 320 n. 39, 321 n. 44
Spectacle, 29, 32, 35, 222-26, 246, *248-49*, 250, 267, 284

Vertu, 93, 95-96, 188, 214, 286
Vice, 111, 115, 123, 188, 214, 260, 286
Vis comica, *64*, 71, *112*
Vraisemblance, 62, 86, 231, 315 n. 51

INDEX NOMINUM

Adam, Antoine, 11, 83, 162, 171, 179, 314 n. 42
Agrippa, Henri Corneille, 80, 277
Antiphanes, 66
Antonioli, Roland, 346 n. 13, 347 n. 13
Aristophane, 54, 66, 76, 111, 175, 203
Aristote, 50, 63, 64, 66, 67, 73, 82, 93, 94, 95, 96, 103, 109, 110, 111, 112, 113, 249, 285, 308 n. 52, 316 n. 68
Ascensius, Josse Bade, 80
Attinger, Gustave, 27, 28
Auerbach, Erich, 322 n. 66
Augustin, saint, 157, 286

Bakhtine, Michel, 323 n. 76
Ballard, R., 220
Balzac, Guez de, 78
Baron, 234
Barthes, Roland, 285
Batteux, Abbé, 308 n. 52
Baudelaire, Charles, 15, 345 n. 55
Bauny, le Père, 81
Beauchamp, 219
Béjart, Mlle, 16
Bellegarde, Abbé de, 95, 96, 172, 173, 183, 316 n. 78
Beltrame, 18, 31
Bembo, Pierre, 87

Bénichou, Paul, 72, 345 n. 2-3
Bensserade, Mr. de, 219, 221, 224, 227, 228, 229, 243, 245, 338 n. 20, 346 n. 13
Bergson, Henri, 167, 174
Berk, Philippe, 296
Berveiller, Michel, 324 n. 16
Beys, 155
Bèze, Théodore de, 74
Boccace, 19
Boileau, Gilles, 57
Boileau, Nicolas, 11, 21, 22, 27, 46, 51, 68, 82, 83, 84, 104, 138, 152, 193, 194, 210, 266, 279, 288, 308 n. 52, 319 n. 20
Boisrobert, 19
Bosch, Jérôme, 77, 78
Bossuet, 86, 96, 117, 145, 210, 288
Bourdaloue, 86, 117, 145, 210, 288, 336 n. 58
Boursault, 33
Boyer, 45
Brant, Sebastien, 76, 78, 79, 80, 123, 143, 313 n. 26, 332 n. 70
Bray, René, 11, 13, 14, 16, 18, 24, 25, 27, 28, 44, 72, 82, 98, 116, 146, 155, 158, 284, 303 n. 3, 4, 11
Brécourt, 45
Brody, Jules, 7, 83, 86, 210, 274, 314 n. 42

Brossette, 21, 138
Brueghel, Pierre, 78
Brunetière, Ferdinand, 27
Buti, 219

Cairncross, John, 144, 319 n. 23
Calderon, Pierre, 19
Calvin, 74
Cambefort, 218
Castellion, Sébastien, 74
Castiglione, Baltazar, 87, 94, 100, 111, 113, 167
Caton le censeur, 197, 275
Cavalli, 219
Chamfort, 331 n. 60
Chapelain, 68, 82, 87, 224
Chapelle, 52, 193, 194, 196
Chappuzeau, Samuel, 54, 75, 105, 117, 131, 132, 288, 309 n. 56, 312 n. 13, 319 n. 20
Charron, Pierre, 42
Chevalley, Sylvie, 12
Ciaronescu, Alexandre, 11
Cicéron, 63, 85, 87, 88, 89, 90, 94, 100, 101, 110, 111, 112, 113, 199, 285, 308 n. 54, 315 n. 50, 316 n. 60, 63
Cicognini, 18
Colbert, 21, 43, 68, 224, 266
Condé, Prince de, 214
Conti, Prince de, 117, 145, 288, 322 n. 62
Coqueteau de la Clairière, 45
Coras, 311 n. 9
Corneille, Pierre, 18, 31, 33, 41, 43, 45, 46, 67, 138, 152, 158, 222, 227, 232, 251, 289
Corneille, Thomas, 19, 289
Cotin, Abbé, 68, 82, 258, 310 n. 80, 342 n. 14
Couton, Georges, 11, 16, 161, 213, 303 n. 9

Dacier, Mme (Mlle Le Fèvre), 36, 54, 309 n. 56, 59, 310 n. 65

d'Aubignac, Abbé, 18, 43, 44, 53, 82, 83, 100, 104, 131, 132, 166, 193, 288, 309 n. 56, 314 n. 41, 328 n. 18
de Bévotte, Gendarme, 133, 151
de Brie, Mlle, 16
de Callières, François, 96
de Cordemoy, Gérard, 278, 279
de la Croix, Philippe, 33
de Marolles, Michel, 310 n. 70
Démocrite, 31, 57, 78, 100, 192, 215, 247
Demorest, Jean-Jacques, 307 n. 36
Dens, Jean-Pierre, 315 n. 54
de Pure, Abbé, 222
Des Barreaux, 193
Descartes, 82, 83
Desjardins, Mlle, 168
Desmarets de Saint-Sorlin, 194, 289
Despois-Mesnard (édit.), 11
Diderot, Denis, 203
d'Olivet, Abbé, 219
Donatus, 287, 308 n. 54, 309 n. 56
Donneau, François, 46
Donneau de Visé, 20, 21, 33, 36, 47, 48, 49, 50, 53, 56, 58, 59, 66, 81, 82, 83, 84, 87, 88, 89, 90, 108, 109, 114, 117, 137, 158, 161, 162, 227, 228, 263
Doolittle, James, 144
Dorimond, 19, 133, 137, 139, 140, 142, 143, 145, 153
D'Ouville, 19, 289
Dresden, Sem, 313 n. 33
Droyn, Jean, 313 n. 30
du Buisson, Abbé, 49
du Parc, Mlle, 16
Dürer, Albert, 78
Du Ryer, 45

Epictète, 57
Epicure, 74, 136
Erasme de Rotterdam, 50, 53, 57, 74, 75, 76, 77, 78, 79, 80, 94, 123, 142, 147, 175, 176, 185,

INDEX NOMINUM

198, 277, 283, 306 n. 24, 312 n.
20, 313 n. 34, 329 n. 40
Eustis, Alvin, 98

Faguet, Emile, 23, 133
Faret, Nicolas, 18, 81, 87, 104, 314 n. 36
Fargher, R., 98
Félibien, 340 n. 47
Fernandez, Ramon, 27, 50, 55, 72, 116, 125, 145, 174, 258
Flaubert, Gustave, 23, 24
Foucault, Michel, 25, 76, 77
Foucquet, Nicolas, 219
François de Sales, saint, 81, 95
Frye, Northrop, 322 n. 70, 338 n. 19
Fumaroli, Marc, 307 n. 36

Gaiffe, Félix, 72
Garapon, Robert, 28, 29, 303 n. 8
Garasse, le Père, 74
Gide, André, 330 n. 51
Gilbert, 45
Girard, René, 322 n. 74
Gombauld, 18
Gossman, Lionel, 7, 27, 31, 331 n. 63, 335 n. 47
Grimarest, 11, 15, 18, 37, 46, 50, 51, 52, 54, 135, 160, 267, 280, 281, 303 n. 5
Guibert, A.J., 11
Guicharnaud, Jacques, 7, 11, 20, 27, 144, 155, 164, 168, 178, 189, 244
Guichemerre, Roger, 19
Guilleragues, 18
Gutwirth, Marcel, 7, 11, 190, 275, 332 n. 4, 344 n. 39
Guyot, Marchand, 76

Hall, H. Gaston, 18, 326 n. 35
Heinsius, Daniel, 63, 65, 110, 111, 112, 113, 288, 309 n. 55, 60
Herzel, Roger, 98

Hippocrate, 296, 301, 346 n. 8
Horace, 22, 24, 25, 50, 63, 66, 67, 76, 79, 94, 112, 248, 288, 308 n. 52, 309 n. 56, 310 n. 65, 315 n. 51
Hubert, Judd D., 22

Jasinski, René, 11, 162, 165, 168, 190
Jérôme, saint, 63, 287
Joubert, Laurent, 301, 333 n. 11, 346 n. 13
Jouvet, Louis, 32
Jurgens, Madeleine, 12, 133, 303 n. 2
Juste Lipse, 57
Juvénal, 68, 79, 152, 192

Kaiser, Walter, 313 n. 33
Klein, Robert, 313 n. 31
Kristeller, Paul O., 311 n. 5

Labé, Louise, 326 n. 38
Laclos, Choderlos de, 37
La Charité, Raymond, 8
La Charité, Virginia, 8
La Fontaine, Jean de, 18, 46, 203, 226, 227
La Grange, 13, 20, 113, 117, 133, 138, 160, 179, 247, 249, 250, 342 n. 3
La Mesnardière, Jules de, 82, 114, 288, 309 n. 60
Lamoignon, Président de, 73, 105, 210
La Mothe Le Vayer, François, 18, 31, 96, 99, 143, 183, 191, 192, 193, 194, 253, 317 n. 82
Lamy, Bernard, 198, 208
Lancaster, Henry C., 133
L'Angélie, 245
La Rochefoucauld, 31, 41, 57, 116, 183, 195, 286, 292
La Vallière, Mlle de, 219
Lawrence, Francis, 155

Le Boulanger de Chalussay, 20, 48, 179
Lebrun, Charles, 34
Legrand, Jacques, 94, 316 n. 73
Le Noble, 289
Locher, Jacques, 79
Longinus, 83
Louis XIII, 42, 224
Louis XIV, 14, 15, 16, 41, 43, 49, 50, 55, 68-69, 71, 73, 93, 106, 121, 122, 133, 135, 136, 140, 189, 207, 213, 214, 218, 219, 220, 221, 222, 224, 225, 227, 228, 232, 243, 244, 260, 262, 264, 266, 290, 293, 306 n. 15
Lucien, 74, 76, 78, 175
Lucrèce, 18
Lulli, Jean-Baptiste, 16, 218, 219, 220-23, 226, 228, 229, 231, 264, 265, 303 n. 11
Luther, 74

Magné, Bernard, 330 n. 47
Magnon, 45
Malherbe, 74
Marguerite de Navarre, 76, 277, 312 n. 18
Marichal, Robert, 345 n. 8
Marie-Thérèse d'Autriche, 219
Marot, Clément, 74
Martial, 18, 319 n. 40
Mathieu, le Conseiller, 18
Maucroix, 46
Mauriac, François, 115
Mauron, Charles, 17, 18, 27, 303 n. 12
Maxfield-Miller, Elisabeth, 12, 133, 303 n. 2
May, Georges, 8
Mazarin, 41, 218
Melanchthon, 74
Mélèse, Pierre, 338 n. 10
Ménage, 46
Ménandre, 65
Mendoza, Hurtado de, 19
Ménestrier, le Père, 219, 222, 223, 224
Mercier, Nicolas, 75
Méré, Chevalier de, 18, 41, 57, 81, 95, 104, 132, 308 n. 40
Mesnard, Pierre, 313 n. 33
Michaut, Gustave, 11, 27, 284
Mignard, Pierre, 22, 34, 42
Monchesnay, 194
Mongrédien, Georges, 7, 11, 247, 303 n. 5
Montaigne, Michel de, 21, 24, 25, 31, 32, 42, 57, 74, 76, 77, 78, 80, 88, 94, 103, 114, 134, 143, 147, 182, 192, 197, 222, 225, 277, 337 n. 61
Montespan, Mme de, 213, 266
Montfleury, 33, 34, 48
Moore, William, 7, 11, 24, 72, 109, 114, 115, 155
More, Thomas, saint, 94, 307 n. 31
Morel, Jacques, 7, 8, 93, 98, 224
Mourgues, Odette de, 274, 279, 344 n. 52

Nadal, Octave, 310 n. 63
Neuf-Villenaine, 34, 53, 58
Nicole, 82, 288

Ovide, 243

Pascal, Blaise, 26, 31, 37, 41, 78, 81, 83, 96, 145, 195, 214, 218, 262, 286, 292
Pasquier, Etienne, 74
Paul, saint, 80, 94, 102, 183
Pellisson, Maurice, 27
Périgny, Mr. de, 220
Périvier, Jacques-Henri, 344 n. 49
Perrot d'Ablancourt, Nicolas, 18
Perse, 79, 182, 192
Petau, le Père, 81
Pétrone, 57
Pibrac, 18
Picard, Raymond, 15, 27, 36, 303 n. 7
Pintard, René, 12, 138, 139

INDEX NOMINUM

Planchon, Roger, 32, 37
Platon, 66, 84, 87, 88, 110, 125, 285, 286
Plaute, 29, 31, 36, 54, 63, 64, 65, 71, 76, 111, 113, 175, 213, 215, 307 n. 30
Plutarque, 249
Poisson, 2, 126
Pomponace, 74
Prade, 45
Premierfait, Laurent de, 94
Porter, Charles, 8
Potts, D.C., 326 n. 45
Poussin, Nicolas, 34

Quinault, 67, 220, 222, 227, 232
Quintilien, 85, 112

Rabelais, François, 7, 17, 25, 26, 31, 61, 74, 76, 78, 88, 94, 97, 102, 126, 198, 231, 278, 279, 301, 345 n. 8, 346 n. 13
Racine, Jean, 41, 51, 65
Racine, Louis, 159, 333 n. 22
Rapin, le Père, 63, 67, 74, 288, 309 n. 56
Régnier, Mathurin, 42
Relyea, S., 327 n. 3
Ribou, 35
Richelieu, 43, 73
Robert, René, 38
Robinet, 33, 160, 246
Rochemont, Sieur de, 155, 158
Roscius, 85
Rotrou, Jean, 18, 45, 213
Roullé, Curé, 36, 134, 135, 137, 143, 144, 145
Rousseau, Jean-Jacques, 86, 159, 210, 279
Rousset, Jean, 144, 234, 244
Roussillon, Gérard, 32

Sacchi, Nicolo, 18
Sade, Marquis de, 37, 137
Saint-Aignan, Duc de, 220
Saint-Amant, 42

Saint-Evremond, 18, 82
Salluste, 152
Salomon, Pierre-Henri, 319 n. 20
Sauvage, Micheline, 133
Scaliger, Jules-César, 67, 288, 309 n. 60
Scaramouche, 35, 156
Scarron, 18, 126, 289
Screech, Michael A., 314 n. 34, 318 n. 13
Segrais, 46
Sénèque, 57, 94, 187, 278, 331 n. 70
Sextus Empiricus, 80
Simon, Alfred, 171
Socrate, 66, 111, 254
Starobinski, Jean, 84, 86, 87
Stegmann, André, 41
Straparole, 19, 53

Tabarin, 27, 51
Tallemant, Louis, 338 n. 20
Térence, 11, 18, 19, 27, 29, 51, 53, 57, 61, 63, 64, 65, 66, 67, 76, 175, 215, 288, 289, 306 n. 23, 309 n. 59
Théophile de Viau, 74
Torquato Tasso, 77
Thibaudet, Albert, 27
Thomas a Kempis, 77
Tristan, 45

Valéry, Paul, 55, 108
Vanini, 74
Vanuxem, Jacques, 7, 11
Vaumorière, Mr. de, 95, 101, 103, 173, 315 n. 46
Vérard, Antoine, 94
Vernois, Paul, 8
Vigarani, 219, 220, 223
Villiers, 18, 133, 139, 140, 142, 143, 145, 153
Vivot-La Grange (édit.), 11, 14, 18
Voltaire, 52
Vossius, G.L., 66, 111, 126, 288, 309 n. 60, 310 n. 75

Yarrow, P.J., 162

Zwingli, 74

TABLE DES MATIÈRES

REMERCIEMENTS 7

AVANT-PROPOS 11

PREMIÈRE PARTIE
DES *PRÉCIEUSES RIDICULES* À *TARTUFFE* : LA COMÉDIE MORALE

I. SITUATION DE MOLIÈRE : THÉÂTRE ET SOCIÉTÉ AU DÉBUT DE RÈGNE DE LOUIS XIV 41

II. MOLIÈRE ET LA RAISON COMIQUE 70

III. UN DISCOURS DU RIDICULE 97

SECONDE PARTIE
DE *DOM JUAN* AU *MISANTHROPE* : LA CRISE COMIQUE

I. UNE REMISE EN QUESTION DE LA NORME : *DOM JUAN*, OU LA COMÉDIE FOUDROYÉE 131

II. LA FIN DE L'INNOCENCE COMIQUE : MOLIÈRE, ALCESTE ET LES RIEURS 157

TROISIÈME PARTIE
DU *MÉDECIN MALGRÉ LUI* AU *MALADE IMAGINAIRE*: L'UNIVERSELLE COMÉDIE

I.	VERS UNE NOUVELLE SAGESSE COMIQUE: MOLIÈRE ET LES ABDÉRITAINS	187
II.	VERS UNE NOUVELLE FORME COMIQUE: MOLIÈRE ET LE DIVERTISSEMENT DE COUR	216
III.	MOLIÈRE ET SA NOUVELLE OLYMPE: L'UNIVERS EN FOLIE DES COMÉDIES-BALLETS	248

CONCLUSION	283
NOTES	303
BIBLIOGRAPHIE	349
INDEX COMOEDIAE RERUM	363
INDEX NOMINUM	365

Cet ouvrage
a été achevé d'imprimer
en France
le mardi 28 juillet 1992